MOUNTAIN

登自己的山

All This Wild Hope

复辟

斯图亚特王朝三部曲 1

查理二世和他的王国

1660 — 1685

[英] 蒂姆·哈里斯 Tim Harris 著

廖平 译

GUANGXI NORMAL UNIVERSITY PRESS
广西师范大学出版社
·桂林·

图书在版编目(CIP)数据

　　复辟：查理二世和他的王国，1660—1685 / (英)
蒂姆·哈里斯 (Tim Harris) 著；廖平译. -- 桂林：
广西师范大学出版社，2024.4
　　(斯图亚特王朝三部曲；1)
　　书名原文：Restoration: Charles II and His Kingdoms, 1660-1685
　　ISBN 978-7-5598-5733-0

　　Ⅰ. ①复… Ⅱ. ①蒂… ②廖… Ⅲ. ①斯图亚特王朝－
研究－1660-1685 Ⅳ. ①K561.33

　　中国国家版本馆CIP数据核字(2023)第019689号

RESTORATION:Charles II and his Kingdoms 1660–1685
First published by Allen Lane 2005
Published in Penguin Books 2006
Copyright © Tim Harris, 2005
Simplified Chinese edition copyright © 2024 by Folio (Beijing) Culture & Media Co., Ltd.
All Rights Reserved.

封底凡无企鹅防伪标识者均属未经授权之非法版本。

著作权合同登记号桂图登字：20-2022-255号

FUBI: CHALI ERSHI HE TA DE WANGGUO, 1660—1685
复辟：查理二世和他的王国，1660—1685

作　　者：（英）蒂姆·哈里斯
责任编辑：谭宇墨凡
特约编辑：李　珂
内文制作：燕　红

广西师范大学出版社出版发行

　　广西桂林市五里店路 9 号　邮政编码：541004
　　网址：www.bbtpress.com
出 版 人：黄轩庄
全国新华书店经销
发行热线：010-64284815
河北鑫玉鸿程印刷有限公司
开本：635mm × 965mm　1/16
印张：30　　字数：380千
2024年4月第1版　2024年4月第1次印刷
定价：138.00元

如发现印装质量问题，影响阅读，请与出版社发行部门联系调换。

目　录

导 论

    1660 年 5 月 29 日，查理二世浩浩荡荡地凯旋进入伦敦，在十一余年的共和制政体试验后，重新主张他在英格兰、苏格兰和爱尔兰三个王国的王位。专门召开的非常议会（Convention Parliament）已于 5 月 1 日投票同意复辟斯图亚特王朝，而且伦敦及其近郊也于 5 月 8 日庄严昭告查理为国王。他其实在 25 日就抵达了英格兰，于下午 1 时许在多佛尔登岸。即便是考虑到 17 世纪的道路状况，从肯特郡南部到首都伦敦这 70 多英里的路程，通常也用不着走上四天。走得这么慢是有意为之的，为的是让查理进京及复辟纪念日能正好赶上他的三十岁生日。

    当时的气氛自然是一派喜庆。据时人记载，查理从多佛尔启程后途经的大小市镇，民众比肩继踵。当他于 29 日上午抵达伦敦郊外的布莱克希思时，约有 12 万男女老幼从方圆 30 英里聚集而来，"想要一睹陛下开进伦敦的王者风采"。查理一行人有超过 2 万名步骑兵，在距首都只剩最后几英里时，他们"挥舞着刀剑，大声欢呼，喜悦之情溢于言表"。沿途的街道上"铺满了鲜花"，两旁挂上了挂毯，堂区教堂钟声大作，喷泉里喷的都是葡萄酒。这位复辟君主进入伦

《通过一支常备军进行统治的共和国》

这幅托利党版画表现的是 1650 年代共和派统治的暴政。共和国被画成了一只将议会吞到肚子里的龙，身上画满了军队；它以君主制、主教制、贵族和国法为食，排泄出赋税、宗教誓言和圣约

Standing Army

a blessed Reformation

Laws Customs

Episcopy

Statutes.

Monarchey

Magna
Charta.
prerogative
priviledges
Liberties.

Church Land & tytlis

nobility
& House
of peers

gaine.
Food for a Com=
=mon wealth. ~

敦时，市长及高级市政官出来迎见，并在"按规矩行过恭顺之礼"后，在查理及其弟弟约克公爵和格洛斯特公爵前头免冠骑行，护送这几位王室成员"一路穿过伦敦城"抵达白厅宫。伦敦城市同业公会成员及不计其数的大小贵族在那里盛装等候，大批民众沿着街道两旁，一直排到东南方 25 英里的罗切斯特。喧嚣的声音震耳欲聋：窗户和阳台上传来阵阵号声，据一位旁观者的说法，"就连活得最久的人也没听过这般的欢呼声"。的确，人群过于拥挤，以致国王的这支队伍花了七个钟头才穿过伦敦城——从下午 2 时到晚上 9 时。这一天结束的时候，几乎每家每户都点起了篝火，威斯敏斯特有一处尤为壮观，其中还焚烧了奥利弗·克伦威尔夫妇的肖像。[1]

不到三十年后，在 1688 年 12 月的第二个星期，查理二世的弟弟约克公爵开始了一次方向相反的行程，此时的情况就没那么风光了。约克公爵皈依了天主教，于 1685 年 2 月登基为詹姆斯二世（在苏格兰则为詹姆斯七世），他当了国王后想要扩大同教中人在民事和宗教上的权益，引起了很大的争议（这是往轻了说），于是在 1688 年秋天，他的女婿兼外甥奥兰治的威廉声称要将英格兰、苏格兰和爱尔兰新教徒的自由从天主教暴政下拯救出来，自荷兰发起入侵行动。詹姆斯摸不准手下军队是否忠诚，乱了方寸，将妻子及新生儿子送往法国，并打算随后跟上。他于 12 月 11 日早些时候离开首都，沿着肯特郡的羊肠小道前往谢佩岛，那里有一艘小型海关船正在装载压舱货物，准备渡过英吉利海峡。大约晚上 11 时，一帮搜捕逃亡天主教徒的海员从法弗舍姆来到这里，将他一行人扣下。詹姆斯和拉尔夫·谢尔登、爱德华·黑尔斯爵士这两位天主教徒在一起，尽管海员们认出了土生土长的黑尔斯，但詹姆斯特地戴了一顶黑色短假发，并在上嘴唇粘了一小块东西来易容，没有被认出。他们把詹姆斯当成了黑尔斯的耶稣会告解师，开始劈头辱骂他是"老恶棍，丑了吧唧、尖嘴猴腮的耶稣会士，教皇狗云云"。要是詹姆斯决心立刻亮明身份，他无疑就不会遭到接下来的奇耻大辱，海员们有眼不识泰山，将眼前几个人的财物搜刮一空，共得近 200 英镑黄金（大部分是国王本人的），然后对他们以为的耶稣会士脱衣搜身——正如时人微妙地记载到的，他们脱下了他的"裤子……想看看那里还藏着财宝没有，相当不堪入目，以至于他被剥得一丝不挂"。直到几个小时后被带到法弗舍姆的"女王徽章"客栈，詹姆斯的真实身份才被人发现。[2] 按理说本该把詹姆斯带回伦敦，但奥兰治的威廉不想让岳父兼舅舅留在国内，便放他再次逃往法国，这回詹姆斯于 23 日成功地到达了目的地。1689 年 2 月，另一个专门召开的非常议会宣布威廉与其妻玛丽（詹姆斯的女儿）分别为英格兰和爱尔兰的国王与女王，取詹姆斯而代之，不久之后，苏格兰的议会也授予他们苏格兰王冠。

17 世纪中叶的动荡让英格兰、苏格兰及爱尔兰陷入内战；教会及国家的现行制度遭到推翻，国王查理一世于 1649 年 1 月 30 日在宴会厅外被处决；人们用各式各样的非君主制政体进行了一系列失败的试验，急切地想让国家恢复稳定，但又无功而返，最终局势在 1658 年 9 月护国主奥利弗·克伦威尔死后彻底分崩离析。到 1659 年与 1660 年之交的冬天，斯图亚特王朝及旧制度复辟似乎成了唯一可行的方案，这是从未真心拥护共和制的民众所渴望的。在不到三十年的时间里，这一方案也被证明行不通。但这一次，触犯众怒的斯图亚特君主并没有被押到革命法庭前，因背叛自己的人民而受死，而是在一场后来被称为英格兰"光荣"革命——甚至是"不流血"革命——的政变中，于夜黑风高时被悄然放了一马。伴随着旨在维护并重申古老的权利与自由的英格兰《权利宣言》（后来成为《权利法案》）及苏格兰《权利宣言书》，一场王朝内部的政治安排让威廉和玛丽成了共治君主（虽然王权的行使只赋予了威廉一人）。不过，苏格兰的情况远远称不上"不流血"，而爱尔兰即将在一场血腥的征服战争后陷落。这将是英格兰和苏格兰历史上的最后一场政治革命；而且，正是那些亲历者将之称为"革命"，从而与 17 世纪中叶的动荡相对立。

我们凭着后见之明，知道斯图亚特王朝在复辟时期已经苟延残喘了。但时人并不一定这么认为。1660 年之后，人们普遍相信旧秩序可以成功地卷土重来——可以看到一些姿态，比如从市议会会议记录中撕掉空位期的那几页，仿佛销毁档案就能把过去一笔勾销。复辟政权自然不是一帆风顺，但它的覆灭难道就是命中注定的吗？

不可否认，复辟政权面临着严重的困难。事实上，到 1670 年代末，这些问题已经变得难以收拾，以至于当时许多人，包括国王本人，都从心里担心内战的烽火可能要重燃。引发 1642 年内战的种种分歧，因 17 世纪四五十年代的政治经历而恶化，并非那么容易弥合，政治矛盾很快又沉渣泛起。此外还出现了新的问题——查理二世本人的失政以及 1673 年约克公爵皈依天主教一事被公开而引起的王位继承危机，这更是火上浇油。由于查理没能留下合法的子嗣，约克公爵成了王位的继承人，而他的皈依让三个王国更加担心会被拉向天主教和专制统治。旧的矛盾复活，新的恐慌出现，两方面加在一起令议会内外都对现状越来越不满。现在需要的只是某种形式的诱因，只需一粒火星就能点燃大批业已存在的易燃物，这就是 1678 年夏天被揭露的所谓行刺查理二世、屠杀英格兰新教徒的"教皇党阴谋"。王位继承人已经是公开的天主教徒，形势似乎非常令人担忧，尤其是对那些已经不满于斯图亚特王朝复辟政权的人而言。1679—1681 年，复辟王朝陷入新的危机，在似乎越来越多的民众积极支持下，一个有组织的议会反对党开始要求将信奉天主教的詹姆斯排斥在王位继承之外，并要求对教会和国家进行进一步改革。在很多政治观察者看来，辉格党（即该政治反对党后来所得之名）的策略很像内战前夕反对查理的议会党所推行的。看来 1641 年的局势已经重现，1642 年内战爆发的重演只是时间问题。

但斯图亚特王朝成功地将自身从危机中拉了出来。查理二世不但在威胁面前挺住了，甚至重建了王权的权威和声望，以至于他在位的最后四年，英格兰似乎走向了欧洲大陆，特别是法国发展起来的绝对君主制。的确，法国已经成功摆脱 17 世纪中叶的危机，即所谓的"投石党运动"，并在"太阳王"路易十四治下，一跃成为世界上主要的超级大国；或许这就是英格兰注定要走的道路。更重要的是，1680 年代中期，斯图亚特王朝已成功地巩固了其在苏格兰的权威，而爱尔兰似乎也已经很长时间没有这么繁荣稳定过了。在查理二世统治的末年，王权恢复了元气，以至于 1685 年詹姆斯二世登基时，其地位之稳固，超过了 1603 年斯图亚特王朝入主英格兰，甚至 1509 年亨利八世登基以来的任何一位英格兰君主。更重要的是，他不仅权势熏天，还广受爱戴，因为查理二世及其托利党（即人们对辉格党敌人的称呼）盟友已经在 1681 年之后的几年内力敌辉格党，出色地将公众舆论引到了斯图亚特王朝和王位兄终弟及这一边来了。

然而，在不到四年的时间里，一切都戏剧性地土崩瓦解。有人说查理一世是个无能的统治者，"但没有无能到可以让王国免于内战的地步"；至少他还能拼凑起一个保王党，让自己有一战之力。[3] 到了 1688 年底，詹姆斯二世连和企图推翻他的人打一仗都不行，还不如他下场悲惨的父亲在 1642 年的处境。他也因此倒台，出走——指望借助路易十四的军事支持来反攻复国——成了他唯一现实的选项。旧的政治制度随着詹姆斯政权一起覆灭了。英格兰及附属王国苏格兰和爱尔兰将在 1688—1689 年之后走上非常不同的发展道路——不同于它们原先的发展道路，也不同于欧洲大陆多数国家的发展道路。英格兰将获得一份《权利法案》，开始向现代的议会君主制缓慢演化；而绝对君主制将在欧洲大陆巩固和强化，只有 18 世纪末和 19 世纪的血腥革命才能将其推翻。

这对父子都失去了他们的三个王国。查理一世在 1649 年 1 月 30 日带着尊严上了断头台，詹姆斯二世则在 1688 年 12 月仓皇出走

　　这样看来，光荣革命似乎应当在英国人的历史意识中占据重要的地位，或许能和美国革命、法国革命以及 19 世纪欧洲各国革命在各自国家历史书写中的地位相媲迹。毕竟光荣革命是英格兰成为政治上的现代国家前最后一个里程碑式的重大政治事件，并（用一位现代学者的话说）"让英格兰乃至英国跻身大国之列成为可能"。[4] 的确，按照 1986 年 3 月黑尔什姆勋爵在上议院的说法，难道不是光荣革命"为我们今天享受的立宪君主制下的议会民主制度

的和平演化奠定了基础"吗？ [5] 当然，革命在苏格兰和爱尔兰所做政治安排的影响也持续到了今天——尽管要对它们涂脂抹粉没有那么容易了。革命让苏格兰人最终失去了政治上的独立；一旦 1688—1689 年宫廷政变所拥立的斯图亚特王朝新教支系会无嗣而终，他们就威胁要在汉诺威选侯继承问题上不再追随英格兰，而 1707 年的合并让他们不得不屈服，与英格兰组成大不列颠国家，根据合并条款他们只能在威斯敏斯特宫的原英格兰议会里获得有限的代表权。直到 1999 年权力下放，苏格兰才重新拥有了自己的议会。想必绝大多数读者不用说也知道，看似难解难分的北爱尔兰冲突很大程度上是被 1689—1691 年爱尔兰詹姆斯党战争期间一系列事件的历史记忆煽动的，例如 1689 年的德里围城战或 1690 年的博因河战役。所以如果不能正确认识所谓的光荣革命，英伦三岛上的居民看来就无法全面理解他们所处的现代世界。

不管怎么说，光荣革命已经在英国的历史想象中占据了一个有点暧昧的位置。如 1988—1989 年的三百周年纪念所示，人们对于如何理解它，有些摸不着头脑。他们要纪念的到底是什么？左派会觉得它根本就不够"革命"；多数持自由思想的人认为这是一起受反天主教的宗教偏见影响的事件（这在 20 世纪末文化多元的英国并不光彩）；在情感上拥护詹姆斯党的极端保守派认为它不过是通过可耻的叛国行为来推翻英国的正统王朝罢了。更重要的是，人们怎样才能在不伤害苏格兰人和爱尔兰人感情的前提下纪念光荣革命呢？ [6] 还有，不管过去的人们怎么看待它，现代学者总是煞风景地提醒人们，所谓 1688 年革命其实就是英格兰被国外势力成功入侵了——而且还是被 1650 年代至 1670 年代跟英格兰人鏖战过三次的荷兰人。的确，1688 年就是英格兰最后一次被成功地征服！为了在岳父的王国拯救新教徒的自由，奥兰治的威廉带来的可不是一帮外交官和谈判高手；1688 年 11 月 5 日他率领约 1.5 万名正规军在托贝登陆。詹姆斯的出走或许让威廉免于和国王的军队正面交战，但这并不能抹杀外国征服这一事实。而且英格兰虽然免遭内战，苏格兰却并非如此，有数千人在高地战事中殒命，爱尔兰则成了詹姆斯和威廉两位国王残酷战争的牺牲品，近 2.5 万人死于战乱，另有数以千计的人死于疾病。[7]

如果不揪着 1688 年入侵这一点不放，而是多看一下 1689 年所达成的政治安排，那么把光荣革命视为至少是英格兰人可以引以为傲的事件，就要容易得多。过去——从 18 世纪末到第二次世界大战前夕——伟大的辉格史学家无疑认为这场革命在国家（其实是英格兰）的历史叙述中配得一个光荣的位置。不过他们是从保守派的立场来认识它的，认为这是一场不怎么血腥的革命，堪称英格兰人中庸温和行为方式的楷模，与 18 世纪末和 19 世纪血流成河的欧洲革命形成鲜明的对比。因此在法国大革命期间著书立说的埃德蒙·柏克认为光荣革命"不是一场被发动的革命，而是一场被阻止的革命"；它意在"维护我们古老而无可争议的法律与自由"，免遭詹姆斯二世企图"对古老宪制的彻底颠覆"。[8]对 19 世纪中叶伟大的辉格史学家托马斯·巴宾顿·麦考莱来说，1688—1689 年是"一场绝对防御性的革命"，"是为古老的权利而辩护"，"在所有的革命中是最不暴力的"。的确，麦考莱认为，对光荣革命的"最高赞誉"是"它是我们的最后一场革命……正是因为我们在 17 世纪有了一场保守性的革命，我们才在 19 世纪避免了一场毁灭性的革命"。[9]对 1938 年的屈勒味林来说，尽管赶走詹姆斯二世是"一个革命性的举动……这场奇怪的革命在精神上是反革命的。它不是为了推翻法律，而是为了维护法律而反对一位践踏法律的国王"。屈勒味林认为它应该被称为"理智的革命"，这样可以"更清楚地和其他革命"区别开来。这样的观点直到今天都有历史学家赞成。[10]

这样的定性让 20 世纪的学者更多地被英格兰 17 世纪中叶的

危机吸引，仿佛这才是一场货真价实得多的革命，尽管以失败告终。从 1940 年至 20 世纪末，17 世纪英格兰史领域的泰斗克里斯托弗·希尔一直认为英格兰内战是"第一场现代革命"。[11] 同样，劳伦斯·斯通确信 17 世纪四五十年代的动荡是"世界历史上的第一场'大革命'"——而且是"英格兰唯一的'大革命'"——和"对西方文明发展具有根本意义的事件"。[12] 有些修正派历史学家认为内战并非无法避免，而且斯图亚特王朝早期的英格兰是最没有革命因素的地区，但他们也同意 17 世纪四五十年代最终发生的不仅是一场革命，而且是"**那场**革命"（尽管是"内战创伤的产物"），"对英伦三岛后来的历史有着重大的影响"。[13] 正如近年来一本颇具影响的教科书总结传统观点时所言，1648—1649 年是"英格兰历史上唯一的革命"。[14]1688—1689 年的一系列事件在大多数人看来，则不过是补充或收尾，所谓的一次余震，而非"大地震本身"[15]，或者就是带有保守和反变革的性质。[16] 虽然近来有些学者试图重新赋予英格兰光荣革命一些更为激进的意义，这些论著仍然让我们觉得它没有 17 世纪四五十年代发生的事那么革命。[17]

　　这种思维方式影响了历史学家研究光荣革命的方法。如果光荣革命主要是一场反对詹姆斯二世变革的防御性革命，那么它就没有什么深远的起因可以探究了。我们的论著可以从 1685 年詹姆斯二世登基开始写；顶多再往前追溯到查理二世末年以及 1681 年议会要求王位排斥失败后托利党的反扑。的确，很多作品的焦点只放在革命爆发的那一年。这种专注于短期的研究方法让我们有些目光短浅，无法察觉威胁斯图亚特王朝复辟政权稳定的根本性问题。重复"光荣革命不流血、不怎么暴力"的老调，则容易让我们忽视那些发生了的流血与暴力，甚至英格兰也不例外。它到底有没有我们常常默认的那么不血腥，显然要打一个问号。而且这种幻想之所以能长期存在，就是因为我们忽视了发生暴力流血革命的苏格兰和爱尔兰。

最后，17世纪中叶的前奏似乎更为重要，而光荣革命相对被边缘化，这让我们一直认为1688—1689年根本就没有那么革命。那么，为什么一场失败的反叛会比一场成功的反叛，更大地影响着英国历史后来的发展？

本研究的目的是从根本上重新思考我们研究光荣革命的方法以及我们赋予其结果的意义。它基本上关注的是光荣革命在斯图亚特王朝治下所有三个王国的起因、性质和后果。但它的目标远不止于此。在更普遍的意义上，它试图探究复辟时期英格兰、苏格兰和爱尔兰政治权力的性质与现实——君主权威是如何巩固的，又是如何被削弱的。它考察复辟时期不稳定的根源，以及为何这个在1660年被欢呼雀跃地迎回的王朝会在不到二十年后落入崩溃的边缘。它也考察这个政权如何在1680年代初绝处逢生并重建了君主的权力。最后，它考察斯图亚特政权为何在詹姆斯二世治下突然土崩瓦解，这一崩溃如何发生，1689年设计的解决方案是何性质以及有何深远影响。一个重要的分支问题是，1680年代的斯图亚特王朝诸王国是否真的有发展出绝对君主制的可能，以及如果有的话，不列颠和爱尔兰的绝对王权转向是如何发生，又是为何在这十年内被挫败。笼统地说，这是一项政治史研究。但同时这也是一项法制—宪制史和思想史研究，一项有关政治宣传、公众舆论和大众政治的研究；它既研究中央，也研究地方，既关注王侯将相，也关注芸芸众生。

本研究基于这样一种观点，即从复辟到光荣革命及其余波，应该被当作一个整体来看待。不过这样内容就会变得过于庞大，必须写成两本书。本书写的是查理二世治下的王朝，从1660年查理复辟时的一片欢腾，到1679—1681年复辟政权所面临的危机，再到1681—1685年托利党反扑时期王朝的重建。下一本写的是1688—1689年的革命及其后果，从1685年詹姆斯二世登基一直写到18世纪初。两卷书都是相互独立，自成一体。但不管怎样，这一研究是以一个整体来进行构思的，而这两本书也是共同讲述一个更宏大的故事。

目前关于光荣革命的学术著作，不管在概念框架还是实证方面，都存在许许多多的缺陷，而这正是本项研究打算弥补的。首先，多数有关光荣革命的作品关注的是政治精英，聚焦的要么是在宫廷或议会里发生的事、关键人物在反对詹姆斯时的阴谋诡计，以及革命后政治安排的最终成形，要么就是那些著书立说的政治理论家，他们在思想上支持（或反对）王朝更迭及与之相伴的教会和政治变革。中下层民众，或者说那些议会外（out of doors）的人所扮演的角色，则较少得到关注。当然，历史学家一直都知道光荣革命期间发生了一定程度的民众骚乱；但他们似乎不清楚要如何在其分析解释中将上层政治和下层政治整合起来。结果就是民众往往被放到了次要的位置，或者干脆完全不提。[18] 我们常常能看到人们只是将光荣革命定性为一场宫廷政变或王朝更迭，这恰恰说明了在主流的解释范式中，议会外因素被边缘化到了何种地步。不过近来关于复辟时期的研究似乎对此提出了质疑，这些研究强调了查理二世时期议会外政治的活力、民众骚动和公开示威的重要性（不仅在伦敦，而且在地方）以及大众请愿运动所扮演的关键角色。的确，对复辟时期的研究已经指明了对政治进行社会史研究的必要：既给核心的高层政治应有的关注，也将政治的运作放在适当的社会环境之中，考察统治者的政策对被统治者的影响，并思考那些议会外的人在多大程度上卷入了政治进程以及如何积极追求自身的政治议程。[19] 简而言之，这些复辟时期研究所提出的新路径，提醒我们有必要重新思考研究光荣革命的路径；我们需要书写一部整体的历史来表明这一点，即我们对查理二世时期议会外政治动态的理解方式，能反过来影响我们看待詹姆斯二世时期以及推翻他的革命的视角。

其次，我们缺乏一部关于光荣革命（事实上，也缺乏关于斯图亚特王朝晚期整体）的现代重要著作，对其治下所有三个王国的发展进行综合分析。纵然詹姆斯二世（在苏格兰为詹姆斯七世）被推翻而威廉三世（在苏格兰为威廉二世）取而代之对苏格兰、英格兰和爱尔兰都有影响，但斯图亚特复合型君主国的所有三个王国还是明显被孤立地看待。因为荷兰人入侵英格兰，这三个王国在1688—1689年失去了他们的当朝君主。不仅每一个王国都经历了革命的洗礼，而且三个王国经历了三场迥然不同的革命，虽然导火线相同。的确，我们有非常充分的理由将复辟到光荣革命这一整个时期放到三个王国的背景下进行考察。[20] 君主制的复辟本身就是一场典型的三国事件，尽管每个王国后来都有各自的政治安排。1660年春天查理二世复辟是复辟为所有三个王国的国王，而且每个王国都在实现复辟的过程中扮演了关键角色。爱尔兰是最先行动的，军队里的保守派于1659年12月夺取了都柏林城堡的控制权，为最终宣布查理二世复辟的爱尔兰非常议会的召开铺平了道路。正是乔治·蒙克将军麾下的苏格兰军队从1660年1月开始干涉英格兰事务，才让残阙议会（Rump Parliament）——1642年与查理一世开战的长期议会（Long Parliament）的残余，于1648年12月遭到托马斯·普赖德上校的清洗，于1653年被奥利弗·克伦威尔解散，于1659年重新召开执政——得以寿终正寝，使正式复辟查理·斯图亚特的英格兰非常议会得以召开。同样，1679—1681年的王位排斥危机也不仅仅是一起英格兰的历史事件，因为试图在英格兰排斥一位天主教徒的王位继承权，势必会在他也拥有继承权的苏格兰和爱尔兰引起反弹。然而，我们对复辟到光荣革命这一时期的苏格兰和爱尔兰的研究严重不足，而如果我们想全面理解斯图亚特王朝在这两个王国统治的性质、所造成的问题以及各自革命真正的意义，就急需进行新的研究。[21]本研究将通过把光荣革命放到苏格兰或爱尔兰的背景下进行研究（这是之前缺乏的），弥补这一重大空白，希望能对苏格兰或爱尔兰的历史产生些许新的洞见，同时也希望能提供新的概念框架，来重估英格兰及整个斯图亚特多王国领地内的事态的性质与意义。

再次，学术界整体上没有认识到1688—1691年的革命性意义。本研究的主要论点是，斯图亚特王朝晚期是整个17世纪真正的革命所在——这里的"革命"既指时人的认识，也指这个词语的现代意义，即英格兰人、苏格兰人和爱尔兰人的世界发生了根本性的、不可逆转的变化。现代的英国乃至今天困扰英格兰、苏格兰和爱尔兰之间关系的许多问题，与其说是17世纪中叶那些失败（或者说被成功颠覆）的革命的产物，不如说是1688—1689年王朝更迭之后那些"成功的"革命的产物。同样，我们只有将复辟到光荣革命这一时期作为一个整体来研究，才能充分把握这一点：我们只有知道了1660年到底复辟了什么，才能理解1688年到底改变了什么。这些观点都颇为大胆，所以我们在进一步讨论之前，更有必要谈一下本研究的具体概念框架。

一部政治的社会史

本研究的一大主题是，1600—1688年间王权的兴衰与公众舆论的气候密切相关。查理二世之所以在1670年代末陷入麻烦，是因为他的政权疏远了太多的人。相反，1680年代初王权的复兴，跟王权有能力将公众舆论争取回来有着莫大的关系，而詹姆斯二世时期王权的崩溃则与王权无法让公众舆论支持其宏大且有争议的政策有关。这里要强调的是，无论我们把革命看成仅仅是一场自上而下（甚至外来）的王朝政变，还是一场自下而上的革命，公众舆论的重要性对我们理解革命本身，都有着举足轻重的影响。这也迫使我们将政治放在一个更大的社会环境之中。不过，如果要做到这一点，我们

就必须首先思考精英阶层以下的人群的政治化程度。民众有什么政治可言吗？如果有的话，他们又是怎样了解政治的？ [22]

　　方式之一显然是通过媒体。从内战前夕出版审查制度瓦解开始，17 世纪印刷出版业的产量急剧增长。尽管相关限制于 1650 年代和复辟时期卷土重来，但它们从未彻底落实，而且随着 1679 年《许可经营法》暂时失效而再度解除。在王位排斥危机和光荣革命期间,（各种政治立场的）政治精英无疑尽一切可能利用印刷媒介，以影响公众舆论。[23] 印刷品，尤其是篇幅较短的小册子、单张新闻页以及大字海报广为流通，它们还常常放在咖啡馆等公共场所，让买不起的人也能一睹为快。到 17 世纪末，光是大伦敦地区的咖啡馆可能就多达 2000 家，但咖啡馆绝不是通都大邑才有的事物，因为英格兰全境的大城小镇都找得到，苏格兰和爱尔兰也有。[24] 尽管已经有了印刷媒体，很多人仍然通过简报这样的传统手抄出版物来获取信息，而且虽然订阅的价格不菲，简报也常常会放在咖啡馆和酒馆中供更多的人阅读。的确，有人说在复辟时期的英格兰，每个村子的客栈里都能找到简报，而当地乡绅常常还像"新闻报道员"一样解释其中的内容；简报甚至有时会被张贴在街头让公众细细品读，而且人们不光是读，还会抄下来进一步传播。[25] 在 1670 年代末和 1680 年代初的苏格兰，汉密尔顿（位于格拉斯哥近郊）的牧师会定期收到爱丁堡一名通讯员的简报，简报不仅报道苏格兰新闻，也报道英格兰新闻，内容可能是从爱丁堡流通的简报中摘取的。[26] 在爱尔兰，简报不仅在首都都柏林传播，也到达了像金塞尔和约尔这样的地方城镇。[27]

　　但印刷或手写的媒体，能对整体民众有何影响？毕竟这个社会的识字率不是较低吗？其实有一些很有说服力的理由，让我们不应对当时大众的政治意识过于悲观。首先，识字率并没有以前人们说的那么低。据一项重要的现代研究统计，1640 年代初，英格兰只有

30%的男性和10%的女性识字（以能够自己签名为标准）——尽管在乔治一世登基时分别提高到了45%和25%，但这些数据看起来似乎还是比较低。不过这些比例容易迷惑人。全国性的平均数并不是很有意义，因为识字状况有显著的区域性和行业性差异。这些总数所依据的样本比较偏向于农村，而城镇居民的识字率往往比农村居民的更高。识字率最高的是伦敦，1641—1644年有将近80%的成年男性能够签自己的名字。此外，中等阶层的识字率往往比底层民众更高：自耕农、工匠和学徒能自己签名的可能性比普通农民、劳工和仆人更高。更重要的是，以能自己签名为标准的方法显然会低估近代早期英格兰的识字率，原因很简单，即人们在学写字之前要先学认字：能认字的人比能写自己名字的人要来得多——可能多达总人口的一半。而且，女性往往会接受教育到能够认字的程度，但在开始学写字之前就辍学了，因此有理由怀疑女性的识字率和男性差不多。[28] 对苏格兰的研究表明17世纪七八十年代约有三分之二的苏格兰男性识字，尽管这一样本偏向于识字更为普遍的城镇和低地。其实苏格兰和英格兰一样有着显著的区域性和行业性差异，1640—1699年有82%的劳工不识字，而农村和高地的文盲率也要高得多。[29] 爱尔兰也是如此，中上层民众和城镇居民的识字率最高。例如，一项有关1651—1652年都柏林债务案件的研究显示，66%的担保人能够签自己的名字；到1690年代，这一数字达到了近80%。显然，都柏林当地的所有精英都识字，而工匠和酒业从业人员的识字率也在70%到80%之间。相反，屠夫和面包师大多目不识丁。比较富裕的佃农能够识文断字：1653—1687年在凯里郡卡斯莱兰的赫伯特庄园签订租约的人中，有超过73%能签自己的名字（爱尔兰本地人中有66%，移居者中有83%），而这一数字在唐郡的希尔庄园高达85%，尽管后者涉及的人主要来自中等阶层。总之，务农的人并不那么需要认字，也不太有办法学习认字。因此在17世纪下半叶，安特里姆郡巴利米纳周围的阿代尔庄园里只有 33% 的佃农和自耕农能够签自己的名字，而从事手工业的人则高达 94%。[30]

　　简而言之，识字比我们过去认为的更为普遍。一个人即便不识字，也不见得就无法了解政治。民众不必通过媒体才能得知政府的所作所为；他们生活在政府的统治之下，对政府政策的影响有切身体会。经济法规、征收赋税、强制服从国教以及法律政令的实施方式都能塑造民众对掌权者的态度。的确，这些态度是会被媒体连篇累牍的报道所精炼、调整、重塑乃至引导的。而且当我们在讨论媒体的时候，不应只考虑到印刷品。传统的口头传播仍然有着举足轻重的地位。布道是传播政治信息和政治观念最有力的工具之一，这就是为什么查理二世和詹姆斯二世会对讲坛上的敌对政治言论进行压制，同时鼓励教士散播有利于王权的观点。甚至我们在研究书面材料时，也必须意识到其内容常常会经过口头传播。缺乏阅读能力并不一定会让人无法获取通过印刷或手抄形式传播的政治新闻，因为不识字的人可以聚在识字的人身边，听后者大声朗读一段最新的政治讽刺文章。我们甚至能找到一些例子，包括地方的党派活跃分子朗读小册子以教育路人，或者进到酒吧里，"向一帮穿着围裙的人滔滔不绝地讲论"政治权力应有怎样的界限。[31] 口耳相传对于传播最新的新闻和传言仍旧必不可少。人们通常会问过路的旅人或外出归来的人（尤其是那些从首都回来的人）"有啥新闻"，而他们又会很快将听到的消息通过传统的地方传播网络——不管是教堂、集市、酒馆还是咖啡馆——散布出去。人们对听来的事情的反应不亚于对他们在报纸上读到的，这就为谣言的传播提供了肥沃的土壤；[32] 事实上，谣言将在动摇复辟政权的过程中一再发挥关键作用。

　　公众示威是政治传播的另一种形式。与阅读一份辉格党的反天主教大字海报一样，一名旁观者也能"阅读"公共仪式，例如王位排斥危机高潮时伦敦支持王位排斥的人精心策划的焚烧教皇肖像游行。这是另一种大众可以加以利用的媒介（和谣言一样）。既然游行可以像小册子一样"阅读"，那么某种意义上，人们可以通过策划一场戏剧性仪式来编写自己的"小册子"，不仅旁观者可以目睹，之后写新闻或政治评论的人也可以在他们的简报或大字海报上记下一笔。

这样，我们要面对的就是一幅更加复杂的画面，而非仅仅是精英通过印刷媒体来接近民众并试图对他们进行政治化——至于那些不识字（或者识字不多）的人就被遗弃在某种无关政治的真空之中。民众也会以别的方式被政治化，特别是通过他们对政府政策效果的经验。不光他们读到的小册子或定期出版的新闻，他们从布道中听到的、从公众示威中看到的东西，以及那些口耳相传的话，或者他们时下信以为真的谣言，也会组织、塑造并动员他们的认知、期待、认同、理想、观点和态度。

以三个王国为路径

我们已经说到，以三个王国为研究路径，可以增进我们对 17 世纪末革命的理解。有一些理由之前已经顺带提过了。从最基本的方面说，由于斯图亚特王朝不仅统治英格兰，也统治苏格兰和爱尔兰，任何事关王位继承的事件或危机都会对这三个王国有影响。不仅 1660 年的复辟是如此，1679—1681 年的王位排斥危机以及 1688—1689 年的光荣革命也是如此。更进一步说，许多困扰复辟政权的问题，都与管理多王国领地的困难，以及 17 世纪四五十年代的动乱在英格兰、苏格兰和爱尔兰遗留的不同问题有关。因此，查理二世为巩固他在一个王国中的权威的举措，常常会导致另一个王国政局不稳。时人就已经认识到，他们面临的某些问题或议题是三个王国的，而不仅仅是某个王国的。例如 1670 年代末和 1680 年代初，英格兰辉格党人对罗马天主教和专制统治的担忧，不仅反映出他们害怕将来天主教徒继承英格兰王位所导致的后果，在某种程度上也是对当前查理二世治下爱尔兰和苏格兰事态的反应。同样，鉴于北边长老会中的激进分子正企图颠覆现行体制，托利党对英格兰辉格党人及其不从国教者盟友所构成的威胁感到忧心忡忡。时人会在三王国的背景下思考新出现的危机，这从他们对两大对立党派所起的名字就可见一斑："辉格"原来指的是一个激进的苏格兰长老会成员，而"托利"则是一个信奉天主教的爱尔兰盗牛贼。查理二世和詹姆斯二世经常玩弄三王国，在其中一个王国执行某种政策，以便对另一个王国表明某种政治立场：查理晚年在这方面取得了相当的成功，而詹姆斯的做法只会让所有三个王国的新教徒更加警惕。的确，长期以来苏格兰和爱尔兰的历史学家都认为，如果詹姆斯没有在英格兰垮台，他就能保住苏格兰和爱尔兰的王位；同时也需要承认的是，詹姆斯在苏格兰和爱尔兰的所作所为，在很大程度上可以解释为何他在英格兰丧失了政治精英和普罗大众两方面的支持，进而无法阻挡奥兰治的威廉入侵。

虽然有些因素是在三个王国的层面上发挥作用的，但也有些不是。斯图亚特复合君主制之下的三个王国各自的历史也需要分别进行研究。我们必须警惕那种单纯用苏格兰和爱尔兰来解释英格兰发展的英格兰中心论；不能以三王国史为由，忽视苏格兰或爱尔兰历史中那些在英格兰帝国主义看来似乎无关紧要的方面。因此，除了考察当时英格兰、苏格兰和爱尔兰事件的相互影响，本书及其续作将用单独的章节来分析每个王国各自的发展。这种安排也能突出以三王国为路径的另一优势，即它能提供比较的视角。如果我们想探究其中一个王国发生的事情有何意义，可以通过这件事在其他两个王国里可能引发的影响凸显出来。[33]

这并非有意矮化威尔士。苏格兰和爱尔兰需要被单独对待，是出于分析的目的，以探索拥有同一个国王的不同王国之间的互动关系。相比之下，威尔士公国已经被 1536 年和 1543 年亨利八世的《合并法》并入了英格兰，尽管威尔士的政治和宗教发展有着自己的特色，但威尔士在行政上是英格兰的一部分。出于这一原因，威尔士公国的情况将会被放在英格兰的相关章节中。

在这里有必要说明一下斯图亚特王朝三个构成王国之间的政治关系的性质。苏格兰和英格兰是两个独立的王国；苏格兰的詹姆斯六世只是在 1603 年继承了英格兰的王位，作为英格兰的詹姆斯一世，他让两个王国更为紧密结合的尝试以失败告终。尽管 1650 年代奥利弗·克伦威尔征服苏格兰和爱尔兰，一度实现了政治上的统一，但这种统一在斯图亚特王朝复辟后又瓦解了。苏格兰和英格兰各有各的宪法、法制和法律，各有各的行政和教会机构。[34]

每个王国都有自己的议会，但议会的性质却大异其趣。英格兰议会为两院制，上议院由教俗贵族组成，下议院由选举产生。在 1678 年第二部《忠诚宣誓法》通过后，上议院的天主教徒遭到驱逐，至此上议院共有 147 名成员（包括 24 名主教和 2 名大主教）；不过实际出席的平均人数只有这个的一半。在 1673 年达勒姆郡和纽瓦克市（诺丁汉郡）获得推举议员的资格后，下议院共有 513 名选举产生的议员，代表英格兰和威尔士的 52 个郡和 217 个市镇。大多数选区可以选出 2 名议员；只有伦敦城可以选出 4 名议员；威尔士的选区以及五个英格兰选区只能选出 1 名议员。考虑到通货膨胀，完全保有 40 先令的土地在 17 世纪下半叶已经算不上什么特别的限制条件了；例如在约克郡，约有 8000 人可以投票。市镇的选举权范围差别很大，有的市镇极其有限，例如在白金汉，只有 13 名镇委员会成员可以投票，但有些市镇相当普及，例如人口众多的威斯敏斯特镇将选举权赋予了所有户主，1679 年的选民数量近 2.5 万。[35] 事实上，有人估计斯图亚特王朝晚期可能有多达四分之一的成年男子有权在议会选举中投票。[36] 议会在宪制中的具体地位比较模糊。辉格党倾向于将议会视为一种与国王平等的权力，分享国王的主权。托利党则予以否认，强调议会要服从至高无上的君主。国王固然可以决定何时召开议会；在这种意义上，议会算不上一个独立的机构。但如果没有议会的同意，国王既不能征税，也不能颁布法律。

相比之下，苏格兰议会为一院制，由教士、直属封臣（包括世袭领主和各郡选举的代表）和自治市镇居民三个等级组成。每个郡有权选举两名委员，只有克拉克曼南郡和金罗斯郡例外，它们各选举一名委员。每个御准自治市只能派出一名委员，但首都爱丁堡可以派出两名。选民人数相对较少，各郡只有那些每年拥有地租超过40 先令的直属封臣才有投票权，尽管 1661 年和 1681 年的法律随后将选举权扩大到了一些较为富裕的租佃地保有人（即那些每年向国王支付大笔金钱，从而无限期拥有土地的人）。据一名历史学家的计算，复辟时期一个郡的平均选民人数为 16 人。在自治市镇中，选民通常就是镇委员会的成员。代表的组成也有所波动。有权推选委员的郡数量直到 1681 年才固定为 33 个，不过这些郡也不一定都能足额推举出委员；在 17 世纪，拥有议会席位的自治市镇数量在 58 个与 68 个之间波动。1681 年的议会拥有 195 名成员：2 名大主教和 10 名主教；62 名世俗贵族以及 4 名国务官（Officers of State）；代表 33 个郡的 57 名郡委员和代表 59 个自治市镇的 60 名市镇委员。[37]

在苏格兰，国王想要颁布法律时必须召开议会；但如果他只是想征税，他可以召开等级会议。这就意味着财政问题和处理民怨一直都是两回事，跟英格兰的情况不同。更重要的是，苏格兰议会中立法提案权是由一个被称为议会立法委员会（Lords of the Articles）的特设指导委员会把持，其中包括 8 名主教、8 名贵族、8 名郡委员、8 名市镇委员和 8 名国务官。设立议会立法委员会最初的目的是为了解决一院制议会的一些固有问题。首先，该委员会的初衷是确保不同的等级在"提出和制定法律上"拥有平等的代表权；否则，如果直接进行议会公开投票的话，"由于各等级席位数量不同，席位多的等级可能会欺压席位少的等级的利益"。（在英格兰，议会两院都有否决权，不会出现这样的情况。）再加上，国王可以任意增加贵族和御准市镇的数量，只要他愿意，他就能轻易地弄出一个对各郡不利的议会。其次，这一委员会旨在确保立法在提出之前进行适当的审议，因为苏格兰"议会的流程很快，且议会的组织形式……简单明了"，突然投票通过一项立法会让国王陷入是否要御准的窘境，因为他可能这时候还对该法律的意图一头雾水；而英格兰的立法要经过议会两院的通过，这意味着国王可以有更多的时间对其进行研究。然而，1633 年以后，主教可以选出 8 名贵族进入议会立法委员会，而这 8 名贵族反过来又可以选出 8 名主教，然后再由这 16 人选出郡和市镇的代表。由于国王可以任命主教（以及国务官），这意味着国王基本上可以决定议会立法委员会的构成。而且与作为一个预备委员会的初衷相悖，它变成了一种制度性的做法，即任何被议会立法委员会否决的立法提案都不得提交到议会。因此苏格兰议会是一个相对较弱的机构，无法像英格兰议会那样对国王的政治权力进行制衡。[38]

　　爱尔兰和英格兰的关系的性质则大不相同。英格兰对爱尔兰的宗主权可以追溯到 1155 年教皇阿德里安四世授权亨利二世"进入该岛"，以拓展教会的疆界、惩恶扬善、促进基督教传播并让当地人服从法律的统治。教皇是否有权利将爱尔兰以这种方式赠送很有争议。教皇原先对该岛的所有权主张是基于《君士坦丁赠礼》——337 年，皇帝君士坦丁在决定从拜占庭统治帝国后，据称将罗马和帝国的整个西部地区都授予了教皇——但这份文件很早以前就被证实是 8 世纪伪造的。此外，17 世纪的英格兰新教徒也会不假思索地否认教皇曾经拥有任何世俗的管辖权。[39] 因此，英格兰人最终将他们对爱尔兰的主张立足于征服权，这始于 1169 年盎格鲁 - 诺曼人对爱尔兰的入侵——尽管直到 1603 年英格兰才将其有效统治扩张到爱尔兰全境。亨利二世自立为爱尔兰的最高封建领主；只有到了亨利八世时期，英格兰国王才使用了爱尔兰国王的头衔。通过 1541 年的一项法律，爱尔兰王权被确立为一个"至高无上的王权"，拥有"一切荣誉、特权、尊严以及其他"属于"一位至高无上国王的身份和权威"，但该王权还是"与至高无上的英格兰王权合为一体，相互交织"。换句话说，这个独立王权是和英格兰国王的职位捆绑在一起的。[40]

1541 年法律体现了一种至关重要的模糊，而这种模糊隐含在整个近代早期英格兰与爱尔兰关系的性质之中：它们是两个独立的王国，还是爱尔兰只是英格兰的一个殖民属地，就像弗吉尼亚一样？乍一看，殖民地的类比似乎很说得通：从英格兰本土来的人到爱尔兰定居，并从当地人手中圈占土地，而且英格兰人对爱尔兰进行统治以获取自身利益，他们对待爱尔兰的态度跟对待美洲殖民地如出一辙。但严格说来，爱尔兰并不是一个殖民地。不同于美洲原住民，爱尔兰本地人是国王名副其实的臣民，甚至还可以被授予各种封建头衔。[41] 更重要的是，爱尔兰拥有自己的政府和议会，尽管最著名的 1494 年《波伊宁斯法》规定，未经英格兰国王及枢密院批准，爱尔兰议会不得制定法律。[42]

爱尔兰议会本身也是以英格兰议会为蓝本的：它是一个两院制议会，由上议院（教俗贵族）和下议院（各郡及市镇选举产生，每个郡或市镇选出两名议员）组成。教会贵族有 22 人（18 名主教和 4 名大主教），世俗贵族的话，1681 年爱尔兰有约 119 人。爱尔兰有 32 个郡，但国王在整个 17 世纪大幅增加市镇的数量，以确保新教徒在下议院中的优势地位。因此，下议院的规模从 1560 年的 76 席（当时的 20 个郡中只有 10 个收到了选举令）增加到 1613 年的 232 席，再到 1666 年的 276 席,直到光荣革命后的 300 席。[43] 和英格兰一样,爱尔兰各郡也是 40 先令土地完全保有人才拥有选举权,各市镇的选举权范围各有不同。到 1692 年,市镇选区共有 117 个;其中有 55 个选区的议员选举权只赋予了市政法人的成员;有 36 个赋予了拥有完全市民权的人;还有 12 个赋予了独立举炊者(potwalloper,即那些不领取施舍或救济的人)、8 个郡级自治市选区赋予了拥有完全市民权的人和自由地产保有人,以及 6 个采邑选区只赋予自由地产保有人。都柏林大学三一学院也能由院士和学者选出两名议员。[44]

英格兰议会制定的法律在多大程度上也适用于爱尔兰,没有定论。英格兰议会自然宣称其立法一律适用于爱尔兰,爱尔兰人则往往认为只有那些随后经过爱尔兰议会同意并发布的法律才可以。1441—1442 年,英格兰司法当局裁决英格兰议会无权对爱尔兰征税——至少这一点似乎是很明确的。不过爱德华·柯克爵士在 1608 年的卡尔文案中认定(尽管只是附带意见而不是司法裁决),"虽然爱尔兰属于另一主权范围,但由于其所有权是通过征服获得的,爱尔兰应该明确无误地受制于英格兰的议会立法"。但相反的是,爱尔兰下议院在 1641 年通过一项决议,宣布"国王陛下的爱尔兰王国全体臣民"为"自由的人民,只能根据英格兰普通法和爱尔兰议会制定的法律来进行统治"。这个问题在复辟时期都没能得到解决。1685 年,掌玺大臣吉尔福德勋爵告诉新任爱尔兰总督(Lord Lieutenant)第二代克拉伦登伯爵,爱尔兰是"一个绝对从属于英格兰的王国,国王在他的英格兰议会中可以制定对爱尔兰有约束力的法律"。吉尔福德宣称,这种能力是国王作为爱尔兰的征服者固有的。然而,在下了如此看似斩钉截铁的论断之后,他又承认,由于爱尔兰人民"在英格兰议会中没有代表",英格兰议会"剥夺他们的金钱或制定任何改变其产权的法律"都是不合理的,等于又把问题给搅浑了。[45]

爱尔兰本地人对英格兰国王的态度也同样矛盾。许多人无疑对英格兰人盘踞在他们自己的国家感到愤慨；事实上，都铎时期爆发了多次反抗英格兰统治的叛乱。随着16世纪宗教改革在爱尔兰的失败，以及之后来自英格兰的新教徒新兴利益集团取代了信奉天主教的老英格兰统治精英，很多老英格兰人（Old English）同样有这种怨恨情绪，甚至开始认为自己是爱尔兰人，因为他们和同样信奉天主教的讲盖尔语的爱尔兰人有着共同的利益和关切。吉尔福德勋爵在1685年对克拉伦登说，"由于爱尔兰不仅臣服于当今国王，更臣服于英格兰王权"，所以"要理所当然地认为爱尔兰人"——他指的是爱尔兰的天主教徒——"厌恶英格兰人及其统治，而且他们一旦羽翼丰满就要将其推翻"。[46] 然而，随着1603年苏格兰的斯图亚特王朝入主英格兰，讲盖尔语的爱尔兰人认为他们终于拥有"一位和他们同根同源的君主了"，因为据说苏格兰历代国王是古代爱尔兰国王的后裔；根据这种历史传说，詹姆斯一世"不仅是一位拥有爱尔兰血统的君主"，而且还是"王室宗亲"，"即便根据爱尔兰法律也理应成为该岛的国王"。[47] 在17世纪的大部分时候，绝大多数爱尔兰天主教徒（包括讲盖尔语的爱尔兰人和老英格兰人）是忠于英格兰国王的，甚至在某种程度上，称得上比英格兰人更忠诚。[48]

在斯图亚特王朝的三个王国中，英格兰不仅最大——1656年约有人口547万（尽管在17世纪下半叶停止增长，甚至有所下降）[49]——而且在种族和文化上最为单一。虽然方言差异显著，且地方上有许多人会对自己的郡、地区或城镇怀有浓厚的感情，但大多数人也有着强烈的英格兰意识——在全国普遍使用的英格兰普通法制度进一步加深了这种身份认同——并拥有作为英格兰人的某些权利和自由。拥有37.1万人口的威尔士让这种状况变得有些复杂。根据英国普通法，威尔士人拥有与英格兰人同等的权利，但四分之三的威尔士人主要讲威尔士语。[50]

英格兰和威尔士在宗教上都四分五裂，有的是国教会的信徒，有的是各式各样的新教不从国教者（长老会、独立派、浸信会和公谊会），还有的是罗马天主教徒。天主教徒是人数最少的宗教少数群体，只占人口的 1.2%。他们在西北地区（兰开夏和柴郡），以及西米德兰兹和威尔士边境（主要是赫里福德郡和蒙茅斯郡）的部分地区势力最大，大伦敦的某些地方（特别是西郊和威斯敏斯特）也有相当数量的天主教徒。[51]1676 年，伦敦主教亨利·康普顿主持的宗教普查发现新教不从国教者占总人口的将近 5%，但现在认为实际占比被严重低估了，因为这一普查主要计算的只是那些彻底和英格兰国教划清界限的人（例如浸信会和公谊会），而忽视了那些间偶或部分服从国教，以及那些间偶不服从国教的人，这些人既参加秘密宗教集会，也会去国教会礼拜。最近的研究发现，新教不从国教者在地理和社会上分布都非常广：城镇和乡村都有，遍布东南西北，包括各个阶层的人（上至土地精英，中至中等阶层的专业人士和商人，下至从事手工业、制造业和体力劳动的底层民众），而且大多数信国教的新教徒不管住在哪里，都有认识的不从国教者。尽管如此，一些地方的新教不从国教者尤为集中：考文垂（位于西米德兰兹）有 25%—40% 的人是不从国教者，刘易斯（位于萨塞克斯郡）超过三分之一的居民是不从国教者，而这一比例在伦敦的有些地方也高达 15%—20%。不从国教者可能在城市环境中更加如鱼得水——英格兰第二大城市诺里奇、第三大城市布里斯托尔以及其他很多城市有数量可观的不从国教者。至于乡村，往往在那些有着农村手工业的地方（例如威尔特郡的布匹产区），不从国教者的势力很大——尽管地方史学者警告我们不要过于简单地将行业和不从国教联系起来。[52]

　　苏格兰在 1691 年的人口约为 123 万。[53]它在语言和文化上分为讲盖尔语的高地人和讲英语的低地人。高地人在苏格兰社会是边缘群体，被低地人视为暴戾、野蛮、易于犯罪，而低地人则更加认同边界以南的英格兰邻居。[54]卡西利斯伯爵是一位来自艾尔郡的低地绅士，他在 1678 年初说高地人“除了外表之外，没有什么地方像人”，因为他们“在习惯、语言和风俗上都与所有人不同”。[55] 苏格兰有少数天主教徒，1681 年公开的天主教徒只占总人口的不到 2%，而且几乎都集中在高地和群岛地区。[56] 不过，占人口多数的新教徒也分为长老会和主教制派，前者在南部和西部最多，后者主要在泰河以北的地区。[57]

　　在 17 世纪下半叶的爱尔兰，我们能划出 8 个不同但有所重叠的利益群体：讲盖尔语的爱尔兰本地人；老英格兰人，他们是原先盎格鲁－诺曼殖民者的后代，绝大多数仍然忠于宗教改革前的教会；宗教改革后分批到来的新英格兰人；苏格兰移民，主要以阿尔斯特为根据地；天主教会；新教国教会；新教不从国教者；以及国王本人。[58] 即便是这么分类也很难精确描述爱尔兰状况的复杂程度。例如新英格兰人中就有不同的类型，17 世纪四五十年代的议会军以及克伦威尔麾下的士兵和冒险者，常常夺取先前伊丽莎白和詹姆斯一世时期新教移民的土地。天主教徒也因是否承认英格兰国王的至高地位而一分为二；新教不从国教者包括苏格兰长老会、英格兰长老会、独立派、公谊会和来自法国的胡格诺派难民。爱尔兰本地人和老英格兰人往往是天主教徒，而新英格兰人和苏格兰移民往往是新教徒——尽管有些老英格兰人甚至爱尔兰本地人改信新教，而有些新来者则皈依了罗马天主教。[59] 爱尔兰的总人口在 1672 年约有 170 万（比 1641 年的 210 万有所减少），到 1687 年又增加到了 220 万；大致地说，约四分之三的人口是天主教徒，剩下的人则被国教徒、苏格兰长老会教徒和其他新教不从国教者平分（尽管 17 世纪七八十年代大批逃避祖国迫害的圣约派涌入，导致苏格兰长老会教徒的比例有所增加）。[60] 不过具体的比例也是因地而异。例如绝大多数苏格兰长老会教徒集中在阿尔斯特，导致他们在该地区成为一个举足轻重的群体；据估计，安特里姆、伦敦德里和唐三个郡的人口中有

43%—45% 是长老会教徒。[61]

　　早期的盎格鲁—诺曼和英格兰移民可能认为讲盖尔语的爱尔兰人是异族——而且是低等种族[62]——但 17 世纪下半叶的英格兰评论者似乎就没有这么做了。英格兰人无疑认为爱尔兰人社会落后、智力低下。1666 年，当英格兰上议院在讨论爱尔兰牲畜法案时，白金汉公爵称他认为该法案的好处显而易见，任何反对的人一定"不是有爱尔兰的地产，就是有爱尔兰的头脑"，而一位英格兰作家在读到一份替詹姆斯二世时期信奉天主教的蒂康奈尔伯爵在爱尔兰的统治辩护的小册子时哑然失笑，他认为这份小册子的说法自相矛盾，先提到主角"卓越的爱尔兰逻辑"，然后又指责爱尔兰人"迟钝懒惰"。[63] 1686 年 5 月，第二代克拉伦登伯爵巡视都柏林周边的乡村，发现当地人慵懒堕落，住的地方比猪圈好不到哪去，而且"除非快要饿死了，否则绝不劳作"。[64] 不过两个群体之间的差异越来越被视为文化和宗教上的，而不是种族上的。科克的记录法官理查德·考克斯爵士在光荣革命期间写的爱尔兰史中否认爱尔兰人是"单一而古老的民族"，并推断他们是"布立吞人、高卢人、西班牙人和东方波罗的海一带的人混杂而成的"，而"大多数爱尔兰本地人"是"从不列颠"来的。换言之，爱尔兰人不过是"古代的英格兰居民"。更重要的是，许多早期的英格兰移民与爱尔兰本地人通婚，接受了后者的风俗习惯甚至姓名。考克斯相信"他们中几乎没有哪个绅士""血管里没有流淌着英格兰的血液"。考克斯将"爱尔兰人的无知和野蛮单单"归咎于"他们邪恶的风俗"，他将他们的宗教也包括在其中，说它"不过是无知的迷信"——这一说法也被用来指责那些被爱尔兰文化同化，仍旧坚持旧教的盎格鲁—诺曼人或老英格兰人的后裔。[65] 考克斯是在为威廉重新征服爱尔兰的战争摇旗呐喊，想要将詹姆斯二世的所有天主教支持者一竿子打倒。此外，他也承认，尽管老英格兰人努力消除他们和本地人之间的差别，爱尔兰本地人却试图维持。不过，即便是讲盖尔语的爱尔兰人也逐渐认识到，差别已经变得模糊不清了。因此，一位讲盖尔语的地主查尔斯·奥凯利在革命后写道，通过相互通婚和共同捍卫天主教信仰，老英格兰人和爱尔兰本地人"融为一体，成为一个统一的民族"，被"血缘和利益的纽带"所巩固。奥凯利仍旧倾向于谈论"爱尔兰人的**两个**种族，或者说土著的种族和殖民者后代的种族"；重要的是，他认为他们都是爱尔兰人。[66]同样，另一位詹姆斯党历史学家，尽管是从老英格人在爱尔兰的利益的角度出发进行写作，但他解释说，他把"爱尔兰民族"一词理解为"爱尔兰天主教徒"。[67]

革命

用革命一词来描述 17 世纪下半叶斯图亚特王朝三个王国所发生的动荡，在多大程度上是合理的？首先需要指出的是，时人就是这样来描述的。1688 年 11 月 2 日，就在威廉登陆托贝之前，约翰·伊夫林写信给塞缪尔·佩皮斯，提到了"这场即将发生的革命"，认为它"必将在我们中间导致巨大的变动和变迁"；随后在 1688 年 12 月 12 日给佩皮斯的信中，"在谈到国王出走后国家陷入的巨大动荡时"，伊夫林提到了"这场轰轰烈烈的革命"。[68]纳齐苏斯·勒特雷尔在 1689 年写道，这是一场"大革命"。[69]1689 年的一首诗描绘了威廉·拉塞尔勋爵和阿尔杰农·西德尼（这两位激进的辉格党人在1683 年因叛国罪被处死）的亡魂对话，拉塞尔问西德尼："你对尘世/ 最近发生的大革命怎么看？"[70]1690 年的一部史著题为"英格兰及苏格兰近来的大革命"，作者称该革命为"世界上最大的革命"。[71]

在 17 世纪下半叶，人们一听到"革命"（revolution）一词，头脑里会回荡起很多不同的东西。它有一层意思来自天文学，如行星绕中心点公转（revolution），进而有"完成一整个周期"或"回到初始状态"的含义。1660 年的复辟有时会被时人称为一场"革命"，正是因为它试图恢复内战前的秩序。例如高教会派教士乔治·希克斯在 1684 年就把复辟称为"让我们摆脱奴役和被掳的奇妙革命"。1692 年，理查德·考克斯爵士在写到 1659—1660 年爱尔兰发生的事件时，说"人民对这些朝三暮四的变革感到身心俱疲……普遍希望国王复辟"，他把国王的复辟称为"大革命"。[72] 有人认为，1688—1689 年的事件就是在这层意义上被时人视为一场革命的：在詹姆斯二世非法改变现状后，维护古代的权利和自由。[73] 但当时显然不是所有的人都这样理解。理查德·坦普尔爵士写过一本书为斯图亚特王朝晚期以来的混合君主制辩护但从未出版，他似乎对"革命"和"回归初始状态"有着明确的区分。他这样设想："如果政府满足了所有的等级，而其中一个或两个等级有时可能企图欺压另一个等级，这就会导致大革命，但政府还是会回到其旧的行为方式上，正如自征服以来我们经历的事情所充分展现的。"[74] 约翰·洛克在《政府论·下篇》（虽然出版于光荣革命后，但写于革命前）中论及人民普遍厌恶改变，他写道，"王国过去和现在发生过许多次革命"，"经过几番无果的尝试之后"，我们仍旧回到"由国王、上议院和下议院组成的旧立法机关"；从上下文来看，显然洛克是将"革命"与"改变"，而非"恢复旧秩序"联系起来。[75]

其实，17 世纪下半叶，"革命"一词最常见的用法是宽泛地指代激烈的转折、变化或动荡——颠覆事物原有的运作方式——并没有明确地指出变化的方向。当时的大多数人就是在这个意义上把复辟称为"革命"的。因此，苏格兰总检察长罗斯豪的乔治·麦肯齐爵士在他的回忆录中把 1660 年的复辟、1663 年查理二世与劳德代尔伯爵（后为公爵）在苏格兰搞的政府更迭都称为"革命"。[76] 当时的人常常认为革命会伴随着暴风骤雨般的动荡。例如 1660 年 6 月苏格兰牧师罗伯特·劳里在爱丁堡布道时说，他对国王"就这么顺顺当当地"复辟了感到十分惊讶，因为"没有人在最近这场革命中损失财物，也没有人丢掉性命"，暗示革命时通常会发生这样的事情。[77]革命有可能恢复一个旧世界。因此，当时的辉格史学家吉尔伯特·伯内特在他的《当代史》中写道，1650年代有拥王派试图给克伦威尔劝进，坚称"除非有一个国王，否则没有哪个新政府能合法地稳定下来"，在拥有国王之前，"他们所做的一切努力都是把房子盖在沙土上"，会让他们"陷入爆发革命的危险之中：如果是这样的话，他们所做的一切都会无效，因为违背了未被撤销的现行法律"。[78]但革命既可以推助新的变化，也可以复旧如初，让人对前景感到一头雾水。1685年2月初，伦敦的一位通讯员在听闻查理二世的死讯后写下"这场革命究竟会给官职的安排带来怎样的变化，我还摸不准"；他显然不是在说他认为事情会还元返本，查理二世时期所有丢官的人都会被詹姆斯官复原职。[79]同样，保王派笔杆子罗杰·莱斯特兰奇爵士在1687年写道，一个信罗马天主教的君主在1685年登上王位"是场大革命"。[80]1686年6月，一位简讯作者预见到爱尔兰军队中将蒂康奈尔伯爵可能进一步推动有利于爱尔兰天主教徒的改革，便评论道，人们期待"该王国发生巨大的革命"。[81]

时人也常常把17世纪四五十年代发生的动荡称为"革命"，甚至是一场革命。1660年，在苏格兰的一场庆祝君主制复辟的感恩布道中，约翰·佩特森谴责了在"最近的动乱与革命中"替篡夺君主权威张目的种种"罪大恶极、无事生非"的言论。[82]1682年4月，里彭的市政当局在一份忠君献词中宣称他们对于"过去"那些颠覆英格兰国教会、篡夺君主权威的"恶人用骇人听闻、无法无天的行径导致的痛苦、灾难和可怕的革命"铭记在心。[83]1685年，吉尔福德勋爵警告克拉伦登说爱尔兰人对英格兰人很是厌恶，可以肯定这种情绪"因着很多爱尔兰人在过去的革命中失去了财产"而变得更加强烈了。[84]1686 年 9 月，在论及"讨好全体人民的不可能"时，莱斯特兰奇坚称这一点已经"被 1640—1660 年革命的一系列事件以最具试验性的方式最明显地"证明了："每一位粉墨登场的篡权者都被乱党当初用来颠覆国教会和国家的理论、做法、手段、方式和原则所颠覆。"[85]詹姆斯二世在晚年回忆说，1678 年所谓的教皇党阴谋曝光，"导致一时谣言满天飞，和过去那场革命爆发时的气氛如出一辙，以至于那些亲身经历过的人都以为自己又回到了1641 年"。[86]

"革命"一词会让 17 世纪下半叶的人产生这些有所重叠又不尽相同的联想，这一点在当时的一部史书中得到了充分的体现。这本关于苏格兰长老会中的激进圣约派团体"会社分子"（Society People）*的著作，由亚历山大·希尔兹在光荣革命后不久写成。他一开篇就抱怨"自从上次灾难性的革命以来，全国人民几乎都可怕地背弃了真道"，他在这里说的是 1660 年后君主制和主教制的复辟。在写到 1688 年秋天荷兰军队即将登陆的消息传到苏格兰时，他评论说，"这时全国上下到处是有关打仗的骚动、舆论和谣言，每个人都预见到变革和革命即将到来，有的人满怀希望，有的人则忧心忡忡"，很多对荷兰人表示欢迎的人"并不是因为真的想让荷兰人来"。他接着写到荷兰人登陆后苏格兰发生的事情，"在苏格兰发生的革命和变革规模不小，数量也不少"。[87]

正是在这种剧烈动荡、国运逆转的意义上，1688—1689 年（如果把爱尔兰也包括进去的话，就是 1688—1691 年）发生的事件才被视为"革命"。1688 年 12 月 18 日，亨廷登伯爵的一名通信人报告说，最近几周发生了"历史上罕见的革命和变化"。他继续写道，

---

* 指的是苏格兰长老会中激进的卡梅伦派在失去领袖后的所谓"存留者"，他们结成了祷告会。见本书第六章。（除特别说明，本书页下注均为译者注。）

"就在四十天前，国王还有三个王国在他的治下安享太平，有一支兵强马壮的大军，有一支人员充足、装备整齐的舰队为他而战"以及"许多坚固的堡垒和港口城镇"。但现在"军队、舰队、坚城以及几乎所有城镇的领袖和北部、西部的大多数贵族"都已经"宣布效忠奥兰治亲王了"；王后和威尔士亲王已仓皇出逃；国王本人也去国出走；御前大臣沦为了阶下之囚；所有的教皇党徒也放下武器，不再听令。[88] 新教徒将 1688 年与 1689 年之交爱尔兰天主教徒的夺权行动描述为革命——不过是英国新教徒所谴责的革命——甚至是一场"民族革命"。[89] 在詹姆斯二世在英格兰被推翻之后、1690 年 7 月博因河大捷发生之前，理查德·考克斯爵士甚至都还不知道"风潮和革命会在哪里"结束，就写到了"现在这场惊天动地的革命"。[90]

时人显然有这样的观念：革命涉及与过去或传统秩序的一刀两断，甚至是翻天覆地。1689 年，英格兰的一位詹姆斯党人在提到英格兰的时候抱怨，"这场革命"确立的"新制度""破坏了英格兰宪制"，把"我们曾经至高无上的君主"变得"比威尼斯总督好不到哪里去，沦为民众的傀儡"，迫使我们"跟着一个共和国亦步亦趋"。[91] 同年有一份讽刺性的小册子写道，一个国教牧师问一个不从国教者对时局有何看法，后者讲了这么一个故事：一位绅士在弥留之际嘱咐亲属把他面朝下埋葬，说"不久就要天翻地覆了，到时我就是唯一能端端正正地躺在坟墓里的人啦"；这个国教牧师只能回敬说："哎呀，我必须承认确实发生了一场不小的革命。"[92] 苏格兰议会自 1689 年以来就一直提出影响深远的立法，该机构于 1693 年 7 月起草了一份给威廉三世的效忠献词，盛赞他"在领导近来那场成功的革命时非常照顾他们的关切"。[93]

因此，本研究涉及的是 17 世纪下半叶人们认为的"革命"。除了 1660 年那场"灾难性革命"的影响，以及复辟政治安排本身遗留给复辟政权的问题，它还考察 1660 年代至 1680 年代王权政治命运的波动起伏，探究 1688—1691 年在三个王国内推翻詹姆斯国王的革命有何起源和性质。的确，我们现在有关革命的概念源自法国大革命，这在 17 世纪并不存在。但不管怎样，时人显然已经认为革命会带来"规模不小，数量也不少"的变化，甚至有可能确立一个完完全全的"新制度"。

　　本研究还会进一步指出，如果我们想了解真正改变近代早期英国政体的革命——现代意义上的革命——就必须对 17 世纪下半叶进行深入研究。尽管研究斯图亚特王朝早期的历史学家对 17 世纪四五十年代的事件有多大的革命性众说纷纭，但近些年学术界已经认识到旧的秩序非常成功地在 1660 年得到了恢复——一位历史学家说得好，甚至所有的旧问题也一并恢复了。[94] 任何有理智的人都不会否认 17 世纪四五十年代的事情有着长远的意义——本书头两章将深入考察 17 世纪中叶动荡的遗产有何性质，以及 1660 年到底复辟了什么。但研究斯图亚特王朝的历史学家似乎越来越多地指出，17 世纪中叶的危机对斯图亚特王朝的历史发展轨迹影响不大，或者没有在实质上弥补或解决困扰斯图亚特政权的某些基本问题。[95] 正如之前的詹姆斯一世和查理一世，查理二世和詹姆斯二世也面临财政拮据、跟议会的宪制性关系模糊不清、国内宗教争端不断以及多王国领地不稳定等问题。不论好坏，1688—1691 年的革命给这一系列问题都带来了答案。换言之，如果把查理二世时期的英格兰、苏格兰和爱尔兰跟内战爆发前夕的形势做一下对比，我们可能不会马上意识到其间曾经爆发了一场革命。但如果我们把这三个王国在 1720 年的状况跟 1680 年代的做一下对比，我们就能很明显地发现，很多事情已经发生了剧烈的变化。而这样的变化之所以能够发生，1688—1691 年的革命功不可没。

第一部

从复辟到危机

（约 1660—1681）

《一位教皇党继承者的前景》

这幅出自王位排斥危机期间的辉格党版画巧妙地囊括了辉格党宣传的中心主题。那个两面形象"麦克"（即爱尔兰天主教徒）一半是约克公爵，一半是魔鬼，他正将新教徒绑在火刑柱上烧死，并在伦敦城纵火。他右边的形象一半是国教会主教，一半是教皇，他正将新教不从国教者赶出英格兰国教会。骑在教堂屋顶上的是一群国教会教士，他们"疾驰"着走向魔鬼——"疾驰者"作为托利党教士的诨名就是这么来的。右边的狗尾巴上绑着一根扫帚，向一个耶稣会士乞怜，它代表了托利党宣传家罗杰·莱斯特兰奇，后者的出版商是亨利·布罗姆

Strange Divinity: intended Slavery: Old Englands Misery: &c

Necks or Nothing I love noo Crippl—

Protestt houle

They must goe the Devill Drives: Tantivy: Tantivy Tantivy

A Fia for Towzer

Roome for the Church for Rome Boye

Conformitie erit Reformatio

Out Fanaticks in Popery

A Right Roman Crucifix

Presbitters the Plotter: Bow

Ha-loo Towzer Rare Dogg

Discoveries Majesteriall: Dialogues Apredo sine: Copie:

Towze: all Dam-house, if the Popes: Bar: Maintaine Elisa'd Rare Vermel Writer Backe & Fiddle: Swinge: ho:

PARLIAMENT'S Ours: March the 21th 1680

第一章

"这国将站立不住"

——复辟王朝在英格兰的缺陷

> 我一直认为查理国王任内为推行天主教和奴役所采用的手段，比后来詹姆斯国王所用的要好一千倍，也更容易达成目的。一个是赤裸裸的，任何明眼人都看得出来；另一个却是润物细无声，不容易察觉，但也危险得多。[1]

无论是当时的人，还是现代的历史学家都认为，1660 年春君主制的复辟受到了欢迎。共和主义在英格兰根基不深，而且尽管奥利弗·克伦威尔在 1658 年 9 月去世前能很好地撑住局面，但在其子理查德于 1659 年 5 月辞职、护国主政体垮台后，英格兰已经不可能建立起一个靠得住的共和制政权了。残阙议会重新召开（5 月），接着共和派军队夺权（10 月），再然后残阙议会卷土重来（12 月），到 1659 年底，英格兰似乎正在走向无政府的混乱状态。1659—1660 年的秋冬时节，随着民众要求建立完整独立的议会、恢复宪制的体统，基层社会发生了很多反对军队和残阙议会统治的动乱——有游行示威、暴动和请愿活动等形式。最终，驻苏格兰军队总司令蒙克将军救英格兰人脱离了水火，他于 1 月 1 日进军英格兰并开往伦敦，迫使残阙议会重新接纳被排斥的议员（2月），然后投票决定自行解散（3月），这为非常议会的召开（4月）铺平了道路，所有人都知道这个非常议会将会把国王请回来。但蒙克采取这些措施既有他个人明显的算计，也是在回应民众的压力；因此，复辟之所以能成功，是因为这乃人心所向，而且大多数人也对共和国的寿终正寝乐观其成。在5月的第二个星期，查理二世在林肯郡的波士顿被庄严宣告为王，镇上的"年轻人"扯下了"共和国的徽章"，并拖着它们游街，先是让堂区委员会助理对它们进行鞭打，然后"在上面拉屎撒尿"，"这个城镇就是这样对共和国的徽章发泄怨恨的"；这个被糟蹋得乌七八糟的徽章这才被丢进当地人为"欢庆"国王回来而点起的篝火里。[2] 当查理二世最终于5月底回到英格兰时，全国上下一片欢腾；肯特郡绅士爱德华·迪林爵士在日记中写道，从5月25日"陛下在多佛尔登陆"到29日"他来到伦敦"，"这个王国呈现出的由内而外的喜悦之情，没有哪个国家可以媲迹"。[3] 三个王国到处都有类似的景象。根据18世纪初一位有老英格兰人血统的爱尔兰詹姆斯党人记载，"不列颠帝国全境除了喜悦和欢庆之外什么也看不到、听不见，因为这位君尊的医生要来医治这三个血流不止的国家，并赋予它们的自由臣民以生命"。[4]

查理二世试图通过满足所有人的所有愿望来巩固这种民心。因此他在复辟前夕的1660年4月30日从低地国家的布雷达发表了一纸宣言，承诺给予所有支持共和政体的人（除了那些之后可能被议会排除的人）"自由而全面的赦免"以及"信仰自由"，以治愈长期以来血流不止的伤口。[5] 问题是这位君尊的医生也回天乏术——这一点到1670年代末已经昭然若揭。1677年6月，激进的女预言家安妮·温特沃思听到了"一个极其骇人可怖的声音"警告说"这国"将"站立不住"，不久要有"翻天覆地的事情发生"。[6] 在随后的几个月里，她收到了好几个关于末日审判即将临到的启示，这不仅会影响到英格兰，也会影响到"整个欧洲"，自然包括苏格兰和爱尔兰。就在1678年10月8日，她预言"审判已率先从苏格兰开始，但现在更大的审判就要来到英格兰"，而"爱尔兰自然也要深受其害"，荷兰、法国、意大利和西班牙也是如此，这些国家都无法"从我们的损失中获益"。[7]温特沃思相信神将因为这些国家不敬畏神而降怒于它们，而耶稣基督会来拯救那些真心信神的受压迫的少数。在我们看来，她似乎不过是个怪人；当时大多数人也将她斥为"一个狂妄自大、暴躁易怒、睚眦必报、心怀不满的疯婆子"。[8]但在一些重要的方面，她的话得到了应验，即便不是按照她预测的方式。到1677—1678年，复辟政权的确是一步一步地滑向了危机，很多人开始觉得国家"将站立不住"。再过十几年，不仅是英格兰，苏格兰和爱尔兰都会发生翻天覆地的大事——按时人的话说是"大革命"；[9]可尽管如此，没有哪个欧洲强权从英格兰的损失中获益。

本章及下一章旨在探究1660年是如何变成1677—1678年的，也就是说，考察在复辟初期万众归心的复辟政权是怎样在王位排斥危机前夕濒临瓦解的。到底是哪里出了问题？本章关注的是复辟王朝在英格兰所面临的问题。它将指出，有三个主要因素导致了复辟王朝在英格兰的软弱：历史遗留的政治宗教分歧、缺乏强有力的君权以及声望的丧失。之后的一章写的是苏格兰和爱尔兰，重点放在查理在另两个王国所面临的不同问题，以及他的多王国基业与生俱来的困难是怎样导致了席卷整个不列颠的问题。

内战及空位时期的政治和宗教遗产

复辟时期的英格兰社会急于想忘掉过去，但曾经的历史却始终挥之不去。在绝大多数人的心目中，1660 年后的英格兰是对禁欲的清教统治的反弹，坐在宝座上的是一位"快活王"（尽管他快活得有些放荡了），他决心再也不出走国外了，但同时也打算在结束多年的流亡生活后好好地享受享受。很多之前被淘汰或取缔了好长一段时间的事物马上又卷土重来——比如圣诞节、五朔节花柱和戏剧（现在女角都是由真的女演员扮演了）。简而言之，人民又可以享乐了——而且比以前有过之而无不及。的确，从这一方面讲，复辟并没有怎么"复辟"旧的文化，而是开启了一个新的时代，其纵情声色的程度跟内战爆发之前完全不可同日而语。这个花花世界的中心就是放荡不羁的宫廷——一帮复辟时期的酒色之徒成日吃喝嫖赌，而不屑于祈祷敬神——带头的就是国王本人以及他同样风流的弟弟约克公爵詹姆斯。

同时代的辉格史学家吉尔伯特·伯内特是威廉三世的宣传骨干之一，在光荣革命后当上了索尔兹伯里主教，他曾担任过查理二世的宫廷牧师。他后来写道，"［查理的］统治以及他所有的事务之所以荒废，主要在于他放纵自己去优先满足多到疯狂的各种享受"。尽管如此，伯内特还是不偏不倚地承认查理有许多长处。这位国王是"对宗教没什么感觉"——但他"不是无神论者"，伯内特写道，"他不认为神会为了只获得一点乐趣，而让一个人痛苦"。他"有着非常好的理解能力"，"非常熟悉国内外的各种事态"，而且他"领悟得快，记得牢"。他也"脾气温和，对身边的人都很有吸引力"，称得上"和蔼可亲，平易近人"。[10] 查理二世显然拥有他父亲所缺乏的某些个性特质——聪明、机敏、灵活；尽管可能在道德方面逊于查理一世，但他可以说更像是块当国王的料。[11] 然而，不管这位为人君者有什么个性特点，他总要面对 17 世纪四五十年代留下的棘手遗产。有没有什么办法，即使无法忘掉过去，至少也能与之共存？

在政治上，复辟是一场有意识地试图回到往昔的运动。查理二世的在位时间是从 1649 年 1 月其父去世后开始算的；在法律记录中，1660 年是这位新国王在位的第十二年。同样，请查理二世回国的英格兰非常议会并没有给这位复辟君主强加任何条件；它只是想回到内战爆发前夕的状态——那是国家最后一次有宪制框架可言——然后重新开始。因此，任何未经国王真心批准的制度创新都被视为无效；从宪制上来说，过去的十九年仿佛就不曾存在过。然而，这意味着 1641 年长期议会最初几个月通过的改革立法仍然有效。这样国王就丧失了星室法庭和宗教事务高等法院这样的特权法院，以及在紧急情况下未经议会批准征税（例如造船税）的能力。这种急于恢复宪制体统的心态，可以解释为何非常议会最终没有要求查理做出任何让步作为复辟的代价。由于不是由国王召开的，非常议会并非一个合法的议会；国王一复辟就有可能把它通过的任何法律宣布为无效。同理，它也没有权力撤销 1641 年的改革立法。至于政治和宗教安排的制定，以及需不需要进一步的改革或额外立法，那都要等到君主制复辟、合法的议会成立后再说。6 月，一份宣布非常议会为正式合法议会的法案获得御准，非常议会这才"转正"。[12] 它最引人注目的成就是通过了宽宏大量的《豁免与遗忘法》，将过去二十年针对王权所犯的罪行一笔勾销，只明确了有 33 人不在赦免之列，其中只有三分之一最后被处决；[13] 这足以满足整个国家对报仇雪恨的渴望，又不至于掀起一场可能适得其反的血雨腥风。非常议会最后通过的法律之一是下令掘出奥利弗·克伦威尔、亨利·艾尔顿、托马斯·普赖德和约翰·布拉德肖等弑君者的遗体，以便对其进行适当的"绞死"和枭首——这一判决在 1661 年 1 月 30 日执行。[14] 然而，理清教会和国家的复辟方案的细节这一主要任务，则留给了 1661 年 5 月第一次召开的骑士议会[*]（Cavalier Parliament）——这是一个在宪制回到正轨的情况下召开的正儿八经的议会，可以根据国王、上议院和下议院的意思，选择究竟是开启一个崭新的时代，还是更多地恢复往昔的光景。[15]

尽管全国上下普遍对君主制的回归欢欣鼓舞，但并不是每一个人都如此。在5月的第二个星期正式宣告查理为王之后，正当林肯郡的大多数人为此举行庆祝，考索普和科文纳姆的牧师文森特却试图扑灭邻里的篝火，他一边用脚踢着火一边说："都老实点！那个无赖还没来呢！"[16]在赫里福德郡，共和政府的治安法官厄尔兹利的托马斯·巴斯克维尔列了一张黑名单，上面都是那些在听说国王抵达英格兰后点燃篝火的人，并扬言要对这些人进行惩罚。[17]卡莱尔的卡思伯特·斯塔德霍姆一听说查理要回来了，就火速前往伦敦，临行前他把手按在剑上发誓说："此剑必刺穿查理·斯图亚特的心脏。"政府对这一威胁十分重视，下令即刻抓捕斯塔德霍姆，不得让他靠近国王。[18]地方法院的档案中有许多被指控出言攻击君主制复辟的案例。1660年5月22日，威斯敏斯特的鞋匠爱德华·琼斯及其妻艾丽斯承认"现在轮到国王来统治了"，但他们相信"这只不过是一小段时间的苦难，过不了多久政权又要回到他们手中"。还有一些来自大伦敦地区的人——大概是原克伦威尔军队的士兵——威胁说，只要有机会，他们就会用他们生了锈的旧兵器刺杀国王。[19]在英格兰北部，泰恩河畔纽卡斯尔的玛格丽特·狄克逊遭到指控，据称她曾在1660年5月13日说过这样的话："啥！除了一个苏格兰人他们就找不到别的人了。啥！难道没有哪个英格兰人比一个苏格兰人更适合当国王吗？"她显然对查理·斯图亚特很不感冒："除了醉酒的

---

*　斯图亚特王朝复辟时期最长的一届议会，因其议员中骑士党占大多数而得名。所谓骑士党，即王党，因戴假发、佩长剑，仿效中世纪骑士而得名。骑士议会后期增加了激进成分，与政府分歧日深，从1670年代起，议员中出现了"宫廷党"和"乡村党"之分。沙夫茨伯里是从宫廷党转向乡村党的一个例子。

妓女和皮条客，没有人喜欢他。"她如此斩钉截铁地说道："我希望他永远不要来英格兰，因为他会像他父亲一样把三个王国拖入战火。愿神的诅咒对他轻一点。我希望看到他的骨头被拖在马尾上，而且有狗来吃他的肠子。"有一个叫理查德·阿博特的人被押上北区巡回法庭，则是因为他在 5 月 20 日说："只要我的心脏还能跳动，我就要拼命阻止国王回国，因为克伦威尔的统治比他要好得多。"5 月 13 日，清教牧师约翰·博茨在约克郡达菲尔德的教堂布道时预言"那个……议会请回来的人将会带来迷信和天主教"，并呼吁会众"敬畏天上的王，并要敬拜他，不要期待地上的王，因为他会再次让我们陷入血腥的动乱中"。[20] 全国大多数地方都能找得出这样的言论——从东南部到西部各郡，从中部到遥远的北方——但保存下来的相关法庭档案过于零散，无法进行系统的分析。[21]

在复辟最初的几年，各地的报告像雪片一样朝政府飞来，说有不甘心的激进分子密谋推翻王权。但这种民间的反对势力到底有多普遍，我们很难弄清楚。有些被指从事煽动颠覆活动的人是被诬告的，而很多所谓的阴谋不过是厚颜无耻的领赏告密者凭空捏造的，为的是利用政府自身的不安全感来渔利。当然，有些阴谋是真实的，但它们的规模尚不足以给新政权的安危带来严重威胁。1661 年 1 月的确有大约 50 名第五王国派*分子在伦敦起事，1663 年约克郡也爆发了起义，规模稍大但同样以失败告终。大多数历史学家都怀疑 1660 年之后共和派残余势力其实规模很有限。[22]

不过，有两点必须指出。第一，尽管那些抵制君主制复辟的人可能无法对复辟政权造成实质性的威胁，但他们确实让该政权成了惊弓之鸟。复辟王朝成天担心前共和政权或护国主政权的拥护者或

---

* 清教徒中的激进派，宣称第一王国亚述—巴比伦、第二王国波斯、第三王国希腊、第四王国罗马均因偶像崇拜而灭亡。第四王国的继承者神圣罗马帝国也接近末日，而以基督为王的第五王国即将降临人间。

附庸者可能会发动起义，尤其害怕英格兰的反政府势力会与苏格兰和爱尔兰的敌对分子勾结起来，造成更为严重的挑战。这影响了复辟政权对安全问题的态度，并能解释为何政府会想要在三个王国中都拥有一支靠得住的职业陆军以平息任何可能的叛乱，为何当局对不从国教的问题这么在意（因为大多数激进分子都是不从国教者），以及为何任何群众骚乱只要被怀疑与共和派有一丁点瓜葛，就会遭到格外严厉的镇压。[23] 第二，我们不要随便根据国王政府的批评者自称支持的具体国体，如君主制或共和制，来给他们贴标签，以为1660 年倡导共和的人似乎变少了，就进而推断 1650 年代共和派的政治纲领其实也没有那么受欢迎。相反，我们需要对斯图亚特王朝反对者的立场进行拆解分析，认识到他们为了达到同样的目的，可能会在不同的时候支持不同的政治方案。在 1640 年代末和 1650 年代，很多激进分子认为废除世袭君主可能是最佳策略——而且在1648 年普赖德上校清洗长期议会后，这成了一个可行的选项。时过境迁，到复辟时期再提废除君主制就很不切实际了。但还是有很多人继续为了政治、宗教和经济上更大的自由和公正而奋斗，对国教会和国家的权力结构进行挑战，哪怕他们已经适应了君主制的框架。换句话说，那些"昔日的美好事业"*的斗士确实可能在 1650 年代倾向共和制，而 1660 年后拥护共和的声音几乎消失，但我们不能认为那些对"昔日的美好事业"的支持一定就烟消云散了。[24]

即便彻头彻尾的共和派只是一小撮，我们也不能就此认为复辟君主制的呼声就能反映全国上下的政治共识。有一些人——主要是长老会教徒和早期的清教徒——希望恢复君主制，并根据 1648 年《纽波特条约》剥夺君主的多项特权，将民兵统帅权和所有国务官的任命权交给议会。在这一阵营中，有颇具影响的长老会贵族，如曼彻

---

* Good Old Cause，新模范军的士兵们在回顾他们为英格兰议会而战的原因时的说法。

斯特伯爵、贝德福德伯爵、安格尔西伯爵和北安普顿伯爵，也有平民，如吉尔伯特·杰勒德、哈博特尔·格里姆斯顿、登齐尔·霍利斯和安东尼·阿什利·库珀（即后来的沙夫茨伯里伯爵）。然后也有一些极端王党分子——如彼得伯勒伯爵、查尔斯·伯克利和亨利·本尼特（即后来的阿灵顿伯爵）——想要推翻1641年的改革，恢复王权在1630年代享有的全部权力。1660年代初，恢复星室法庭的提议不了了之，但强制国王每三年召开一次议会（如果国王没有这么做，则规定由各郡郡长发布选举令）的1641年《三年会期法》也在1664年被撤销，取而代之的法律仍旧要求每三年至少召开一次议会，但删去了强制执行的机制。因此在复辟时期，限制王权派和加强王权派之间的矛盾重新出现。更重要的是，由于不同的人对于君主制复辟有着不同的解读，王权和议会之间的关系仍旧模棱两可。对有些人来说，国王显然是非常议会请回来的，因此归根到底议会才是最高权力。但国教徒和王党分子倾向于认为国王复辟是神的旨意，非常议会不过是承认了查理作为国王的合法地位，而严格说来，从1649年1月30日他父亲被处决后，他就是国王了。[25]的确，1660年8月的一项法律将5月29日（查理的生日暨复辟的日子）规定为"永久的每年感恩日"，并宣称"全能的神""通过他统管万有的旨意和能力"实现了"国王陛下近来最奇妙、最荣耀、最和平、最喜乐的复辟"。[26]

宗教是引发争论的最大源头。复辟发生时正值全国对分离教派活动进行激烈的反弹，表现就是从1659年底到1660年初发生了大量针对军队和残阙议会的请愿活动，以及多起群众冲击浸信会和公谊会集会的事件。[27]但除了铲除分离教派外，全国就没有别的什么共识了。国教徒希望恢复实行主教制、使用《公祷书》的旧国教会。事实上，主教制派根本不等教会问题尘埃落定，甚至在国王回国之前就开始按着《公祷书》做礼拜了，而且国教牧师还重新夺回了他们认为在空位时期被非法剥夺的教职。带头的固然是信奉国教的乡绅和牧师，但也有很多证据表明国教不乏群众基础，比如民众欢迎以前的牧师复职，绕着五朔节花柱跳舞来嘲弄长老会和独立派，在各地根据 1661 年 5 月的议会公告焚毁《神圣盟约》时喝彩，甚至在他们的主教冒险回到各自教区时欢呼雀跃。[28] 相比之下，长老会尽管已经承认恢复主教，却要求对主教职权进行限制，并对清教徒的改革议程做出某些让步，希望将尽可能多的人包容在国教体制内。事实上，1659 年底的一些反对军队统治的请愿活动似乎就透露出了长老会的改革议程，例如 11 月 15 日伦敦的学徒们请愿要求恢复"我们之前三位君主"所确立的宗教，"并对教会章程做出一些修改"。[29] 不过，尽管长老会主张包容政策，但他们也认为不应该宽容那些不在国教会中礼拜的人，这一点比国教徒有过之而无不及。而分离派自然希望至少可以允许他们根据自己的良心自由地礼拜。因此，他们对 1660 年 4 月查理在《布雷达宣言》中承诺的"信仰自由"寄予厚望。

国教的愿望最终胜出。一个狭隘的、不宽容的主教制国教会被重新确立，与此相配套的还有一系列用以保证国教在公职、礼拜仪式和教育方面拥有垄断地位的严苛法典，史称"克拉伦登法典"（这一有点误导人的名字是以第一代克拉伦登伯爵命名的，他在 1660—1667 年成为查理的股肱之臣）。第一部法律是 1661 年 12 月议会通过的《市政法人法》，规定所有市镇官员都必须领国教会的圣餐，并宣布弃绝长老会的圣约。随后是 1662 年 5 月的《礼拜仪式统一法》，要求所有神职人员和教师（上至牛津、剑桥大学各学院的院长和院士，下至乡村教师和家庭教师）都必须服从英格兰国教根据《公祷书》所规定的礼拜仪式，并弃绝长老会的圣约，最后期限是 8 月 24 日（圣巴多罗买日）。近千名牧师——约占全体神职人员的十分之一——不愿服从，因此不得不放弃教职，而他们中有很多是本来愿意留在国教会的长老会教士和温和的清教徒。分离教派的宗教集会先是被 1662 年的《公谊会法》定为非法，两年后又有一部打击面更广的《秘密集会法》，其有效期为通过该法的议会会期结束后的三年，对任何出席非国教宗教集会的人处以累进的罚款——初犯为 5 英镑（或三个月监禁），再犯为 10 英镑（或六个月监禁），三犯则为 100 英镑（或流放）。1670 年通过的第二部《秘密集会法》减少了对仅出席非国教秘密宗教集会的人的罚款（初犯 5 先令，再犯 10 先令），但对在非国教集会上布道或在家中容留非国教集会的人进行严惩（初犯 20 英镑，再犯 40 英镑）。为了阻止那些被革职的牧师继续服侍以前的信众，或在大的人口聚居区进行新的集会，1665 年的《五英里法》禁止他们住在距离以前的堂区或任何自治城市 5 英里的范围内。[30]

除了这些新的立法，内战之前通过的那些针对天主教徒和分离教派的法律仍旧有效。这些法律在过去主要是对付罗马天主教徒的，但也适用于新教不从国教者。其中最臭名昭著的是 1593 年（伊丽莎白在位第三十五年）的一项法律，规定那些被认定没有出席国教礼拜或组织分离派宗教集会的人，如果不在三个月内奉从国教，就要发誓出国永不回来，土地财物由国王罚没，否则将以极刑论处。[31] 随着 1670 年代人们对天主教的威胁愈加担忧，议会决定对官员进行宗教审查，以保护政治体制免遭天主教徒的颠覆，但在这一过程中，它也给新教不从国教者施加了进一步的限制。于是，1673 年的《忠诚宣誓法》要求国王任命的所有政府官员领国教会的圣餐，并公开声明反对圣体化质说。而 1678 年的《忠诚宣誓法》进一步禁止罗马天主教徒出任议会两院成员，尽管国王的弟弟兼继承人约克公爵不受其条款影响。[32]

有的人认为，国教会的复辟安排是信仰国教的乡绅们的胜利，他们控制了 1661 年选举产生的骑士议会。[33] 然而，尽管此届议会在对分离教派采取严厉措施方面有着相当的共识，但那些针对温和的不从国教者的立法则存在很大争议，最终只以微弱优势获得通过。[34]换句话说，复辟时期政治中出现的分歧并不是简单的"国教对不从国教者"，而是取决于对不从国教问题的不同态度。有些国教徒对不从国教者的苦难表示同情，支持放宽对这些新教同人的处罚；另一些国教徒则难容异己，认为必须将所有针对各种不从国教的法律都严格执行到底。但他们之间的分界线也不是那么绝对；对不从国教者的态度会因政治形势而有所变化——通常取决于当时认为对国教会最大的威胁是来自天主教徒，还是来自新教不从国教者。这些因素解释了为何统计复辟时期英格兰不从国教势力的规模如此困难。正如1676年的康普顿调查所称，彻头彻尾的分离派可能只是极少数。但如果我们算入那些自视为不从国教者或者不从国教者的同情者——可能因为他们自己过去是清教徒，或者是部分从国教者或间偶不从国教者，或者有亲戚朋友（甚至生意伙伴）是不从国教者，或者（在某一具体的政治环境下）认为对不从国教者的迫害是令人反感的——那么不从国教势力的比例就会大很多。[35]这一群体的相对规模一直都不是固定的，理解这一点非常重要。事实上，正如本书后面将要揭示的，争取大部分人对不从国教者的同情或敌视，成了复辟时期重要的政治和思想战场之一。

此外，主张不宽容的理由主要是政治上的，而非宗教上的。新教徒认为，基于宗教观点对人进行迫害是不对的；那是教皇党的做派。不从国教者的秘密宗教集会之所以被冲击，是因为它们被视为煽动性言行的温床——正如1670年的《秘密集会法》所言，"犯上作乱的分离教派和其他奸人""假借良心的名义"聚集起来"密谋造反"。[36]但实际情况是，大多数英格兰不从国教者并不是政治上的颠覆分子。长老会是人数最多的一群，他们曾经反对处决查理一世，并积极地欢迎君主制复辟。大多数独立派、浸信会和公谊会信徒也愿意与复辟王朝和解，他们想要的不过是查理在《布雷达宣言》

中承诺的信仰自由。问题是，政府因为害怕政治颠覆分子而推行不宽容的宗教政策，有可能把良民逼成叛民，适得其反地制造了这一政策旨在防止的问题。

因此，查理二世在英格兰遇到的一大难题是，他不得不统治一帮意见不合的人民。甚至早在 1660 年，社会上除了要恢复君主制之外，就再也没有任何真正的共识了，而处理好内战遗留下来的政治和宗教紧张关系，对于任何政府都不是件容易的事。更为雪上加霜的是，国教会中的具体安排并不是查理所希望的。尽管他个人对长老会没什么好感，认为正是长老会引发了 1642 年内战，并害得他父亲最终被杀，但他也希望有一个更为和谐的解决方案，而不是在一开始就无缘无故地让相当一部分人离心离德。然而，他却陷入了一个充满党派色彩的安排——这一安排不是让他成为所有臣民的国王，而只是让他成为那些信奉重新确立的国教的人的国王。不从国教问题被证明是他整个在位期间政治纷争的一个主要源头。麻烦的是，国王里外不是人：如果严格执行那些处罚法，那么就有可能疏远相当一部分人（不仅那些不从国教者可能会被官逼民反，一些温和的国教徒也会认为针对不从国教者的措施过于严厉了）；但如果采取任何有利于不从国教者的动作，又会激起国教强硬派的反对，而这些人的支持是复辟王朝所不可或缺的。

王权受到制约

我们接着来看复辟时期英格兰国王权力的性质与范围。很多同时代的人批评查理想搞绝对王权或者用专断的方式进行统治。早在 1663 年，一名下议院议员就怀疑当局有意"改变王国的政府体制，将我们贬到法国的模式里，[那里的]人民失去了所有的自由，并被专断的军事权力所统治"。[37]1675 年，刚刚失宠并加入反对派的沙夫茨伯里抱怨说，当局有一个由来已久的计划，要将政府变得"绝对且专断"，并让一支常备军进行军事统治，而 1677 年，安德鲁·马维尔完成名作《论天主教和专制统治的扩张》，为查理二世治下滑向天主教和专制统治而叹息。[38]从理论上讲，这位复辟君主的权力似乎很大。但在现实中，他实际能做的事情有限，尤其在 17 世六七十年代，这让查理二世容易受到上文提到的相互竞争的政治和宗教利益集团的批评，他也难以在政府中坚持自己的意愿或执行他认为最有利于英格兰王权的政策。

　　在继续讨论之前，我们需要看一下时人是如何理解"专制"（arbitrary）和"绝对"（absolute）这两个词的。[39]它们都会让人产生各种各样的联想，有中性的，也有贬义的。"专制"的权力是不受法律约束的权力。17 世纪大多数法学家都认为君主被赋予了某种程度的专制或自由裁量的权力，也即所谓的国王特权，通常只能用于非常时期。因此，菲利普·沃里克爵士在 1678 年写道，在应对"无法预见，或者非常罕见，或者有各种各样的复杂情况，或者规则管不到，或者相当重要或危急、无法进行正式协商"的事情时，"专制特权非常有用，也不可避免"。之所以说这样的权力是专制的，是因为它不受"严格的法律形式或程序的限制"。沃里克强调："如果因为一个决定是专制的，就据此认为它是不公义的，这不过是无知的表现。"国王拥有"专制特权"的意义就是他可以促进公义，或者在不导致不公的情况下维护国家利益。沃里克认为，"没有哪个专制权力、决策或国家理性""一定是不公的，因为现行法律和君主的专制决定都必须是合理且公义的"。[40]然而，如果国王一再藐视法治或罔顾既有的宪制惯例，这就是专制统治，比暴政好不到哪里去。

　　相反，如果说国王是"绝对"的，这意味着他不对任何人间的权力负责。他是免受法律约束的（ab legibus solutus）。这并不是说他可以任意忽视法律；他应该依法进行统治，否则神将唯他是问。但如果他没有遵守法律，他的臣民不能进行反抗，他也不能被法庭所审判。在这个意义上，国王是国内最高的权力；他是至高无上的。"绝对"也有"完整"的意思：一个绝对的统治者拥有完整的权力，即他不与任何人分享权力。比方说，他不会与议会分享主权。很多人会支持复辟时期的君主是绝对的，并且是在积极的层面使用这个词，并不带有负面的含义；他们自然不认为一个绝对君主可以专制地进行统治。因此，沃里克可以承认国王是绝对的，并拥有某些专制权力，但仍旧坚持认为这样的国王"不是专制君主"。[41] 为了攻击沙夫茨伯里及其支持者的立场，马奇蒙特·尼达姆在 1670 年代为国王政府摇旗呐喊时强调，神授的绝对王权并没有排斥人间法律的所有限制，也不意味着国王对他的臣民没有任何义务。"一个父亲有神授的权利来统治他的儿子，一个主人对他的仆人也是如此，"尼达姆解释道，"要不然《圣经》也不会写下神的命令，赋予他们绝对的权力来统治他们；但《圣经》同样表明……父亲和主人对儿子和仆人也有义务。"尼达姆强调，"英格兰国王对他的臣民所拥有和行使的就是这种个人的、绝对的神授权利，正如自古以来……法律的运作基本上是为了维护人民以及君主的各种权利和自由"。[42]

但"绝对"和"专制"之间的界线变得越来越模糊了，特别是在那些认为国王不是绝对的人眼中——例如沙夫茨伯里和 1670 年代中叶"乡村"反对派的其他成员。如果国王不能对任何人负责，那么不仅他的权力是绝对的，而且他也有可能用专制的方式进行统治。更要命的是，"绝对"带有"完整"的意味，会让人觉得一位绝对君主可以完全控制政府，并根据自己的奇思怪想来统治他的王国。1678 年 4 月，法国大使保罗·巴里永在写给路易十四的信中表达了自己的观点，认为"一位英格兰国王成为绝对的主人，并能够根据自己的意愿来支配国家的一切权力"并不符合法国的利益。

值得玩味的是，巴里永认为"绝对"是有不同级别的；一个星期后，他写信给路易说，他不认为查理"对于变得比他现在更绝对"非常在意。[43]

乍一看，这位复辟君主的权力还挺大的。恢复到 1641 年的情况，意味着国王被重新确立为行政首脑，可以掌管国家大小官员的任命以及决定各项内外政策。国王固然不能在没有议会同意的情况下征税或制定法律，但他可以否决议会的立法，而且只有他可以决定议会何时召开、休会和解散。凭借 1559 年伊丽莎白时期的《君主至上法》所赋予的种种权力，他也是英格兰国教会的最高领袖。复辟初年议会制定的新法律也试图进一步巩固君主的权力。1661 年和 1662 年两部《民兵法》赋予国王单独指挥全国所有武装力量的权力。[44]《市政法人法》和《礼拜仪式统一法》强化了不抵抗的观念，要求市政官员、神职人员和教师宣誓声明"不拘何种理由，武装反抗国王属于非法行为"。[45]

政府还努力限制公众参与政治和议论政治。1661 年的《反请愿闹事法》将"近来这个国家不幸的战争、混乱和灾难"归咎于请愿活动，禁止"为了改变法律所确立的政教事务"而组织"二十人以上"的集会或签名向国王或议会请愿，除非请愿活动事先得到了所在地三名以上的治安法官，或大陪审团的大部分成员的批准，就伦敦而言，则需得到市长、高级市政官和伦敦市议会的批准。该法还规定递交请愿的不得超过十人。[46]1662 年的《许可经营法》禁止印刷任何带有异端思想、煽动叛乱或分裂教会的内容，或与基督教信仰或英格兰国教会教义及章程相悖的教义或观点，并规定所有书籍都必须经伦敦书籍出版业公会，或一位大主教或伦敦主教，或一位大学的校监或校长许可。[47]

在这一法律框架下，人们就有可能对王权高唱赞歌。很多国教牧师在布道中宣扬王权的神授属性，强调国王是"神的代理人"，因此"除了神之外不对任何人负责"。[48] 大多数保王派作者都对"平等"或"混合君主制"的理论大加鞭挞——这一理论认为国王不过是一个平等的权力，与上议院和下议院分享他的主权。正如财税法庭首席法官奥兰多·布里奇曼在 1660 年 10 月审判弑君者时所说，国王不仅是"全体人民的元首（Caput Populi），也是整个国家、三个等级的首脑（Caput Republicae）"。首席大法官罗伯特·海德附和道："所有人都必须知道，国王是超越议会两院之上的。"[49]

然而，复辟王权远没有像这些溢美之词所说的那么强势。造成它弱势的一个重要原因是缺钱。王国饱受财政体系不完善之苦。1660 年，非常议会制订了一个看似很慷慨的财政方案，国王每年可以以税收收入的形式拿到 120 万英镑，这可是 1620 年代末和 1630 年代初查理一世常规收入的两倍。但非常议会算错了账；实际产出的收入比预计的少了近三分之一，1662 年增加的壁炉税也只填补了亏空的一半。国王完全入不敷出，而 1664—1667 年和 1672—1674 年的对荷战争，加上查理二世维持着规模比其父更大的陆海军，导致国王债台高筑。的确，1672 年 1 月阿什利勋爵（即后来的沙夫茨伯里伯爵）担任财政大臣时，政府不得不颁布财政止付令，单方面停止了对政府债权人的支付，以为第三次英荷战争腾出资金。资金的短缺令国王必须依赖议会的额外拨款。尽管议会会期还是很不固定，但查理二世从 1660 年到 1681 年基本上每年都要召集议会（只有 1671 年和 1676 年例外）。更重要的是，复辟时期的议会可不像斯图亚特王朝早期的议会，他们对于用卡钱袋子来迫使国王改弦更张一点也不客气。17 世纪六七十年代，议会多次通过威胁甚至真的停止提供资金的方式，来迫使国王改变政策。[50]

为了不再仰议会鼻息，查理二世必须让王权获得财政上的独立；这在 1681 年之前是办不到的。此外唯一的选项就是控制或操纵议会，以确保它对王权的利益俯首帖耳。这也有很多方面的困难。17

世纪中叶政治动荡所遗留下来的意识形态分裂，意味着议会选举时的竞争变得越来越频繁（不像过去，是地方精英就议员人选达成一致意见），[51] 而且郡选区里数量众多的选民以及自治市的选民也不是那么容易被上面操纵的。这也是为何查理决定长期保持 1661 年回归的由骑士党–国教会主导的议会（它最终于 1679 年 1 月被解散），尽管随着议员去世或晋升到上议院而经过大量补选后，该议会变得对王权越来越不友善。1670 年代中期，国王当时的首席大臣丹比伯爵试图通过给潜在支持者或他想买通的人津贴和官职，在下议院形成一股忠于王权的势力。尽管丹比伯爵因为企图破坏议会的独立性而遭到了上下两院反对派的猛烈抨击，但这种贿赂的影响不应被夸大。在那个议员不领收入的年代，金钱和职位被视为对过去所提供的服务的合理补偿；它们并不一定能买到未来的支持。丹比伯爵之所以能成功地在下议院建立一个支持宫廷的势力或"党派"，主要是因为他执行的政策正是主导骑士议会的骑士党–国教会绅士所支持的——维护国教会、铲除不从国教者、对法国采取强硬立场。

查理二世发现控制上议院比控制下议院来得容易。1661 年的一项法律恢复了主教在上议院的席位；[52] 他们满员的时候有 26 人，而且都是国王任命的。此外，王权也总是可以通过新设贵族头衔来扩大它在世俗贵族中的势力；事实上，1649—1685 年查理二世新设了 64 个贵族头衔，比他的父亲和祖父都要多。[53] 不过，主教一旦被任命就是终身任职，而想要撤掉世俗贵族的席位也几乎是不可能的，除非认定其叛国罪成立（但正如我们前面所见，天主教贵族被 1678 年的《忠诚宣誓法》禁止出任上议院成员）。当选民的情绪导致 1661 年一个由骑士党–国教会主导的下议院回归时，上议院仍有不少长老会贵族或有温和清教倾向的贵族，例如德文郡伯爵、曼彻斯特伯爵和诺森伯兰伯爵。查理确实也将很多前议会党人甚至在护国主政府中任过职的人晋升为贵族，以报答他们协助复辟之功——

最著名的例子就是安东尼·阿什利·库珀（在 1672 年 4 月后为沙夫茨伯里伯爵），他在 1661 年 5 月作为阿什利男爵首次跻身上议院。尽管精心的安排通常可以让查理指望上议院的支持，甚至用它来压制或修改他不喜欢的下议院立法，但上议院并不只是查理的棋子，有时候它甚至还能对国王的意愿提出重大挑战。[54]

对大多数人（包括前议会党和骑士党-国教徒）而言，复辟不仅仅是国王的回归，也是议会和法治的回归。正如 1661 年 5 月第一代克拉伦登伯爵在上议院所言："我们又有我们的国王了，又有我们的法律了，又有议会了。"[55] 但不管怎样，这还是国王的法律：下议院可以提案，但只有国王才能颁布立法。更重要的是，那些负责解释法律的法官都是国王任命的。查理一世和长期议会之间的矛盾之一，就是法官任职究竟是"凭国王意愿"（durante bene placito），还是"凭品行端正"（quamdiu se bene gesserint），进而让其职位更加独立。虽然查理一开始恢复了其父在 1641 年的做法，按照品行来任命法官，但从约 1668 年开始他就按着自己的意愿来任命，这让他后来可以任意将法官撤职或停职。[56] 不过，1671 年的"布谢尔案"确立了陪审团的独立性不受司法干预的原则：1670 年，一个陪审团对起诉公谊会教徒威廉·佩恩的证据做出了不利裁决，一名法官因此将这个陪审团判处监禁，但该案将这名法官的判决认定为非法。[57]

假如严格执行某一法律会导致更大的不公义的话，大多数人都认为国王在某些情况下有权特免法律对个人的处罚。但这种特免权的范围是受到限制的。国王不能特免自然犯（malum in se），即行为本身性质恶劣、触犯神法或自然法（比如谋杀）的人；他只能特免法定犯（malum prohibitum），即被法律规定为罪犯的人。即便如此，国王发布的特免令不能破坏法律的意图或精神，也不能损坏臣民的利益或财产；比方说，假如法律允许第三方以领取罚金的方式获得赔偿，那么国王就不能特免个人受到这样的处罚。[58]

　　国王能否完全中止某项法律的实施，就是另外一个问题了。查理和他的一些顾问显然相信 1559 年法律所确认的君主至上地位，暗示国王有权中止"教会相关"的刑事法规，尽管查理一直都没能让这一权力获得承认。[59] 他试图在 1662 年 12 月颁布《信教自由令》，以中止针对新教不从国教者和天主教徒的处罚法实施，这在次年 2月议会重新召集时引发了反对的浪潮，下议院控诉这一做法"完全没有先例"，"不符合英格兰法律的方法和程序"，查理不得不收回成命。[60] 他在 1672 年 3 月颁布第二份《信教自由令》时，同样的情况再度发生。议会在 1673 年 2 月重新召集时,决定暂停对查理的拨款，直到查理撤回该令。

　　具体的法律情况值得我们好好弄清楚，因为国王声称拥有中止权，将在 1688—1689 年的革命期间成为一个重要的问题。历史学家往往认为，根据《君主至上法》的条款，国王严格来说是有权中止教会法的。1673 年任查理御前大臣的沙夫茨伯里就是持这种观点的，他之所以支持《信教自由令》，是因为他认为国王在教会事务上的至上地位"在性质上不同于他在民事方面的地位"，而且查理一世、詹姆斯一世和伊丽莎白女王"都无一例外地行使过"这一权力。[61] 然而，下议院以 168 票对 116 票认定中止权是非法的。[62] 当然，下议院的决议不是法律；议会或许能迫使国王收回成命，但不能剥夺国王合法拥有的权力。然而，在反对中止权的斗争中，议会并不认为他们是在将曾经被认为合法的事情定为非法；相反，他们认为迫使国王撤回《信教自由令》是在让查理承认从未有国王拥有这一权力。1672 年 2 月 14 日，下议院向国王陈情说，"教会事务方面的刑事法规"只能通过议会立法来中止。查理愤怒地回应道，这一在教会事务方面的中止权"在他任何祖先在位时"都没有受到过质疑。议会很快就决定让他打消这个念头，他们强调，查理的祖先从来没有主张过这样的权力,"而且假如这样的权力得到了承认,有可能会破坏法律的自由实施,并改变历来被认为赋予陛下及议会两院的立法权"。查理最终妥协,撤回了《信教自由令》,并保证"有关中止刑法一事……所发生的事情"将"下不为例"。[63]

王权受到的另一重要限制是它有效管制臣民、抵御国内颠覆的能力。尽管《民兵法》恢复了国王控制国内一切武装力量的权力,但这些法律主要说的是民兵,而这些业余武装常常被证明经不起实战。议会倾向于认为,只要对民兵进行改组——配备更好的武器、成员受到更好的训练——就足以维护国内安全;此外,内战和共和派的试验让大多数英格兰民众产生了对常备陆军根深蒂固的反感。但查理作为刚刚在一个过去二十年对国王不甚友好的王国复辟的君主,认为自己需要支配一支训练有素的职业军队。只要国王能支付军饷,法律上并没有任何理由说他不能维持自己的常备军。但如果他拿不出钱来,就必须让议会同意征税来维持这支军队了。另外,1629 年的《权利请愿书》曾规定,在民宅中驻扎军队以及在和平时期实行军事管制都是非法的。这在实践中都是非常大的限制。1660年,非常议会批准了一大笔钱用于遣散克伦威尔的军队,但它没有具体说会给取而代之的军队支付任何金钱。查理设法用他的常规收入维持了一支三四千人的军队,他们被称为"卫队",而不是比较不光彩的"陆军"。这支军队规模很小;空位时期军队的建制曾高达 6万人,而法国的路易十四到 1675 年也有一支约 10 万人的大军。每当查理想要扩充他的武装力量,正如他在 1666 年(为了应对荷兰入侵)、1672 年(因第三次英荷战争爆发)以及 1678 年(据说是为了准备和法国打仗)所做的,人们就会立即怀疑他想用一支常备陆军来统治整个国家。另外,军队扩充后不可能全部驻扎在要塞里,所以士兵不仅要住在公共场所,也会住在民宅里,而这就违反了《权利请愿书》。议会自然不愿意为了维持扩充的军队而征税,除非这些军队是战争所需。1674 年 2 月 7 日，下议院通过决议称，"在这个国家继续维持除民兵外的任何常备军，会让人民产生极大的不满和烦恼"，并请求国王解散自 1663 年 1 月以来组建的所有军队。[64]议会在 1678—1679 年再次提出解散常备陆军的要求。[65]

　　国王的卫队有时会被派去执行基本的治安任务。1663 年，皇家骑兵卫队被派去约克取缔秘密宗教集会，而在 1670 年第二部《秘密集会法》通过之后，近卫骑兵部队也曾奉命冲击伦敦多处不从国教者的集会。[66]政府对首都发生动乱的威胁尤为在意——伦敦现在可是坐拥约 50 万人口、不断扩张的大都会。在内战前夕的 1642 年初，民众骚乱令伦敦的街道失控，查理一世被迫出走，而查理二世下定决心不再重蹈覆辙。1668 年的复活节周，数千人（主要是年轻人）手持铁棒、长柄斧和其他武器走上街头，对伦敦地区的妓院进行冲击，高喊着"改革道德、减少妓院"，并威胁说如果国王不给他们信仰自由，他们就要把白厅宫拆了；政府（担心骚乱是原克伦威尔军队的士兵煽动的）立刻派遣近卫骑兵部队前去恢复秩序。[67]依靠堂区治安官甚至地方民兵来处理这类事件的问题在于，他们缺乏对付大规模骚乱所需的武力——而且如果骚乱分子的不满看上去合理，这些人还常常加入骚乱分子一方，令政府气不打一处来。1675 年 8 月，伦敦数千名纺织工人发生暴动，抗议使用机械化的织布机，当地的治安队伍干脆拒绝出手。最后当局不得不让蒙茅斯公爵派军队将暴动平息下去。[68]

　　1675 年发生的事情凸显了复辟王朝的另一个重大的结构性缺陷，即国家在实施有效的强制方面能力有限。17 世纪的英格兰并没有专业的公务员或警察队伍，要想推行政府政策或执行法律与秩序，国王需要严重依赖地方上那些不领薪水的业余官员的配合：上至指挥地方民兵的郡最高军事长官及其副手，在郡和市镇上主持季审法庭的治安法官，下至负责基层警务的卑微的堂区治安官、堂区委员会助理和巡夜人。郡最高军事长官和治安法官的任命是国王的恩典，不合上意的人会被撤职，由更为可靠的人取而代之。因此，1660年复辟后被任命的郡最高军事长官都是因为对王权的忠诚广为人知而被选上的，绝大多数都是坚定的国教徒-王党；他们的副手，政治背景稍微有点复杂，但也只是稍微。[69]然而，郡治安法官可就难说了。1660年对治安法院的系统性清洗，为的是恢复"天然领袖"——即大乡绅——对各郡的控制，但因为要"捐弃前嫌"，相当一部分议会党人和前克伦威尔政权人士保住了职位，跟新晋的国教徒-王党同朝为官，这些人并不是每一个都可以完全依靠其执行国王的意志。1670年代中期有一系列小规模的清洗，旨在赶走一些政治上不那么可靠的人——例如1670年的一次清洗为的就是撤掉那些不愿执行第二部《秘密集会法》的人——但直到1680年国王才再次对治安法院进行系统性重组。[70]控制市政法人就更加困难了，他们享有的相当程度的自治权利是受皇家特许状保护的。为了执行1662—1663年《市政法人法》而设立的一个委员会从市政法人中清除了那些不愿领国教会圣餐，不愿谴责长老会的圣约或进行效忠和最高权威宣誓（承认在位君主为教俗方面的最高权威，并承诺效忠国王及其继承人）的人；但这样的清洗并没有把所有同情不从国教者的人都革职，而另一些不符合《市政法人法》规定的人因着当局的默许和对法律的宽松解释，也想方设法混进了市政法人中。结果，到1670年代，许多市政法人成了党派斗争的温床，针锋相对的一边常常是不宽容的狂热国教徒，而另一边是那些认为不必严格执行针对新教不从国教者的处罚法的人。[71]既然镇乃至郡的治安法官都无法完全信得过，那么卑微的堂区治安官在被要求执行他不喜欢的法律时敷衍塞责，就没什么好奇怪的了。对堂区治安官不愿执行针对不从国教者秘密集会的处罚法的投诉尤其多。的确，政府本身也认识到这是个问题，因此根据1670年《秘密集会法》的条款，设立了一套给告密者金钱奖励的机制作为弥补：如果起诉成立，告密者可以获得罚金的三分之一。

声望的丧失

　　既然制度创新无功而返，那么强化中央政府的唯一办法，就是争取地方上那些不领俸禄的中央政府代理人的支持与合作了。[72] 清洗政府中被怀疑有异心的人，并迫使地方官员履行职务固然是这一解决办法的一部分，但如果国王想要那些当政者贯彻政府的政策，那么他就需要保证这些人心服口服。简单来说，中央政府得向民众推销自己。国王必须让他的臣民相信，执行他的政策符合他们的最大利益，但这也意味着国王至少得执行一点他的臣民所希望的政策。简而言之，他既要说服人民，又要满足人民。而只有控制了传达国王政策的媒体，他才有可能成功地做到这一点。

　　君主向臣民推销自己的传统方式，是适当地展现盛大的场面和仪式。在复辟前夕，纽卡斯尔公爵建议查理应该"光荣地"向人民展现自己，"宛若神祇"，因为这样人民就会"在颤抖的恐惧中怀着爱戴之心"向他祈祷，"就像对伊丽莎白女王一样"，纽卡斯尔公爵接着说道，"没有什么比仪式和产生距离的秩序更能保持国王的体统了，距离会带来尊敬与义务"。[73] 查理显然对纽卡斯尔公爵言听计从。1660 年春天，他尽可能地迎合公众对君主制复辟的激情，并恰如其分地展现国王的尊荣与威严。这就是为什么他在 1660 年 5 月凯旋返回英格兰的行程故意拖了那么久，明明 25 日已经登陆多佛尔，直到 29 日生日那天才进入首都。[74] 同年晚些时候，非常议会将复辟日定为一年一度的感恩日，而在复辟初年，全国很多地方在 5 月 29 日都会点燃篝火庆祝。例如在 1661 年 5 月 29 日，据说"伦敦、威斯敏斯特和邻近地区（全国各地也相仿）点燃了数千处篝火"，群众把《神圣盟约》付之一炬，有的地方还焚烧了奥利弗·克伦威尔的画像。[75] 1661 年春天查理二世的加冕仪式是一场精心策划的庆典，为期三天，为的是在十年的共和政体后恢复对王权的崇拜：4 月 22 日有一场从伦敦塔到白厅宫的皇家游行，加冕仪式本身是在 23 日（圣乔治日），而次日则有一场烟火表演，据时人描述，"其奢侈华丽"超过了"法国同类活动所体现的荣耀"。[76] 查理还恢复了触摸治疗瘰疬病（King's Evil）的做法——据说这种御触就足以治愈淋巴结核症——为的是在人民心目中确立其统治的合法性。从有完整记录的 1669 年 4 月到 1684 年底，查理一共触摸了 28983 名病患，平均每年约 1800 名。[77]

与此同时，复辟政权尽可能地确保掌握对政治新闻的解释权。于是从 1666 年开始，政府有了自己的报纸《伦敦公报》，并出版了一定数量的小册子——主要是在 1670 年代中期丹比伯爵执政时期——为其政策进行解释和辩护。另外，它也试图通过取缔非法布道、煽动性出版物和议会外的群体性鼓动（表现为请愿和示威），以压制批评的声音。然而，要想全面垄断对新闻的解释权是不可能的。不从国教的牧师不可能被完全噤声，而且尽管他们中有许多人无疑只是安分守己地牧养信众，但有些人显然确实在利用他们的秘密集会来批评政府政策，甚至鼓励对压迫进行反抗。[78] 国教会的牧师也并不总是采取支持政府的立场。当查理颁布 1672 年《信教自由令》（这道法令不仅旨在解放新教不从国教者，也解放天主教徒），主教们纷纷指示手下的神职人员布道反对天主教。查理向坎特伯雷大主教吉尔伯特·谢尔登抱怨说，"这种有关争议性问题的布道"就是"为了煽动民众，让他们疏远他和他的政府"；谢尔登在与一些神职人员商量后，决定坚持立场，他告诉查理，他从未"禁止他的神职人员布道捍卫他们所信的宗教"，而且国王自己也"说过他信这教"，查理最终决定收回成命，不强制推行这一法令。[79]查理得到的教训是，要想阻止神职人员谈论争议性问题，进而煽动民众反对国王及其政府，唯一的办法就是国王不要推行他们认为有争议的政策。

《许可经营法》确实限制了印刷品的出版量。1660 年和 1661 年的出版物分别为 2730 种和 1584 种，这一数字在 1663 年跌到了 1035 种，而到 1666 年仅剩 633 种（尽管有一部分原因要归于伦敦大火）。之后出版业出现了小规模的复苏，到 1670 年代，每年的出版物为 1000—1200 种。需要到《许可经营法》失效的 1679 年（当年出版了 1730 种出版物），这一数字才超过了 1661 年的水平。[80]尽管如此，还是有手抄的简报、小册子和政治性诗歌通过咖啡馆流传，有时甚至会散播一些对查理二世、他的宫廷或国王政策言辞尖锐的言论。[81]为了应对这一威胁，查理二世在 1675 年 12 月 19 日采取了激烈的措施，下令关闭所有的咖啡馆。十天之后，他宣布今后此类场所只能持政府执照经营，全体咖啡馆老板都要进行效忠和最高权威宣誓，并保证其场所不得出现任何诽谤性的文字或言论，也不许发表任何有关政府或大臣的诽谤性的传闻。[82]这些做法的实际收效有限。

查理之所以无法说服和满足民众，一个主要的原因在于他推行的政策或者他做的事情很难说服人或令人满意。结果，1660—1678 年，王权的声望大幅降低。那么，当时的王权是如何获得声望的呢？从基本的层面讲，国王得有威严的样子。更具体地说，一个国王应该为他的国家赢得荣耀（一般通过外交政策实现），捍卫纯正的宗教（在英格兰当然就是新教），保障和提升臣民的俗世福祉（也就是保障他们认为法律赋予他们的权利，这在 17 世纪下半叶开始被定义为生命权、自由权和财产权）。复辟政权在这些方面的表现都极其令人失望。

查理的外交政策是最丢人的（不管以什么标准来看），跟 1650

英格兰历史上最耻辱的时刻之一：1667 年 6 月，荷兰人沿梅德韦河驶入查塔姆，摧毁了 4 艘海军最大的军舰并俘获了英格兰的旗舰

年代克伦威尔时期的成就相比，简直就是灾难。1664—1667 年的对荷战争（包括 1666 年后的对法战争）遭遇惨败：英格兰舰队损失大半，海外殖民地也丢了，而最大的耻辱是 1667 年 6 月荷兰舰队沿着梅德韦河攻入查塔姆，击沉了英格兰海军四艘最大的军舰并俘虏了旗舰"查理国王"号。在随后的和约中，英格兰将南美洲东北岸的苏里南割让给了荷兰，并被迫承认荷兰对西非和东印度群岛的主张。英格兰保住的新尼德兰（今纽约）——这是英格兰政府于 1664 年 8 月从荷兰人手里夺去的——在当时看就算不上什么安慰了。英格兰还被迫把新斯科舍割让给法国——尽管英格兰也从法国那里收复了一些在西印度群岛的殖民地。[83]

从 1660 年代末开始，查理寻求与法国结盟，此时克拉伦登伯爵已于 1667 年失势，正值"奸党"（Cabal）当政时期（1668—1673）——这个名称取自当时几位权臣的名字首字母：托马斯·克利福德（Clifford）、阿灵顿（Arlington）伯爵、白金汉（Buckingham）公爵、阿什利（Ashley）·库珀和劳德代尔（Lauderdale）公爵。1670 年，查理在多佛尔与路易十四签订密约，承诺不仅会加入法国对荷兰宣战，还会公开改信天主教，以换取法国的援助。（"奸党"

中只有克利福德和阿灵顿参与了这一密约；他为了稳住其他大臣及英格兰臣民，还签订了一份不带宗教条款的假条约来掩人耳目。）英格兰在随后 1672—1674 年的对荷战争中一无所获，到战争结束时——部分是由于荷兰人非常成功的宣传战——大部分英格兰人开始认为与新教的荷兰交战不符合国家利益，而天主教的法国才是更大的威胁。1660 年代末和 1670 年代初，路易十四的扩张意图已是世人皆知，人们越来越担心他妄图建立一个全欧洲的霸权。[84] 到 1670 年代中期，议会大力要求对法国采取更加强硬的立场。的确，从 1674 年后担任查理首席大臣的丹比伯爵尽全力让英格兰摆脱法国的影响，到 1678 年，英格兰即将要与荷兰结盟对法国宣战了。查理仍旧很不情愿，背着首席大臣继续收受路易十四的贿赂。但两面三刀的可不止查理一个；路易十四也收买了一帮反对派议员，这样他就能在自己获利时摆查理一道。英格兰差不多沦为了法国国王的附庸。更糟糕的是，大多数民众都知道这一点。

政府也没有尽到捍卫纯正宗教的责任。查理对罗马天主教的同情已经尽人皆知，这不仅是因为他对外与法国结盟，也是因为他试图利用国王的中止权来结束天主教徒的苦难。宫中天主教徒的数量也多得令人警觉，人们担心他们对国王政策有不当的影响。1660 年代早期，宫中最重要的天主教徒是捉摸不定的布里斯托尔伯爵，他是太后的人，尽管他从未获得他所渴望的影响力。更加令人担忧的是，在"奸党"当权期间——这一时期政府的内外政策似乎都在服务于天主教的利益（特别是 1672 年的《信教自由令》和参与法国的对荷战争）——查理的股肱之臣中有一个是天主教徒（克利福德），还有一个同情天主教（阿灵顿）。

国王的情妇们同样引人关切。复辟时期最臭名昭著的酒色之徒罗切斯特伯爵约翰·威尔莫特用他一贯粗俗的话说，查理的"权杖和他的那话儿都很长，但能玩弄其中一根的女人也能影响另一根"。[85] 问题是，那些最能接近查理本人的女人都是天主教徒。1660—1668 年，查理的主要情妇是信奉天主教的卡斯特梅恩伯爵夫人（后被封为克利夫兰女公爵）芭芭拉·维利尔斯，她有五名子女被查理承认是自己的骨肉。大约从 1663 年开始，他也喜欢上了一个苏格兰天主教王党分子之女弗朗西丝·斯图尔特，查理的妹妹奥尔良公爵夫人说她是"世界上最漂亮的姑娘，最适合装点任何宫廷了"。虽然我们不清楚他们是否真的成了情人，但当时一度盛传查理要离婚娶弗朗西丝，直到 1667 年春天她和皇亲国戚里士满公爵私奔了。[86] 从 1670 年代初开始，查理最有影响力的情妇是法国天主教徒路易丝·德克鲁阿勒（当时的人常常把它英国化成"卡韦尔"），她被封为朴次茅斯女公爵；她在 1671 年的一场模拟婚礼中和查理"结婚"，并于 1672 年 7 月为他生下了一个儿子——里士满和伦诺克斯公爵查尔斯·伦诺克斯。[87] 卖橙女兼女演员内尔·格温在 1660 年代末成了查理的情妇，她以自嘲是"新教的婊子"而广为人知，这一点在查理的情妇中显得与众不同。[88] 查理一生共与多名情妇生了 14 名私生子女。

　　不少通常以手抄流传的歪诗，会用查理的床笫之事做文章。当然其中有些是同样贪酒好色之徒所作，对他们所写的事情表示欢喜而不是谴责。但另一些则言辞辛辣，不留情面。而不管是哪一种，都严重损害了王权在公众心目中的形象，并让人觉得现政权在政治上的失败与宫里的道德败坏有关。当罗切斯特伯爵写到"不列颠岛"在"很久以前就暴得大名，因养育了基督教世界最好的玉洞"，甚至描绘查理"云雨起来最是风流，那话儿是最自豪、最硬气的"时，他或许还有几分欢喜心。但当他说这位"风流王"是一个"从一个婊子换到另一个婊子"的"可耻可怜"之徒，并最后写到"我恨一切坐在宝座上的国王，从法国的恃强凌弱者到不列颠的傻子"，这就过分了；他因此被赶出宫廷以示惩罚。[89] 很多打油诗人指出查理的

查理二世宫中法国天主教影响力的缩影：国王的情妇朴次茅斯女公爵路易丝·德克鲁阿勒，当时的讽刺诗通常称她为"卡韦尔"（她名字的英国化形式）

寻欢作乐正在毁掉这个国家。毕竟查理的情妇花钱如流水：1670年代，克利夫兰女公爵、朴次茅斯女公爵及其子女每年拿到的永久性拨款超过4.5万英镑。[90]在一位佚名打油诗人笔下，"国王老罗利"说："让我的私生子显赫，并让每个婊子都当女公爵，过度花钱及挪用国库,让我穷得令人惊奇。"[91] 另有人问道:"国王啊,你为什么这么穷?"结论是"……贪污成风的宫廷,花样百出连贪婪的怪物都比不上"。[92]

英格兰的外交失败自然也被和宫廷的堕落联系起来了。一位诗人这样写到梅德韦河惨败:

> 我们伟大的君王,在荷兰舰队驶来的时候,
> 看着他的军舰被烧,一边烧,他一边云雨。
> 在我们最需要的时候他多么仁慈,
> 他想用精液熄灭那些火焰。[93]

在第三次英荷战争期间的 1673 年前后,查令十字街附近的皇家咖啡馆流传着一份假的宣传单,宣称下列商品有售:

> 一整件克利夫兰女公爵的真诚……两尺内尔·格温的贞操
> ……两整件新流行的诡异事,一个是在国外通过打击新教利益来
> 打击教皇党,另一个是在国内用组建一支常备陆军来维护自由
> ……两打法国妞,一半是国王陛下雇来让他忠于新教的,另一半
> 是用来让他倾向于天主教的。[94]

共和派诗人兼日后的辉格党阴谋家约翰·艾洛夫在 1674—1675 年间哀叹"一帮法国人占据了宫廷",查理"美好的灵魂被法国夫人 [即朴次茅斯女公爵] 改变了,失去了所有的荣誉感、公义感和名誉感",以至于国王"被婊子、小丑和私生的毛头小子给重重围困了"。[95]

天主教徒身居高位以及宫廷的亲天主教倾向,不可避免地让人觉得天主教的势力在上升。事实可能并非如此,但议会还是在 17 世纪六七十年代通过了一系列法令以遏制天主教的发展,其中的高潮是 1673 年和 1678 年的《忠诚宣誓法》,旨在先后将天主教徒排除

风波中心的人：查理二世的弟弟及继承人约克公爵詹姆斯，辉格党
想要以信仰天主教为由排斥他的王位继承权

出政府和议会。[96] 更糟糕的是，王位继承人也是一位天主教徒。查
理尽管四处留情，却没有任何合法子嗣，因为他的妻子布拉干萨的
凯瑟琳不能生育。因此王位就要传给小三岁的弟弟约克公爵詹姆斯，
而詹姆斯在 1660 年代末至 1670 年代初皈依了罗马教廷，随着他不
愿服从 1673 年的《忠诚宣誓法》，他改宗一事最终公布于世。[97] 同
年 10 月，约克公爵迎娶了年轻的天主教公主摩德纳的玛丽——这是

一位法国的附庸——他的前妻安妮·海德在给他生了两个信新教的女儿后，于两年前去世。这场婚姻不仅把斯图亚特王朝牢牢地绑在了法国的战车上，而且要是玛丽给詹姆斯生了儿子，那么之后一代一代的天主教君主就没完没了了。

1673 年的事态让天主教继承人问题明确地列入了政治议程。在盛夏时节，查理告诉法国大使，他担心议会下次召开时会提出驱逐他弟弟、排斥天主教徒继承王位的法案。[98] 1673 年 10 月，当议会在约克公爵二婚后首次召开时，议长发现他的座位上放着一只木屐，"一边刻着法国国王的徽章，另一边刻着英王陛下的徽章，还有一个王冠和一个十字架"。里面有一张纸条，上面写着"二者选其一"。[99] 1674 年初，一帮反对派上议院成员——领头的是哈利法克斯子爵、索尔兹伯里伯爵和卡莱尔伯爵，且自始至终都有沙夫茨伯里伯爵的支持——试图向议会提出立法，规定约克公爵的子女要作为新教徒养大，而且今后如果没有议会批准，任何国王或王子不得娶天主教徒为妻——如果不从，将被排除在王位继承人之外，以作为惩罚。但这一次他们遭到了认为世袭原则不容破坏的主教们的坚决反对。[100] 不管怎样，天主教继承人问题仍旧是政治上的不稳定因素。事实上，1677 年丹比伯爵撮合约克公爵的长女玛丽（当时为王位的第二顺位继承人，仅次于其父）与她的表兄、坚定的新教徒和反法的荷兰执政奥兰治的威廉（他也通过其母、查理二世的妹妹玛丽而成为王位的第四顺位继承人）联姻，在很大程度上就是为了应对这一威胁。丹比伯爵同年甚至想出了一个限制天主教继承人的主意；一旦有天主教徒继位，所有教会职务的任命将由主教把持（这事实上是临时废除了君主在国教会中的至上地位），但最后因那些既不信任天主教继承人，也不信任国教会主教的人反对而作罢。[101]

尤其令人恼怒的是，政府没有严肃应对天主教的威胁，人畜无害的新教不从国教者倒是因为在英格兰国教会之外礼拜而继续受到骚扰。针对不从国教者的处罚法在这一时期并没有持续执行；处罚法的实施都是一波一波来的，以 1660 年代初、1670 年《秘密集会法》通过后的一年、1670 年代中期以及 1680 年代托利党反扑期间的迫害来得最严重。而一旦处罚法执行起来，所导致的苦难往往非常深重。不从国教者要面临巨额罚款、监禁甚至死亡。1670 年，亨廷登郡有约 80 名公谊会教徒因触犯《秘密集会法》被判处罚金 254 英镑 5 先令；因为无力支付，他们的东西就被没收来抵所欠的罚款（常常超过了罚款的金额）——"羊、牛、马、猪、羊毛、燕麦粥、车辆、锡镴器皿、平底锅、罐子以及其他东西"。一个名叫约翰·阿瑟的人被夺走了全部财产，"连一个盘子、一根勺子、院子里的粪肥"都没给他剩下。[102] 这其实还算幸运的了。很多付不起罚款的人被投入了监狱；在一次围捕参加秘密宗教集会者的行动后，牢房会变得非常拥挤，只有站的空间，如果有人要睡觉，连躺下的地方都没有。例如，在约克的一次针对公谊会的镇压中，城堡监狱人满为患，以至于两名公谊会教徒"不得不躺在城堡院墙的大炉子上"。[103] 因此，宗教迫害是对自由权和财产权的严重威胁。它也会威胁到生命权。的确，根据伊丽莎白第三十五年法律的条款，分离教派分子严格来说是可以判处死刑的。其实在复辟时期，没有人遭此极刑，但有些人命悬一线。1664 年，白金汉郡艾尔斯伯里的 12 名浸信会教徒（包括两名女性）因为拒绝服从国教或离开英格兰而被判处死刑，但查理得知此事后下令给予缓刑。同样，1682 年，布里斯托尔有一个公谊会商人被判死刑，最后是威廉·佩恩动用宫里的关系才把判决推翻的。[104] 不管怎样，还是有数千名不从国教者因为信仰丢了性命。有极少数被反分离教派的偏见谋杀。1662 年 10 月，一帮"野蛮无礼之徒"冲击了伦敦奥尔德斯门街"公牛与嘴"旅店的公谊会集会，杀害了两名参加礼拜的人，但法律显然没有许可这种暴力行径，凶手也锒铛入狱。[105] 绝大多数都死在被政府关押期间，复辟时期监狱的条件非常恶劣，以至于很多人都没能活着出来。其他人虽然保住了性命，但还是因为失去了生计而生活无着。一位作家估计，约克郡的公谊会因为《秘密集会法》损失了约 23810 先令 3 便士，但这无法"与丢掉了吃饭的家伙相比，他们很多是工匠和贫苦的劳工，养家糊口的织布机、铅锤和张布架都被拿走了"，而"有些贫困的妇女被夺去了货物，以至于她们都无法获得食物和必需品"。[106] 新英格兰清教牧师科顿·马瑟称，"据保守计算"，宗教迫害在二十年内导致了"3000 名不从国教者死亡，6 万个家庭家破人亡"。[107] 不从国教者抱怨他们的生命、自由和财产遭受了侵害，是有道理的。[108]

不仅是个人自由，他们的政治自由也处于危险之中。这方面尤其受人诟病的是 1670 年的《秘密集会法》，尽管该法降低了 1664 年法律所规定的一些惩罚力度，但它允许两名治安法官从速从简地给参加秘密宗教集会的人定罪，这就剥夺了《大宪章》赋予不从国教者接受陪审团审判的权利。一份小册子称该法"直接违背了我们的根本法律和我们英格兰人的权利"，因此是"非法的"。[109] 由于国王多次表示他支持信仰自由，所以不从国教者及其同情者转而将矛头指向议会中的高教会派势力，尤其是各位主教，指责他们要为对不从国教者的不宽容负责。越来越多温和的国教徒也开始怀疑，目前国际天主教对新教的威胁更大，继续骚扰新教不从国教者是否合理。

其实到 1670 年代中期，有许多原因导致了政治自由受到威胁——不光是对不从国教者而言，很多主流的国教徒也是如此。查理对法国式政治制度公开示爱，试图组建一支常备陆军，并试图中止议会通过的法律。1670 年代中期，丹比伯爵曾威胁要用津贴和贿赂来破坏议会的独立性，并有意通过立法，使得合法的政治反对派几乎不可能。因此，1675 年，他向上议院提出一项"忠诚宣誓法案"，要求所有担任官职者和上下两院成员都要公开反对反抗行为（不管是针对国王还是针对他所任命的人），并宣誓绝不试图改变政教体制，沙夫茨伯里、哈利法克斯等上议院反对派成员严厉抨击该法案，强调反抗国王任命的官员有时也是合理合法的，而且不作改变的誓言违背了"议会的性质、存在和目的"，即做出改变。[110]同年晚些时候，有一份小册子一时洛阳纸贵，沙夫茨伯里在其中指控丹比政府想要"宣布政府为绝对且专制的，并让君主制和主教制成为神授的，不受人间法律的约束与限制"，并把这说成是自复辟伊始"高教会派主教和旧骑士党"长期计划的一部分。[111]

    简而言之，复辟王朝的蜜月期并没有维持多久。到 1660 年代中期，随着复辟政权在政治和宗教上的失败——梅德韦河惨败、宫廷的亲天主教倾向、对新教不从国教者的迫害——情况就已经开始变得不妙，这让很多原本欢呼君主制复辟的人意识到他们并没有得偿所愿。更要命的是，一系列天灾开始让一些人觉得，这个曾被神意奇迹般复辟的斯图亚特王朝已经失去了神的眷顾。1663 年 11 月，大雅茅斯爆出了淋巴腺鼠疫疫情——是从荷兰来的船只传入的——次年春天伦敦也出现了病例。但大规模爆发出现在 1665 年的伦敦；到当年年底，可能有多达 10 万市民死于疫病。[112]伦敦的不从国教牧师托马斯·文森特写道，死亡骑着"灰马大摇大摆地穿过我们的街道"，闯进"几乎每一间有人住的房子"；他说倒下的人们"堆积得就像秋天的落叶"，以至于"我们不用走多远，就能看到很多棺材，看到身体溃烂的病人在街上蹒跚而行"。[113]1666 年 9 月，伦敦发生大火，伦敦城内大部分建筑被夷为平地，财产损失估计有 1000 万英镑。火灾最早是普丁巷一间面包作坊的意外引发的；不过时人本能地将这场灾难归咎于心目中的国家公敌。有谣言说第五王国派或天主教徒已声明对大火负责。也确实有一个名叫罗贝尔·于贝尔的法国天主教钟表匠供认是他纵的火，这是巴黎方面酝酿的阴谋的一部分，结果他被绞死，尽管我们几乎可以肯定他精神不太正常。[114]然而牧师们很快就把瘟疫和火灾视为神对这个国家种种罪孽的审判，从不守主日、赌咒、酗酒、不贞、奸淫和骄傲，直至宗教迫害。国教牧师理查德·金斯顿在布道时说，发生瘟疫是因为这个国家犯了不讲仁爱的罪，招致了神的愤怒——"虽然我们都受洗归入同一个信仰，也都公开信奉同样的福音，但互相迫害起来的那种仇恨，连土耳其人对基督徒都不会有"；我们违背了基督要我们"彼此相爱"的命令。[115] 庞特尼圣劳伦斯堂的牧师罗伯特·埃尔伯勒也在布道时提到大火，说"压迫与残暴的时代"往往也是神的审判更加严厉的时候，他警告说，"我们自己硬着心，还想让神心慈手软，那是不太可能的"。[116] 但不用想也知道，抨击最为激烈的还是清教牧师。吉尔伯特·伯内特描述了不从国教牧师占据了国教牧师因逃避瘟疫而空出来的讲坛，开始"公开布道……议论宫廷里的罪恶，以及他们自己遭受的不公对待"。[117] 托马斯·文森特本人也是被剥夺教职的长老会牧师，他写了一本长长的小册子，说瘟疫和大火都是神因为人们轻慢福音而降的灾祸；他不仅哀叹分离教派的猖獗和国教会有名无实的冷淡，也谴责了 1662 年圣巴多罗买日驱逐不从国教牧师、1665 年《五英里法》将神的牧师赶出城镇以及迫害敬畏神的人等事。[118]

到 1670 年代中叶，国王颁布《信教自由令》、英格兰与法国结盟对荷兰开战、天主教徒将要继承王位、宫廷公然企图组建常备陆军并破坏议会独立性等一系列事件似乎坐实了天主教和专制统治的威胁，事情看来是每况愈下了。英格兰再次出现了严重的政治宗教矛盾，要求恢复共和制的声音开始出现。1674 年，有一首在咖啡馆中流传的诗宣称国王复辟的神迹现在成了英格兰的"诅咒与惩罚"，表示希望英格兰人能把查理送回布雷达，重新成立共和国。[119] 同一时期还有一首约翰·艾洛夫写的诗，呼吁成立一个威尼斯式的共和国：他笔下的不列颠尼亚说"我将去平静安详的威尼斯国，从她智慧的口中得知闻名的原则"。[120] 引人注目的是，1670 年代中期的共和主义诗歌表达了明显的反苏格兰——主要是反斯图亚特——偏见。艾洛夫笔下的不列颠尼亚哀叹她试图把"斯图亚特王朝和暴君"区分开来，努力了"很久还是徒劳无功"，艾洛夫紧接着就把当今王朝称为"令人作呕的苏格兰种"。[121]1676 年的另一首诗（可能也是出自艾洛夫的手笔）声称，暴政"成了我们的问题，在虚假的苏格兰种族的各种统治下"，并大胆地宣布作者"拥护老诺尔［即克伦威尔］"，因为"虽然他的统治也像暴君，但他让英格兰伟大起来，让敌人恐惧战兢"。[122] 还有一个打油诗人强调，"在勇敢的都铎诸王戴着至高无上的王冠时，这个岛国很好地完成了改革并获得了声望，但自从斯图亚特一族来了，它就退回到了天主教和羞辱之中"。因此他最后写道："让克伦威尔的亡魂轻蔑地笑着，看古老的英格兰在奴役下挣扎吧。"[123]

　　或许比这些激进分子的不满更加令人担忧的是，全国上下的温和派越来越离心离德了。政府正在失去中间人士的支持。议会内部开始出现一个广泛的在野联盟，包括长老会政治家、心怀不满的失宠廷臣、旧骑士党以及一批不信任丹比的政治宗教议程的有抱负的政治新秀。鉴于政府的外交政策、对法国的态度、对不从国教者的立场以及破坏议会独立性的企图，这些人走到了一起，他们都对国内外新教利益的安危感到担忧。更重要的是，这一反对派开始组织起来，在议会会期之前和期间开会，协调策略，谋划怎样才能最好地施压，迫使国王改变政策。[124]

　　1670 年代中期，议会外的群众性政治鼓动也重新出现，尤其是在首都。例如，1673 年 11 月 5 日伦敦发生了广泛的反天主教示威，民众焚烧教皇及枢机主教的肖像，以抗议约克公爵的婚姻以及英法结盟；一名旁观者统计，光是从坦普尔巴到奥尔德门就有 200 处篝火。[125]11 月 26 日约克公爵的新娘抵达英格兰时，又发生了一次焚烧教皇肖像的运动。[126] 为了表达他们越来越担心天主教的威胁，伦敦市民还恢复了 11 月 17 日纪念伊丽莎白登基的活动——在人们的心目中，这一事件关系到玛丽一世 1553—1558 年的反宗教改革后，新教在英格兰的恢复——1676 年和 1677 年的这一天，在坦普尔巴都发生了焚烧教皇肖像的事件。也有迹象表明，议会中的乡村反对派与议会外的不满势力越来越密切地联系起来。一些焚烧教皇肖像的活动很可能是在距坦普尔巴不远的衡平法院巷的绿丝带俱乐部里组织的，这个大约成立于 1674 年的俱乐部是乡村党政治家以及日后辉格党政治家开会的地方。[127] 高深莫测的白金汉公爵是沙夫茨伯里在上议院的盟友，他与伦敦地下的激进派有联系，包括约翰·怀尔德曼这样的原平均主义者（Leveller）。从 1675 年 11 月至 1677 年 2 月骑士议会的长期休会期间，在白金汉公爵的指使下，伦敦亚麻布商人弗朗西斯·詹金斯在 1676 年 6 月一年一度的郡长选举时发表了反响热烈的讲话。詹金斯警告说，有人要在伦敦纵火，法国人即将让英格兰经济崩溃，而且"国王本人"和新教都要有危险；他最后引用爱德华三世时期规定每年召开议会的法律，呼吁伦敦市长向国王请愿召开新议会。[128] 1677 年 2 月，沙夫茨伯里和白金汉在上议院坚持说，骑士议会休会一年多了，事实上（ipso facto）已经被解散，此时支持他们的"数量惊人的暴民"聚集在议会外面，一旦两人的意见得到接受，他们就准备"在全城欢呼喝彩，宣布议会解散了"。[129]

结论

在 1660 年君主制复辟时，人民的欣喜之情是发自肺腑的，这一点无需多疑。大多数人欢迎查理二世复辟，坚定地认为他会让整个国家变得更美好。很多人——甚至可能是绝大多数人——深信君主制不仅是自然秩序，而且是最好的政体，这就是为什么自从共和国成立以来事情就一直都不对劲。另一些人之所以欢迎查理，是因为对护国主政府垮台以来的每况愈下感到绝望，认为比起国家在1659年底前即将陷入的无政府状态，迎回斯图亚特王朝是唯一的出路。当然也有人打死也不愿看到君主制复辟，但他们只是少数（而且还不是什么关键少数）。我们自然不应该忽视他们的重要性，但我们也不能把复辟王朝开始遇到的问题简单归因于1660年后仍秘密潜伏在英格兰的共和主义传统。

　　相反，本章试图强调困扰复辟政权的种种结构性问题。其一是政治和宗教上的分歧，这是内战留下的遗产。查理二世之所以在复辟前夕广受欢迎，是因为所有人都认为他能满足他们的需求。但想满足所有人的需求是不可能的，而复辟所做政治宗教安排的党派性质，加上许多人对复辟的幻想破灭且因未跟上形势而遭到迫害，在很大程度上可以解释失望情绪为何这么快就复燃了。其二是君主的权力受到了很多实际的限制，这使得1660年后重建君主权威的努力遭受了挫败。查理缺乏财政上的独立，这使他常常要对议会的批评俯首帖耳；他也缺乏专业的强制力量和官僚队伍，为了让自己的意志落实到地方上，必须严重依赖行政部门那些义务服务的官员（上至郡最高军事长官这样的大员，下至堂区治安官这样的小吏）。更要命的问题是国王的施政风格和政策。他用了各种各样的办法来解决王权虚弱的问题，但只是火上浇油——例如，他想试着搞信教自由特许，企图操纵议会、组建常备陆军，并决定和天主教的法国这一欧洲最强大的国家结盟。他个人的毛病（比如宠幸恰好是天主教徒的情妇），以及一些他无法左右的意外情况（例如瘟疫、伦敦大火，以及最要命的，他的王后不能生育，这让他自行决定改信天主教的弟弟成了第一顺位继承人），更是让事情雪上加霜。因此，到1670

年代中期，许多英格兰人对于他们觉察到的向天主教和专制统治发展的趋势越来越感到担忧：在外交政策上亲法，有心救助国内的天主教徒，王位继承人还信天主教，而且企图通过发布诏书中止某些法律的执行、对议员许以官位和津贴来破坏议会的独立性，以及强迫人们宣誓不改变教会和国家的现状等举措来颠覆英格兰人所珍视的自由。在这一背景下，1677 年安德鲁·马维尔对查理二世政权的种种行径进行了严厉的控诉，声称自从复辟初年以来，有人密谋"把英格兰的合法统治变成绝对的暴政，把新教国教变成彻头彻尾的天主教"——矛头直指宫里的亲天主教倾向、追随法国的外交政策、对独立议会进行政治操纵的危险以及建立常备陆军的企图。[130]

英格兰的形势似乎已经糟透了。但人们并不会单单因为复辟王朝在英格兰的劣迹就对其进行论断。因为查理二世也是苏格兰和爱尔兰的国王，一旦把这两个王国也考虑进来，情况——对很多英国新教徒来说——就不能不让人高度警惕了。

第二章

天主教和专制统治

—— 在爱尔兰和苏格兰的复辟，以及不列颠问题的形成

> 爱尔兰的罗马天主教徒在之前篡立的政权下深受其害，这一点是不容否认的；但他们在患难中也是欢欢喜喜的……因为在这段时间里，和他们一起受苦的，不仅有英格兰和苏格兰的贵族和绅士，还有国王本人和整个王室……但现在自从国王陛下幸运地复辟以来，整个不列颠王国到处一片欢腾，只有爱尔兰人独自……落入不见天日的痛苦中，远超他们之前在克伦威尔政权下所经受的，是一种只能哀叹、不能言传的不幸。[1]

> 英格兰的主教就像《圣经》中的犹大诸王，有好王，有坏王；但苏格兰的主教就像以色列诸王，没有一个好的，而是……让以色列人陷在罪中。[2]

就像在英格兰一样，复辟在爱尔兰和苏格兰也受到了民众中各个群体的欢迎。但在这两个王国里，国教会和政府的安排高度偏向某些人，令相当多原本支持复辟的人大失所望。在苏格兰，主教制被重新确立，加上政府选择处理长老会不从国教者的方式，导致了

严重的政治宗教冲突。在爱尔兰，政治、宗教和经济上的不满交织在一起，但迄今为止争议最大的是土地问题，特别是那些（主要是天主教徒）在 17 世纪四五十年代失去土地的人在多大程度上可以拿回自己的产业。本章的目的不仅是要探究这些问题和矛盾如何分别在爱尔兰和苏格兰导致局势不稳定，也要探究它们与英格兰局势的互动如何产生了带有全不列颠性质的问题。这又为 1670 年代末斯图亚特王朝所面临的危机勾勒出了背景。如果我们不能认识到辉格党人在某种程度上是在对他们认为斯图亚特各王国业已存在的天主教（在爱尔兰）和专制统治（在苏格兰）做出反应，我们就无法体认王位排斥危机期间英格兰辉格党人对天主教和专制统治威胁的恐惧有多深。本章也会为理解 1688—1691 年苏格兰和爱尔兰发生的革命（将在本书的续篇中进行考察）提供必要的背景，这两个王国的革命不仅是对 1680 年代或詹姆斯二世时期形势的反应，也是对 1660 年以来一系列事态的反应。

爱尔兰

　　1660 年，爱尔兰绝大多数居民都欢迎君主制回归。在 1649 年查理一世被处决、议会赢得 1641—1652 年战争后建立的那个政权，只拥有非常狭隘的基础。由于 1641 年的爱尔兰叛乱（讲盖尔语的爱尔兰人和信奉天主教的老英格兰人起事，导致 3000 多名新教移民被残忍杀害，另有数千人在冬天因衣食无着、无家可归冻饿而死），爱尔兰大多数新教徒在内战期间都站在英格兰议会一边。但从 1648 年开始，爱尔兰南部兴起了王党势力；到 1649 年初，奥蒙德公爵领导的天主教和新教王党联盟已经控制了都柏林以外的大部分爱尔兰领土。克伦威尔经过了一番血腥征战，才让爱尔兰臣服于新生的英格兰共和国，随后他实施了剥夺当地人土地、引进外来移民的政策，试图形成一个新的新教优势阶层，并忠于他的政权。根据 1652 年《平定法》中的条款，所有参与 1641 年叛乱、杀害新教徒的人以及那些仍不放下武器、拒绝向新政权臣服的人将被没收土地；其他地主除非"已经显示他们一向拥护英格兰共和国"，否则都要根据他们所谓的"亏欠"按比例没收部分财产。该法的实施还包括将"亏欠分子"迁移到香农河外的康诺特地区，这一措施在 1653 年的《补偿法》中得到确认。虽然没收土地对天主教徒和新教徒、爱尔兰本地人和老英格兰人都有影响，但老英格兰人中的天主教徒蒙受的损失最大。结果，天主教徒在爱尔兰占有可耕作土地面积的比例从 1641 年的 60% 降到了 1660 年的 8% 或 9%。获益者是支持议会的投机者（他们在 1640 年代投资支持议会的战争行动，以换取在收复爱尔兰后获得土地的承诺），以及那些在爱尔兰服役的克伦威尔军士兵（不过他们有很多人，要么是不愿定居爱尔兰，要么是无法等到土地政策落实，将期权卖给了投机的商人）。[3]

　　克伦威尔征服的另一后果是爱尔兰失去了政治上的独立，尽管之前的独立也不过尔尔。爱尔兰（和苏格兰一起）被并入英格兰的共和国，失去了自己的议会，只是被赋予向威斯敏斯特的议会派出三十名议员的权利。在宗教方面，当局在 1650 年代试图向爱尔兰输出英格兰的教会安排：主教制和《公祷书》被取缔，但全国性的国教会被保留了下来（同时在国教之外的礼拜活动也获得了许可），并尝试开展布道工作以传播新教。但在对待爱尔兰天主教徒的问题上，克伦威尔并没有体现出他著名的宗教宽容思想。虽然天主教徒没有被迫参加新教礼拜，但天主教教士——他们基本上被排除在任何达成的和平安排之外——却遭到追捕，一旦落网则要面临监禁、流放甚至处决。1656 年，议会通过了一项法律，规定超过十六岁的人必须宣誓放弃对教皇至上的信奉，否则将失去三分之二的不动产或个人财产。当局希望的是，一旦天主教教士失去了对信众的影响力，那么人民群众除了听从清教牧师之外别无选择，而且还有强制性措施悬在脑袋上，他们就会改信新教了。但这种想法恰恰适得其反。天主教教士想方设法坚持了下来，而且在 1650 年代数量还不断增加；真正改宗的人非常少；而且爱尔兰的天主教徒愈发认为，只要新教徒掌权一天，他们就不得安宁。

　　随着 1659 年护国主政体垮台，爱尔兰的共和政权迅速土崩瓦解。6 月，亨利·克伦威尔辞去爱尔兰总督一职，军队中的不同派系随即展开权力争夺战；随着政局逐渐失控，再加上军队在埃德蒙·勒德洛的领导下日趋激进，新教地主开始担心刚获得的土地可能不保。1659 年 10 月在英格兰发生的残阙议会解散、军队夺取政权一事，成了压垮骆驼的最后一根稻草。在出身于早期新教家族的乡绅支持下，一伙以西奥菲勒斯·琼斯为首的军官于 12 月 13 日攻占了都柏林城堡，宣布忠于议会。[4] 不久后，两位后来投靠克伦威尔的原王党分子查尔斯·库特和布罗格希尔勋爵把康诺特和芒斯特的驻军争取了过来。这些煽动政变的人清洗掉了军队中的激进分子，并召集一个由内战前各选区代表参加的爱尔兰非常议会（但除了都柏林之外，各市镇和城市选区的席位从两席减少到一席）于 1660 年 2 月 27 日在都柏林开会。尽管主导非常议会的是克伦威尔时期的移民和军人，但他们经劝说后相信（主要归功于库特和布罗格希尔勋爵的巧妙手腕）只有复辟君主制才能保障他们的利益。[5] 正如第二代克拉伦登伯爵后来回忆的，"在国王陛下的全体臣民中"，是爱尔兰的英格兰人"在三个王国仍有篡位者把持的时候，最早为国王陛下的复辟而努力"。[6] 的确，后来的沙夫茨伯里伯爵在自传中写道，如果时任驻苏格兰军队统帅的蒙克将军不知道自己已得到库特及驻爱尔兰军队的支持，他也就不会对英格兰军队动手并迫使残阙议会解散。[7] 这样说来，复辟首功就要归给爱尔兰了。

5 月 14 日，都柏林在一片欢腾中宣告查理二世为国王。当时有人说他从未见过"如此欢庆的场面"：贵族、绅士、市民和军队盛装出行；"街道上流淌着葡萄酒"，这是市政法人出资购买的，供"群众"饮用；人们在夜间放炮和烟火致意，而且"几乎每家每户都点燃了篝火"。都柏林市还为残阙议会举办了一场"葬礼"，用的是"一具畸形丑陋的无头身体"，但腹部和臀部奇大无比，用一辆灵车载着穿过城市，前头一群哭丧的人身穿白衣，拿着写有"国王万岁"的横幅。队伍最后到达市长官邸，市长先是给来宾献上蛋糕和麦酒，然后大家一起在外面的篝火上把"残阙议会"化为灰烬。[8]

"安排与买卖"——听任他们"没有外衣也没有内衬，一贫如洗"

从宪制上讲，爱尔兰的复辟——和在英格兰一样——是回到了原先的状态。这意味着爱尔兰恢复了作为独立王国的地位（虽然是属于英格兰国王的），并有权拥有自己的议会，当然仍要受《波伊宁斯法》的限制。然而，爱尔兰复辟的重要区别在于，它是由克伦威尔政权的既得利益者实现的——这一事实将对复辟后的安排的性质产生决定性影响。他们的主要关注点是保住手里的土地（至少一开始是这样），而且方向盘握在他们手里。当然，那些因支持斯图亚特王朝而受苦的爱尔兰新教徒同样欢迎君主制复辟，但他们希望的自然是恢复政治主导权和他们的产业。在宗教方面，主教制派、长老会和新教不从国教者都希望能保住各自的宗教利益。至于爱尔兰天主教徒，他们在 1660 年春天"作壁上观"，正如一位新教徒所言，"没有对这场伟大革命做出任何贡献"，但他们对君主制复辟的欢迎是最无法质疑的，并期待能得到事实上的宗教宽容，就像 1641 年之前的一样，还有就是能恢复他们的地产。[9]查理在 1660 年 4 月《布雷达宣言》里所做的承诺，让各个群体都认为他可以满足他们的愿望。

因此，就在查理被宣告为国王的当天，米斯郡特里姆的市政法人对神及时恢复老政府表示庆祝，并宣布他们欣然接受"国王陛下良好仁慈的［布雷达］宣言"中的一切内容。[10] 只有一小撮激进教派分子仍一如既往地反对君主制政体。

爱尔兰非常议会的成员同意有必要设立国教会，尽管他们对采用长老制还是主教制有分歧。不过，他们的首要议题仍然是土地。因此，他们指示那些在 6 月前往伦敦与国王交涉的专员——由主教制派和长老会组成——要设法保住议会党投机者和克伦威尔时期移民的土地，但没有给出有关教会安排的具体命令。一旦国王表明他倾向于主教制，专员们立刻表示让步，说应该根据查理一世时期在爱尔兰施行的法律来"恢复"爱尔兰国教会的"教义、章程和礼拜仪式"，但要给予查理二世在《布雷达宣言》中承诺的"信仰自由"。都柏林的市政法人也在 5 月底向国王请愿，要求将查理一世和詹姆斯一世时期所用的"且已经在这里通过法律确立"的"教会组织形式和礼拜仪式"固定下来。[11]

这些迹象都是查理所需要的。到 1660 年 6 月底，他任命了主教填补空缺；虽然祝圣仪式还要拖上几个月，但到次年年初，主教制就全面恢复了。[12]1661 年 1 月 22 日，国王发布公告，宣布所有天主教、长老会、独立派和分离教派的集会为非法，并禁止这些教派设立反省日和感恩日以及按立神职。随后在 5 月，新召开的爱尔兰议会发布公告，要求"所有人"服从确立主教制的法律并接受《公祷书》，还下令各城镇焚毁《神圣盟约》，并要求所有曾在上面签字的神职人员公开予以谴责。[13]虽然都柏林一带有不少英格兰长老会牧师服从了国教，但大多数不从国教的牧师都被逐出了教会。在阿尔斯特，曾经有近七十名长老会牧师"庄严"签署了《神圣盟约》，其中只有几个服从了国教——根据同时代阿尔斯特长老会历史学家帕特里克·阿代尔的说法，这些人受主教制的影响，从"信仰坚定、满有恩赐"的神的仆人堕落成了"摇摆不定、欺压他人、骄傲自大"甚至"渎神"的家伙。[14]1661—1663 年召开的爱尔兰教牧人员代表会议规定牧师要为"基督的圣而公之教会"——也就是为"散布世界各地的全体基督徒，特别是英格兰、苏格兰和爱尔兰的国教会"——祷告，表明他们认为只有一个真教会，而三个王国的宗教安排需要彼此顺从。他们进一步要求牧师为国王这个"信仰的守护者及……教俗一切事务中所有人的……最高首脑"祷告。[15]但到目前为止，复辟后的教会在法律上的基础仍然是伊丽莎白时期的《君主至上法》和 1560 年《礼拜仪式统一法》，以及 1634 年的信纲和教规。直到 1664 年，爱尔兰议会才通过了一部《礼拜仪式统一法》（根据的是 1662 年英格兰的《礼拜仪式统一法》），制定了一部修订过的《公祷书》，规定所有神职人员都由主教按立，要求全体教士和教师接受反《神圣盟约》宣言并谴责针对国王或任何"他所任命的人"的反抗行为。很多市政法人后来将这一不反抗誓言作为其成员资格的考核。[16]复辟后的教会安排和英格兰的一样，都实行狭隘的主教制，并坚决奉行不反抗原则。

虽然复辟没有给予天主教徒正式的宗教宽容，但克伦威尔时期三国统一的瓦解意味着 1650 年代的残酷迫害画上句号，因为英格兰的反天主教立法不再适用于爱尔兰。爱尔兰有关天主教徒的立法则相对温和。对天主教徒的主要限制是 1560 年的爱尔兰《君主至上法》和《礼拜仪式统一法》，前者要求所有担任公职者、教会人士以及接受圣职或大学学位者都要进行最高权威与效忠宣誓，后者对不参加教会礼拜的人处以每星期日一先令的罚金。[17]但在查理二世在位的许多时候，针对天主教徒的处罚法执行得很宽松，形成了事实上的宗教宽容——不过时不时会掀起一轮打击，通常是英格兰的政治形势迫使当局对爱尔兰的天主教徒采取更为严厉的措施。法律至少在理论上保证了新教徒在城镇里的政治经济优势地位。最高权威宣誓的要求将天主教徒排除在市政官员之外，而复辟时期大多数市政法人甚至恢复了过去的章程，禁止天主教徒获得完全市民权，因而也不能从事贸易，但即便是这样的规定（正如我们所见）也没有得到一如既往或全面的执行。[18]

在爱尔兰争议最大的问题是土地安排。天主教徒希望能归还他们的产业，他们认为这是在17世纪四五十年代从他们手里非法剥夺的；有些人确实立刻试图拿回原来的土地，查理二世不得不在1660年6月1日发布公告予以制止。[19] 相反，这些土地目前的占有者希望保住他们认为合法所得的财产。布罗格希尔勋爵和库特强调，"英格兰人在爱尔兰的利益"必须得到保障，并说服现为王室总管的奥蒙德公爵相信爱尔兰天主教徒不在1660年8月的英格兰《豁免法》之列，但天主教徒认为这有悖于《布雷达宣言》。[20] 查理意识到他需要帮助那些因支持他父亲而失去土地的新教徒和天主教徒，同时还应给予后来购得这些土地的人以某种形式的补偿。1660年11月30日，查理试图干一件不可能完成的事情来迎合这些截然对立的诉求；他公开承诺那些没有参与爱尔兰叛乱的天主教徒将恢复他们失去的产业，而那些士兵和投机者可以保住所得土地，或者因为将土地归还给天主教徒而得到补偿，然后还要授予那些1649年6月以前在爱尔兰王军中效力的新教徒土地。[21] 他任命了一批专员——全都是新教徒，很多还是在克伦威尔时期购得土地的——来处理重新分配土地一事，但爱尔兰的法院拒绝执行他们的决定，理由是他们无法可依。查理因此不得不将土地问题推迟到1661年5月在都柏林召开的议会上讨论。[22]

天主教徒并没有被正式地排除在这届议会之外：没有法律禁止他们当选议员，而且英格兰方面否决了一项提案，该提案禁止未进行最高权威和效忠宣誓的人担任议员。然而，只有一位天主教徒当选，而且后来经过请愿活动还被撤销了。上议院中有几名天主教贵族，但在 1641 年叛乱之后，很多天主教贵族被剥夺了上议院成员资格。正如爱尔兰的一位天主教徒后来抱怨的，进行土地安排的议会几乎不能代表"爱尔兰人民"。更要命的是，《波伊宁斯法》意味着爱尔兰议会的任何立法都必须经过英格兰枢密院的批准，因此保障英格兰人的利益就成了第一要务。[23]

最终在 1662 年 5 月出台的《平定法》，为查理在 1660 年 11 月发布的宣言赋予了法律效力。[24] 问题是，时人清楚地意识到，爱尔兰还得再大个两三倍才能满足所有这些截然对立的诉求。[25] 一个为执行该法的规定而设立的索赔法院审理了约 800 起案件，分别给天主教徒和新教徒发放了 566 份和 141 份清白证明，并宣布 113 名天主教徒"有过错"；但到 1663 年审理期结束时，还有数千起案件没有审理。新教徒抱怨天主教徒被宽大处理了，尤其是他们自己显然没有获得适当的土地补偿，他们还宣称有些清白证明是用伪证获得的。另一方面，很多天主教徒觉得当局不肯给他们自证清白的机会，而有些获准恢复产业的人无法落实政策，因为目前的占有者无处安置。1665 年，议会通过了《解释法》，试图解决这一乱象：士兵和投机者得交出三分之一的土地，以满足恢复产业、补偿损失的要求；现有的清白证明得到确认；但不再对其他案件进行审理，只是列出获准全部或部分恢复产业的某些个人。结果是天主教徒恢复了对爱尔兰约两成耕地的所有权——这只是他们在 1641 年拥有土地的三分之一。查理本人还将从弑君者手中剥夺的约 169431 英亩土地给了弟弟约克公爵，极大减少了可用于补偿的土地数量，令情况雪上加霜。其他廷臣也从浩荡的王恩中获益颇丰：两度担任爱尔兰总督（1662—1668 年和 1677—1685 年）的奥蒙德公爵大幅增加了名下地产的面积，安格尔西伯爵也是如此，而英格兰大臣亨利·阿灵顿从女王郡和国王郡（今莱伊什郡和奥法利郡）获得了大量土地，作为换取他支持《解释法》的"好处"。[26] 在爱尔兰天主教徒看来，这样的土地安排是古往今来"最大的不公","一个无辜的民族"被"剥夺了他们与生俱来的权利"并"在没有得到审判的情况下被定罪"。[27]1668年，天主教的弗恩斯主教尼古拉斯·弗伦奇在一份小册子里谴责了这种对"爱尔兰的安排和买卖"，他指控国王的大臣，特别是克拉伦登伯爵，想要"彻底消灭爱尔兰民族"。但他也指责国王本人把从弑君者手中没收的土地分给了自己的廷臣和宠臣，特别是他的弟弟，而这些土地原本是弑君者们非法攫取的，国王无权进行支配。[28]说盖尔语的爱尔兰诗人大卫·奥布鲁阿代尔哀叹，爱尔兰贵族忠于查理二世，跟着他流亡海外，"但回国后却得不到原有的土地／只能像狗看着一块牛肉一样盯着他们的田产"。他最后写道，《平定法》"让他们倾家荡产／没有外衣也没有内衬，一贫如洗"。[29]

　　和在英格兰一样，当局在爱尔兰也试图通过推广公共庆典和年度纪念活动来拉近人们对复辟君主的感情。1661年4月23日，好几座城镇用市民表演、街头聚会和篝火来庆祝查理在英格兰加冕。[30]1662年，议会将5月25日定为年度庆典日之一。[31]爱尔兰全境许多市政法人每年都热火朝天地纪念加冕和复辟纪念日，提供酒水给当地居民饮用并鼓励大家点燃篝火。[32]更具挑衅意味的是，议会在1662年通过法律，规定每年10月23日纪念爱尔兰叛乱被平息。结果，每年讲坛上都充斥着历数爱尔兰天主教徒对新教徒所犯暴行的布道，而那些没有布道的本堂牧师也不得不向会众大声朗读1662年的法律，结果塑造并强化了新教徒对1641年事件的记忆。普通的新教徒也会用反天主教仪式来纪念这一事件，例如焚烧教皇肖像，这在一个天主教徒占多数的国家必然会引起很大的争议。1666年，议会又进一步将11月5日定为年度纪念日。[33]

不满的来源

　　虽然爱尔兰的大多数人都欢迎复辟，但很多人对复辟后的安排感到某种程度的不满。这个王国内部各个利益群体都是如此，只是程度有所不同。复辟让国教新教徒获益最大。但不管怎么样，他们中有人还是不得不将土地还给天主教徒，而且因为他们只占总人口的不到十分之一，他们担心对天主教徒或新教不从国教者的更多让步会令自己的处境极度危险。还有，虽然英格兰政府保证了他们在爱尔兰的优势地位，但只要双方发生利益冲突，他们的利益总是要服从于英格兰的利益。因此，英格兰的复辟政权继续坚持长期奉行的政策，确保爱尔兰的经济不至于威胁到英格兰。爱尔兰曾长期被禁止向外国出口羊毛，英格兰议会在 1662 年更是通过法律，将其定为重罪。[34] 1663 年和 1667 年的两部法律为了保护英格兰畜牧业者的利益，遏制了发展迅速、利润丰厚的爱尔兰牲畜贸易。[35] 爱尔兰的畜牧业者曾因 1663 年向英格兰出口牲畜受限而蒙受重大损失，当英格兰政府在 1666 年底和 1667 年初摆明了想全面禁止进口爱尔兰牲畜后，他们更是怒不可遏。都柏林的一位新教徒预测道，新法案"必然让我们沦为乞丐"；[36] 赫尼奇·芬奇爵士在英格兰议会也提醒其他议员，信奉新教的投机者刚刚被迫交出三分之二的地产，并宣称提议的法案会让他们家破人亡。[37] 但不光是爱尔兰的新教徒会蒙受损失；天主教畜牧业者也将失去很多。令人吃惊的是，我们发现那些反对"爱尔兰牲畜法案"的人准备接受这样的论点：如果把一项会沉重打击天主教群体经济繁荣的法律付诸实施，英格兰政府也将妨碍在爱尔兰的英格兰人的利益。在第二部《爱尔兰牲畜法》通过后不久的 1667 年 2 月，安格尔西伯爵、伯灵顿伯爵和康韦子爵（这些贵族都在爱尔兰拥有大片土地）起草了一份详细的备忘录，向国王指出"该法必将带来不断增长的恶果"，宣称许多"无法从畜牧业获得生计"的爱尔兰人"已经发动叛乱了，对英格兰人烧杀抢掠"，并警告"普遍的匮乏和贫困"不仅会减少国王的岁入，甚至有可能"招致并助长外敌入侵"。他们建议的解决方案是取消禁令，允许自由贸易。[38]1671 年的《航海法》进一步打击了爱尔兰的新教贸易商，该法规定所有从殖民地进口的商品必须先在英格兰落地，从而削弱了爱尔兰的海外贸易。[39]正如 1677 年的《一名爱尔兰绅士的来信》所言，小肚鸡肠的英格兰人"将我们的行业视为盗窃"："你们禁运了我们的牲畜，你们限制了我们的羊毛贸易；我们的制成品不被容许；你们不让我们在你们自己的种植园里购买任何外国商品……的确，我们在一切事上都被你们当成外人对待，甚至连外人都不如。"[40]

　　新教不从国教者在爱尔兰的数量超过了国教徒，他们和克伦威尔时期的移民（大部分也是不从国教者）都对教会安排和土地安排感到不满。少数极端分子采取阴谋手段来反对复辟政权。1663 年春，在托马斯·布拉德中尉、亚历山大·杰夫森上校和几位不从国教牧师的率领下，一伙心怀不满的军官发动政变，夺取都柏林城堡和科克、利默里克、沃特福德和克朗梅尔的要塞，企图颠覆教会安排和土地安排，最后以失败告终。他们在印发的宣言上说，他们的目的是维护"三个王国内英格兰人的利益"，而"对天主教的纵容"正在毁灭这一利益。他们要求让"所有英格兰人"收回他们在 1659 年 5 月 7 日拥有的土地并"根据《神圣盟约》来安排宗教事务"，但他们并没有要求恢复共和政体，而是想要维护"国王和英格兰的利益"。[41]1660 年代英格兰流传的关于共和派密谋的谣言中，也常常带有爱尔兰的因素。1664 年有多起报告指向一起与英格兰、荷兰和"爱尔兰的旧军队"有牵连的阴谋，领头的是流亡国外的共和派分子阿尔杰农·西德尼和埃德蒙·勒德洛，而在 1665 年 8 月英格兰西部各郡传出的一起阴谋，同样涉及在爱尔兰同时发生的阴谋。[42]在第二次英荷战争期间，政府担心法国或荷兰在 1666 年入侵爱尔兰，便加强了安保措施，以防爱尔兰（特别是阿尔斯特）心怀不满的不从国教者生变；同年 11 月，苏格兰西南部的圣约派叛乱也产生了同样的影响。政府可能反应过度了，因为爱尔兰局势依然平静，但政府显然觉得应该防患于未然。[43]

克伦威尔时期的移民和爱尔兰的不从国教势力究竟有多大程度的不满，这一点很难估计。1663 年，杰夫森宣称在索赔法院审理之后，在爱尔兰的英格兰人的不满情绪"非常普遍"，以至于他们再也"不能忍受了"，但这个铤而走险的阴谋分子显然在自欺欺人。[44] 有些据称涉及英格兰和爱尔兰不满人士的共和派阴谋，不过是那些厚颜无耻的告密者丰富的想象，为的是助长政府的恐慌心态。但不管怎样，保存至今的蒂珀雷里郡克朗梅尔巡回法庭档案表明爱尔兰南部存在零星的不满情绪。例如，一个叫查尔斯·明钦的人在 1663 年 4 月的巡回法庭上受审，他被指控在过去几年里多次声称"如果［爱尔兰］有三个人反对国王回到他的王国，那么他就是其中之一"，还说他宁可反抗政府也不愿交出自己的土地。在同一个巡回法庭上，一个叫亨利·费尔特姆的人被控说他希望"国王遭受和父亲一样……的下场"，还说奥蒙德公爵"看重爱尔兰人的利益甚于英格兰人的利益"，"会让英格兰人的利益遭受损失"，而一个叫丹尼尔·昆林的人被指控不把"国王、王后或约克公爵"放在眼里，因为他从克伦威尔那里得到的比从他们那里更多。需要指出的是，这三个人最后都被判无罪，这或许表明对他们的指控都是恶意中伤。另一方面，克朗梅尔的法庭档案中充斥着复辟初年煽动性言论的指控，至少暗示了这一地区的政治矛盾尖锐，很多人被怀疑对复辟政权心怀不满。这些档案也显示了讲盖尔语的爱尔兰人和克伦威尔时期移民之间的矛盾：控告费尔特姆的人中有一个名叫泰格·马格拉思；在 1663 年 4 月的巡回法庭上，托马斯·奥德怀尔被控拒绝协助一名堂区治安官平息一场口角，还指责该治安官为叛贼；而在 1665 年 10 月，一个叫大卫·戴维斯的人被一个叫默塔·奥布赖恩的人指控说他希望"奥利弗·克伦威尔复活"而"国王被绞死"。[45]

　　说到底，爱尔兰的绝大多数新教不从国教者还是接受了复辟政权，后者给了他们很多实际上的宗教宽容。爱尔兰从未出现过像英格兰那样的处罚法，没有制定过《秘密集会法》或《忠诚宣誓法》。1666 年底，都柏林的一位通讯员发现，地方官员打算对不从国教者的礼拜"睁一只眼闭一只眼"，他说，"他们在说'我们不要打搅教皇党徒的集会'时表达了这样的态度，我们的堂区治安官欣然接受"；甚至主教也知道爱尔兰的不从国教者不像"苏格兰那边的那样爱惹麻烦、起争论"，似乎也愿意默许他们的存在。[46]1660 年代末和 1670 年代初，伦敦的国王政府开始推行非正式的信教自由政策，指示历任总督在未经国王特别授权的情况下不要对不从国教者采取行动。当局对那些已经接受复辟安排的人听之任之，希望以此来孤立更为激进的人，这样它就能集中精力对付真正的威胁了。当局最大的忧患是北部的苏格兰长老会，他们有一套自己独立的教会体制，组织严密。不过 1672 年的"国王捐赠"（regium donum）争取到了爱尔兰绝大多数长老会教徒的默然支持，这笔每年 600 英镑的王室拨款是给长老会牧师的，后者把它当作政府的善意欣然接受了，即便在阿尔斯特也是如此。虽然爱尔兰的长老会内部仍有矛盾，而来自苏格兰的传教士千方百计地维持着阿尔斯特地区普通信徒的圣约派传统，但大多数境况改观的长老会教徒及其牧师不愿和海峡对岸的圣约派弟兄有瓜葛，打破自己平静的生活——他们可能还认为，任何挑战现有的新教优势阶层的行为只会让天主教徒坐收渔利。在有些城镇，不从国教者还获得了完全市民权，这意味着他们在经济上不会像英格兰不从国教者那样被边缘化。不过，政府和国教会都不希望不从国教者势力扩散，尤其反对阿尔斯特的长老会传播到爱尔兰其他地区的企图。政府好歹勉强维持住了平静的局势。[47]

　　占人口大多数的天主教徒最有理由感到不满，他们在宗教、经济和政治上都受到了种种限制。不过，我们在谈到爱尔兰的天主教势力时不能过于笼统。有些天主教地主确实在复辟时拿回了自己的土地，这些人主要是老英格兰人，和其他人相比，他们自然不会对复辟政权有那么多的看法。当然，老英格兰人认为自己继承了最早征服爱尔兰的英格兰人，因此必须和讲盖尔语的爱尔兰人有所区别，而后者只有极少数从复辟中获得了好处，也最憎恨英格兰人的统治（不过需要指出的是，讲盖尔语的爱尔兰人普遍相信一个神话，认为斯图亚特王朝是古代爱尔兰诸王的苗裔，因此相信查理二世在理论上是他们自己的国王）。我们还得认识到天主教地主阶级的关切跟天主教佃农、商人或城镇里的工人阶级有所不同，另外广大教友和神职人员之间也存在利益分歧。绝大多数天主教徒，不拘任何出身背景，当然都希望他们所处的窘境能有所改善，但可以说，他们中的大部分都希望表明自己是忠诚的良民，应该受到更好的对待。所以在 1661 年 12 月，芬戈尔伯爵和其他 97 名天主教贵族、乡绅和地主联名向查理二世陈情，说他们无条件地效忠国王，并断绝和一切外部势力的关系，"不管是教皇还是君主，是属灵的还是属世的"，以换取宗教宽容。在接下来的几个月里，签名的人不断增加，最后多达 164 名平信徒"头面人物"和 70 名教士；不过大多数教士仍然持反对态度，经过一番冗长的争论后，签名活动最终取消。[48] 但那些失地天主教徒的代言人往往会暗示说，虽然天主教徒天性愿意忠于国家，但如果不采取措施缓解他们的境况，这样的意愿将会消失殆尽。弗恩斯主教便警告说，如果"家破人亡的天主教徒"铤而走险，选择"和苏格兰人一道反抗侵占他们土地的英格兰人"，那么"英格兰人的利益"无疑将"在爱尔兰毁于一旦"；因此，扶持"爱尔兰人成为抵御或制衡我们英格兰和苏格兰长老会的势力"才符合"英格兰真正的利益"。另外，支持爱尔兰人还可以"粉碎法国人或任何外部势力利用倾家荡产、走投无路的民众的不满情绪来对付英格兰的图谋"。[49]

但国王面临的问题是，如果对爱尔兰的天主教徒做出任何让步，不但会疏远爱尔兰的新教势力，还有可能在英格兰激起政治问题，因为在英格兰已经有人怀疑国王政府对天主教过于软弱。在"奸党"执政期间，查理在尝试给予英格兰的天主教徒和新教不从国教者更多宽容的同时，也在采取措施缓解爱尔兰天主教徒的窘境。1670 年被任命为总督的伯克利勋爵不仅对天主教教士相当亲善，而且任命一些天主教徒担任治安法官和其他低级官员。1672 年 3 月，他颁布全面的许可令，允许天主教徒在城镇里购买租赁房产并拥有完全市民权，还恢复了他们或其先辈在查理一世时期享有的"一切特权和自由"。1672 年 5 月，埃塞克斯伯爵取代伯克利勋爵成为爱尔兰总督，他在 1672 年 9 月为爱尔兰市政法人制定了"新政策"，允许爱尔兰政府首脑免除政府官员和自由民进行最高权威和效忠宣誓的要求。该政策的主要目的是加强国王对爱尔兰市政法人的控制——新政策还规定所有新任命的官员需经总督和爱尔兰枢密院的认可——但在客观上冲击了国教会对政府职位的垄断地位。在接下来的几个月里，埃塞克斯为许多天主教徒和新教不从国教者颁布了豁免令；光是都柏林，就有九到十名天主教徒进入了市议会，而金塞尔的自由民名单中多了好几个爱尔兰名字。[50] 在此期间，英格兰的国王政府也愿意对土地安排进行重新评估。1672 年 1 月，理查德·塔尔博特上校（后来的蒂康奈尔伯爵）为那些被之前的篡权者"剥夺地产……生活困顿的爱尔兰臣民"提出请愿，对此查理二世成立了一个调查团，检查《平定法》《解释法》和相应的实施情况，以及对没收土地的处理情况。[51]

这些让步令天主教徒的心态重新变得自信，很多新教徒则感到了紧张。在枢密院于 1672 年 3 月决定允许天主教徒获得完全市民权后，奥雷里伯爵（原布罗格希尔勋爵）从芒斯特报告说，蒂珀雷里郡的卡舍尔有一群"过去参与叛乱的爱尔兰治安法官""全体过来"，要求现任治安法官将权力交给他们。英格兰官员"没有驻军来保护他们"，惊恐万分；但在拖延了一段时间后，他们拿到了一封来自国王的信，解释说枢密院这次决定的意图只是让天主教商人可以在城镇里居住，而不是让他们当治安法官。奥雷里还抱怨说，天主教教士的傲慢无礼更胜一筹。在利默里克，一名神父于光天化日之下在一个新教教堂的院子里主持了天主教葬礼，"几乎就在利默里克主教的鼻子底下"，根本没有去征求同意。虽然天主教教士确实向奥雷里申请在城里公开做弥撒，但他们已经明摆着想要公开地做礼拜，在"数百处地方"建立了女修道院和弥撒场所，有的还光明正大地建在公路旁，据称有一位天主教大主教还沾沾自喜地说，过不了多久所有新教徒"都要被迫去望弥撒了"。在爱尔兰西部的一些地方，天主教徒拒绝向堂区牧师缴纳什一税，宣称"他们要交给堂区里的罗马天主教神父"。[52]

　　这些事态发展在英格兰议会激起了强烈的反应。1671 年 3 月 10 日，议会向国王提出反天主教请愿，对"爱尔兰教皇党徒的傲慢行径"、"公开举行弥撒"，以及名义大主教和主教的活动表示不满。[53]1672 年的英格兰《信教自由令》进一步加深了对天主教发展的担忧，下议院于次年 3 月要求维持《平定法》和《解释法》，召回调查团，革除天主教的法官、治安法官和郡长，将罗马天主教教士全部逐出爱尔兰，并将天主教徒排斥在市政法人之外。[54]之后就是一个政策收紧的时期。都柏林、沃特福德和金塞尔等地的市政法人通过章程，宣布除非事先进行最高权威和效忠宣誓，任何人都不能获得完全市民权。[55]不过土地安排的问题仍在讨论中。在 1678 年一整年，爱尔兰枢密院审议了各种提案，以便向即将召开的爱尔兰议会提交一项法案来确定土地安排、纠正有问题的产权；新教徒对此大为恐慌，他们认为天主教徒得到的土地已经超过了应得的，而他们还没有为自己在复辟时交出的土地得到适当补偿。[56] 但 1678 年英格兰爆发了教皇党阴谋，这意味着爱尔兰议会将不会召开，这样的法案也就胎死腹中了。

　　爱尔兰和英格兰的新教徒一直担心爱尔兰天主教徒与欧洲的天主教强权(特别是法国)相勾结,试图摧毁英伦三岛的新教势力。例如，1666—1667 年与法国和荷兰交战期间，不断有报告称"爱尔兰人正与法国暗通款曲"，法国准备派侵略军协助爱尔兰人造反，推翻英格兰新教徒的统治。[57] 随着恐法情绪在 1670 年代不断加深，这样的警报变得更为常见。1674 年 2 月沙夫茨伯里在上议院提出请愿，宣称在 1672—1674 年的第三次英荷战争期间爱尔兰"曾面临入侵的危险"，"法国人在各地都使了阴谋诡计"，"假如与荷兰人的最后一战取得成功"，他们就要登陆爱尔兰，但请愿以失败告终，议会于该月24 日休会。[58]1676 年 12 月，有报告称爱尔兰名义上的天主教主教奥利弗·普伦基特博士早在 1672 年 10 月就与法国国王及其他"外国天主教君主"合谋派兵到爱尔兰支援当地的天主教徒（"他认识的很多人将拿起武器加入他们"）并"传播信仰以促进罗马教会"。[59]

　　并没有可靠的证据显示爱尔兰天主教徒曾经策划过反叛行动。但对于很多英格兰新教徒来说，天主教徒是绝对不能信任的；因此，需要对他们采取强硬手段。但强硬手段又有可能让爱尔兰天主教徒铤而走险，危及英格兰的利益。这就成了一个恶性循环。只要国王及其大臣试图对天主教群体做出某些姿态来缓和局势，不管这些姿态有多小，在英格兰都会被指责为对天主教过于软弱。这样看来，哪怕爱尔兰的天主教徒并没有滋生任何事端，爱尔兰的问题也不可避免地要成为英格兰的问题。

　　爱尔兰国内的矛盾根深蒂固，而且很难在不产生不良连锁反应的情况下加以解决，因此，我们或许可以很公正地说，爱尔兰的局势在根子上就是不稳定的。但我们也不能把这种结论看得过于暗淡。查理二世在位的大部分时候，爱尔兰的形势确实是相对平静的。经过 1640 年代的战乱摧残后，爱尔兰的经济开始复苏，很多对复辟政教安排大失所望的人虽然仍耿耿于怀，但还是能够接受这个政权的，毕竟它没有施行严苛的处罚法，且带来了某种程度的经济繁荣。1689 年的一份新教小册子回顾了查理二世在位时期，评论道：

> 虽然教皇党人得到了过多的支持和纵容；而且新教徒遭受了很大的挫折，特别是在《平定法》上，但靠着上天的眷顾……爱尔兰形势一片大好：教会蓬勃发展，贸易欣欣向荣，城镇连年扩大，农村盖起了漂亮的住宅和种植园，农场里仓廪充实，还能方便快捷地卖到市场上；法律运作自由，不受干扰，常备陆军远远没有成为祸患，而是人民的安慰与保障。[60]

高高在上的新教偏见和怀旧情绪清晰可见：对爱尔兰的英格兰新教徒而言，几乎任何一年都好过 1689 年，而且作者在前半句所做的限定，恰恰暗示了根深蒂固的不满情绪在暗流涌动。不过，这些评论也不是捕风捉影。爱尔兰的情况并没有太过糟糕，至少没有大家所担心的那么糟，也没有像之前和之后那样糟。在很多方面，爱尔兰给查理二世带来的麻烦没有英格兰那么多。而且爱尔兰的局势也远没有苏格兰来得动荡。

苏格兰

正是苏格兰人在 1637 年揭竿而起，反对当局把劳德的《公祷书》强加给他们，进而引发了一场危机，最终导致斯图亚特王朝被推翻。

1630 年代末到 1640 年代初，苏格兰的圣约派发动了一场政教革命，推翻了主教制并建立了长老制的教会体制，还剥夺了国王的某些特权（例如苏格兰国王任命大臣、召开议会和控制武装力量的权利）。但苏格兰人对共和政体并没有好感；他们的理想是一位遵守圣约的国王。在 1648 年第二次内战期间，他们和查理一世结盟，条件是后者支持长老会；在 1649 年 1 月查理一世被处决后，他们拥立其子为苏格兰国王和英格兰国王。但查理二世直到被迫签署了 1638 年的《民族圣约》和 1643 年的《神圣盟约》，才于 1651 年 1 月在斯昆登基加冕。英格兰征服并占领了苏格兰，将其置于统治之下。的确，有一小撮坚定的圣约派，即所谓的"抗议派"（Protesters），与那些公开拥护国王的温和"决议派"（Resolutioners）划清界限；他们的目标是将长老会的神权统治扩大到整个不列颠岛。但抗议派和决议派都反对国家支配宗教事务，也不喜欢 1650 年代共和派政权搞的宗教宽容；虽然这两派都曾为了争夺权力、实现自己的宗教意图而与空位时期的政府眉来眼去，但共和派在苏格兰的根基比在英格兰或爱尔兰来得更浅。[61]

蒙克将军所率的驻苏格兰军队开进英格兰，引发了 1660 年春天的君主制复辟，大多数苏格兰人都对此表示欢迎。巴尔卡雷斯伯爵说，从来没有哪个国王"在登基加冕时得到臣民的爱戴和敬意"超过"苏格兰全境、各行各业"对查理二世的拥戴。[62]5 月 14 日，查理在爱丁堡被宣告为王，这座苏格兰首都举行了城市庆典，晚上还敲响钟声，燃放烟火和篝火，官员百姓热烈庆祝这一"伟大的拯救"。6 月19 日为苏格兰正式的复辟感恩日，这一天，全国许多地方点起篝火，敲响钟声；在爱丁堡，一尊奥利弗·克伦威尔被魔鬼追逐的塑像在城堡山上被"炸毁"。[63] 牧师们鼓励这样的庆祝活动，劝勉信众为神所命定的君主的回归而感到欢喜（但也警告他们不要饮酒过量）；在爱丁堡以西的林利思戈，詹姆斯·拉姆齐在一次慷慨激昂的布道中不仅说犯上作乱是罪孽，还强调国王是不受法律约束的（legibus solutus），不可反抗，不对任何人负责（只有对神除外），有特免法律的权力，甚至在某些情况下可以废除法律。[64]

决议派期待会有长老制的安排，对复辟表示欢迎；毕竟查理二世是在那些圣约上签了字的。其实查理对苏格兰人在 1650—1651 年对待他的方式怀恨在心，也不喜欢长老会，不过他在 1660 年夏天所任命的大臣队伍显示他还是愿意妥协的。米德尔顿伯爵和格伦凯恩伯爵这两位 1653—1654 年苏格兰王党起义的领袖都获得了重要职位：前者担任派驻苏格兰议会的王室高级专员，后者担任御前大臣。罗西斯伯爵、卡西利斯伯爵和克劳福德伯爵等三名原圣约派人士分别担任了枢密院议长、最高刑事法院院长和财政大臣，而关键的国务大臣（Secretary of State）一职给了另一位原圣约派人士劳德代尔伯爵（后晋升为公爵），他是长老会的温和同情者，但首先还是忠于国王的。只有抗议派在其中没有一席之地。[65]

让国王拥有绝对权力

但查理显然不想让教会人士来主导苏格兰的复辟大计。因此，他决定禁止长老会召开全会；结果，制定复辟安排的工作就落到了 1661 年 1 月 1 日召开的议会中的那帮平信徒手中。米德尔顿伯爵设法通过了一揽子立法，推翻了 1640 年代长老会的宪制与政治改革，让苏格兰的政教体制回到了 1633 年的状态。他得益于查理恢复议会立法委员会的决定，这一议会特设指导委员会曾经掌管议会通过立法的工作——1640 年有一项于次年获得御准的法律规定，议会可便宜行事，选择是否设立立法委员会——不过，目前这个委员会暂时还不像过去那样只是宫廷的工具，因为贵族、郡和市镇议员可以推选自己的代表（当然现在还没有主教）。[66] 米德尔顿的计划遭到了相当多的反对，但政府软硬兼施，搞定了潜在的敌人，这样那些死硬的批评者就孤立无援，无法组织有效的挑战了。米德尔顿也能够利用苏格兰传统统治阶级中显著的忠君、反教权情绪，他们想要压制教士阶层在政策制定中的影响力，也急切地想尽一切可能来讨好查理，希望能恢复他们在 17 世纪中叶动乱中严重受损的政治经济利益。[67]

　　议会在召开当天通过了一项法律，要求全体议员进行效忠宣誓，承认查理二世"是这个王国一切人和一切事务的最高首脑"，"没有任何外国君主、势力或国家，没有任何教俗人士"对他拥有"任何权力或更高的地位"。宣誓的措辞含糊，有些议员对此吹毛求疵——其中包括卡西利斯伯爵，他直接退出了议会——理由是它暗示国王在教会事务上也拥有最高权力，尽管替国王辩护的人迅速做出保证，说最高权力仅限于世俗事务。[68] 随后议会着手推翻 1630 年代末和 1640 年代的一系列宪制和宗教变革。它一开始采取的是各个击破的策略。1 月 11 日，议会通过了两项法律，旨在废除 1640—1641 年最重要的宪制改革。其中一项法律肯定国王根据"从全能的神获得的""君主权力"来任命国务官、枢密院成员和最高民事法院法官是"君主特权不容置疑的组成部分"，从而推翻了 1641 年要求国务官须根据议会或枢密院的建议进行选任的法律。另一项法律重申，召开议会、休会和解散议会的权力全部属于国王，废除了 1640 年的《三年会期法》。[69] 五天后，议会通过了一项法律，认可了詹姆斯六世时期的法律，禁止臣民在未经国王批准的情况下集会"探讨、协商或决定国家任何世俗或教会事务"或者缔结盟约，另外还通过了一部《民兵法》，强调只有国王有权宣战、媾和及控制武装力量（但它也规定，除非经过议会或非常议会批准，国王的臣民"免于供应或维持"这些部队）。[70] 1 月 22 日，议会宣布 1643 年非常议会（即颁布《神圣盟约》的机构）所通过的一切法律无效。[71]

3月28日，议会采取更加激进的措施，通过了一部全面的《撤销法》，废除了1640年、1641年、1644年、1645年、1646年、1647年和1648年"僭立议会"所通过的全部立法，从而将宪制的时钟调回到了最后一次所谓合法议会召开的1633年。《撤销法》因此将确立长老会制度的法律都一笔勾销了，但它并没有规定教会运作的法律框架。同一天通过的《宗教及教会组织法》允许堂区教会法院、教务评议会和长老会议在做出安排之前继续存在，但宣布国王决心维持查理一世和詹姆斯六世时期苏格兰所确立的新教教义及礼拜仪式，还说国王将"尽心安排和维护"一个"最符合神的话语、最符合君主制度以及最符合王国和平安定"的教会组织框架。它实际上规定了国王有权安排教会的组织体制。[72]

在英格兰，政治安排回到了1641年的宪制状况，保留了1630年代那些遏制王权发展的改革性立法。而苏格兰则回到了1633年。考虑到苏格兰的乱局始于1637年，那么废除1633年议会之后制定的一切法律似乎是恢复战前状态的顺理成章的做法。根据"狂热的骑士党"塔巴特的乔治·麦肯齐的说法，1640年后议会通过的一切法律"不过是一系列的叛乱"。此外，1661年1月至3月通过的法律在苏格兰恢复了那些国王在英格兰已经拥有的特权——例如任命国务官、召开议会以及控制武装力量的权利。但有些温和的骑士党认为1641年议会通过的法律不应该被撤销，因为查理一世出席了那届议会，"撤销人们认为受到国王陛下批准的议会所通过的一切法律"不仅是对查理一世"不敬"，也是"危险的预兆"。[73]但反对1661年宪制安排最为激烈的当属长老会。由于苏格兰的宗教改革是在反抗王权的情况下进行的（不同于英格兰），1661年法律中确认君主特权、抨击反抗行为的内容（在长老会眼中）就是对苏格兰新教立国原则的攻击。正如同时期的长老会历史学家詹姆斯·柯克顿后来所抱怨的，这些法律谴责"一切反对古代暴君的反抗行为，尤其是之前宗教改革苏格兰贵族的所作所为"。因此它们"改变了苏格兰人民的体制和原则";一句话,苏格兰议会"尽其所能地让他们的国王拥有绝对权力"。[74]其他长老会的卫道士也深以为然。对亚历山大·希尔兹而言,复辟政治安排蓄意试图"通过引进并发展专制暴政……来败坏和颠覆良善温和的国家政府制度"。[75]

在苏格兰没有搞加冕仪式的必要,因为苏格兰人已经在1651年给查理二世加冕了。但他们还是庆祝了1661年4月23日英格兰的加冕仪式:爱丁堡举行了盛大的城市宴席,人们在集市十字架(market cross)*向国王祝酒,还在霍利鲁德宫点燃了巨大的篝火,全国其他大城镇也举行了类似的庆典。[76]为了巩固苏格兰人对复辟王朝的忠诚,议会通过法律将每年5月29日"永久地定为节日",以纪念查理的生日以及"蒙神祝福的政权复辟":一切工作都将停止;教堂举行公开的礼拜仪式;剩下的时间里进行适当的"合法娱乐活动"。该法在序言部分谴责了过去二十年间(即自1638年《民族圣约》以来)所发生的事,说这一切"损毁和破坏了……宗教、国王陛下及其政府、法律、人民的自由与财产和这个王国的一切公私利益",还抱怨国王被逐出他的王国时,不仅苏格兰古老宪制的根基被颠覆了,苏格兰人还"沦为了异族的俘虏和奴隶"(指的是克伦威尔征服)。苏格兰没有庆祝国王生日的传统,纪念查理二世在伦敦复辟的5月29日对苏格兰也没有特别的意义;但苏格兰人还是被要求过复辟纪念日这个英格兰舶来的节日,庆祝苏格兰重获自由与独立。长老会在原则上反对一切年度宗教节日,自然不会参与其中;他们不过圣诞节和复活节,"连给救主过节,他们都不情愿",因此也不太可能"给查理过节"了。不管怎样,长老会抱怨这是"一年中最放荡的日子",

---

* 集镇中用来标记集市广场的建筑,并不一定是十字架,有的是方尖碑,或者带顶的、装饰性很强的建筑物。

被用来"闹事、胡来、赌咒［和］……醉酒"，他们的说法表明庆祝复辟纪念日是很多人一时的风尚。1661 年，全国很多地方举行了大型节庆活动。在爱丁堡，各教堂上午都有布道活动，随后就是市政当局为贵族和议会要员准备的盛宴，晚上城里遍地篝火。[77]

在复辟时期，苏格兰人还恢复了 8 月 5 日（纪念詹姆斯六世挫败 1600 年的高里阴谋）和 11 月 5 日（纪念詹姆斯一世挫败火药阴谋）两个纪念日。苏格兰人在"先前篡逆当权"的时候可不敢过这两个节日，因为它们纪念的都是斯图亚特王朝；对苏格兰人而言，火药阴谋是"某些英格兰叛乱分子"针对苏格兰王族的阴谋。因此，这些节日在 1660 年后带上了一层民族主义的色彩，它们在多年的英格兰人统治后得以恢复，标志着苏格兰摆脱了"他们的束缚"。[78]

苏格兰没有实行全面的赦免，这和英格兰不一样（1660 年《豁免与遗忘法》只排除了 33 人），米德尔顿和格伦凯恩准备好好算一笔变天账。多名抗议派领袖被处死：1661 年 5 月，圣约派领袖第八代阿盖尔伯爵因所谓与克伦威尔政权同谋叛国被处决；6 月 1 日，詹姆斯·格思里因写了《主愤怒的缘由》被处决；塞缪尔·拉瑟福德因他的小册子《法律为王》被控叛国，于同年 3 月死在狱中；1663 年 7 月，参与起草《民族圣约》的沃里斯顿伯爵被处决。[79]1662 年 9 月，议会最终通过了一部《豁免法》，约有七百人被排除在外，他们要付 200—1800 苏格兰镑不等的巨额罚金，总额超过了 100 万苏格兰镑（约 83333 英镑）。[80]

和英格兰一样，让苏格兰的王权获得牢固的财政基础并不容易。1661 年，议会授予国王每年 4 万英镑（约 48 万苏格兰镑）的终身收入，这笔钱从税收中抽取，时人认为这一安排非常慷慨，但实际所得还是低于预期。[81]1663 年，议会赋予国王向对外贸易征税的权利。[82]但查理还是入不敷出。苏格兰经济不景气让他的财政状况雪上加霜，而这又是英格兰政府的政策导致的。苏格兰人曾经拥有对法贸易的特权，这一特权在克伦威尔时期被取消，而复辟并没有将其恢复。[83]
更要命的是，1660 年的英格兰《航海法》不让苏格兰人参与殖民地
贸易，而且尽管该法主要旨在打击荷兰人，但英格兰似乎完全不顾
苏格兰是荷兰的主要贸易伙伴这一事实。[84]1664—1667 年第二次英
荷战争加剧了这一情况，导致苏格兰经济进一步萧条。到 1665 年 3
月，随着国际贸易的中断以及苏格兰全体水手被强征入伍（参加一
场对苏格兰人自己毫无益处的战争），有记载称海上的贸易和交通
"全部停止了……对人民造成了严重的损失和破坏"。[85]然而，因为
查理在苏格兰的岁入受到了经济萧条的影响，他除了向议会要更多
的钱之外别无他法——这在年景不好的时候可是一个有风险的提议。
1665 年，议会投票通过了一笔总额为 66.6667 万苏格兰镑（约 5.5
万英镑）的土地税，在五年内征收，用于支付与对荷战争有关的额
外开支。1667 年，议会恢复了田赋（这是圣约派在 1645 年的首创，
针对土地估定的租赁收入而非其资本价值征税），每个月可以再征收
7.2 万苏格兰镑（约 6000 英镑），为期一年。[86]这一估定的数额为查
理时期之后的各项议会财政补助提供了基础。

　　资金的短缺削弱了苏格兰政府的强制力。蒙克所率驻苏格兰军
队的残部于 1662 年解散，国王能保留的只是一小股步骑兵卫队，共
约 1200 人。[87]在国内治安上，国王不得不倚靠民兵部队。1663 年 9
月，议会——表面上对国际局势表示关切，尤其是已经征服中欧大
部的土耳其人对西方基督教世界的威胁——通过了一项重要的法律，
不仅重申国王拥有征募、武装和指挥其臣民的"独一权力"，还提议
各郡召集 2 万名步兵和 2000 名骑兵，"随时准备"在国王的号召下
"开往英格兰、苏格兰或爱尔兰的任何地方，以打击外敌入侵、镇压
内部叛乱或执行任何事关国王陛下权力与威严的任务"。[88]高地是政
府最难以维持法律与秩序的地方，那里的部族首领，如第九代阿盖
尔伯爵、阿瑟尔伯爵和锡福斯伯爵等，在他们的私人领地中拥有相

当大的自主权。不过在之后的多起事件中，复辟政权也能有效地利用高地的军事资源来对付低地的内部动乱。[89]

争议最大的是宗教上的安排。跟英格兰和爱尔兰一样，苏格兰全面恢复了教区主教制。但苏格兰从未出现过较为强大的主教制传统。查理之所以想在苏格兰恢复主教制，一方面是想让那里的宗教体制与其他王国的保持一致，另一方面是因为主教都是由国王任命的，国王借此可以对教会拥有比在长老制下更大的统治权。在查理的苏格兰顾问中，米德尔顿、格伦凯恩和罗西斯（尽管他过去支持圣约派）都拥护主教制方案；克劳福德仍旧坚决维护长老制；劳德代尔一方面向来忠于国王（他也想从中得到好处），另一方面又同情长老制，所以只能建议把问题推给教士们来解决。但教士们的声音无法上达天听。在《撤销法》通过后，格拉斯哥、艾尔、法夫、邓弗里斯和加洛韦长老会议均起草决议，反对主教制，支持长老制；他们都被强制解散，反对意见遭到压制。只有阿伯丁长老会议表示支持主教制。这也难怪查理坚持不让长老会议全会召开。[90]1661 年8 月 14 日，查理二世指示苏格兰枢密院，根据 3 月 28 日《宗教及教会组织法》赋予他的权力，他决定"用国王权威介入此事，以恢复教会正当的主教制，正如动乱之前法律所确立的那样"，为的是"让它与英格兰及爱尔兰国教会的体制更加和谐"；他还指责长老制不适应"我们的君主政体"。9 月 6 日，枢密院将这一意见公告全国。换句话说，苏格兰的主教制是用君主法令恢复的——正如为长老会的苦难著史的罗伯特·伍德罗所言，"不过是国王喜好的结果"。[91]政府希望能说服决议派牧师在复辟教会中担任主教职务；但大多数人都拒绝了，比较突出的例外是詹姆斯·夏普，他担任了圣安德鲁斯大主教。结果，担任主教的大多是二流教士。[92]

1662 年的议会会期颁布了正式恢复主教制的一揽子立法。5 月8 日，主教们恢复了议会及立法委员会中的席位。（次年，议会立法委员会恢复到了内战爆发前的"形式与秩序"，决定委员会格局的关键角色由主教把持。）5月27日，议会通过法律，"恢复并重建教会古老的大主教及主教制度"，随后在6月11日通过法律，恢复平信徒圣职推荐制度，并将1649年以来任命的牧师剥夺教职，除非他们之后申请并获得原推荐权人的推荐和当地主教的授予。6月11日还通过了一项法律，对那些拒绝纪念5月29日的牧师以剥夺教职相威胁。6月24日的一项法律规定，全体大学的学院院长和教授以及全体牧师必须承认并服从教会的主教制，并禁止任何私下集会或秘密宗教集会。同一天通过的另一项法律将结社或缔结圣约、武装反抗国王、为服从国王设定界限定为"造反叛国"，并宣布1638年和1643年的圣约为非法；承认这些圣约或维护相关原则的人禁止担任任何职位。这一政策在9月5日的一项法律中得到进一步加强，该法要求所有官员公开谴责《民族圣约》和《神圣盟约》，并宣布他们"不会服从……这些誓言……试图改变或颠覆王国现行法律所确立的政治或宗教体制"。[93]

在这一系列宗教立法的影响下，约952名正式任职的牧师中有近三分之一被逐出教会。西部及西南部各郡（即从格拉斯哥经拉纳克郡和邓弗里斯郡至英格兰边境一线以西以南的地区）受到的冲击最大。邓弗里斯长老会议失去了超过半数的牧师；格拉斯哥及艾尔的长老会议则损失了三分之二；而在加洛韦长老会议（由威格敦和柯库布里两个郡组成），仅有的37个堂区就有34名牧师被剥夺教职。东部的比例要小一些，但默斯及蒂维厄特河谷长老会议和洛锡安及特威代尔长老会议（即从爱丁堡往南一直到罗克斯堡和贝里克两个边境郡的地区）被逐出教会的牧师也有三分之一。爱丁堡和圣安德鲁斯教务评议会中最德高望重的牧师也拒绝服从。相比之下，泰河以北教会制度相对保守的地区，则很少出现剥夺教职的情况。[94]

民众对这些教会制度变革的接受程度也因地而异。主教制派和长老会的教义和教规一致（他们都是加尔文宗的），而官方教堂和秘密宗教集会里的礼拜仪式也非常相似；虽然主教制派往往会念主祷文、说"阿门"，认为礼拜的时候应该脱帽，但主教制教会并没有规定什么特别的仪式、礼仪或祷文。[95] 正如一名爱尔兰国教会的新教徒所言，苏格兰"那些号称主教制派的人在我们看来就是可恶的狂热分子"。[96] 在那些服从国教的牧师所在的堂区，事情想必仍旧照常进行。在有的地方，民众还挺乐见长老会牧师走人的。格伦凯恩声称，"长老会的傲慢做派令所有的忠诚臣民和明智之人感到不满，以至于每七个苏格兰人中就有六个渴望主教制"；他的言论有些夸张，但就连长老会领袖也承认 1660 年后民众对"宗教改革和长老会体制的《神圣盟约》和成就"存在强烈的反弹。[97] 有些地方还有意煽动反长老会的情绪。在 1662 年的复辟纪念日，林利斯戈的治安法官和牧师在林利斯戈伯爵的支持下在集市上举办了盛大的反长老会庆典，其中有一座专门竖立的四柱拱门，一边是一个"老妖婆"的雕像，手里拿着《民族圣约》，上书"光荣的宗教改革"，另一边是一个辉格党人的雕像，手里拿着 1650 年激进的长老会抗议书。拱门的中间挂着一块牌子，上面写着：

> 脱离高举着手的圣约派，
>
> 脱离结成了帮伙的抗议派，
>
> 脱离这些统治我们国家的委员会，
>
> 脱离教会专员和他们的抗议书，
>
> 良善的主救救我们。

在拱门的背面是一个长老会教士，挥舞着拉瑟福德的《法律为王》和格思里的《主愤怒的缘由》，而拱顶上列着过去二十年里"议会的法律、三级委员会的法律、长老会全会的法律，以及长老会委员会的抗议书和宣言"。最上面写着"悖逆的罪与行邪术的罪相等"。在牧师做了祷告之后，整个精心设计的展示被点燃，而围观群众为国王的健康干杯。[98]

尽管如此，很多地方（尤其是西南地区）的民众对清洗教会的行径非常不满，常常尽一切可能阻止新任牧师行使宗教管辖权。有报道称，有的堂区居民偷走教堂钟里的铃，这样钟就不能鸣响召集人们来教堂了，或是把教堂的门封起来，阻止新的主任牧师进入。在邓弗里斯郡的艾恩格雷，新的主任牧师在试图进入教堂时遭到了激烈的抵制，以至于他不得不回去搬一队士兵来护驾，而这些士兵随后遭到了堂区妇女投掷石块；枢密院后来判处带头的玛格丽特·史密斯流放巴巴多斯。柯库布里的妇女也进行了类似的抵制，虽然最终没有取得什么效果，除了让其中几个人被判戴枷示众。[99]民众的反应不光是因为忠于老牧师，也是出于对新牧师的敌意，后者主要是北方来的年轻人，人们普遍认为他们不够格：不仅"不学无术"，而且道德上也有问题——一句话，就是"对宗教改革的藐视和对宗教信仰的亵渎"。[100]即便是替主教制派辩护的约翰·塞奇也承认，"西部地区开拓教会过于匆忙……提拔的很多都是年轻人"，其中有些确实"做事马虎"。[101]结果是西南地区的人们大批大批地离开国教会，堂区居民转而选择参加家庭礼拜，以及由被驱逐的牧师或者因当地宗教安排而逃到苏格兰的爱尔兰长老会牧师主持的礼拜。参加这种集会的人常常多到牧师家里容不下，于是有些被剥夺教职的牧师不得不在门外布道，或者在野外举行礼拜；这就是野外秘密宗教集会的由来。[102]

冷淡的朋友和暴烈的敌人——劳德代尔当权

伴随着教会安排的是国王政府的更迭。克劳福德宁可辞职也不肯谴责圣约派；1663 年米德尔顿曾试图将劳德代尔排除在赦免之列，但事与愿违，导致他自己失势；年迈的格伦凯恩也于 1664 年去世。劳德代尔从 1663 年开始在苏格兰大权独揽——他一直把持这一地位，直到 1680 年倒台。据其他人说，他这个人有些粗犷，"块头很大"，红头发"非常别扭地披在周围"；吉尔伯特·伯内特说，"他的舌头大得过头了，以至于会把听他说话的人喷得满脸都是；他的性格粗野狂放"。不过他"学识渊博"，有着"惊人的记忆力"，"满腔激情常常让他陷入疯狂，变得脾气火爆"。伯内特认为他是他所见过的"最冷淡的朋友和最暴烈的敌人"。克拉伦登说他骄傲自大，野心勃勃，傲慢无礼，态度专横。查理喜欢他是因为他的政治经验，以及他愿意尽一切所能来讨好国王。这在很大程度上可以扩张国王在苏格兰的权威，并确保长老会不会威胁到复辟政权的安危。[103]

在当权期间，劳德代尔对不从国教者的立场经历了一系列剧烈的变化。一开始，劳德代尔仍然需要仰赖日益强硬的罗西斯（时任财政大臣）和夏普大主教，而这两人在 1664 年之后又得到了极端强硬的格拉斯哥大主教亚历山大·伯内特的支持，于是他准备支持采取高压政策。1663 年 7 月 10 日，议会通过了一项严苛的法律，不仅批准了上一年的教会立法，还对那些脱离国教会的人施以严厉的罚款：拥有土地者要罚年地租的四分之一；没有土地者则要罚不动产的四分之一（如果是市民，还要被剥夺从事贸易的权利和其他特权）。[104]1664 年，国王利用特权，做出了恢复宗教事务高等法院这一极具争议的决定，授权其对牧师进行停职和革职，以及未经起诉对触犯相关法律者处以罚金或监禁，但这可以说直接违背了 1584 年一项撤销"一切未经议会批准的新设法庭"的法律。长老会认为宗教事务高等法院是"可憎的暴政"，因为它采用的是"专横的审讯和裁决方式，毫无任何法治可言"，有时还会对那些反对主教制的人施以野蛮的刑罚，例如鞭笞、烙印和流放。宗教事务高等法院在两年

17世纪六七十年代在苏格兰政治中最有影响力的人——劳德代尔公爵约翰·梅特兰，身边是他的妻子，时人认为她美丽、贪婪且有野心

后就被解散了。这是因为它不仅无法有效遏制苏格兰普遍存在的不从国教者，还让主教制比以往更加不得人心。[105]

西南地区的秘密宗教集会活动达到高潮，以至于政府决定用军事手段进行干预。从 1663 年开始，政府分派军队，在詹姆斯·特纳爵士的指挥下前往该地区，向那些拒不参加国教会者收取罚金。这样的工作在随后数年里进行了好几次，其中最严厉的是在 1666 年，当时政府担心苏格兰长老会可能在对荷战争期间在国内生乱。法律规定的额度已经很高了，但实际征收的罚金还要更多，而且士兵会在那些拒不缴纳的人家里白吃白住，扣押财物。很多人不仅被折腾到倾家荡产，还遭到了士兵的虐待。[106] 在光荣革命之后，一个长老会作家将这一政策与 1680 年代初路易十四镇压法国新教徒的做法相提并论，说至少在这一方面"我们是领先于法国的"。[107] 为了自卫，参加秘密宗教集会的人开始携带武器，但这样做只会让当局觉得长老会想要武装起义，因而需要加大打击的力度。

这就成了一个自我实现的预言（self-fulfilling prophecy）。1665 年，流亡海外的牧师约翰·布朗写了一本长篇的册子，从荷兰偷偷运回苏格兰散发，册子里历数圣约派所受的苦难，为之前反抗查理一世的战争正名，并宣称任何人都有权利用武力反抗为祸一方的官吏。[108] 于是 1666 年 11 月，长老会教徒中的义愤填膺者在邓弗里斯劫持了特纳，进而前往爱丁堡要求政府让步，他们的队伍一度壮大到 1500 人不止，可能有 2000 人，之后因为有人叛变、内部分歧和天气恶劣等，不得不撤退。11 月 28 日，官军最终在彭特兰丘陵的鲁利恩格林消灭了残余的起义军（可能只有八九百人），打死约 50 人，活捉约 120 人。那些被俘的人被带到爱丁堡进行审讯，据圣约派历史学家亚历山大·希尔兹记载，他们遭到了"残忍歹毒的对待，要是土耳其人看了都会觉得不好意思"。枢密院动用了酷刑来拷问那些拒不开口交代阴谋的人——他们用的是"铁靴子"，即一种夹在小腿上的金属装置，可以在刑讯时逐渐收紧，压碎人的骨头，罗西斯认为这是"这个王国唯一使用过的酷刑"。[109] 与此同时，枢密院派汤姆·达尔齐尔将军率 3000 名步兵和 8 个连的骑兵前去平定西南地区。[110] 士兵们不仅在百姓家中白吃白住，还对他们怀疑谋反或协助谋反的人严刑拷打。一名指挥官芒戈·默里爵士下令把两个农民的拇指绑在树上，把他们这么吊了一整晚，只是因为他们被控窝藏起义者；如果不是有几个士兵于心不忍，将他们放了下来，他们估计就没命了。来自艾尔郡达尔赖堂区的大卫·麦吉尔被控参与彭特兰叛乱，他男扮女装逃之夭夭，但士兵逮住他的妻子，"把她绑了起来，将点燃的火绳放在她手指之间好几个钟头"；她失去了一只手，并在几天后不治。有一名男子在叛军经过拉纳克时正好在城里，他告诉士兵他无法指认出任何参与叛乱的人，便遭到了士兵的枪杀。[111]

然而，西南地区的民众非常拥护这些起义者，以至于当局只抓到了个别带头分子。最后政府决定只处决36名起义者（不过假如有更多的人被捕，被处死的人无疑会更多）；其他被判有罪的，则被流放到巴巴多斯或弗吉尼亚，另有56人被缺席判处叛国罪并宣布为在逃犯。这一切都是为了往当地灌输恐惧，而且确实起到了一定的成效：人们乖乖交了罚款，有些不从国教者还出于恐惧回到了国教会。[112]但付出的代价却非常沉重。当地的经济——此时苏格兰正经历着英荷战争造成的贸易中断所带来的经济衰退——遭到沉重打击，社会上的不满情绪与日俱增。[113]鼓吹反抗的册子仍在出现，说苏格兰国王的权力源于人民的认同，如果统治者越权或没能履行契约上规定的义务（即保护人民的权利免遭侵害或压迫），人民有权利对其进行问责。更令人不安的是，参与彭特兰叛乱的詹姆斯·米切尔在1668年7月刺杀圣安德鲁斯大主教夏普，尽管未遂。[114]

劳德代尔确信一味打压不起作用，决定转而采取温和的政策。他试图摆脱对苏格兰主教制派势力的依赖，利用彭特兰起义来打击罗西斯和夏普大主教，并凭借君主特权做出让步，试图将长老会团结到国王一边来。1669年6月7日，查理二世颁布了第一部苏格兰《信教自由令》，授权苏格兰枢密院对那些遵纪守法的原牧师进行重新任命，到原堂区（如空缺）或其他空缺堂区任职，但他们只有接受主教授予圣职才能获得薪俸。[115]在这样的规定下，只有42名长老会牧师恢复职位。但主教制派势力还是对此十分恐慌。夏普认为《信教自由令》违反了1662年恢复主教制的法律，并在罗西斯的支持下不允许那些被招安的牧师在他的教区里任职。格拉斯哥大主教亚历山大·伯内特更是在1669年9月让手下的教士起草一份抗议书，反对《信教自由令》。枢密院将抗议书压了下去，查理也在12月罢免了伯内特，用支持招安的邓布兰主教罗伯特·莱顿取而代之，后者先是在 1670 年托管格拉斯哥的圣职，并从 1672 年开始担任格拉斯哥大主教。[116]

继《信教自由令》之后，1669 年 10 月又颁布了《君主至上法》，规定查理及其继承人可以"针对教会体制的管理、其中的人员及其提议和确定的一切教会会议和事务，任意……制定、颁布和发布章程、法律和命令"，并撤销一切有违"国王陛下至上地位"的法律。长老会对这一法律非常不满，认为这是让查理二世僭取了基督的地位。但这一法律也沉重打击了苏格兰主教们的地位和声望，他们觉得国王在教会政策方面应该和他们商量，说这部法律让"国王成了我们的教皇"。按照劳德代尔的说法，国王现在不仅"在教会内部至高无上"，有权任命所有的主教和牧师，而且还能任意"罢免调动"神职人员，他在英格兰也没有这么大的权力。同一天通过的另一部《民兵法》规定国王可以召集一支 2.2 万人的陆军，不仅能用来维持苏格兰的治安，还可以派到英格兰和爱尔兰。1669 年 11 月，劳德代尔自信满满地对查理二世夸耀说，"以前可怜的苏格兰从来没有哪个国王像陛下这样拥有绝对的权力"。[117]

劳德代尔一边努力把长老会牧师拉拢进国教会的体制内，一边对那些坚持不从国教的活跃分子采取更为严厉的措施。1669 年 8 月初，枢密院发布公告，要求乡绅举报那些在他们的土地上组织秘密宗教集会的人。[118] 有报道称西南地区主教制派牧师的住宅遭袭（政府认定是长老会所为，而长老会则认为是盗匪），因此议会在 11 月底通过法律，规定如主任牧师遭到攻击，所在堂区应承担责任。[119] 1670 年 8 月 13 日，议会将袭击牧师和企图抢劫其住宅的行为定为死罪。[120] 议会还在同一天通过了野蛮的《秘密集会法》，规定那些未经许可、被剥夺教职的牧师如果主持宗教集会，将被判处监禁，只有缴纳 5000 苏格兰马克（约 175 英镑）的保证金或承诺离开苏格兰永不回国，才能获释。那些参加秘密宗教集会的人也要根据其社会地位处以数额不等的罚金：乡绅为地租的四分之一；佃农为 25 苏格兰镑；长工为 12 苏格兰镑；仆人为年工资的四分之一。举行秘密宗教集会场所的男女主人罚金翻倍，而御准自治市如果出现秘密宗教集会，治安法官也要根据苏格兰枢密院的决定处以一定的罚金。未经许可的牧师如果在任何野外秘密宗教集会（包括那些"室内人数超过"房屋所能容纳，"以至于有人站到门外"的秘密宗教集会）上布道，将被"处以死刑"。如果协助抓捕参与野外秘密宗教集会者，每抓获一人则可以得到 500 马克赏钱，还能"免除在抓捕过程中……任何致人死亡的罪责"。长老会抱怨说，歹人只要安排人站在室内秘密宗教集会门口，就能把它变成"野外秘密宗教集会"；因此，该法让"那些参与集会者的性命……任由他们最凶恶的敌人蹂躏"。跟参加室内秘密宗教集会相比，参加野外秘密宗教集会的人要被处以两倍的罚金。为了鼓励地方官积极执法，乡绅以下之人缴纳的罚金可以全数归他们所有。这项法律原本只打算实施三年，因为议会希望这样的严刑峻法能把民众治得俯首帖耳，但国王可以视情况加以延长。[121] 几天之后，议会又针对脱离国教会者通过了一部法律，罚金的额度比 1663 年法律规定的略有减少，但和《秘密集会法》一样，也允许地方官用乡绅以下的人的罚金自肥，并要那些长期不从国教的人保证不进行反抗，否则以流放论处。这项法律也打算只实施三年。[122]

　　劳德代尔之所以会同意制定这些法律，一方面是打消说他对不从国教者过于软弱的批评，另一方面是想用严厉的后果警告那些拒不服从的长老会成员，从而鼓励他们接受国教会的招安。1672 年 9 月，查理颁布了第二部苏格兰《信教自由令》，扩大了第一部涉及的范围，规定在那些空缺的堂区内任命两名被剥夺教职的牧师，并在 1669 年招安的牧师身边再多任命一名。结果又有 89 名长老会牧师被招安，其中大部分是在西部和西南地区。[123] 不过和第二部《信教自由令》相配套的是另一部法律，将 1670 年针对秘密宗教集会和脱离国教会者的法律再延长三年。[124]

然而，事实证明，劳德代尔的策略并不奏效，而且政治上的代价也非常高。很多长老会成员不喜欢《信教自由令》中"教会事务一切由国家说了算"的意味，继续组织非法集会，甚至还让民众不要去那些打算对主教制妥协的牧师那里做礼拜。国教徒越来越少，而参加野外秘密宗教集会的人越来越多，有些国教牧师遭到了身体上的攻击：莱顿大主教得知，他任命到西部空缺堂区的一些主任牧师被"殴打、扔石头后跑了"。[125] 在主教制派这一边，罗西斯、伯内特和夏普都指责《信教自由令》削弱了国教会的地位并危害国家安全。1674 年，爱丁堡宗教会议起草了一份声明，警告目前有越来越多分裂教会、秘密宗教集会以及"野牧师"闯入堂区的现象，后者给民众"传讲任何他们想听的教义"。[126] 与此同时，英格兰的政治风向也发生了变化，议会于 1673 年成功地挫败了查理的英格兰《信教自由令》。劳德代尔是"奸党"中唯一逃过一劫的，但他在英格兰处于守势，在苏格兰则面临越来越多的反对，这些反对者不仅不赞成他的政策，还嫉妒他的权势和羽翼，对他步步紧逼。他发现必须采取一些措施来巩固自己的政治基础，因此他放弃了让步的政策，要求严格执行一切针对不从国教者的法律。1674 年 8 月，莱顿辞去格拉斯哥大主教一职，伯内特恢复原职。

随之而来的是当局不断收紧政策。1674 年 6 月 18 日，根据查理的命令，苏格兰枢密院发布公告，要求乡绅让手下的佃农写保证书，承诺绝不违反 1670 年《秘密集会法》；如果佃农不肯写，那么乡绅就得将他们逐出，否则自己要接受惩罚。家主对自己的仆人、市镇官员对所辖市民和其他居民也要负同样的责任。[127] 与此同时，1670 年法律所规定的罚金将以最大的力度进行征缴。光是在伦弗鲁郡一地，十一名地主因参加秘密宗教集会和不从国教所缴纳的罚金就高达 368031 苏格兰镑 13 先令 4 便士。[128]1675 年 7 月和 8 月，苏格兰枢密院决定在长老会活动猖獗地区的某些指定住宅中派驻军队，以打击秘密宗教集会，这一决定在法律上是有问题的，因为它实质上是在和平时期进行军事管制。[129]1677 年 8 月 2 日，枢密院再度下令，要家主和乡绅分别担保手下的仆人和佃户遵守法律，不得脱离国教会或进行非法的婚礼和洗礼。地主们觉得这是要他们为自己控制不了的人承担责任，对此非常不满。拉纳克郡的乡绅在汉密尔顿公爵的带领下一致同意拒绝担保。在其他地方，也有很多人不愿服从。艾尔郡和伦弗鲁郡的乡绅还认为，在程度和范围上扩大给长老会的自由，更能让国家长治久安。[130]

　　然而，不断壮大的秘密宗教集会活动以及针对正规教士的"极端无礼"（例如"窃据他们的讲坛"以及进行言语和身体上的威胁）令政府非常紧张，根本没有怀柔的心情。劳德代尔虽然赞成《信教自由令》，但在主教们的反对下不得不退让。国王也反对做出让步，不愿"牺牲法律来迁就迎合个别人"。于是政府决定用军事手段进行干预。在枢密院的建议下，查理于 1677 年 12 月 11 日下令召集一支高地大军（Highland Host），派往长老会活动的核心地区，"通过在不满当局政策的人家里白吃白住"、解除嫌疑分子武装和强令做保证的手段迫使他们表现出"应有的顺从"。伍德罗对当局的用心进行了一番阴谋论的解读，他认为查理二世在英格兰面临解散常备陆军的压力，"于是枢密院计划要采取一切手段挑衅苏格兰的激进分子……以致引发动乱，或许能获得维持常备陆军的借口"，至少能在苏格兰维持。我们当然不能全盘接受伍德罗的说法，毕竟这是他在事后用辉格党的说法进行的解释；但他的评论确实提醒我们注意，国王的意图在英格兰受到了很多人的怀疑。[131]

　　1678 年 1 月 24 日，一支约 8000 人的部队在斯特灵集结，其中高地战士有五六千人，剩下的则是正规军或民兵。[132] 在赤裸裸的军事威胁下，法夫的乡绅屈服了，而在邓弗里斯郡，所有人，"除了几个可怜的人之外，都签字了"。但在其他地方，大部分人仍拒不服从。格拉斯哥只有 153 人做了保证；伦弗鲁郡只有 2 名绅士和 3 名市民签字；在拉纳克郡，2900 名乡绅和佃户中只有 19 人服从。[133] 因此，高地战士被派往格拉斯哥，然后前往艾尔郡、邓巴顿郡、拉纳克郡和伦弗鲁郡。在为长老会辩护的作者笔下，高地大军犯下的暴行罄竹难书：谋杀、强奸、拷打、偷盗、勒索钱财和身体上的虐待——甚至"砍下手与指"。如果按一些现代历史学家的说法，其中很多都是捕风捉影，但劫掠的现象毫无疑问非常严重，金钱、物品、牲畜，没有什么是士兵们不拿的。伍德罗统计，艾尔郡乡绅的损失总计超过了 20 万苏格兰镑。[134] 一位地方上的通讯员说他能写下的尽是"压迫、抢劫、勒索和滥用法律"；[135] 另一个人抱怨说，"这个王国最好的一片地区"被"这些语言风俗不同、不信宗教的野蛮人残酷蹂躏，变得一贫如洗，几乎遍地荒凉"。[136]

但这样的淫威总体上仍然没有起到很大的效果，于是枢密院在 2 月中旬通过了一项法律，对那些仍旧拒不做保证的人实施法律预保（lawburrow）。法律预保本来是一种用于维持邻里治安的保证：与邻居有矛盾的人可以在法庭上宣誓说他有人身之忧，让他的邻居保证不对他（或其家人）进行伤害或骚扰。这种方式在解决私人纠纷时并不罕见，而且保证涉及的金额往往非常小。但如果是国王让臣民进行法律预保，那就有很大的争议了，因为这相当于说国王"害怕"他的臣民。更重要的是，违背这种保证的罚金数额巨大：那些被要求做法律预保的人如果参加秘密宗教集会或有其他破坏治安的举动，将被罚没两年的地租。[137]

批评政府的人质疑这些针对长老会的措施是否合法。3 月 28 日，卡西利斯伯爵向伦敦的宫廷呈交了一份详细的材料，历数高地大军、逼人做保证及法律预保之害，他说，可以确定，这些行为"无论是根据苏格兰王国的法律还是风俗，都是不合法、不正当的"。让士兵到民宅里白吃白住违反了1661年和1663年的《民兵法》，这两项法律规定苏格兰民众没有义务供养野战军或驻防军，而他本人也拒绝做保证，因为他认为这"于法无据"。[138] 当时有好些报刊宣称枢密院"无权逼人做这样的保证"，这样的保证未经议会批准不得强加于人。特罗克被剥夺教职的牧师约翰·布拉凯德现在领导着野外秘密宗教集会，他不承认枢密院的诏令有权让家主和乡绅承担法律之外的义务，也不承认它可以因为一个人拒绝做非法的保证就剥夺他的私有财产权。约翰·坎宁安爵士和乔治·洛克哈特爵士这两位顶尖的律师虽然自已做了保证，但他们对伦敦的政府说，他们认为"推行这一做法以及法律预保违反了法律"。到5月底，汉密尔顿公爵连同科克伦勋爵、约翰·科克伦爵士和陆军中将威廉·德拉蒙德面见查理，表示反对做保证，认为"家主不能被要求"因为参加了秘密宗教集会就"把他们的佃户从土地上驱逐出去"，因为议会已经规定了这类罪行的处罚就是罚金。[139]

　　查理于2月底撤回了高地战士，并在4月底撤回了其他军队，同时还取消了做保证和法律预保的做法。不过苏格兰内部的压力对他的这一决定影响甚微；查理这是在对英格兰的事态做出回应，英格兰议会批评查理扩编军队并引起民众对常备陆军统治的恐慌。负责统筹指挥民兵部队的西部地区委员会被告知，虽然查理完全认可其工作，但"考虑到英格兰的事态，民兵在那里造成了很大的影响，有必要立即将其解散"。[140] 查理一再坚持自己在苏格兰采取的措施。他在3月写给苏格兰枢密院的信中对后者过去的做法予以全面肯定：法律将野外秘密宗教集会定为"叛乱的集结场所"，而抗拒镇压则"可以让你们名正言顺地将相关郡视为处于叛乱状态"。[141] 他对汉密尔顿公爵5月份的投诉嗤之以鼻，命令他和他的同伙"回到自己的地方，在政府领导下平静守法地过日子"，之后他又写信给苏格兰枢密院，重申他对其工作的肯定，并表达了对指责枢密院违法的人的反感。他强调："朕在任何情况下都要根据法律，打击那些削弱朕之特权、反抗朕之法律和诽谤朕之枢密院的图谋。"[142]

枢密院也否认自己超越了法律的边界。在回应 3 月 28 日卡西利斯伯爵的诉状时，枢密院强调，1661 年禁止士兵到民居白吃白住的规定只适用于"正常时期"，而鉴于现在有大批武装人员"几乎每周"聚集在野外秘密宗教集会上，西部和西南部各郡已经处于"叛乱状态"。而且 1663 年《民兵法》还规定民兵可以用来镇压"国内的动乱或叛乱"。1429 年的一项法律"明确认可"法律预保，而全民法律预保则是基于 1449 年的另一项法律。至于非法强制做保证的问题，枢密院强调，做保证只是"建议"而不是"强制"，还宣称这不需要任何明确的法律授权，因为"只要不违反明确的法律"，国王和枢密院可以采取任何必要措施来维护国家的治安。[143]总检察长麦肯齐在 1679 年写道，1529 年的一项法律规定"按照封建法律，一切不服从封君的封臣不得被容留在其土地上"，他据此宣称让乡绅为其佃户负责的做法是合理合法的。麦肯齐预料到有人会说这项法律已经过时了，便强调说，虽然让一个臣民依附于另一个臣民的法律或许已经废止了，"但让我们都依附于国王的法律"并没有被废止，更遑论"事关王国安全的公共法律了"。[144]

军队一撤走，野外秘密宗教集会马上死灰复燃，而那些曾经写下保证书的人也公开表示反悔。龙骑兵再次被派去围剿参与秘密宗教集会的人。被抓的人只要做出保证就可以获释，但基本没什么人愿意屈从；很多人最后被流放到了殖民地。[145]5 月底，在哈丁顿郡的怀特柯克，一名士兵在试图取缔集会的过程中被打死。政府决定把参加集会的詹姆斯·利尔蒙特和一个姓坦普尔的人扣上"参与"谋杀的罪名，以儆效尤。虽然这两人并没有实际参与杀死那个士兵，但坦普尔当时带着剑，而手无寸铁的利尔蒙特喊着指挥那些有武装的人。一开始，陪审团只认定他们有参加野外秘密宗教集会的罪，法庭不得不两度让陪审团回去重新商议，这才定了他们谋杀罪。9月27日，利尔蒙特在爱丁堡的干草市场被处决；坦普尔则遭流放。如此严重的"滥用法律"以及"极其专断的裁决"让很多法律专家"感到震惊"。[146] 这一判决非但没能起到威慑作用，反而驱使参加秘密宗教集会的人奋力自卫。1678年8月，约翰·韦尔什和其他至少12名不从国教牧师（有报告称是36名）在艾尔附近的梅博尔举行了为期三天的大型秘密宗教集会，共有约1万人参加，他们在会上"宣扬《神圣盟约》以及武装自卫的合法性、可行性和必要性"。他们还在布道前后进行了军事操练和武器训练，宣称他们"如果遭到国王的军队攻击将进行自卫"。当时一个有所警觉的人听说他们计划在距爱丁堡只有34英里的费尼克再组织一次这样的秘密宗教集会，对事态最终的走向感到担忧。他想："要是他们打败了国王的军队并攻占了首都，会不会先把那些反对他们的人统统罚款、监禁、流放，然后再同样对付那些没有支持他们的人呢？""一个和平的政府"将被颠覆，"国王陛下的权力也将受到质疑和限制"。这难道是"《圣经》里说的将刀打成犁头吗"*？这难道"不是把镰刀打成刀，并非为了自卫，而是为了在我们国家挑起战端吗"[147]？

　　让长老会尤为难受的是，他们面临着日益严苛的法律的全力打击，苏格兰的主教们对天主教徒却似乎是睁一只眼闭一只眼。1567年的一项法律禁止人们望弥撒，再犯和三犯将分别被处以流放和死刑，1661年的一项法律重申了对弥撒的禁令，并要求所有做弥撒的神父在一个月内离境，否则以死刑论处。[148] 此外，1663年针对脱离

---

* 见《以赛亚书》第2章第4节："他必在列国中施行审判，为许多国民断定是非。他们要将刀打成犁头，把枪打成镰刀。这国不举刀攻击那国，他们也不再学习战事。"本书所引《圣经》原文均据和合本。

国教会的法律也适用于天主教徒。然而，反天主教的法律只是时不时地执行一下。甚至在"奸党"当政期间，苏格兰的天主教徒实际上获得了"某种程度的宗教宽容"。例如 1671 年，西南地区未经许可的长老会秘密宗教集会正在遭受打击，而北部地区的天主教徒却在忙着设立弥撒场所并公开举行礼拜。或许最伤害长老会感情的是，枢密院甚至愿意任用信奉天主教的贵族来打击长老会不从国教者。例如 1677 年 2 月，枢密院就任命信奉天主教的马克斯韦尔勋爵在邓弗里斯、威格顿和柯库布里抓捕长老会的秘密宗教集会参与者和牧师。[149]

苏格兰政策与不列颠问题

　　和在英格兰相比，复辟王朝在苏格兰的地位更强大也更脆弱。王权在苏格兰无疑拥有更多理论上的权力，而那里的议会制衡国王任意行事的能力也更小。说国王在苏格兰是绝对君主可谓名副其实。另一方面，苏格兰的政治和（特别是）宗教矛盾比英格兰的（这些矛盾在英格兰也绝非无关紧要）更加尖锐，而国内和平也更加脆弱。政府或许有理由担心，如果不采取必要措施来处理不从国教问题，那么就可能发生他们不愿看到的情况。1666 年的彭特兰叛乱已经敲响了警钟，而不从国教者继续大规模地聚集在秘密宗教集会上——而且带了武器——甚至有人还著书立说，鼓吹反抗王权，这自然会令政府感到紧张。但是政府采取的一系列措施都没有收到成效，甚至只是火上浇油。事实表明，王权在苏格兰虽然号称绝对，查理的首席大臣劳德代尔的行动却常常受到很大的掣肘。他因为需要讨好主教制派势力而不得不一再抛弃他支持的怀柔政策。但被迫站在主教制派强硬分子一边，不仅让他在政治精英中树敌，还会在某些地区激起广泛的民怨。换句话说，苏格兰政治体制中根深蒂固的结构性问题让这个王国变得难以治理，甚至可能有内在的不稳定。

劳德代尔大权独揽，官员任命升迁尽出他手，再加上他所推行的政策，这让他在苏格兰树敌甚多。到 1678 年 6 月，人们说苏格兰已经分成了"三股势力"：以劳德代尔为首的"主教和宫廷势力"与"长老会势力"并立两头，第三股则是以汉密尔顿公爵为首的"自由和特权势力"。[150] 甚至是在 1680 年代坚决维护宫廷和主教制派的阿瑟尔公爵及昆斯伯里伯爵都转而反对劳德代尔，因为逼人做保证和高地大军的问题与他决裂。劳德代尔还表现出一种坚决巩固他和皇家君主权力的姿态，并打压苏格兰统治精英集团的其他成员。例如 1677 年 8 月，劳德代尔得知御前大臣罗西斯得以任职终身（ad vitam），不能轻易罢免，于是让国王写信给苏格兰枢密院，宣布所有国务官都是凭国王意愿任职的，请现任官员放弃终身任职的权利。所有官员都听从了命令，于 9 月 4 日签署了相应的声明。[151]

但苏格兰的政策并不只是苏格兰的问题，也是更大范围的不列颠问题的一部分。1670 年代，英格兰人对于专制政府的幽灵日益警觉，而苏格兰发生的事情让他们越来越担心。1675 年 4 月，英格兰下议院向查理请愿，要求免除劳德代尔的顾问之职，指责他想要推行"专制政府来统治我们"，证据就是他据说宣称（在 1672 年《信教自由令》一事上）国王的敕令"等同于法律"。他们也担心苏格兰的《民兵法》让他将拥有一支 2.2 万人的部队，这样的部队可以进入"这个王国的任何部分，执行任何任务"。他们还得知劳德代尔威胁要用这一手段来压制英格兰国内那些批评国王政策的人。这一次查理力挺他的大臣，让劳德代尔过关。[152] 不过，乡村反对派的重要代言人以及日后的辉格党领袖沙夫茨伯里正密切关注着苏格兰的局势。在他的档案中有一封发自爱丁堡的信，注明的日期是 1675 年 9 月 10 日，信中详细列举了劳德代尔在苏格兰滥用权力、欺压民众的罪状，并说他威胁要"彻底颠覆我们［苏格兰］的自由"。[153] 沙夫茨伯里将在之后的王位排斥危机中再度呼吁人们注意对苏格兰自由的威胁。

　　整个复辟时期，政府一直担惊受怕，唯恐三个王国的不满势力会在苏格兰的带头下联合起来反对王权，就像 1630 年代末和 1640 年代初那样。1677 年底，都柏林当局的西里尔·威奇爵士感叹苏格兰事态严重，抱怨三个王国"对政府有意见的大人物们"已经与心怀不满的新教不从国教者结盟，并宣称当前局势"非常类似先前革命刚开始爆发的时候"。[154] 在苏格兰国内，主教制派在面对新教不从国教者时感到岌岌可危，自然会寻求英格兰方面的支持。[155] 国王本人也准备利用爱尔兰和英格兰的资源来应对苏格兰的反政府势力。1674 年和 1677 年，查理得到报告称苏格兰西南地区有再度爆发叛乱的危险，便赶紧动员阿尔斯特和特威德河畔贝里克的军队，准备一有风吹草动就开进苏格兰。[156] 简而言之，苏格兰的事态发展对英格兰和爱尔兰也有影响；换言之，苏格兰的问题也是三个王国的问题。

　　不过，苏格兰也越来越被视为王权潜在的力量之源，可以用来巩固其在整个不列颠的地位。我们从 1660 年代末有关与英格兰联合的辩论中就可见一斑。最早在 1668 年提议的是商业上的联合，为的是应付对荷战争给苏格兰带来的经济衰退，同时也解决苏格兰人对 1660 年英格兰《航海法》不让他们参与贸易的不满。相关讨论无果而终，但在 1669—1670 年，重点就变成了政治上的联合，其中包括两国议会合并为一，对苏格兰许以自由贸易的利益，作为其丧失主权的补偿。这个主意在两个国家都没有得到什么支持：苏格兰的统治精英认为这是政治自杀，英格兰议会明显对此没有兴趣；而查理本人似乎也不是很上心，只是把这一讨论作为掩饰，以转移人们对他与路易十四正在进行的谈判的注意力。[157] 有些人担心政治联合将让查理拥有一个苏格兰铁票仓，从而增强对威斯敏斯特议会的权力，使得他"在不列颠拥有绝对权力，就像法国国王……在法国一样"。[158] 然而，在苏格兰，绝对君主制的拥护者也反对联合。正如总检察长麦肯齐在他的回忆录里所写的，苏格兰有很多人认为联合会对国王的利益造成毁灭性的影响，"当两个王国分立的时候，国王陛下有两个议会，总是有一个能成为另一个的榜样，并通过效忠的竞赛来激发对方完全的服从；而且，要是其中一个议会侵害了国王的特权，或者无理反对国王的合法命令，另一个议会就可以抑制它的无礼行径"。他们觉得苏格兰"可以让国王很受用……他可以凭借特权在这里进行比在英格兰绝对得多的统治"，他对教会的权力"绝对……到了随心所欲的地步"，而他对"我们议会的影响力比在英格兰更多"，如果他"消灭掉这样一个王国"，绝对是误入歧途。[159] 查理当然知道利用苏格兰来对付英格兰的价值所在，我们将在本书后面看到，他在王位排斥危机期间很有效地利用北方王国的议会来"遏制另一个议会的无礼行径"。

结 论

我们已经看到，英格兰有很多原本欢迎复辟的人后来希望落了空；不光是有赢家和输家，而且输家还得付出沉重的代价。但跟斯图亚特王朝另两个王国相比，英格兰经受的苦难其实也就那么回事。在爱尔兰和苏格兰，很多本来不假思索地忠于斯图亚特王朝的人后来发现他们的基本权利和法律保障受到了剥夺。在爱尔兰，大批天主教徒因为《平定法》和《解释法》而无法摆脱丧失财产的状态，当他们想要拿回 17 世纪四五十年代被夺取的祖田时，他们连在法庭面前证明自己没有参与叛国的权利都没有。天主教徒和不从国教的新教徒都被视为二等公民，他们从事手工业、获得官职甚至礼拜的权利都受到了限制——尽管这两个群体其实都获得了相当程度**事实上的**宗教宽容，这意味着纯粹的宗教问题（不同于那种会导致教派对立的世俗问题）在爱尔兰反而不像在英格兰和苏格兰那么容易爆发出严重后果。在苏格兰，相当一部分人口——绝大多数在西南部——因为忠于长老会而面临严刑峻法的制裁，由于复辟政权试图消除他们认定的长老会的颠覆威胁，大批民众受到了政府军或官吏的残酷迫害。结果就是官逼民反：西南部的长老会揭竿而起，这自然只会加重当局对长老会颠覆威胁的猜疑。这成了一种恶性循环。在英格兰，人们因着政府亲法、试图建立常备陆军、破坏议会独立性以及今后会有天主教徒继承王位，担心他们所珍视的自由会受到威胁，但其实只有一小部分人的生命、自由和财产在对新教不从国教者隔三岔五的迫害中真正受到侵害。而在爱尔兰和苏格兰，这种祸患的程度要严重得多，范围也大得多（即受波及的人口比例更高）。

　　复辟时期的爱尔兰和苏格兰之所以会出现这些对立和冲突，部分是因为复辟王朝为解决一些爱尔兰或苏格兰固有的问题所采取的一些手段。但这也是更广泛的不列颠问题的一部分。正如我们所见，目前复辟时期苏格兰最大的争议问题是有关国教会的安排。但1660年后之所以会在苏格兰恢复主教制，不仅是因为它比长老制能赋予国王更大的权力控制教会，也是因为查理决心让苏格兰的教会安排与英格兰和爱尔兰的一致。换言之，查理在苏格兰做这样的教会安排，是迫于一个涉及不列颠全境的议程。同样，爱尔兰的土地安排也是部分出于对不列颠的整体考量——不仅是想安抚住爱尔兰和英格兰的新教利益群体，也是希望在英格兰给不出那么多恩荫的情况下可以好好奖赏一下英格兰王权的忠实支持者。我们一再看到，查理在一个王国采取某种措施，其实是另一个王国的形势所致。例如，爱尔兰的天主教徒时不时会受到压制，基本上是因为英格兰人对于天主教的威胁日益感到担忧。同样，在苏格兰巩固王权的种种做法——我们能想到的有《民兵法》《君主至上法》以及劳德代尔夸耀国王在苏格兰如何如何拥有绝对权力——一部分是为了弥补王权在英格兰

（实际上）的虚弱感。但当局对爱尔兰北部和苏格兰西南部长老会的态度其实又有所克制，因为它意识到如果一不小心把他们逼急了，这两股势力可能联合起来对抗复辟政权，而国王之所以在 1678 年认为有必要撤回高地大军，也是因为担心在英格兰引起政治上的反弹。的确，英格兰人在 1670 年代越来越担心天主教和专制政府的所谓威胁，很大程度是由于对查理二世另两个王国的事态感到焦虑，在那里，天主教和专制政府的威胁似乎已经看得见摸得着了。

　　这样说来，复辟似乎只不过是恢复了 17 世纪上半叶困扰斯图亚特王朝的那些涉及整个不列颠的老问题。但对于这样的观点，我们需要做出某种限定。尽管复辟在三个王国所做的安排都是在开倒车，但其实每个王国倒退的程度还不一样。英格兰是退回到了 1641年；苏格兰是 1633 年；爱尔兰则是一分为二，在政治体制方面退回了内战之前，但在土地方面则不是，因为很多在 17 世纪四五十年代新获得土地的人可以原封不动地保留（或者在交出土地后获得补偿）。复辟在英格兰、苏格兰和爱尔兰存在这样的"时间差"，这就意味着如果从三王国的视角来看，并没有所谓简单地回到内战之前的问题。过去三个王国之间的关系从来没有像（比方说）在 1665—1666 年这样，结果是不列颠问题的性质变得和过去不一样了。我们也需要注意，斯图亚特晚期的多王国领地并不一定非得是一个问题。正如我们在本章以及下一章所见，它的确会带来一些麻烦。但如果国王懂得怎么让这三个王国相争，他也能从中渔利。我们在本章中看到的一些迹象表明，查理二世及其顾问们已经认识到了这一点——特别是在 1669—1670 年讨论英格兰和苏格兰合并建议的过程中。在接下来的几章里，我们将看到把三个王国玩弄于股掌的手段是如何在查理二世挫败王位排斥运动的过程中起到关键作用的。

第三章

为人民的安全而忧

—— 教皇党阴谋、王位排斥与辉格党挑战的性质
（约 1678—1681）

> [教皇党阴谋] 简直和上一次革命前夕传言四起的氛围如出一
> 辙，以至于那些还记得它的人都以为穿越回了 1641 年……所有人
> 的耳朵里都充斥着恐怖的谣言，说有人想要刺杀国王、推翻政府，
> 以引入天主教和专制权力。[1]

尽管我们可以凭借事后之明说复辟政权本质上就是不稳定的，
但目前它的根基还没有被动摇过。直到 1678 年夏末一个叫泰特斯·奥
茨的人揭发了一场针对国王及其臣民的教皇党阴谋，事态才迎来了
转折点。奥茨——以当时版画中下巴长得出奇的形象传世——用任
何标准来看都是个最讨人厌的家伙。他的劣迹包括撒谎、舞弊、亵
渎神明和猥亵男童。他虽然未完成学业就从剑桥大学退了学，但还
是想方设法跻身英格兰国教教士的行列，只是后来因为酒后渎神丢
掉了教职。在当了一小段时间的海军随军牧师后（这次是因为同性
性行为被开除的），他最终决定皈依罗马天主教，去西班牙巴利亚多
利德的英格兰学院留学。他在那里也很快被劝退，不过在回到英格
兰之前还是在萨拉曼卡大学混了个博士文凭。他改宗天主教肯定不

因为揭发教皇党阴谋而引发一连串事件的人：不讨人喜
的泰特斯·奥茨

是真心的，但他后来说这让他得以潜入地下的耶稣会阴谋团体，据
说他就是这样得知了针对查理二世的国际阴谋。这些其实都是奥茨
瞎编的，但目前的现实情况却让他成了一个非常有说服力的骗子——
可能一个特别重要的原因是，他说的是民众愿意听（或者说害怕听
到）的话。[2]

　　奥茨刻意编了一个涉及不列颠全境的故事。耶稣会首先会派神
父假扮长老会牧师潜入苏格兰，煽动那些在"主教制暴政"下受苦
受难的人起事，然后再在爱尔兰发动一场天主教徒起义。在这两个
王国掀起叛乱之后，他们将进而刺杀查理二世并将伦敦烧成一片焦
土，促使天主教徒揭竿而起并屠杀成千上万的新教徒，最终目的是
在英格兰恢复罗马天主教信仰。[3]这一计划和 1637—1641 年间引发

1642 年英格兰内战的一系列事件如出一辙，而一些间接的证据又让它显得真实可信。例如，米德尔塞克斯郡的治安法官埃德蒙伯里·戈弗雷爵士在听取了奥茨及其同伙伊斯雷尔·汤奇博士有关阴谋的证词后，于 1678 年 10 月被人发现离奇死亡（可能是被人谋杀）。[4] 约克公爵曾经的秘书、改信天主教的爱德华·科尔曼被查出拥有一批谋逆的信件，这些日期为 1670 年代中叶的信件内容是促进天主教徒的利益，而科尔曼也是奥茨指认的阴谋首脑之一。随后在 1679 年 5 月至 6 月，大约 8000 名圣约派分子真的揭竿而起了——一开始是在格拉斯哥郊外的拉瑟格伦，但他们把大营扎在了附近的博斯韦尔桥——以反抗苏格兰主教制政权对他们的迫害。奥茨的预言一点一点地应验，不禁让人草木皆兵。更重要的是，在随后几年的进一步调查中还发现，这场阴谋据说还有爱尔兰的事。

　　教皇党阴谋的曝光引发了后来的所谓王位排斥危机。虽然奥茨一开始并没有直接点明约克公爵就是同谋，但大家都知道查理一死，继承王位的就是他这个信天主教的弟弟。人们担心约克公爵作为天主教徒，不仅会自觉有责任推广罗马天主教，还会强化王权，像法国的路易十四那样进行专制统治。在这样的背景下，一个反对他的团体应运而生——里面有贵族、下议院议员和地方上的政治领袖——目的是保卫英格兰免受他们认为的天主教和专制统治威胁。这是一场议会斗争——在 1679 年 1 月骑士议会解散后，从 1679 到 1681 年召开了三届议会——因为他们试图以通过决议的方式来保护新教和英格兰人民的自由。他们将这场斗争扩大到了议员竞选演说坛上，试图说服选民投票给支持他们议程的候选人。他们还通过媒体和煽动群众运动（以请愿和集会的形式）将这场斗争引向街头，以拉拢公众舆论为己所用。最广为人知的一点是，他们要求将约克公爵从王位继承中排斥出去，在 1679—1681 年的三届议会中分别提出了三个王位排斥法案。他们还攻击那些他们认为对滑向天主教和专制统治难辞其咎的大臣（从危机爆发时担任首席大臣的丹比伯爵开始），鼓吹议会主权和混合宪制理论，反对那些主张神授绝对王权的人，并要求对国教会和政府进行一系列改革，以赋予臣民更多的法律保障并缓解新教不从国教者的窘境。拥护这些主张的人及其在议会外的支持者被统称为"辉格党"。他们的敌人——即那些想维护王位兄终弟及的人——则被冠以"托利党"的大名。正如我们所见，这样的名称反映了当时的人认为这场危机涉及全不列颠，"辉格"原来指的是激进的苏格兰长老会成员，而"托利"则是一个信奉天主教的爱尔兰盗牛贼。

近年来，学术界对如何认识王位排斥危机争论不休。有的学者甚至质疑"王位排斥危机"这个名称是否合适，有人认为这并不是一场真正的危机，[5]还有人认为这场危机不仅仅是——甚至主要不是——关于排斥詹姆斯继承王位的。[6]因此，本章将围绕着两个基本问题展开：这场危机为的是什么，以及政府的处境是否变得严峻？长期以来，历史学家往往只从一个层面来看待王位排斥危机：它本质上是对约克公爵继承王位后的想象的恐惧，因此危机的核心就是议会能否排斥这样一位天主教徒继承王位。[7]把这样的恐惧说成是想象，会让人觉得时人对教皇党阴谋的回应不过是歇斯底里；的确有人把它形容为"英格兰历史上最值得注意的集体歇斯底里之一"。[8]这样的说法显然不能让我们满意。王位排斥危机并不是一件孤立的事，而是关乎人们许多相互关联的焦虑，其核心就是对天主教和专制统治的恐惧：有关英格兰在一位天主教继任者统治下的未来；有关当下英格兰境内天主教的威胁；有关当前的国际形势，特别是路易十四治下法国的事态；有关查理二世的统治方式，不仅是在英格兰，也是在苏格兰和爱尔兰。有些恐惧固然有想象的成分，而且有些人的想象（经过辉格党宣传的煽动）往往可能引发动乱，但人们确实也感受到了当下看得见摸得着的威胁，不能简单地用"歇斯底里"

加以掩饰。因此，本章的主要部分将关注这场纷纷扰扰的风波到底是关于什么的：辉格党运动的性质、辉格党的关切（有关现在和未来，有关英格兰国内、整个不列颠乃至国际大环境）以及他们提出的解决方案。最后一小节将探讨辉格党在多大程度上构成了对复辟政权的严峻挑战。本章的目的是考察查理二世政权在 1670 年代末陷入以及必须从中走出来的这场危机有多严重——我们将看到这场危机不仅仅是有关英格兰的，也日益成为一场真正意义上的不列颠危机。

辉格党运动

研究复辟时期的学者们强调，我们应当摆脱这样一种观念，即最早的辉格党是一个铁板一块的政党（party），在一个人——沙夫茨伯里伯爵——的领导下追求一个单一的目标。相反，我们必须认识到最早的辉格党是一个松散的宗派（church），由各式各样的派系或势力构成。我们或许可以将辉格党分为如下势力：沙夫茨伯里-拉塞尔派（威廉·拉塞尔勋爵是沙夫茨伯里在下议院的左膀右臂）致力于排斥詹姆斯继承王位、实现温和的立宪改革；激进的西德尼-卡佩尔派（阿尔杰农·西德尼和埃塞克斯伯爵阿瑟·卡佩尔的支持者）的理想是建立共和制；还有蒙茅斯派，以信奉新教的蒙茅斯公爵及其党羽如科尔切斯特勋爵和托马斯·阿姆斯特朗爵士为核心，希望改立这位国王最年长的私生子为王位继承人——甚至这么分都有点大而化之，因为在实现主要目标，即让英格兰摆脱天主教和专制统治威胁的过程中，人们会改换策略和盟友，势力归属也随之不断变化。[9] 尽管沙夫茨伯里承担了主要的领导角色——他列出的清单预示了本党的政客们在议会里如何采取行动，他是辉格党在上议院主要的意识形态代言人，他还在议会外积极地宣传辉格党的议程——但他不是辉格党独一无二的领导人；的确，他常常与辉格党运动的其他领袖发生分歧，要说服其他人支持他的倡议也并非一帆风顺。很多辉格党人在政治上相当保守，虽然他们想通过改变王位继承来维持王位的新教世系，但他们希望在英格兰保留强势的王权。其他的则是立宪改革派，一心想限制王权并增强议会的权力。有些人甚至希望将君主改为选举制，或者将英格兰政府变成一个实际上的共和国，而国王只是有名无实的国家元首，但这样的人只是一小撮。也并非所有辉格党人都认为通过"王位排斥法案"是挽救国家免于天主教得势和专制统治的不二法门。在不同的时期，有不同的辉格党团体支持过其他替代方案，包括限制天主教继承人的权力，使他无法对新教体制造成威胁；在天主教继承人在位期间进行摄政监国；说服国王再婚以生出合法子嗣；以及让查理宣布最年长的私生子蒙茅斯公爵为合法子嗣。此外，还需要指出的是，1679—1681 年的议会花在讨论排斥天主教继承人上的时间相对较少，他们主要忙于议员们认为重要的其他问题，例如调查教皇党阴谋，试图在危急关头保障国家安全，反对宫廷及其臣仆的所谓滥权行为，倡议团结一切新教势力，以及维护议会和臣民的自由。更重要的是，在 1679—1681 年的大选中，王位排斥并非主要的斗争议题；其他因素，例如宫廷党与乡村党的矛盾、不从国教问题以及地方上的关切等更为重要——在 1679 年的两次大选中尤其如此，甚至 1681 年的大选也一样——而一项有关这一时期小册子的研究发现，除了王位排斥之外，人们还关注各式各样的问题。[10]

　　这些修正主义的视角无疑非常重要，并有助于我们更为全面真实地理解 1679—1681 年的政治。然而，我们不能据此误以为辉格党运动缺乏组织，或者王位排斥问题不重要。辉格党之所以能对国王政府造成严重挑战，其主要原因之一就是，当时人们还没有接受政党政治和有组织地反对王权的合法性，而辉格党已经算是组织严

辉格党最初的领导人之一，第一代沙夫茨伯里伯
爵安东尼·阿什利·库珀

密到令当局感到不安了。政客们在伦敦多处咖啡馆和旅店组织俱乐
部，碰头协商在议会会期上采取什么策略。光是伦敦就有 29 个俱乐
部——包括沙夫茨伯里位于鱼街"天鹅"旅店的俱乐部、白金汉公
爵位于隆巴德街"招呼"旅店的俱乐部，以及位于衡平法院巷"国
王之首"旅店的著名的绿丝带俱乐部——此外，在布里斯托尔、白
金汉、纽波特（埃塞克斯郡）、诺里奇、牛津、汤顿和约克也有许多
地方性的俱乐部。[11] 虽然我们不应该有"辉格党在 1679—1681 年的
三次大选中自上而下地协调组织选战"的印象，但确实有选举经理
人在投票时替辉格党候选人拉票，而像沙夫茨伯里伯爵、白金汉公
爵、沃顿勋爵、格雷勋爵这样的辉格党大佬也会利用能动员到的资源，
保证支持他们的人当选议员。[12] 辉格党也发动宣传攻势争取公众舆

论，并积极鼓励大众请愿和公开示威，以迫使政府同意他们的要求。

辉格党运动最惊人的地方之一是其波及的范围。辉格党尽全力保证王国上下尽可能多的人了解到天主教和专制统治的威胁，并知道需要采取什么措施才能加以阻止。这一点是通过巧妙地利用媒体实现的。1679 年《许可经营法》失效，出版前审查制度瓦解，结果大批印刷品开始从印刷机喷涌而出。每年出版的书籍和小册子的数量暴增，从 1677 年的 1081 种增加到 1678 年的 1174 种、1679 年的 1730 种、1680 年的 2145 种、1681 年的 1978 种。[13] 如果算上当时的印数，1679—1681 年流通的小册子数量应该在 500 万到 1000 万份之间。[14] 当时还有好几种辉格党的政治期刊和双周报——例如亨利·凯尔的《每周罗马通讯合集》，1678 年 12 月至 1683 年 7 月发行；本杰明·哈里斯的《国内资讯》，后更名为《新教（国内）资讯》，1679 年 7 月至 1681 年 4 月发行；兰利·柯蒂斯的《真实新教信使报》，1680 年 12 月至 1682 年 10 月发行；理查德·詹韦的《公正新教信使报》，1680 年 12 月至 1682 年 10 月发行；以及弗朗西斯·史密斯的《新教资讯》，1681 年 2 月至 4 月发行——旨在让读者对天主教威胁保持警惕，并获取最新的国外新闻和国内动态。除了印刷品之外，手抄的简报也很有市场，因为比起公开发行的双周报，它们能提供更为全面可靠的信息。[15]

媒体并没有因为《许可经营法》失效而完全不受管制。政府仍然可以援引有关煽动性诽谤的法律使反对派喉舌噤声。1680 年上半年，在首席大法官威廉·斯克罗格斯爵士的大力推动下，一批辉格党政论作家被成功起诉，包括凯尔、简·柯蒂斯（兰利·柯蒂斯之妻）、史密斯和哈里斯。例如，哈里斯被判罚金 500 英镑并戴枷示众，原因是他出版了一份题为《乡村对城市的呼吁》的小册子，生动地预演了英格兰人民在一个天主教统治者治下的可怖光景，并主张拥立蒙茅斯公爵代替约克公爵继承王位。[16] 但利用有关煽动性诽谤的法律来管束媒体收效有限。法庭可以在一部作品出版后追究作者或出版商的责任，但不利的影响已经造成，而且诉诸法律可能只会让这部作品变得更加出名，并让人们同情被起诉者。例如，1680 年 2 月 12 日哈里斯在伦敦旧交易所戴枷示众时，就受到了群众的喝彩。[17] 而且在 1680 年夏天，斯林斯比·贝瑟尔和亨利·科尼什两位辉格党人当选伦敦郡长，此后要想成功起诉伦敦的政论作家几乎不可能了；因为郡长负责组织伦敦和米德尔塞克斯的陪审团，他们可以确保只有那些同情辉格党的人来当陪审员。

　　辉格党宣传波及的面无疑非常广，不管是在社会层面还是在地域层面上。当然，篇幅较长的小册子价格不菲，也需要读者有更高的识字水平。报纸和大字海报则相对便宜——通常只要一便士——而且是用通俗习语写成的，识字不多的人也能轻易看懂。人们也能在酒馆或"咖啡馆这个新闻的大池塘或大泥潭"里找到最近的出版物；[18] 事实上，这些场所的老板为了招揽生意，认为有必要为顾客提供最新的小册子。换句话说，看新闻的人自己不见得一定要买得起新闻；他们往往只需要有这方面的兴趣就行了。他们甚至都不一定要识字。更便宜的单张新闻页和更低端的出版物可以轻而易举地大声朗读给那些不识字的人听。此外，他们的宣传并不只依靠文字，也有图像，比如印刷讽刺画，既有昂贵的铜版画，也有便宜（且粗糙）的木刻版画，既可以单独成品，也可以给大字海报当插图；有些出版商甚至推出了印有政治内容的扑克牌。当时还有一些我们可以称之为表演媒体（performance media）的内容：既有表演给目标受众看的，也有让目标受众亲身参与表演的。前者最明显的例子就是布道——不从国教牧师在他们的秘密宗教集会上布道；个别倾向于辉格党的国教牧师也愿意在讲坛上提醒听众警惕天主教和专制统治的威胁；甚至泰特斯·奥茨本人当时也在伦敦多次受邀布道。[19] 辉格党的剧作家利用伦敦的舞台，向那些爱看戏的民众传播带有尖锐的党派倾向的信息，不过伦敦的露天集市上也有政治剧演出，例如，1680 年，赶赴巴塞洛缪和萨瑟克集市的大批民众就看到了激烈攻击天主教的《伊丽莎白女王加冕礼》。[20] 当时还有诗歌与民谣——数量非常多——可以由民谣歌手或游方乐手表演，但民众也可以背下来自己唱。最后就是 1679—1681 年的 11 月 17 日（伊丽莎白女王登基纪念日）在伦敦举行的焚烧教皇肖像游行；其中有精心布置的反天主教露天表演，由普通的伦敦人参演，他们游行穿过首都的街道，最后的压轴大戏就是在坦普尔巴（1679 年和 1680 年）或史密斯菲尔德（1681 年）的数千围观群众面前焚烧教皇的肖像。[21]

　　如果我们以为这一切都是由什么中央党部操纵的，这肯定是误解。有些作家和出版商是独立活动的，无非为了混口饭吃，只要觉得能卖得出去，他们什么东西都愿意写、愿意印。不过，上面还是有一些策划安排的。虽然沙夫茨伯里并不像其政敌所认为的那样，能够操纵反对派媒体，但他显然是王位排斥危机期间一些论战作品的幕后推手，他似乎也雇用了一小群书商来制作并分发小册子。[22] 伦敦的一些俱乐部也在协调辉格党的宣传工作方面发挥了作用。例如，绿丝带俱乐部就赞助了 11 月 17 日的焚烧教皇肖像游行和其他的辉格党示威活动；1680 年的露天表演据说花了 2500 英镑。在 1679 年 10 月亨利·凯尔因《每周合集》短暂入狱期间，他们还给了他一笔资助。[23]

　　这些材料很多出自伦敦，或许我们有理由认为，当时住在这个大都市的人们对政治的认知程度最高。但不管怎样，影响不会仅限于首都一地。掌玺大臣弗朗西斯·诺思爵士宣称，辉格党人通过他们的咖啡馆网络"散布新闻和诽谤言论"，在二十四小时内就能"让他们想要人听到的新闻占据整座城市"，并在不到一周的时间里传遍"整个王国"；他的这一说法可能有些夸大，但他对政治新闻和宣传传播方式的描述基本上是正确的。[24] 例如，1681 年 9 月，政府破获了伦敦的一个单张新闻页作者网络，他们不断地"编写和撰写……造谣中伤的报纸和信件"，然后送往隆巴德街的总驿站，分发到全国各地。[25] 在布里斯托尔，不从国教者经常聚集在金巴的咖啡馆获取最近的新闻，然后通过口耳相传或分发"诽谤文字"的方式，将他们得知的情况散布到大街小巷。[26] 在格洛斯特，当地的一位叫弗农的神职人员会把他在咖啡馆里看到的单张新闻页内容积极地传播出去，有时还会利用他的讲坛来抨击政府。鉴于他不久前才搬到这座城市，接的还是年薪只有 10 英镑的牧师助理职位，而他在其他地方还有两份优厚的圣俸，加起来每年有 400 英镑，这让人不禁怀疑他是被安插到这里来的代理人。[27]1680—1681 年，斯塔福德一个叫托马斯·盖尔斯的药剂师承担了在邻里散发辉格党小册子的工作，其中就有一份沙夫茨伯里在上议院讲话的印刷本，是邮寄给他的。[28] 我们看到一份 1682 年的报告称，威廉·拉塞尔勋爵和一帮伦敦市民及不从国教牧师在肯特郡坦布里奇韦尔斯散布"对天主教和专制统治的恐惧和猜忌"，他们将最新的小册子带到伦敦之外散发，甚至大声朗读其中的段落来教育路人。[29] 效忠政府的人也会确保让辉格党的宣传到达地方上，因为哪怕他们有不同观点，他们也很想了解辉格党说了什么。一份 1682 年末的报告称，有"朋党资讯"（Factious Intelligences）定期送往萨塞克斯郡的奇切斯特，但"这是要让大家见识他们的厚颜无耻（并看看他们有多荒唐），而不是鼓励人们传播这种煽动性言论"。[30] 同样通过各式各样的途径，辉格党的宣传材料也传到了苏格兰和爱尔兰。[31] 换句话说，如果我们生活在 1679—1681 年，我们很难不注意到辉格党有一套观点想要宣传出来。或许有人有不同意见（我们在之后的章节将回过头来讨论这个问题），但不太可能有人对此一无所知。

对未来的想象

这一切努力都是为了什么？是什么事情让辉格党如此担忧？简单来说，就是天主教和专制统治的威胁。因此，他们对于一个天主教徒将要继承王位的前景忧心忡忡，非常希望采取一切措施，最大限度地维护新教并保障国王臣民的利益。对于大多数辉格党人而言，摆脱这一困境最简单也最具吸引力的办法，就是将约克公爵排斥在王位继承之外。

对天主教徒继承王位的担忧并不新鲜。最早在 1674 年就有人讨论了王位排斥的想法，而丹比伯爵曾在 1677 年提出一个限制王权的计划，试图在约克公爵继承王位后保护新教体制。[32] 打一开始，约克公爵就怀疑教皇党阴谋针对的是他——查理本人似乎也持这一观点。[33] 的确，约克公爵很快就遭到了攻击。1678 年 11 月初，沙夫茨伯里在上议院提出动议，要求将约克公爵革除出一切会议和公共事务，几天后下议院也考虑向国王请愿，要求将约克公爵逐出宫廷。在 11 月 4 日下议院的一场辩论中，威廉·萨谢弗雷尔问道："国王和议会是否不能安排王位继承？如果有反对意见的话，是否不算侵犯王权罪呢？"[34] 查理打算先发制人，于 11 月 9 日告知议会两院，他决定御准任何"保证我的继承人统治"的法案，只要"它们没有质疑继承权利或真正世系下的国王血脉"。不过，消息传到街上的时候，就变成了"查理宣布支持选立新教继承人，或让蒙茅斯公爵继承王位"，引得伦敦各处点燃篝火庆祝，民众聚集举杯祝沙夫茨伯里和蒙茅斯身体健康。[35]

因此，到 1678 年 11 月，王位排斥就已经开始。但查理的讲话或许暂时打消了对其弟弟进一步的直接攻击，而且不管怎样，查理在 12 月决定让骑士议会休会并于次年 1 月将其解散。虽然 1679 年 3 月召开的新一届议会并没有马上触及王位排斥问题，但它对教皇

党阴谋的进一步调查很快让人怀疑约克公爵有参与其中。于是 4 月
27 日，下议院通过决议，称"约克公爵身为教皇党徒的事实以及他
将继承王位的希望"给了"当前教皇党徒针对国王和新教的阴谋计
划最大的支持与鼓励"，并最终在 5 月 11 日提出了一部排斥约克公
爵继承王位的法案——不过，查理在该法案有任何下文之前再次宣
布议会休会并将其解散。[36]1680 年 10 月召开的新议会提出了第二部
"王位排斥法案"，但于 11 月 15 日在上议院遭遇失败。1681 年 3 月
的牛津议会（ Oxford Parliament ）提出了第三部法案，这届不幸的
议会只开了八天。人们还尝试用其他手段来打击约克公爵。1680 年
6 月底，沙夫茨伯里和一些下议院议员在希克斯厅[*]的一个米德尔塞
克斯郡大陪审团面前指控约克公爵不从国教；这一次，斯克罗格斯
在大陪审团任期结束三天前将其解散，不让他们考虑这一指控。11
月底，"王位排斥法案"在上议院失败后，中央刑事法院的伦敦治安
法官决定跟进此事，重新召集米德尔塞克斯郡大陪审团审理约克公
爵不从国教一案；这一次，起诉书经调卷令移交王座法院，此后便
不了了之。[37]

　　虽然议会花在讨论王位排斥上的时间确实相对较少，但对于天
主教徒继承王位的担忧也体现在对其他一些看似不相关问题的辩论
中。约克公爵本人——如果后来写成的《詹姆斯二世传》可靠的话——
几乎将这几届议会所做的任何事情都解读为在针对他。《詹姆斯二世
传》写道，在第二部"王位排斥法案"失败后，下议院开始"对付
那些近来支持他的人"，包括约克公爵在下议院最坚定的捍卫者、现
为哈利法克斯伯爵的爱德华·西摩，他在上议院辩论中反对王位排
斥最为激烈。同样地，在他看来，1680 年底天主教上议院成员斯塔
福德勋爵因涉嫌参与教皇党阴谋受审，甚至议会辩论是否通过给丹

---

[*]　中央刑事法院自 1612 年至 1779 年被拆毁期间在此开庭。

吉尔驻军（一些议员将其斥为教皇党徒的"温床"）的拨款，都是为了进一步损害他的政治利益，煽动公众对天主教徒继承王位的担忧。[38] 当时的记载也证实，1680—1681 年国王与议会之间对立的主要原因就是他们"在王位排斥问题上"存在分歧，1681 年 1 月宽容派（latitudinarian）教士约翰·蒂洛森就是这么向一位巴黎的友人报告的。[39]

还需要指出的是，通过"王位排斥法案"并不是排斥约克公爵继承王位的唯一手段。在时人看来，说服查理再婚（以诞下新教继承人）、宣布蒙茅斯为合法子嗣都能够和"王位排斥法案"一样排斥天主教徒继承王位，而试图限制天主教继承人的权力也是一种在不必"排斥"约克公爵的前提下解决继承危机的办法。因此，没有必要像一些学者所建议的，重新给"王位排斥危机"命名；即便这场危机"更多是有关继承问题以及各种权宜的解决方案所带来的政治和宪制影响的争议"，这仍然不过是换一种方法说"它的确是关于王位排斥的"。[40] 不过，大多数辉格党人都认为"王位排斥法案"是最佳方案，原因很简单：其他方案都不可行。查理是不会与王后离婚的，他也不可能宣布蒙茅斯为合法子嗣。至于对天主教继承人的权力进行限制，以免其侵害新教体制，甚至在天主教国王在位期间设立摄政监国，对这些方案的考虑倒比较认真，特别是因为查理本人说他愿意接受这样的方案。例如，埃塞克斯伯爵和西德尼都支持限制王权，而古典共和派理论家亨利·内维尔在 1681 年的《柏拉图再世》中鼓吹，只要英格兰君主的权力被限制到与威尼斯总督差不多，那么英格兰有个信天主教的国王也就无所谓了。[41] 限制王权或许对于共和派辉格党人（当时被称为"共和国人"）尤其有吸引力；倾向于限制王权而非王位排斥的哈利法克斯伯爵试图说服他的共和派友人，如果这样限制王权，"一旦有了一个教皇党国王，我们就立刻有了一个真正的共和国"。[42] 不过，大多数辉格党人也承认，无论这些想法在理论上有多吸引人，这样的限制真的能否付诸实施，或者说约克公爵登基后是否不会无视对他权力的限制，都要打上一个大大的问号。约克公爵本人反对限制王权，他在 1680 年 12 月对克拉伦登说，他认为这"比王位排斥法案更糟糕"，因为"这绝对会永远地摧毁君主制"。[43] 奥兰治亲王的妻子是王位第二顺位继承人，亲王本人则是第四顺位继承人，他同样反对限制王权，因为他担心如果有朝一日英格兰又有了新教徒国王，这些被剥夺的特权可能就回不来了。此外，查理本人似乎也对限制王权不感冒，还秘密向奥兰治亲王保证他绝不会同意限制王权。[44] 虽然 1679—1681 年有辉格党人几度尝试性地提出限制王权的想法，但大多数辉格党人和威廉·琼斯爵士在牛津议会上所说的一样，认为这一方案"只是一个圈套"——不过是用来分化王位排斥派，从而保证王位继承顺利进行的把戏。[45]

对天主教王位继承人的担忧一方面肯定是基于对想象中的未来的恐惧：如果一个天主教徒——特别是这个天主教徒——成为国王后会发生什么？他会不会想颠覆宗教改革？新教徒是否会被允许自由礼拜，还是如果拒绝改信罗马天主教就会被当作异端处死？那些在取缔修道院后被乡绅买下的原教会土地会如何处理？辉格党的贝德福德郡议员威廉·拉塞尔勋爵之所以坚定支持王位排斥，是因为他的大部分地产都来自被取缔的修道团体，例如塔维斯托克修道院（德文郡）、沃本修道院（贝德福德郡）和索尼修道院（剑桥郡）。[46] 一个天主教国王会怎样将他的意志强加于一个新教国家呢？他应该无法与议会合作，那么他就要凭借一支常备陆军进行统治。于是，英格兰的政治自由就要灰飞烟灭了。[47] 辉格党诗人兼剧作家埃尔卡纳·塞特尔预测，一个天主教国王将"从教皇、英格兰教皇党徒和外国君主那里得到足够的援助"，可以不通过议会进行统治，还能组建一支常备陆军，"如果我们不从，不愿提供这个国王所要求的一切，就随时会在我们家里割开我们的喉咙"。塞特尔继续写道："然后，他的岁入是多少，完全由他和他的教皇党谋臣说了算。"简而言之，一个天主教继承人给英格兰人民带来的"未来无疑……是财产、生命和自由毁于一旦的未来"。[48]

反对天主教徒继承王位的理由部分是基于历史经验。小册子作者们不停地提到英格兰上一个天主教君主玛丽·都铎（1553—1558年在位）治下对新教徒的暴行。一个作者写道，"上一次教皇党统治我们的时候"，不仅"很多我们的平信徒……被车裂，被绑在史密斯菲尔德等地的柱子上焚烧"，而且"我们的神职人员也被以异端犬类的罪名惨遭屠戮，我们的房屋被洗劫一空，我们的妻女被人蹂躏"，"我们的教堂……被改成偶像崇拜和迷信的殿堂或场所"。[49]下议院议员们也在议会辩论中诉诸公众对玛丽统治的记忆。1680年11月2日，休·博斯科恩在下议院说道，只有通过"王位排斥法案"才能避免"被押到史密斯菲尔德"。西柳斯·泰特斯上校则提起1553年玛丽为了争取东盎格利亚的新教徒支持她对付简·格雷，许诺说她不会改变宗教，"但她即位后就把他们都烧死了……她得到了英格兰王冠，给他们的却是殉道者的冠冕"。[50]从那以后，就不断有国际天主教势力企图打击英格兰王权，并摧毁教会和国家的新教体制——最著名的是1588年的西班牙无敌舰队之役和1605年的火药阴谋。最后，1666年9月的伦敦大火也被官方归咎于天主教徒；的确，一个法国天主教徒供认是他放的火。1681年，伦敦市长佩兴斯·沃德爵士在起火处的纪念碑上安放了一块铭牌，解释"这座新教城市最可怕的火灾"如何"始于教皇党徒的反叛与预谋"。[51]

辉格党笔杆子也会提到国外发生的事件，特别是三十年战争（1618—1648）期间据称在德意志对新教徒犯下的暴行。有一份小册子，标题起得不是很吉利，叫《英格兰的灾难》，其中收录了1630年代天主教徒如何将新教徒活活烤死，如何残害和拷打他们，以及吃掉婴孩和玷污处女的故事。其中还有两幅版画：一幅画的是"新

伦敦大火："一六六六年，伦敦城被烧成废墟。"纪念起火地点的纪念碑至今仍伫立在普丁巷

教徒为了真正的基督教而被烧死"，另一幅画的是天主教徒制造其他"邪恶的痛苦"，例如强奸妻女、将小孩的脑袋往墙上撞。[52] 在离英格兰更近一点的地方还有 1641 年的爱尔兰天主教徒叛乱。约翰·坦普尔爵士的著名史书《爱尔兰叛乱》首次出版于 1646 年，并于 1679年再版，不仅非常易读，而且颇有说服力，因为作者引用了大量史料来支撑他的观点，并充分利用了 1640 年代初在调查叛乱的委员会面前宣过誓的证词。书中有很多据称是天主教徒对新教徒犯下的可怕暴行，还相当夸大地宣称约有 30 万新教徒因叛乱被杀或逃离爱尔兰。[53] 同一年还出版了一本《1641 年 10 月 23 日以来在爱尔兰若干郡的恐怖谋杀集》，标题已经说明了一切，书中说有约 15 万新教徒死于天主教叛军之手，[54] 而埃德蒙·博莱斯也在 1680 年出版了自己旁征博引的史书，一直写到了 1662 年的《平定法》，并在附录中

列出了 1641 年 10 月 23 日以来爱尔兰好几个郡的被杀人数。[55] 这样的作品旨在"通过上一代人的经历教导这一代人教皇党的后果"，[56] 而读者如果能壮着胆子看完的话，他们一定会觉得爱尔兰人如博莱斯所言，"是旷野的野兽"，决心"将英格兰人和新教彻底逐出"爱尔兰，还通过"让人挨饿受冻、火刑、绞杀［和］活埋"犯下了"可怕的暴行……以及残忍的谋杀"。[57] 议员们自然会援引爱尔兰叛乱的例子来支持王位排斥。正如 1680 年 11 月 2 日博斯科恩在下议院说的，当天主教徒"杀了那么多好基督徒并在新教徒统治下的爱尔兰犯下大屠杀"时，根本不可能视他们为"基督的门徒"了——不过博斯科恩进一步提高了坦普尔的数据，说被杀的新教徒有"约 40 万"。[58]

　　除了历史的教训外，当时欧洲主要的天主教国家法国也被拿来做例子。王位排斥派强调，如果英格兰新教徒以为能在天主教王位继承人治下过安生日子的话，他们就太天真了——毕竟路易十四也不想保护《南特敕令》（1598）所保证给新教臣民的民事和宗教自由。愿意阅读的民众可以从小册子和报纸上了解胡格诺派的苦难，而那些因受迫害而流亡英格兰和爱尔兰的胡格诺派（在 1685 年撤销《南特敕令》前已初具规模）带来了"他们遭受非人待遇的凄惨故事"。[59] 迫害在 1661 年路易十四亲政后就开始了，但在 1670 年代愈演愈烈：新教教堂和学校被取缔；胡格诺派被禁止担任公职、从事某些专业甚至自己的手艺；他们被课以重税；他们的子女被从身边带走并安排进天主教寄宿学校；如果改信天主教后又回到原来的信仰，则会被没收财产。然后，从 1681 年开始实施龙骑兵行动，将士兵安排到胡格诺派家庭中白吃白住，希望用财物上的损失加身体上的恫吓来迫使他们改宗。[60] 不过，如果我们可以相信辉格党宣传的话，路易十四的天主教臣民也好过不到哪儿去。有一份小册子宣称是一位住在巴黎的英格兰绅士的来信，说"法国政府"是"绝对君主制,通过一支非法且压迫人的常备陆军强加于人民"——

"各种贵族""惨遭压迫"；"教士"也是"人心惶惶"；城镇里的贸易阶层要忍受沉重的赋税；而农民"本来就一贫如洗……还要交出三分之二给国王"。[61]另一份小册子谈到"教皇党的法国国王任意征收赋税，并施行许多其他的暴政"，提醒（英格兰新教）读者"教皇和教皇党人"是他们"在凡间的敌人，会像法国国王在法国那样统治主宰这个王国"。[62]

这就是为什么辉格党人强调"天主教和奴役就像一对姐妹一样""手挽着手"，正如 1679 年 3 月沙夫茨伯里在上议院的著名讲话里说的。[63]英格兰新教徒被反复提醒，如果一个天主教徒登上王位，将会有恐怖的事情临到他们。查尔斯·布朗特在他 1679 年写的著名小册子《乡村对城市的呼吁》中警告道："首先，想象你看到整座城镇在熊熊燃烧，而且是第二次了，和第一次一样是教皇党的阴谋。""再想象片刻，在骚动的人群中，你会看到教皇党徒的军队，他们在强奸你的妻女，将你的孩子往墙上撞出脑浆，洗劫你的房子，然后以异端犬类的罪名割开你的喉咙……还有，往史密斯菲尔德看去，想象你的父母或至亲被绑在柱子上用火烧。"[64]如果民众光是读辉格党的文字还不足以明白的话，他们可以看辉格党的版画。《教皇党王位继承人的未来》（1681）上面画着一个名叫"麦克"的人物（代表爱尔兰天主教徒），他一半是魔鬼，一半是约克公爵，正在把新教徒绑在柱子上烧，并让伦敦燃起熊熊烈火。他们也可以在议员竞选演说坛前听到类似的话。在达勒姆郡为第二届王位排斥议会（Exclusion Parliament）举行选举时，有一个候选人在投票前告诉选民"一个天主教国王会用监狱、宗教法庭和法国雇佣军来对付新教徒"。[65]他们还可以从剧场或集市上的戏剧里看到，或者从歌曲里头听到。而且和长久以来的一样，每逢火药阴谋或其他事件的周年纪念日，都有布道定期提醒民众天主教意味着什么。在 1673 年 11 月 5 日（虽然到 1679 年才出版）的一次布道中，剑桥大学三一学院院长兼宫廷牧师艾萨克·巴罗呼吁新教徒"相信神会满有恩典地保守……免遭罗马教的狂热与偏执",他认为后者"集可悲的党争与骚乱、叛国的阴谋、野蛮的屠杀、可怕的暗杀、国内的叛乱、外国的入侵和凶残的拷打与杀戮于一身"。[66] 这篇布道从传讲到出版中间隔了几年——巴罗于 1677 年去世——表明这种情绪是不会因时而异的;如果真要说有什么变化的话,那就是,其中的信息在 1679 年的背景下显得更加切中要害了。在 1681 年查理一世被弑的纪念日上,一个神职人员在布道中提醒听众,这一天"是英格兰的一个污点,希望子孙后代能忘掉它",接着他自己就把这一天给忘了,转而谈起了"我们对天主教正当且深重得永远不够深重的厌恶与憎恨":

> 天主教是个荒唐、愚昧且残暴的宗教,它将许许多多信徒变成了吸血的蚂蟥……这个宗教喜欢报复性地杀戮,人杀得不够不会满足,这个宗教希望马上就把基督教世界变成"血田"亚革大马,变成"髑髅地"各各他,到处都埋葬着成堆的新教徒。如果天主教得势了,那么到处都将是捅刀子、开膛破肚,然后我们不仅会流离失所、被逐出家园,还会被烧死、绞死、肢体挂起来示众,如果天主教得势了,路面上将洒满儿童的鲜血,墙上将涂满婴儿的脑浆。

话说得比较糙,毕竟这只是布道词的讲稿;但它很生动地传达了神职人员布道时慷慨激昂的样子。而且他宣称,他说这一切不是为了渲染天主教的血腥程度,因为"只要读过瓦尔多派的历史、巴黎的大屠杀、玛丽时期的残酷事件、爱尔兰的血腥惨案以及这些阴谋分子的狂妄言论、威胁与计划,任何人都会很快认为,这么说他们毫不过分"。[67]

　　警告天主教徒继承王位的危险是一回事,告诉人们可以做什么来影响王位世袭则是另一回事。辉格党用了各式各样的理论来说明议会有权改变王位继承，有些是基于历史，另一些则是诉诸自然法。在议会内部，支持王位排斥的人试图证明议会在过去曾多次改变王位继承，从 1399 年亨利二世被废黜一直到亨利八世时期。不过最有说服力的先例是伊丽莎白时期的 1571 年法律，这部法律也是在担忧天主教徒继承王位的背景下制定的，该法律将否认"女王在议会的授权下"可以"限制并制约王位的继承"定为叛国罪（这是在伊丽莎白在位时，之后则为侵犯王权罪）。正如 1679 年 5 月 11 日保罗·福利在下议院所说的，这证明国王、上议院和下议院可以"将任何人排斥出王位继承"。[68]1681 年，辉格党新闻人亨利·凯尔援引 1571 年法律，证明议会有权"规定继承王位的权利"并且"常常行使、制约这一权利，异于通常的继承顺序"。[69]辉格党律师约翰·萨默斯在他 1680 年出版的《王位继承简史》中以学理的方式支持这样的主张，他指出议会曾频频干涉王位继承，因此得出结论，"英格兰议会拥有无可置疑的权力，可以任意限定、制约、规定王位继承"。[70]

　　不过，就像 1680 年 11 月休·博斯科恩议员在王位继承辩论中颇具代表性的言论，哪怕没有先例可以支持"王位排斥法案"，辉格党仍有"自然法和自保法可以给我们提供足够的理由"。[71]一份小册子强调，王权"远非依据神权而立"，"乃是因为同意而兴"；人们之所以进入文明社会，是为了保障"公共利益"。因此可以推断，"只要公共安全有需要，王位继承就可以转移"。[72]另一位作者强调，"国王、上议院和下议院有权根据他们对什么最有助于王国的安全、利益和福祉的判断来处置王位继承"；"而且他是国王陛下的继承人和继任者，立法权力认为应该用他来解决王位继承的问题"。[73]在这种情况下，人民的安全要求打破继承权的规定。"人民的安全是最高的法律（Salus populi, suprema lex）"成了辉格党一句重要的标语；它显著地出现在 1679 年布朗特著名的《乡村对城市的呼吁》的扉页上，并被辉格党的小册子作者们一再使用。

　　大多数辉格党人都公开支持"平等"理论，认为国王不过是三个等级之一，要与上议院和下议院分享他的主权。他们也接受英格兰古老宪制的神话，声称议会的权利上溯太古。[74] 议会作为人民的代表这一点赋予了议会权威。这从根本上将主权置于人民本身，进而推论出政府是基于同意而立的。托马斯·亨特在 1680 年写道："任何形式的政府都是我们创造的，不是神创造的，必须尽其所能符合人民的安全。"有人问他"议会的权力源自何时"，亨特大胆地回答道，"和国王的权力源自同一时候"，也就是"人民同意最初的政府宪制时"。政府"如果没有权力排斥一个没有能力支持它的人，或者一个决心要推翻它的人（即信天主教的王位继承人）"，那么它就毫无安全可言，因为我们无法"想象一个人类发明出来的政府居然没有保护自己的权力"。不过，亨特强调，这只是紧急状态下才使用的权力，并没有让英格兰成为选举君主制，更不要说共和制了："我们的意见绝不是克伦威尔的意见。"[75]《牛津对话录》的作者概括了经典的辉格党观点，他强调"只有普遍意义上的政府才是神授的"；"它的特殊形式和限制"则"来自人间的协定"或契约（作者这两个词都用），确立"人类社会的普遍利益"才是"一切政府从始至终的目的"。[76] 按照时人的认识，这无疑是一个激进的观点，因为正如托利党报纸所批评的，它将权力"激进而原初地归于人民"。[77]

　　一般说来，那些为王位排斥辩护的人都要强调自己不想进行宪制创新，声称他们不想改变君主制的性质，只是想将王位继承维持在新教世系中。[78]1680 年 11 月 15 日，亨廷登伯爵在上议院的一场辩论中说，"在这个议院中"支持"王位排斥法案"的人"无不最狂热地支持君主制和国王的君主特权"，他这话或许并不全对，但无疑准确地反映了辉格党喉舌认为此时最应采取的基本论调。[79] 然而，我们在想要全盘接受辉格党自称的宪制保守主义之前，需要注意两点。首先，虽然辉格党人在当下发表言论时非常谨慎，但他们在利用内战时期议会派的喉舌来支持他们的理论时并没有太多的顾忌。这方面最明显的当属 1680 年再版的菲利普·亨顿的《君主制论》，这本初版于 1643 年的书旨在证明英格兰君主制是有限而非绝对的，依据的是契约和被统治者的同意，而且三个等级有权反抗沦为暴君的国王。[80] 其次，王位排斥危机时的辉格党人提出观点的方式——不管他们在提出主张时如何小心翼翼或重重设限——依然彻底颠覆了骑士党–国教会的宪制观，其中包括了否定传统的君权神授说，暗示国王居于法律之下、要对议会负责，以及人民才是最终的主权者。《人民的主张》的作者强调，英格兰国王"没有特权，只有法律赋予他的权力"；他"如果统治有方就是国王，如果压迫就是暴君"。正如中世纪著名法学家布拉克顿所教导的："普通法确实赋予了国王很多特权，但当国王倒行逆施时并没有赋予他任何特权，也不允许他用特权伤害任何人。"因此，这位作者继续写道，国王只能用他的权力或特权来"保护人民和增进人民的利益，而不能用来挫败议会的意见"；的确，"一旦它被用来挫败这些目的，它就是对权利的侵犯，违背了国王的加冕誓言，他理应通过或确认他的人民所选择的法律"。[81] 另一位作者也师法布拉克顿，强调"法律制约并限定了国王的权力"，他还从中世纪晚期的宪法学家约翰·福蒂斯丘爵士那里汲取灵感，宣称国王"不能通过法律之外的任何权力来统治人民"。当然，国王的大臣"可能会非法行事"，如果这样的话，"他们要为此负责；但他〔国王〕除了法律指示和授权的之外什么也不能做"，不仅是因为他受制于自己的加冕誓言，也是因为"他的伟大和特权，乃是以法律为基础的，让他不得不这么做"。这位作者最后写道，简而言之，"这个国家的根本宪制"既"确立了上议院和下议院的权利、自由和权威"，也同样"限制了国王的特权"。[82] 宫廷有人指控辉格

党人"是共和国原则的爱好者",对此威廉·琼斯爵士和阿尔杰农·西
德尼写道,如果这意味着"热心公共利益和为国服务,相信国王是
为了人民的好处而设立的,相信政府是为了被统治的人而建立的",
那么"所有智慧而诚实的人都会自豪地说他们是这样的人"。他们接
着写道,这并不意味着他们支持"建立一个民主政府,反对我们合
法的君主制",但关键是,英格兰君主制是合法的。正如布拉克顿所言,
"他〔国王〕是从法律获得权力的;他依靠法律才成为国王,并且是
为了人民的利益,而正是通过人民的同意,它〔法律〕才成为法律"。
事实上,"他所有违背法律的命令都是无效的",这就是"那句著名
格言'国王不可能犯错误'的真正原因"。他们断言,"英格兰君主
制的核心原则"就是"按合理的比例分配权力,法律借此同时保证
了国王的尊严和人民的安全","除非君主在享有法律赋予他的权力
的同时,能够履行法律赋予他的职责,让人民的权利和自由得到适
当的保护,否则政府无法再存续下去"。[83]

　　这话已经说得很明白了。如果国王不依法统治或保护人民的权
利和自由,他就不再是合法的统治者,而他的臣民也不用再服从他
了。的确,一些作者公然挑战了托利党—国教会有关消极服从的教义,
他们谨慎地主张,一旦天主教徒继承王位,人民可以进行防御性的
反抗。教士辉格党人——即在英格兰国教会拥有圣职的辉格党人(他
们人数不多,但在这场辩论中有突出的贡献)——不得不秉承教会
的官方立场,认为国王本人(哪怕是个天主教徒)是神圣不可侵犯的;
不过,他们也指出,反抗那些以国王名义行不法之事的人是正当的。
科尔切斯特万圣堂区的堂区长埃德蒙·希克林吉尔主张,如果一名
官员的行为违反了法律,那么他就不像一个官员了,而是像一个盗
贼。他质问道,托利党教士会不会"劝我们自缚双手,直到欺压者
和托利党人践踏法律来割我们的喉咙,还说这是符合神性的事情"?
希克林吉尔反驳道,他"宁愿死也不想造反",但他不认为拿起武器

清君侧是犯上作乱。[84] 同样，埃塞克斯郡科灵厄姆的堂区长兼辉格党领袖威廉·拉塞尔勋爵的私人牧师塞缪尔·约翰逊在他 1682 年的《叛教者尤里安》中对消极服从进行了猛烈的抨击；他说这一教义 "是为天主教王位继承人的需要量身定做的，好让我们更容易为残忍的教皇党徒所鱼肉"。他宣称 "人间国度的法律" 是 "一切世俗服从的标准"，（跟随布拉克顿）强调一个没能 "按照法律" 行事的国王就不再是 "神的代理统治者" 了。他对查理二世并无怨言，还希望神能让他的统治长久，但他对天主教王位继承人极度担忧，（他预测）这样的国王会将新教徒迫害致死。不过，约翰逊指出，我们 "有法律来保障我们的宗教，未经我们同意是不得改变的"，天主教王位继承人 "无权对新教徒施加非法的暴行"：他宣称 "一项没有权威的法律根本没有赋予我们义务"，不能 "要求人服从"。约翰逊承认，根据英格兰的法律，"这个天主教君主如果合法获得王位，就其本人而言"，的确是 "不容侵犯、不对任何人负责的，决不能对他使用任何暴力"。但无道之君犯下暴行时罕有亲力亲为的，因此，可以去反抗那些以国王的名义行不法之事的人："我们很乐意承认，只要一个下级官员得到了法律的许可，那么他在行使职权时就不应遭到反抗；但非法的暴力将受到暴力的抵制。"[85]

然而，平信徒辉格党人则更愿意相信天主教君主本人也是可以反抗的。1679 年，一位作者在写到人民是否应该服从天主教王位继承人时说，忠诚 "本是应该要给予君主的，只要他还在世并关心公共利益"，但他补充道，"当他堕落了，问题就来了，因为如果他愿意的话，我就必须忍着让他割开我的喉咙，而这是与要我自保的自然法相矛盾的，或许在约翰王时代，众男爵就是因此拿起武器保卫其自由的吧"。绕来绕去的句子表明这个话题非常敏感——毕竟这是大不敬的话——而作者也不愿继续往下说了。[86] 埃尔卡纳·塞特尔在 1681 年承认，人民 "确实受制于［他们的］效忠誓言，要一直忠于国王及其合法继承人"，但没有说一定要忠于"其合法继承人的……狗腿子"。此外，他还问道：

> 一个专制绝对的天主教暴君，怎么可能继续当一个确立新教且受限制的政府的合法继承人呢？当他合法地继承了这个有限王权后，他就会残酷、非法且暴戾地推翻对权力的合理限制，取缔英格兰三个自由等级的一整套皇家宪制，以及臣民请愿的权利。他会全面颠覆他合法继承的政府统治，非法创设新的政府，由此，他不仅让我们不再是当初宣誓时的自由臣民，而且他自己也不再是我们宣誓效忠的国王了。

塞特尔继续写道，即便是"最恶毒地反对人民自卫权的论者也至少必须承认，一旦天主教国王通过暴政在英格兰确立教皇的管辖权，无疑在神的眼中他犯了一个罪，比人民武装反抗暴政的罪更大"。结论非常清楚："英格兰人民如果武装反抗暴政，他们是在捍卫正当的权利，即他们的宗教、生命和自由。"[87]

　　显而易见，不光是国王的大臣或将来的天主教君主，这样的观点也可以被引申到当今的新教君主头上。确实，到 1682 年底或 1683 年初，约翰逊的恩主拉塞尔勋爵密切参与了反对查理二世政府和天主教继承的辉格党阴谋，这一阴谋被称为"拉伊庄园阴谋"。而且就在这一时期，约翰·洛克写下了他著名的《政府论》，其中下篇就试图论证反抗查理二世非法政府的合法性，以及这一反抗的权利是每个人与生俱来的。辉格党是在走投无路的情况下才被迫采取这一激进立场的——到 1682—1683 年，除了反抗已经没有别的出路了——而且即便如此，也只有一小撮更为极端的辉格党人准备真刀真枪地反抗现政权。但问题是，辉格党在为其反对天主教徒继承王位的立场辩护时所采用的论证方式本身就隐含着这种激进化的苗头。

　　王位排斥对詹姆斯的长女、奥兰治亲王威廉（詹姆斯的外甥）
的妻子玛丽公主有利，对蒙茅斯则无。第一部"王位排斥法案"规定，
在查理二世死后，王位应该交给"一直全心全意信仰这个王国以法
律所确立的新教"的"下一个合法的继承人"，"视同该约克公爵已
死"。[88]第二部"王位排斥法案"一开始只是规定排斥詹姆斯继承王
位，但没有说由什么人来继承——这是蒙茅斯的盟友所支持的表述，
因为这样一来，就有可能让议会在未来确立蒙茅斯继承王位——但
在委员会审议阶段做了修改，明确规定由"如果公爵死后"会继承
王位的人来继承，再度表明玛丽才是议会所偏好的替代选项。1681
年短命的牛津议会提出了第三部"王位排斥法案"，又回到了第二部
法案初稿那种语焉不详的状态，但由于该法案根本没有撑到委员会
审议阶段，我们也就无从得知这样的表述会不会被保留下来。[89]

　　其实，辉格党对蒙茅斯的态度有些模棱两可。在大多数人看来，
他并不是替代约克公爵的理想人选：他缺乏政治经验，也不是特别
聪明，而且过于急切，以至于没能保住他父亲的宠爱。在王位排斥
危机的最初几个月里，蒙茅斯坚定地与宫廷站在一边。1678 年，沙
夫茨伯里在列出骑士议会中的政治同情者名单时，曾将他定为"非
常非常可恶"；在 1678 年 12 月的丹比伯爵弹劾案中，蒙茅斯与宫
廷一起持反对立场；而且沙夫茨伯里也将第一届王位排斥议会中的
蒙茅斯党羽视为政敌。[90]但蒙茅斯和他信天主教的叔叔之间的关系
并不好，两人的私怨随着王位排斥危机的发展越积越深。此外，正
如 1678 年的示威活动所显示的，被称为"新教公爵"的蒙茅斯在民
众中间极受欢迎，而且他积极参与调查教皇党阴谋，并很快被列为
阴谋的潜在受害者，这更增加了他的人气。之前就有人传说蒙茅斯
可能会被宣布为合法子嗣，现在在辉格党媒体的推动下，这样的故
事开始流传，说查理在 1640 年代末和 1650 年代初流亡海外时与蒙
茅斯的生母秘密结婚，而结婚证书就藏在曾属于已故达勒姆主教的

一个"黑箱子"里，如果还能找得到的话。[91] 查理很快就驳斥了这些谣言，但考虑到蒙茅斯日益受人爱戴，便在 1679 年 9 月决定将这个儿子送到乌得勒支暂避风头。当蒙茅斯在 11 月底不顾父命回国后，查理别无选择，只能革除他的大部分职位，让他名誉扫地。随着父子矛盾在 1679 年底之后愈演愈烈，蒙茅斯也和反对派势力越走越近。那些反对约克公爵继承王位的人必须对所有选项保持开放，而蒙茅斯之所以格外显眼并不是没理由的：作为国王的儿子，他本来就可能拥有继承权；他受人欢迎，而且可能比玛丽的丈夫奥兰治亲王威廉更能让人接受；比起直接把王位交给威廉和玛丽，让他来继承王位更有可能带来各种宪制改革的机会，建立一个更为有限的君主制；最后，一旦王位排斥在议会走不通了，考虑到蒙茅斯的军事经历和在群众中的人望，他是个领导武装抵抗运动的理想人选。但这绝不意味着辉格党就开始把他捧为他们中意的王位继承人了；沙夫茨伯里始终怀疑蒙茅斯的动机和信用，而此时蒙茅斯的主要目标可能是官复原职、重新得到父亲的宠爱。[92]

对现在的担忧

我们目前所述的是一种想象中的恐惧，即假如约克公爵继承王位，那么未来会出现天主教和专制统治的威胁。但必须认识到的是，人们也对天主教和专制统治的当前的威胁有所察觉。英格兰人担心的不仅仅是有朝一日会发生的事情，也包括现在正在发生的事情。

天主教的威胁

人们关心的一个问题是，英格兰的天主教徒是不是在谋划着什么，特别是在天主教徒人口占比过高的那些地区。1678 年末，各地有传言称，天主教徒的家里藏有大批武器，信天主教的人鬼鬼祟祟地在夜间集会。[93] 天主教徒有时也会在当地做出挑衅的举动。1678年 11 月，在约克郡西区的斯奈思，两个男人（其中一个是天主教神父）和一个女人在参观当地一间教堂时吹嘘道，这里很快就要举行弥撒啦，把教堂司事吓得不轻。[94] 一般来说，教皇党阴谋的披露往往会在某些地方唤醒新教—天主教徒相互斗争的历史，特别是在威尔士南部，以及威尔士与英格兰接壤的边境各郡。[95] 伦敦的民众尤为恐慌，不仅因为那里有全国最大的天主教徒聚居地，而且奥茨还特别提到，天主教纵火犯把它当作首要目标。1678 年 11 月的第三个星期，一个书商在圣保罗教堂墓地发现了一封致伦敦“可怜愚昧的”新教徒的信，警告说天主教徒在圣诞节前会让他们“血流成河”，或许“在圣诞节前会有火热的一天”——“和 1666 年 9 月 3 日（伦敦大火）一样火热”。[96] 在随后的几年里，任何在伦敦偶然发生的火灾都会被怀疑是天主教徒所为。[97] 伦敦人“对教皇党徒”非常愤怒，清教牧师理查德·巴克斯特回忆道，他们开始“在街上私设哨戒……避免让他们的房屋着火”。[98] 查理二世颁布一系列公告，命令执行所有针对天主教徒的现行法律，要求天主教徒搬出伦敦方圆 10 英里的范围，让所有不从国教者解除武装并保证遵纪守法，试图平息民众的恐慌。英格兰很多地方下令加强守夜，并更加严格地执行针对当地天主教徒的处罚法；结果，天主教徒的定罪率上升，虽然只是暂时的。但这些措施并没有缓解地方上的不安情绪，反而加重了迅速蔓延全国的普遍恐慌。[99]

当前也有来自国际天主教势力的威胁，尤其是法国。正如 1679年初伦敦商人威廉·劳伦斯在日记里写的，令人恐惧的除了天主教徒之外，还有“法国人的势力”。[100] 这是有充分理由的。在英格兰人看来，由于反宗教改革势力在宗教战争和三十年战争中取得的成功，

16 世纪末和 17 世纪末的新教似乎在欧洲大部分地区节节败退。斯图亚特王朝的英格兰和苏格兰以及联合省现在成了新教在欧洲西北部的最后堡垒，它们也面临强邻法国昭然若揭的扩张野心。[101] 查理不但没有采取实际行动应对这一威胁，似乎还与路易十四结为同盟。正如劳伦斯指出的，法国"因着我国政治的一大错误"得以"匹敌我国的海上力量"。不可否认的是，历代法国国王"长期妄图建立一个普世帝国（至少是欧洲的普世帝国）"，而如果英格兰不采取行动"遏制路易十四的迅速发展"，他很有可能就要得逞了。的确，根据1678 年 7 月签订的《奈梅亨条约》，路易不仅与欧陆敌国实现和平，还沿着东北边境兼并了大片领土，英格兰似乎顺理成章地成了他的下一个目标。因此，劳伦斯认为，英格兰需要"在这位强势君主获得更多港口、增强其海上力量之前尽早与其开战"，否则他就可以先"摧毁"这个岛国的"实力与贸易"，然后入侵将它征服。[102] 许多英格兰新教徒，尤其是那些生活在南部沿海附近的，对迫在眉睫的法国入侵坐立不安。海斯（五港之一）的议员爱德华·迪林爵士记载了肯特郡"所有人"都"非常害怕""一支法军会登陆"并"在他们的床上……割开他们的喉咙"。[103] 在 12 月的第一个周末，有报道称"一大群人"在多塞特郡的珀贝克半岛登陆；[104] 后来证明这是虚惊一场，但几天后就有一封信将这一消息带到了伦敦，断言"有 1000 或1500 名法军登陆"，[105] 而萨默塞特郡的居民则听说有"一支 4 万人的法军"在韦茅斯登陆。[106] "法国入侵的谣言和恐慌"一直持续到1679 年的最初几个月，而到了春天，各地就盛传路易十四正在布列塔尼集结一支庞大的侵略军，"准备运到英格兰协助天主教徒"。[107] 议员们也对法国入侵的可能性表示担忧。1679 年 4 月 14 日，威廉·考文垂爵士在下议院指出，路易十四尽管刚与荷兰和西班牙议和，却没有解散自己的军队，因此他预测法王打算用它"来对付我们"。[108] 需要指出的是，英格兰人的仇外情绪并不仅仅针对天主教徒；公众也对那些已经在英格兰的法国人（其中绝大多数都是新教徒，很多还是前来躲避宗教迫害的）感到不安，因为他们担心这些法国人会抢走英格兰人的工作。1679年，《英格兰警示钟》的作者在呼吁对法王采取行动，以免他很快就会加冕为英格兰国王的同时，还敦促查理二世"将所有那些搅扰以色列、从您臣民口中抢面包吃的亚玛力人（我指的就是法国人）从您的皇家领地和伦敦城中驱逐出去"。[109]

　　人们对查理能否维护英格兰真正的外交利益深表怀疑。1678年底，随着对教皇党阴谋调查的进行，下议院震惊地发现，查理之所以近年来能够再三地让议会休会，是因为他从法国国王那里获得了津贴。[110] 传言不胫而走，说查理其实致力于和路易十四结盟，以实现他们共同的企图。1679年1月中旬，伦敦的皇家交易所里发现了一份文件，据称是一个秘密参与教皇党阴谋各项细节的前天主教徒所写，其中揭露查理已收受路易十四60万英镑的贿赂，为了能摆脱骑士议会，"而这一切都是为了引进天主教和专制统治，从而让我们的国王拥有绝对的权力"。[111] 1679年11月中旬，亨廷登伯爵从伦敦往家里写信，说"有可怕的消息称我们要与法国结盟五年"，他担心"到时候我们将眼睁睁地看着外国人成为我们的主人"。[112] 1679年12月底，一封写给布里斯托尔市长的匿名信宣称"我们叛逆的教皇党国王已经把英格兰王国、苏格兰王国和爱尔兰王国连同他的一切领地都卖给了法国国王"，"我们都被当成奴隶买卖，注定像无辜的羊一样被杀，被屠宰献祭以安抚教皇党徒的狂怒"。（作者宣称他是在路易十四的弟弟奥尔良公爵府上当侍从的时候听说的。）[113]

　　议员和小册子作者们往往不会直接抨击查理本人，而是指责国王的大臣们罔顾英格兰的外交利益。议会开始试图将他们认为给国王出馊主意的大臣赶下台，于是就有了1678年与1679年冬春之交议会对丹比伯爵的攻击（后面会详细讨论）。然而，他们对查理的对法立场深感忧虑。正如1679年4月14日威廉·萨谢弗雷尔在下议院说的,英格兰在过去几年里致力于"壮大法国",着实有些"奇怪"。[114]甚至当路易十四开始威胁低地国家,进而严重影响到英格兰和欧洲北部的新教利益以及欧洲的整体均势时,查理也不认为有必要对法国国王的扩张野心进行遏制。1681年初,弗朗西斯·史密斯发表了去年12月西班牙大使写给查理的信,大使请求英王采取行动"抑制住法国的洪流",以免法国全面蹂躏低地国家,并警告说,低地国家是"实现普世霸权的万能钥匙",而路易十四"要用它打开的第一扇门就是英格兰"。[115]

辉格党人往往认为王位排斥问题和国际局势密不可分。1679年5月11日,休·博斯科恩在下议院有关"王位排斥法案"的辩论中警告其他议员,如果他们不抓住这一"机会保障新教",子孙后代将会指着他们的坟墓咒骂。他强调,"如果英格兰的王位由教皇党继承,这将打击整个欧洲的新教。如果新教现在不能在一个新教国王的统治下浮出水面呼吸,那么它必将在下一个天主教国王的统治下溺死"。[116]在牛津议会选举期间出版的一份主张王位排斥的小册子建议选民,"这届议会的选举"关系的"不仅是国王陛下领地的祸福,还有整个新教以及基督教世界所有改革派教会的安危":一个"好议会"或许可以用来拯救佛兰德斯、荷兰和神圣罗马帝国"免于戴上法国的枷锁;如果它们都完了,那么这个王国的毁灭就是不可避免的结果"。[117]1681年2月,柯蒂斯的《真实新教信使报》刊登了荷兰以及在德意志和法国受苦的新教徒的来信,说他们希望查理二世能追随他的议会,"因为全欧洲的新教势力危在旦夕,其福祉全赖英格兰如何行事"。[118]

苏格兰和爱尔兰方面

正如上面这些事例所示,人们不仅担心天主教徒继承王位后会做什么，或者国内外的天主教徒正在谋划什么；他们也对查理二世本人的企图忧心忡忡。在这样的背景下，多王国视角就变得很重要了。如果我们没有看到民众的恐慌很大程度上是被复辟王朝在苏格兰和爱尔兰的所作所为形塑的，我们就不能全面理解民众对天主教和专制统治的担忧。1679 年 3 月沙夫茨伯里警告其他上议院成员"天主教与奴役""手挽着手"前进时，他头脑里想的并不仅仅是英格兰，而是明确关涉斯图亚特王朝治下的所有三个王国。他说，"在英格兰，天主教是用来实现奴役的"，而"在苏格兰，奴役首先出现，天主教紧随其后"。苏格兰人头顶上是"同一位君主，受同一批宠臣和顾问的影响"，沙夫茨伯里问道，当"他们招架不住"的时候，"更富裕的我们会有更好的下场"吗？他随后对劳德代尔治下苏格兰出现的一系列苗头进行了攻击——例如加强政府集权、践踏基本法律权利以及在长老会活跃的西南地区部署高地大军——并宣称"苏格兰人的生命、自由和财产任由执政者生杀予夺，甚于一切东方和南方国家"。他总结说，"直到苏格兰受到的压迫完全解除"，"无法……相信我们这里会有好果子吃"，特别是根据苏格兰《民兵法》的条款，苏格兰政府有权召集 2.2 万人"以在任何情况下入侵我们"。沙夫茨伯里同样对爱尔兰新教体制的安危表示担忧，那里的"教皇党徒［已经］恢复了武装"，而且沿海及内陆的城镇都"充满着教皇党徒"；他预测，这个王国"如果没有得到一些更好的维护，将不会长久在英格兰手中"。[119] 同样，在 1680 年 10 月 26 日下议院有关王位排斥的辩论中，亨利·卡佩尔爵士（他的哥哥埃塞克斯伯爵刚刚卸任爱尔兰总督一职）在重提复辟以来英格兰受到的天主教威胁后，接着表达了他对"苏格兰和爱尔兰事态发展"的担忧。在爱尔兰，天主教徒与新教徒的比例至少是五比一，"而且可能从摇篮里就有再度屠杀新教徒的倾向"，他们被允许非法携带武器并居住在市镇里；在苏格兰，政府"已经面目全非，视议会为无物"，"高级专员和枢密院"

大权独揽，还"决定组建一支 2.2 万人的常备军"——卡佩尔认为，所做的这一切都是"为了分化新教势力并鼓励教皇党徒"。[120]

由于苏格兰是独立的王国，英格兰议会基本上不能直接影响苏格兰的政策。不过它却可以光明正大地攻击劳德代尔，因为他也是英格兰的伯爵以及英格兰枢密院成员。1679 年 5 月 6 日，理查德·格雷厄姆爵士在下议院提出动议，要求建议国王"把劳德代尔公爵逐出宫廷和枢密院"。格雷厄姆指控劳德代尔积极参与瓦解 1678 年新教国家英格兰、瑞典和荷兰结成的临时同盟，1672 年给予天主教徒宗教自由的《信教自由令》正是在他的建议下颁布的，这样他就能"像溪流一样带来天主教，像洪流一样带来暴政"。他也在特威德河以北"带来了绝对权力"。约翰·伯奇上校附和道，"如果世界上有什么绝对权力的话，那一定是在苏格兰"，他还补充说，他担心"这位公爵可能会把它带到这里来"。弗朗西斯·温宁顿爵士也认为"绝对权力""愈加可以在这里实施了，因为它在苏格兰已经开始了"；毕竟，劳德代尔曾吹嘘说他"让国王在苏格兰拥有了绝对权力"。他让"自己的同胞沦为仆役和奴隶"，他的原则不符合"新教的目标"；"让他待在国王身边非常危险"。萨谢弗雷尔指出，劳德代尔将苏格兰作为试验场，开始"在苏格兰进行那些专制的勾当，然后再试图引进到英格兰"，例如《信教自由令》。[121]

虽然格雷厄姆的动议获得通过，但英格兰议会在月底被解散，劳德代尔逃过一劫。不过，1679 年 5 月至 6 月的博斯韦尔桥叛乱实际上结束了劳德代尔的政治生涯。1679 年 6 月，查理允许以汉密尔顿公爵、阿瑟尔伯爵和约翰·科克伦爵士为首的一个苏格兰贵族代表团入宫呈递劳德代尔的罪状。他们首先痛斥劳德代尔对苏格兰西南部长老会的政策激起了博斯韦尔桥的造反事件，指责劳德代尔蓄意将该地区污蔑为陷入叛乱状态，为了好动用军队来对付国王的顺民。这支军队随即于和平时期在该地区白吃白住，而这与整套法律制度有悖；臣民们被迫在法律之外作保；艾尔郡的贵族和乡绅被错判为叛国罪；其他人则被宣布不得担任公职；臣民们被非法监禁；苏格兰枢密院随意强征不合理的罚金，并抢占乡绅的住宅用于驻扎军队，再度违反了法律。他们进一步指控劳德代尔正在实施一项"引入天主教和专制统治"的长期"计划"。例如，1679 年劳德代尔在知悉约克公爵改信天主教的情况下，让苏格兰议会通过一项法律，重申国王在宗教事务上的至高地位，从而赋予国王管辖教会外部行政事务的绝对权力。在 1670 年的一项针对拒不参加公共礼拜的法律中，他将天主教徒"明文排除在外"，只对付新教信徒，而且他还进一步让天主教徒担任为国王服务的公职。他也接受了法国国王的津贴，与天主教信徒及神父保持书信联系，还竭尽所能阻止教皇党阴谋的消息传到苏格兰。他们宣称，劳德代尔对专制权力的渴望尽人皆知：他通过立法来组建一支 2.2 万人的军队，可以以任何理由开进英格兰，并迫使所有国务官凭国王的意愿任职。他还任免苏格兰枢密院成员以符合他的计划，选任全体法官好让"公正与平等"可以"根据他的喜好来安排"，而且他还反对英格兰与苏格兰联合，因为觉得这会牺牲"他在苏格兰拥有的绝对权力"。他对下议院不屑一顾，据称他说"如果他们对他提出诉状，他就放屁还击他们……让一条狗闻了之后向他们吠去"，还夸口说每一次他们控诉他，他的权势只会更上层楼。他把《大宪章》（Magna Carta）称为"大狗屁"（magna farta）。[122]

　　查理这时显然已经打定主意让劳德代尔下台了，尽管会轻拿轻放。不过，取代他的人一点也不能令辉格党人满意。虽然在博斯韦尔桥叛乱结束后，负责平叛的蒙茅斯主导了苏格兰事务，但从 1679 年秋天开始，这一角色转移到了国王那位信天主教的弟弟兼继承人身上。1679 年 3 月，查理让约克公爵到布鲁塞尔暂时流亡，以便在王位继承危机发生时可以避避风头。10 月，他决定让约克公爵移居爱丁堡。约克公爵取道伦敦，在那里短暂逗留了一下。这其实是他流亡生涯的延续，不过他在两度驻苏格兰期间（第一次是从 1679 年 11 月到 1680 年 2 月底；第二次是从 1680 年 10 月到 1682 年 3 月）接管了北边政府的领导地位。约克公爵成功地在那里建立了一个忠君势力，这一问题将在第六章展开讨论。然而，在英格兰，约克公爵执掌苏格兰政府引起了一些担忧。有人说，在 1680 年秋天，他就觉得"公爵不久就要带着军队离开苏格兰，割开一切真新教徒的喉咙，焚烧他们的房屋，在他们眼前将他们的子女打得脑浆迸裂，他现在一定在苏格兰酝酿着这个阴谋"。[123]11 月，沙夫茨伯里在上议院表达了他的忧虑，说约克公爵现在"正在苏格兰组建陆上军队，可以踏着旱地入侵我们，不受风向和海洋的影响……他只要一声令下就可以准备就绪"。[124] 在一份出版于 1681 年春天的小册子中，琼斯和西德尼议论道，苏格兰已经"落入了一个王子的手中"，他是"这些王国中教皇党徒的公开首领，是他们一切阴谋和傲慢行径的缘由"。[125] 约克公爵在苏格兰主持了对长老会不从国教者更为严厉的打击，还在 1681 年让苏格兰议会通过了一系列旨在增强苏格兰君主权威和自主的法律，他的统治方式似乎令人不安地预示了一旦他登基后英格兰将要发生的情况。正如一首大约写于 1681 年的手抄讽刺诗所警告的："在苏格兰，我们看到了一个清晰的模型／他计划这就是我们［在英格兰］有朝一日的光景。"[126]

　　英格兰的新教徒也对爱尔兰的事态表示担忧。在 1679 年 3 月沙夫茨伯里的讲话后，上议院决定立刻调查一下"在这万分危急的时候"爱尔兰采取了什么安全措施。[127] 他们发现总督奥蒙德下令以涉嫌卷入教皇党阴谋为由逮捕了都柏林的名义大主教彼得·塔尔博特及其兄弟理查德（前者死于狱中，后者以健康为由获准离境）；他通知天主教的主教和其他高级教士连同耶稣会士及修道士离开这个王国；他还禁止天主教徒携带武器及在驻军城镇居住——不过显然成效有限，因为奥蒙德很快又进一步颁布公告，命令将那些尚未离境的天主教教士逮捕下狱，并申斥地方官员在搜查没收武器时工作不力。不过，爱尔兰枢密院否决了将爱尔兰天主教徒驱逐出市镇的提议，因为英格兰人需要他们充当"仆人、租户和店主"，但奥蒙德恢复了征兵令，在全国各地组建民兵，尽他所能填补武器装备的缺口，并从英格兰调来约 1200 人作为增援。[128] 尽管得知爱尔兰"一切"都"十分和平安定"，上议院还是要求更加严格地执行针对天主教徒的法律，甚至建议通过立法来禁止天主教徒担任律师、治安官书记、代理司法行政官和陪审团成员，并让爱尔兰议会两院成员及爱尔兰各港口和要塞的居民都进行效忠宣誓、最高权威宣誓及其他任何能区分新教徒和天主教徒的审查。但在这方面有进一步动作前，英格兰议会就被解散了。[129]

有关爱尔兰事态的传言进一步加深了英格兰公众对天主教威胁的不安。例如，1679 年 10 月，伦敦的一份简报刊登了"一个有关爱尔兰城内发现屠杀计划"并查获"六千件武器的报道"。[130] 然后是 1680 年春，沙夫茨伯里向英格兰枢密院透露，他得知爱尔兰天主教徒在法国的协助下计划发动叛乱、屠杀新教徒。[131] 这一所谓的"爱尔兰阴谋"似乎是子虚乌有的——这倒不是说沙夫茨伯里蓄意捏造，而是他希望利用这一阴谋来达到政治目的，根本不想考察证人证词是否可信——但在这一阴谋被证伪之前，阿马的名义大主教奥利弗·普伦基特不幸被夺去了生命，他于 1681 年因涉嫌勾结法国反对英格兰政府而遭处决。[132] 爱尔兰阴谋和普伦基特案凸显了当时很多英格兰人两种根深蒂固的不安：一是担心爱尔兰会被法国当作入侵英格兰的前哨站，二是觉得奥蒙德并没有全力维护新教的利益。17 世纪六七十年代常常有报告称，欧洲的天主教国家，特别是法国，准备从爱尔兰这个后门对付英格兰[133]，而对天主教外敌入侵爱尔兰的恐惧贯穿了整个王位排斥危机。[134] 天主教家庭出身的奥蒙德被指

第一代奥蒙德公爵詹姆斯·巴特勒

庇护天主教徒免遭严苛的处罚法制裁，甚至不顾 1678 年与 1679 年冬春之交的反天主教立法，允许他们担任职务为国王效劳。[135] 他在 1680 年 10 月 26 日下议院有关王位排斥的辩论中大受抨击，尤其是被亨利·卡佩尔爵士（上文已经提到了他的言论）。[136]1681 年 1 月初，上议院宣布他们"充分相信""多年以来……爱尔兰教皇党徒在策划并执行一个可怕的叛国阴谋，以屠杀英格兰人并颠覆新教及该王国自古建立的政府"。卡佩尔在下议院对此表示认同，他说，虽然英格兰有些人对教皇党阴谋"一笑置之"，"但爱尔兰明摆着有一场阴谋"，而"一位教皇党徒继承王位的希望"就是"这一切的基础"。[137]

　　虽然对奥蒙德的攻击没有成功，但辉格党媒体继续煽动对爱尔兰局势的恐慌。1681 年初，柯蒂斯的《真实新教信使报》刊登了一

系列报道，展现了爱尔兰新教徒每天面对法国即将入侵的威胁如何
担惊受怕地活着。[138]当第二届王位排斥议会于 1681 年 1 月被宣布
休会时，柯蒂斯报道了都柏林的天主教徒"闻讯弹冠相庆……他们
在街上神气地挥舞刀剑和其他武器"，令新教徒担心"他们要对其采
取什么不择手段的图谋"。[139]一份为牛津议会选举造势的小册子推断，
"一个好议会"或能"挽救爱尔兰忧心忡忡的新教徒免遭每天都可能
发生的第二次教皇党大屠杀"。[140]同样在 1681 年，威廉·佩蒂爵士
写的一份小册子（虽然是匿名出版的）重申了法国试图入侵爱尔兰
以打击英格兰的可能性，他还问道，既然爱尔兰天主教徒的人数远
超新教徒，那么到时候爱尔兰人是会"更愿意帮助被他们盲目地仇
恨的英格兰人……还是他们视为救星和光复者的法国罗马教徒呢"？
他坦率地提醒读者，爱尔兰天主教徒"认为英格兰人夺走了他们的
一切"，预测"他们会倾尽所有，也就是他们的性命，来帮助法国人
或其他外国人"。[141]

查理二世在英格兰的统治方式

公众对天主教和专制统治威胁的焦虑，在很大程度上被他们以
为的爱尔兰和苏格兰的现实处境所塑造。这一威胁现在是实打实的，
从查理二世统治的另外两个王国就可见端倪。英格兰如果不想沦为
这一威胁的受害者，就应果断采取行动。可问题是，对许多英格兰
人而言，他们似乎已经沦为受害者了。正如我们在第一章看到的，
对英格兰的天主教和专制统治的担忧在 1660 年代中叶丹比伯爵掌权
时开始抬头。而这将在教皇党阴谋的余波中达到顶峰。

引起紧张的原因之一是查理在 1677 年与 1678 年之交的冬天开
始组建陆军，据称是为了与法国开战。一旦查理明摆着不打算参战了，
这些部队就变得既没有必要，又有潜在的危险。议会已经在 1678 年

6 月投票同意拨款遣散这支军队，但到秋天仍有约 2.5 万人没有解除武装，有些议员担心查理会以教皇党阴谋为由保留这支军队。议会推动了一部"民兵法案"，试图确保这些部队被解散，但查理于 11 月将其否决，理由是该法案试图暂时让民兵部队脱离他的控制，侵犯了他的特权。[142] 除了质疑为何继续维持这支军队之外，人们还担忧它给驻地民众带来的负担。1628 年的《权利请愿书》曾宣布，强迫居民违背他们的意愿留宿士兵和水手是非法行为。这意味着部队只能在旅馆里宿营，而且要承担食宿费用。但查理二世的军队并不总是按规矩掏钱；例如，1679 年 3 月，雷丁的粮食供应商就抱怨说，如果士兵不尽快把欠的账还上，他们就要"揭不开锅了"。[143]

反陆军斗争在第一届王位排斥议会中继续进行。在 1679 年 3 月 29 日下议院的一场辩论中，尼古拉斯·卡鲁爵士想要知道"军队是否有违反《权利请愿书》，在平民家中白吃白住"。詹姆斯·弗农（蒙茅斯公爵的秘书）坚称没有这种情况，但他指出民众有时看到士兵生活无着，会发善心收留他们。然而，在亨利·卡佩尔爵士看来，"依照《权利请愿书》，他们不应该住在任何人的住宅里"。[144] 当辩论在 4 月 1 日继续进行时，威廉·加拉韦爵士宣称"这支军队"是"被维持着用来压迫人民的"，"违背了这个国家的法律"；比奇上校强调，"这支军队已经被依法解散"，不应继续维持；托马斯·李爵士声称，"《权利请愿书》被侵犯了"；而威廉·考文垂爵士则认为，毫无疑问，"维持这些军队已经违反了法律"。下议院最后通过决议，宣布"在这个国家维持民兵之外的任何常备军队都是非法的，会令人民怨声载道，苦不堪言"。[145] 5 月，议会再度通过《遣散法》，要求解散现有军队，并重申在没有得到同意的情况下强迫私宅主人留宿士兵是非法的。[146]

常备陆军是丹比伯爵倒台的因素之一。1678 年 12 月，下议院试图以叛国、犯罪和行为不端为由弹劾丹比，指控他（除了别的罪

名之外）企图引入专制暴虐的政府以颠覆自古以来的政府；组建一
支常备陆军，并罔顾要求解散的法律，继续予以维持；瞒着诸国务
大臣，与外国君主订立宣战媾和的条约，侵害了君主权力；与法国
商定有损国王利益的和约；试图阻挠议会召开、收受法国国王贿赂
和支付不必要的津贴；以及受到天主教影响，试图掩盖教皇党阴谋
的相关证据。[147] 上议院拒绝关押丹比，而查理在两院不可避免地发
生冲突之前就采取行动，决定先让议会休会，然后将之解散。然而，
新一届议会在 1679 年 3 月召开后，下议院立刻重启丹比弹劾案。眼
看一场审判不可避免，查理在 3 月 22 日戏剧性地决定给予丹比特赦
令并加盖国玺。[148] 于是，下议院决定对丹比褫夺法权；上议院试图
将其改为流放；最终，丹比本人于 4 月 15 日向黑杖侍卫自首，结
束了这一争端，随后被关进伦敦塔。4 月 25 日，当他在上议院对弹
劾条款进行答辩时，他否认了全部指控并搬出了国王给他的特赦令。
然而，下议院坚持认为这一特赦令无效，上议院应该进行审判，因
为搬出特赦令就相当于承认有罪。[149]

　　有关丹比特赦令的有效性问题值得深入考察，因为这涉及一些
根本上的问题，即国王在多大程度上可以保护个人免受法律起诉。
大多数人认为，特赦权是属于国王的"一项必不可少的特权"，"是
王位与生俱来的"，其背后的逻辑是，所有的犯罪都是以国王的名义
起诉的，因而也可以被其总检察长的令状所解除。特赦权的主要限
制是，如果受侵害的第三方有任何财产上的声索，那么国王将不得
免除被定罪之人的相应责任；君主特赦不得侵犯他人的财产权利。
但中世纪的先例（特别是 1376 年的威廉·拉蒂默勋爵案和理查德·莱
昂斯案）似乎也表明，国王有权特赦被议会弹劾的人。[150]

　　然而，下议院对丹比特赦令的合法性提出了质疑。别的不说，
光是程序上的违规（该特赦令并没有按规定经过全部的相应部门处
理）就足以让它无效。[151] 但正如卡迪根郡议员爱德华·沃恩所问，

Thomas
Sborne
Duke
Leed
ather to
Ann
oke.

1670 年代中期查理二世的首要大臣丹比伯爵托马斯·奥斯本

更为根本的问题是"这一特赦令是否合理"。[152]3 月 24 日，治安官威廉·埃利斯爵士在下议院说，虽然国王作为"公义和仁慈的源头"有权"特赦犯罪的人"，但有些罪行是他无法赦免的，哪怕是以他的名义起诉的，例如侵犯公共利益的罪行。他继续说道，这一弹劾案"是英格兰下议院起诉的"，国王和总检察长都没有参与其中；它的"性质和一起强奸案是一样的，国王不能赦免"。[153]过去固然有国王赦免过弹劾案，但从来没有在议会尚未做出判决的情况下就赦免的。此外，在拉蒂默和莱昂斯的案件中，理查二世只是赦免了属于他自己的那部分。例如，拉蒂默供认自己瞒着国王在布列塔尼征税，放弃圣索沃尔城堡，未经国王命令释放囚犯；如果国王决定将拉蒂默欠他的钱一笔勾销，那是他的自由。[154]但正如资深律师哈博特尔·格里姆斯顿爵士指出的，对丹比的指控是"公愤"，国王没有权力予以赦免。[155]理查德·汉普登说，查理一世本人在 1642 年的《答十九条建议》里也承认，一个君主不能使用他的特赦权来赦免"损害他人财产的人"或者"他的宠臣或追随者中假公济私、损害人民利益的"。[156]弗朗西斯·温宁顿爵士曾在 3 月 22 日的辩论中对该特赦令的合法性提出质疑，在 5 月 5 日的发言中他更全面地阐述了自己的观点。"在牵扯国王利益的诉讼案件中，国王可以制止起诉"或赦免他蒙受损失的部分。但那些"与国王无关"且"只有英格兰下议院"进行的起诉，就是另一回事了。在这样的案件中，"诉讼关乎的是你们和英格兰整个下议院的利益"，"如果激起民怨的罪行能被赦免，那么召开议会除了按照国王的要求给钱之外就没有任何意义了"。说到激动处，温宁顿进一步指出，"如果这样的特赦令被放行，英格兰的政府将被摧毁，英格兰的下议院也无法摆脱大人物的倒行逆施了"。[157]下议院成立了一个委员会对整起事件进行调查，并于 5 月 26 日得出结论称，"使用特赦令来制止弹劾"颠覆了"一切弹劾案的运用和影响"，这样的事情如果允许发生，将摧毁"维护政府的这一首要制度","进而摧毁政府本身"。[158]

丹比弹劾案也波及了议会外。一段据称是温宁顿3月22日讲话的文字被四处传抄,不过,它与议会日志作者的记录有很大出入。其中,温宁顿强调国王不能"赦免反叛政府的罪行",要不然政府将无法"免于奸臣作乱"。君主特权应该用来"法外开恩,而不是推翻法律";温宁顿总结道,如果大臣可以"被君主任意赦免他们对人民犯下的所有罪行,那么就毫无安全可言了,我们号称自由合法的政府也不过是骗人的,我们都是彻头彻尾的奴隶"。[159]一个小册子作者试图以国王不清楚丹比的罪行为由来为国王开脱,但并不是很让人信服,之后他也表示,这一特赦令的后果肯定是"恶的,因为如果一份特赦令能抵挡住这样一起议会弹劾案",那么一个臣民(尽管有《大宪章》保护)将无法"对任何强暴他的妻子、杀害他儿女的廷臣"讨要说法,"只要这个廷臣从他主人那里拿到了一纸特赦令"。这一说法当然只是归谬法,但所表达出来的观点再清楚不过:"在这种情况下,国王难道不是像土耳其苏丹一样拥有绝对权力了吗?"[160]

下议院的理论并没有说服所有人。上议院在丹比的问题上存在意见分歧,他在那里有很大的影响力,尤其是在主教当中,后者的投票很有可能打破平衡,使之有利于他。沙夫茨伯里和其他反对派上议院成员担心受挫,提出在死刑案件中,主教不得在上议院行使司法职能,因为根据教会法,他们不能流人的血,所以他们必然不会认定被告人有罪——这种说法得到了下议院的认可。争议仍然悬而未决,查理在5月底决定让议会休会;7月,他将休会变成了解散。不管怎样,丹比还是要在伦敦塔里吃五年的牢饭。他最终在1684年2月获得保释,要缴纳1万英镑的个人保证金,外加四位担保人各出5000英镑,总额高达3万英镑。[161]

围绕丹比弹劾案的冲突发生在王位排斥危机初期,并没有沿着辉格党与托利党之间的分界线展开。相反，它是由派系所推动的：丹比在宫廷和议会中都树敌甚多，很多乐见他倒台的人后来在王位继承问题上与托利党站在了一边。[162] 但丹比的教会政策以及他致力于扶持的不宽容的高教会派，招致了沙夫茨伯里和许多后来成为辉格党人的乡村党议员的反对。的确，辉格党不仅对查理二世治下国家所发生的变化感到担忧；他们也关注教会发生的变化。大多数辉格党人对新教不从国教者遭受的苦难表示同情：他们中有很多人来自清教徒或低教会派的背景（就像沙夫茨伯里本人，他在复辟时期猛烈抨击高教会派主教那种不可一世的作风），而有不少只是间偶奉国教者，甚至是不从国教者。英格兰的新教眼看都危在旦夕了，可新教徒仍然因为自己的信仰而遭受迫害，他们对此深感震惊。团结一切新教徒来应对天主教的威胁，进而给予新教不从国教者某种形式的宗教宽容，成了辉格党阵营的核心纲领。一份小册子宣称，"悲惨的经历"已经表明，针对新教不从国教者的法律"不仅无益而且有害，对新教和这个王国的安全都是如此"。[163] 因此，辉格党支持理解和宽容的措施，并寻求废除 1593 年针对叛逆教派的法律（即臭名昭著的《伊丽莎白第三十五年法》），该法允许将那些不参加国教礼拜的新教徒当成不从国教者进行起诉，如果被定罪的人拒绝服从，可以判处流放、没收财产甚至死刑。[164]

对新教团结的呼吁，不能掩盖辉格党人对国教会现有体制根深蒂固的不满。辉格党尖锐抨击那些高教会派教士，尤其是主教，将这些人视为君权神授、绝对君主制和王位世袭罔替的吹鼓手。因此，他们将托利党教士（辉格党人称之为"疾驰者"）斥为国教中的"天主教徒"，因为后者反对王位排斥和议会的权利，并支持迫害新教不从国教者。伦敦商人威廉·劳伦斯于 1679 年春在日记中透露，教士们已经开始"崇拜升起的太阳，并对教皇党王位继承人抱持非常正面的想法"，他还认为"要是英格兰国教会""如此盲目而疯狂地反对"

这幅王位排斥危机期间的辉格党版画描绘了一个托利党平信徒和一个托利党教士（"疾驰者"）骑马奔向罗马；教皇要把这位教士升为主教。托利党宣传家罗杰·莱斯特兰奇被画成一条名叫图泽尔的狗，吠着"41年"

王位排斥，它就应该"像自杀的人一样，被没收一切财产，并被判谋杀自己的行为有罪"。[165]1680 年的一幅版画上画着教皇对着一群英格兰国教教士伸出一顶枢机主教的帽子，而 1681 年的一幅版画则画着一个托利党人和一个"疾驰者"向着对他们提供庇护的教皇飞奔而去。[166]

辉格党的笔杆子宣称，主教们其实是"化装成新教徒的"，而教士们则是堕落的"无赖"，他们宣扬的教义威胁要把我们变为"奴隶"。[167] 本杰明·哈里斯在思考着是否"没有主教就没有教皇；没有主教制就没有天主教"这样的口号"并不比'没有主教就没有国王'更加绝对无误"。[168] 一份在 1679 年流传的小册子（虽然它是再版的

1667 年的作品）将社会上一系列令人不满的问题算到了英格兰的教会等级制度头上，包括"国家变得贫困"和"贸易被破坏"（作者将其归咎于"主教们的铺张、虚荣、奢侈、压榨和迫害"）；它随后质问道，为何在其他新教教会已经将主教职位作为天主教残余废除后，英格兰仍予以保留，并指出其他新教国家没收了主教们堪比贵族的收入，将其留作"公用"。[169]1680 年 11 月中旬，第二部"王位排斥法案"在上议院受挫后，出现了一首题为《喜鹊，或反对主教之歌》的民谣，歌中指责"我们的主教喜鹊""在光天化日之下"掠食"教会和国家"。它接着唱道："他们说他们是新教徒，但他们却希望有一个教皇党王位继承人 / 显然他们埋伏了起来 / 准备出卖国家和教会。"作者斥责主教们"对我们的法律一无所知"，教导人们"盲目服从"国王，并用《圣经》来"反对《大宪章》"。他最后写道，"什么君权神授……我们视如粪土"，并呼吁：

> 把喜鹊派到罗马去吧，
> 他们都是打那里来的，
> 他们可以在那里干教皇的工作，
> 并像罗马教徒一样喊着"约克、约克"。[170]

因为主教常常被视为王权的急先锋，反之亦然，所以有时对前者的谴责也伴随着对后者的批评。例如，1681 年一份仿造的祷文就祈求摆脱"主教和国王的非法统治 / 后者的暴政已经发展成为绝对的了"。[171]

　　这不仅仅是宣传论调；有充分的证据表明，辉格党的草根支持者中存在反主教制或反教士的情绪。在 1679 年 3 月埃克塞特的选举中，强硬的国教人士托马斯·卡鲁爵士领衔的"忠君党"遭到了不从国教的前市长威廉·格莱德和不从国教势力的反对，后者的支持者据称在街头四处威吓敌人，并高喊着"打倒国教会"。[172]1679 年 8 月，埃塞克斯的辉格党候选人支持者来到投票处，在高喊"不要廷臣，不要领津贴的人"之余还喊着"不要教皇党教士"和"不要主教"。1681 年，当牛津的辉格党候选人当选时，人们欢呼"不要教士，不要主教"。[173]1680 年 9 月，蒙茅斯在牛津受到了长老会市长罗伯特·波林和若干市政官的款待，民众向他高喊"神佑新教公爵"和"不要约克，不要主教，不要大学"以示欢迎。[174]在当年的圣诞节前后，萨默塞特郡伊尔敏斯特有一个名叫弗朗西斯·卡里的绅士和一群朋友去喝酒，无意中听到有人在"为英格兰教士的失败"举杯庆祝，他认为这些人都是"无赖"，特别是当地的巴斯和韦尔斯主教及其拥趸。[175]在王位排斥危机期间，爱德华·迪林爵士的儿子、肯特郡的辉格党议员爱德华被政敌指控在拉选票的时候"为穿主教袍者的失败庆祝"举杯——后来王位排斥运动在议会失败了，他为了重新讨好国王，便对这一指控矢口否认，不过他也承认该郡的"所有狂热分子"都支持他，并认为"教皇党徒目前对教会和国家的威胁比不从国教的新教徒来得大"。[176]

　　查理诉诸他的特权来让议会休会并解散议会；他选择用这种方式来挫败辉格党的主张，让人对英格兰议会制政府的安全感到担忧。1680 年 12 月 17 日，下议院决定通过一项法案来保证议会能定期召开。[177]讽刺的是，这个主意之所以失败，就是因为本届议会被休会，然后被解散了。当查理于 1681 年 1 月宣布解散第二届王位排斥议会时，下议院回敬了一份决议，宣称建议国王采取这一行动的人是"国王、新教和英格兰王国的叛徒，是法国利益的帮手和领取法国津贴的人"——除非他的动机是为了确保下一届议会能够召开并通过排斥约克公爵的法律。[178]解散本届议会也让一部废除《伊丽莎白第三十五年法》的法案胎死腹中；这一法案已经在上下两院过了关，但上议院的文书没有及时交给国王御准。[179]

辉格党将这种情况视为对议会制政府的威胁，作为回应，他们重新提出了 1670 年代中叶乡村反对派的主张：爱德华三世时期的法律规定议会应该每年召开。当然，如果国王继续用休会或解散议会来挫败议会的倡议，那么即便是定期开会也于事无补，所以辉格党现在开始强调，议会应该获准开会直到工作完成。1680 年 11 月，在第二届王位排斥议会漫长的休会期里，伦敦的市议会向国王请愿，不仅请求他允许议会召开，还要他让议会开会直到完成手头上的事务。查理回复伦敦市议会，让他们不要干涉与他们无关的事情。[180]在牛津议会被解散后不久，琼斯和西德尼在作品中虽然承认英格兰国王总体上"被赋予了召集和宣布解散议会的权力"，但他们还是坚持认为"我们的祖宗用各式各样的法律规定，议会不仅要每年召开，而且在答复并解决手头所有的请愿和法案之前不得休会或解散"。[181]同样，1681 年《人民的主张》的作者在回顾了相关的中世纪法律后，得出结论称"议会应该每年召开，支持政府，并解决议会间隔期发生的怨情"，"如果每年召开的议会不是为实现其目的而开"，"而是在完成工作前就被休会或解散，这不过是糊弄法律，打击了政府本身的根基，让议会变得一无是处"。[182]社会上开始认为查理本人就是那个背叛王国的人。例如，1682 年 2 月初，布里斯托尔市长收到了一封来历不明的匿名信，上面要求"随函呈交国王陛下"；信中写道，"我等英格兰人民眼看我们的议会被解散，质问汝查理·斯图亚特，尔凭什么成为英格兰国王？"[183]

危机？何种危机？

辉格党的立场得到了全国上下许多人的支持。在 1679—1681 年召开的所有三届议会中，反宫廷或支持王位排斥的势力都在下议

院占据了主导地位，跟对手的比例大约是三比二。主导了下议院，
就意味着在大选中占了上风。1679—1681 年的三次大选中，辉格党
往往在那些选民人数多、更加开放的选区中表现更好，而托利党的
选情之所以能与它不相上下，完全是因为政府或政府支持者能够把
持相当数量人口较少的市镇选区。虽然这一模式存在一些例外情况，
托利党确实也在少数开放选区中胜选，但此时大多数拥有选举权的
阶层显然是支持辉格党的。确实，随着王位排斥危机的发展，存在
竞争的选举数量不断下降（1679 年第一次大选中有 101 个存在竞争
的选区，第二次有 77 个，到 1681 年只剩 54 个），因为有很多选区
里的宫廷支持者开始认识到，他们要选赢现任辉格党议员是一点胜
算也没有的。[184]

　　其他证据也表明，辉格党在议会外拥有强大的支持基础。第
二届王位排斥议会从召集到最终开会之间隔了很长时间（它本应在
1679 年 10 月 17 日开会，但实际上拖到 1680 年 10 月 21 日），在此
期间，辉格党发起了请愿运动，要求国王让议会开会。[185]虽然带头
的是 16 名辉格党贵族，他们于 1679 年 12 月 7 日向国王呈交了一
份相应的请愿书，但首都和地方很快予以了积极响应。其中显然有
自上而下策划组织的因素。带有统一措辞的印刷品从伦敦送到各地，
然后地方上的代理人会忙着收集签名——虽然有些地方可能为了反
映当地的关切，会在措辞上做一些修改或采用自己的措辞。绿丝带
俱乐部在一定程度上充当了组织的中枢神经；萨默塞特郡无疑是从
俱乐部成员休·斯皮克那里得到请愿书的副本的。请愿运动在伦敦
获得了最大的成功；1680 年 1 月，伦敦城呈交的请愿书上面有超过
1.6 万人签名。[186]当然，地方上的反应并没有辉格党人希望的那样
鼓舞人心——1679 年 12 月 12 日查理颁布公告对请愿活动予以谴责，
显然起到了吓阻作用[187]——最终只有五个郡和一个城市呈交了请愿
书（伯克郡、埃塞克斯郡、赫特福德郡、萨默塞特郡、威尔特郡和

约克）。[188] 很多地区对辉格党的议程存在一定程度上的反对声音，一些地方的大陪审团起草了针对请愿活动的斥责书（详见本书第五章）。然而，请愿运动似乎表明了辉格党中央领导人动员群众的能力，有些辉格党请愿书号称的签名数量令当局震惊：赫特福德郡有 1 万人，威尔特郡有 3 万人，埃塞克斯郡据说超过了 4 万人。[189] 收集签名时的情况也令当局担忧。汤顿有一个叫托马斯·戴尔的金匠负责推动萨默塞特郡的请愿活动，他告诉签名的人他们有"两种办法讨要说法，要么请愿，要么造反"，为此汤顿的巡回法庭判处他罚金 500 英镑，责令他在三年内遵纪守法，并将他关进监狱，直到付清罚金。（戴尔抗辩称他当时是在拉人加入请愿，并明确谴责造反行为，但首席法官托马斯·琼斯爵士以许诺从轻发落为诱饵，骗他认了罪。）[190]

在夏天以及 1681 年 1 月第二届王位排斥议会休会并解散后，要求议会召开的请愿活动再度掀起，而伦敦再次成为领头羊。例如，在 1 月 18 日宣布议会解散后不到半天，沃里克郡流传的一份要求召开新议会的请愿书据说就已经有 6000 人签名了。[191] 英格兰各地都有郡和市镇向各自的代表送去献词，"对他们保护国王的人身和新教的不懈努力表示由衷的感谢"。[192] 伦敦感谢了该城的四名辉格党议员参与侦查教皇党阴谋、致力排斥所有天主教王位继承人（特别是约克公爵詹姆斯）、废除《伊丽莎白第三十五年法》和争取团结一切新教徒；伦敦向他们保证，在今后保卫国家免遭天主教和专制统治侵害的斗争中将与他们站在一起，并建议在实现这一目标之前不要投票批准任何税收。[193] 在 2 月和 3 月的大选期间，许多首都以外的选区效法伦敦，为新当选的议员起草指示，希望他们在即将召开的议会中能如此采取行动。约克郡的自由地产保有人感谢两位议员在过去两届议会中的服务，称赞他们在其中致力于"保护新教、国王陛下的人身以及英格兰和爱尔兰王国免遭面临的许多危险"，"排斥教皇党王位继承人"以及"团结国王陛下的一切新教臣民"，并敦促他们在即将召开的议会中继续推动同样的议程，以"确保我们今后不会遭受天主教和专制权力的侵害"。[194]北安普顿郡的献词告诉新当选的议员，他们希望能"免于教皇党王位继承人的侵害"，并能"找出团结国王陛下的臣民对抗共同的敌人"的办法。至于后者，写献词的人想的显然是给新教不从国教者某种形式的宽容，但有一个疑神疑鬼的人认为这个"共同的敌人"可能"意指国王和国教会"，还补充道，既然没有明确说这个办法是什么，议员们可能会以造反的方式来实现——"夺取民兵部队，窃据国王的特权，实施一场阴谋，[并]征集人员、资金和武器"，正如1642年议会所做的那样。[195]

另外，我们还看到了大批民众参加辉格党集会或示威的证据。11月17日伦敦著名的焚烧教皇肖像游行吸引了数千人围观：有人估计1679年的人数多达2万。[196]在首都以外的地区，也有类似的情况。1679年11月5日，东萨塞克斯郡的刘易斯举行了精心组织的焚烧教皇肖像游行，其中画着天主教神职人员的"好几幅图画""被挂在长长的柱子上"，"一个教皇的肖像……在镇子上游街后，被扔到篝火中焚烧"。同一天，在蒙茅斯郡的阿伯加文尼，"历史悠久而勇敢的不列颠人"举行了一场类似的表演，每个人都打扮成天主教教士的样子在城里游行，手里拿的旗子上写着"火药阴谋""谋杀埃德蒙伯里·戈弗雷爵士""残暴""刺杀""焚烧伦敦""叛乱""迷信"和"拜偶像"；他们身后是一个教皇的肖像，坐在宝座上，每经过当地天主教徒的家就低下头，惹得众多围观者大笑。最后肖像被带"到终极的刑场"，放到当地面包师提供的一大堆柴草上，以迎接火刑的到来。[197]在1681年11月5日的索尔兹伯里，一个教皇肖像"坐在宝座上，头戴三重冠，一手拿着十字架，一手拿着权杖"在街道上游行，"后面跟着数千人"，最终它在夜幕降临时被焚烧于集市的"一处大篝火中"。这样的事例还有很多很多。许多地方上的城镇用类似的表演来庆祝火药阴谋纪念日——不光是像萨默塞特郡的汤顿这样著名的辉格党地盘，甚至（在 1681 年）还有皇家造船厂所在的查塔姆（造船厂的工匠准备了许多教皇雕刻像）和牛津（查理当年早些时候还选择在那里召开议会，因为那里被视为当时最忠于他的城镇之一）。[198]

北边的苏格兰也依样画瓢。1680 年底，爱丁堡大学有一帮学生正好在一家酒馆里看到"挂着的一幅铜版画，上面是伦敦焚烧教皇肖像的场景"，因此有了在苏格兰首都组织一场类似活动的想法。他们将焚烧教皇肖像定在圣诞节这个教皇将新教徒逐出教会的日子，并结成团体来实现他们的想法，雇一名雕刻师做了一尊木制肖像，"上面有服装、三重冠、天国钥匙和其他必要的装饰"。苏格兰枢密院在平安夜得知了这一计划，命令大学的院长加以阻止；学生们表示抗议，他们不理解为什么他们"在这里做不得而伦敦却做得"。虽然当局事先抓了好几个带头的，并在第二天部署士兵站岗，学生们还是坚持举行游行，并有大批学徒和工匠加入其中，许多人在帽子上绑上蓝丝带，上面绣着"不要教皇""不要神父"，甚至"不要主教"和"不要不信神的人"等字样。他们公开宣称要前往处决犯人的干草市场，试图以此来引开士兵，然后设法在高街游行，直到士兵前来挡住了他们的队伍，于是年轻人决定就地用火药炸掉肖像，高喊着"不要教皇，不要教皇出现在苏格兰，不要教皇党徒"。民众与士兵扭打在一起，有好几个人被捕。当局可能有些反应过度了，但他们担心这一计划是蓄意冒犯当时人在苏格兰首都的约克公爵。他们也怀疑是英格兰人煽动学生参与此事；被捕的带头者中确实有两名英格兰人。1 月 11 日还出现了这一事件的余波，市长官邸被人点燃——政府认为此举是报复他在镇压示威活动中所扮演的角色，但学生很快否认与此有关。作为回应，枢密院下令暂时关闭学院，将学生驱逐到城外 15 英里，直到他们的父母担保让他们遵纪守法。如果说政府的初衷是将事态扼杀在萌芽之中，那么这基本上没起什么作用。的确，根据伦敦辉格党报纸的说法，苏格兰其他所有大学的学生很快就效法爱丁堡的学生，自行组织对教皇的模拟处决。所有这一切都源于学生们一次晚上外出去当地酒馆喝酒。[199]

当时还有一些支持蒙茅斯公爵的示威活动。1679 年 11 月底，他从荷兰流亡归国，伦敦各地旋即出现了大量的篝火庆祝活动，来祝福的人成群结队地聚集，举杯祝公爵身体健康，英格兰"好几个郡的城镇"也有类似的欢庆活动。[200]1680 年 2 月，他短暂拜访奇切斯特，受到了当地绅士、市政当局和市民的热烈欢迎。[201]6 月底，他在伦敦交易所后面的"太阳"酒馆与 65 名辉格党贵族及乡绅聚餐，此时"有大批普通民众"过来向他和沙夫茨伯里问好。[202] 同样，1681 年 1 月，当他前往弗利特街的"王冠"酒馆与一众辉格党两院成员聚餐，"数百名围观群众前来看公爵殿下登上马车，并大声欢呼对他表示欢迎"。[203]1678 年 7 月底，蒙茅斯开始巡游西南部各郡，这变成了一次近乎国王的游行；不管他到了哪里，当地乡绅都骑马来向他问安，并送他到下榻的地方，而很多城镇中心为了庆祝他的来访，都按照惯例敲钟、点篝火和祝酒。在萨默塞特郡的克鲁肯，蒙茅斯甚至还触摸治疗瘰疬病，这有力地对外宣示他相信自己的合法身份。1680 年 9 月，他在返回伦敦途中造访牛津，民众走上街头大声呼喊"要蒙茅斯，不要约克，不要主教，不要教士，不要大学"。[204]1681 年 2 月，蒙茅斯再度访问奇切斯特，受到了逾 400名乡绅和该市两位下议院议员的欢迎，住在附近的辉格党上议院成员沃克勋爵格雷还设宴款待他；当地居民按照惯例点燃篝火以示庆祝。[205]他于 2 月 26 日星期六抵达伦敦，受到了"大批绅士和市民的欢迎"，第二天，他去了田间圣马丁教堂，"民众为了表达看到他的欣喜之情"，"喊道，神佑新教公爵"。[206]

与此同时，民众很快表露出对辉格党敌人的憎恨。首席大法官斯克罗格斯引起了公愤，他在 1679 年 7 月的乔治·韦克曼爵士（王后的医生，被控给国王下毒）一案中质疑奥茨的证据，进而让陪审团做出无罪判决；次月，他在前往巡回法庭途中遭到了"多次冒犯"，民众喊着"定罪韦克曼，定罪韦克曼"。在一个地方，"他们把一条吊个半死的狗扔进了他的马车里"。[207] 甚至约克公爵本人也未能幸免。1679 年 1 月，他在试图协助扑灭圣殿教堂的火灾时，有民众嘲笑他是"教皇的狗"，而他在当年 10 月参加伦敦步兵训练团的宴会时也有类似的遭遇。[208]

然而，有人认为国王政府并没有面临真正生死攸关的局面，因为所有的王牌都在它手里。[209] 查理反复宣称，他愿意采取任何措施，以保证新教在天主教徒继位后的安全，但不会批准"王位排斥法案"。而且由于只有国王可以决定召开议会，所以当议会与他为敌时他总能宣布休会并解散（就像他在 1679—1681 年间挫败全部三届议会中王位排斥派的努力），要么干脆拒绝召开议会（就像他在 1681 年之后所做的）。查理的父亲在内战前夕受制于一部 1641 年的法律，未经长期议会许可不得将其解散，但查理的处境已经不比当年了。而且宫廷在上议院掌握了绝对多数的席位，通过王位排斥的机会渺茫；例如，1680 年 11 月 15 日第二部"王位排斥法案"提交上议院，结果以 30 票对 70 票落败。[210] 辉格党只有将国王争取过来才有可能影响政策；他们似乎希望查理在看到全国上下有组织、显而易见地反对天主教徒继承王位后会改弦更张，满足他们的愿望。这种想法不能说是天方夜谭，因为查理之前显然在公众压力面前屈服过，但他这次选择决不让步。一旦明确了这一点，民众只能选择退让或造反，而只有极少数的人能忍受再来一次叛乱。此外，王位排斥危机期间支持辉格党的群众看上去并没有内战前夕那么咄咄逼人。例如，根据一位现代学者的说法，辉格党示威活动"更像是演戏而不是骚乱"，当示威结束之后，"参与者和围观者就带着醉意，无伤大雅地蹒跚回家睡觉去了"。[211]

这种观点看似合理，但归根到底还是没有说服力。我们必须要问，查理、约克公爵或者国王的众多重要谋臣是不是都这么想。答案显然是否定的。王权到 1679—1680 年已经危机重重，而且对此心知肚明。国王或许能挫败下议院的议程，却无法推行自己的议程。他难以建立一个高效有力的政府。在教皇党阴谋曝光、丹比受攻击后，查理采取了大胆的措施，试图将反对派的主要代言人拉拢进政府，借此恢复上下一心的状态。1679 年 3 月 26 日，丹比辞去了财政大臣一职，查理随即改组财政部，并让埃塞克斯伯爵接任。次月，他还重组了枢密院，将成员数量从 46 人减少到 30 人，并引进了很多批评宫廷的人，包括任命沙夫茨伯里为枢密院议长。[212] 这一策略遭到了失败；枢密院饱受内部纷争的折腾，这一实验很快就被放弃了。查理控制不了下议院，导致他不能获得执行有效的对外政策所必需的收入；确实，辉格党议员坚决要求不批准税收，直到国王解决了他们提出的不满。[213] 更要命的是，曾经在 1670 年代断断续续金援国王的法国国王暂时决定收回财政上的支持，转而向英格兰的政治反对派提供资助，希望在国内深陷政治斗争的查理会在国际舞台上采取实际上的中立。在国内方面，国王忙于应付政治反对派的攻击，无法推行自己的政策举措。

此外，查理也没能很好地保护自己在政治上的支持者。他特赦了丹比，却无法让他免于牢狱之灾。同样，他挫败了王位排斥，但还是得让弟弟出国流亡（先在低地国家，后在苏格兰）。那些过于坚决维护国王利益的人常常四面受敌——例如那些公开反对辉格党请愿运动的人。1680 年 10 月，下议院通过决议称，"英格兰臣民拥有无可置疑的权利向国王请愿，要求召开议会并解决怨情"，而那些将这等请愿活动斥为"闹事生乱"的人"背叛了臣民的自由"。[214] 他们进而要求将乔治·杰弗里斯爵士革职，因为他"恶毒地"宣称请愿活动是"闹事、生乱和非法的"；并且弹劾诺思，因为他参与颁布了 1679 年 12 月反对请愿的公告；还要对那些斥责请愿的人进行调查，以在威斯敏斯特大陪审团发布斥责书为由将弗朗西斯·威森斯爵士逐出议会，将另一位斥责请愿的人，即布里斯托尔的卡恩爵士关进伦敦塔，因为他于议会召开前夕在自己的选区说，他认为"没有教皇党阴谋，只有长老会阴谋"。[215] 下议院还成立了一个委员会来调查威斯敏斯特的法官们，投票决定弹劾斯克罗格斯、托马斯·琼斯爵士和理查德·韦斯顿，以其任内违法行为为由，包括在任期未满时解散米德尔塞克斯郡大陪审团（为的是挫败定约克公爵不从国教罪的企图）；下令禁止凯尔的《每周罗马通讯合集》继续出版（因而篡夺了立法机关的权力）；签发非法令状来逮捕煽动性书籍、诽谤言论和小册子的作者、印刷者和出版者，并查扣相关作品（说它们非法，是因为上面没有明确写出被捕人或被查扣作品的名称）；拒绝让那些罪名可以保释的人获得保释（针对被控出版诽谤政府作品的某些辉格党印刷商和书商），并判处任意且过高的罚金（例如，出版《乡村对城市的呼吁》的本杰明·哈里斯和组织萨默塞特郡请愿活动的托马斯·戴尔被判处罚金 500 英镑）。[216] 辉格党以这些法官滥用权力为由，进一步指出对天主教王位继承人的限制是不会起作用的。正如 1680 年 11 月 11 日卡佩尔在下议院所言："如果法官们干出这些事情，那么我们所制定的法律和所能制定的法律都无法保护我们。"[217] 为了确保将来的法官无法滥用权力，下议院决定立法将法官委任状上的文字从"凭国王意愿"改为"凭品行端正"，并阻止判处过重的罚金。[218] 此外，下议院还弹劾了约克公爵在下议院最敢言的马前卒爱德华·西摩，理由是他身为海军财务官侵吞了公款，并请求国王将哈利法克斯伯爵（1680 年 11 月中旬他在上议院带头反对王位排斥）逐出枢密院，理由是他建议解散第一届王位排斥议会。[219] 第二届和第三届王位排斥议会的解散固然救了西摩和其他被弹劾的人，而查理也干脆拒绝罢免哈利法克斯伯爵，但寒蝉效应已经形成，替国王办事或公开支持国王显然成了非常危险的事。的确，杰弗里斯出于恐惧辞掉了伦敦记录法官一职。[220] 斯克罗格斯这样的争议人物显然也留不得，他在 1681 年 4 月被赶出了王座法庭。

王权对地方政府的控制也岌岌可危。在复辟时期，试图让骑士党-国教会势力垄断地方政府职位的努力成效有限，在 17 世纪六七十年代，很多对不从国教者友善的人，甚至是公开的不从国教者，设法在许多地方重新掌权了。到 1670 年代末，对很多地方官员而言，天主教的威胁、宫廷的政治和宗教倾向似乎比不从国教者造成的问题更令人不安，结果是针对新教不从国教者的处罚法现在很少被执行了。此外，郡治安法官和城市领导人还常常可以对议会选举施加相当大的影响；1679 年的两次大选中，亲宫廷的候选人令人失望的表现就很能说明问题了。

宫廷认识到自己需要采取行动，因而开始试图重新加强对地方政府的控制。虽然郡军事长官的职位已经在相当可靠的人手里了，但国王在第二届王位排斥议会恢复之前，还是清洗了郡军事长官助理中一些比较重要的辉格党人，用公开反对王位排斥的人取而代之。更令人不放心的是郡法官的状况，政府在 1679 年底开始有系统地对治安法官的名单进行评估。到 1680 年 4 月，英格兰和威尔士每一个郡都收到一份新的治安委任令，而 6 月和 7 月还会有进一步的调整。共有约 272 名治安法官（总数为 2559 名）被罢免。其中的政治意图昭然若揭。有 45—50 名曾在 1679 年 5 月投票赞成王位排斥的议员被赶出了法官队伍，众多曾积极推动辉格党请愿活动或特别狂热地迫害天主教徒的治安法官也是如此。但清洗远非彻底。例如，超过 60 名支持王位排斥的议员保住了职位。总的来说，政府并不敢罢免那些社会地位高的辉格党人。与其革除所有对当局有意见的人，不如试图通过添加那些公开忠君的人来调整郡法官队伍中的政治平衡。即便如此，改组工作顶多也只取得了部分成功。在 1681 年 2 月和 3

月的大选中，宫廷势力的表现并没有好到哪里去。[221]

　　最令当局担忧的是市政法人的状况。到查理二世统治的第二个十年末，反对派势力似乎已经牢牢控制了许多重要市镇的权力。伦敦是最大的隐患。到 1680 年夏天，市长是辉格党人，两位郡长（分别负责挑选伦敦和米德尔塞克斯郡的陪审团）是辉格党人，辉格党在伦敦市议会拥有多数席位，把持了城市同业公会，并在同业公会成员（他们选举伦敦城的四名下议院议员）和伦敦市政厅（选举伦敦市政府）中占据数量优势。[222]1673 年，诺里奇被当地主教形容为他"见过最糟糕的市政法人"，因为不从国教者或同情他们的人牢牢控制了政府职位。[223] 在以宗教狂热分子而闻名的考文垂，1660—1687 年握有市政府职位的人中约有 37% 是不从国教者或疑似不从国教者，市长中的比例更是高达 48%。[224]1671—1682 年，西南部的多切斯特有七名市长不是不从国教者，就是间偶奉国教者。[225] 在牛津——一般人不会认为这是重要的不从国教中心——两个之前被清洗的人在王位排斥危机期间担任了市长：罗伯特·波林（1679 年当选）和约翰·鲍厄尔（次年当选）。就在波林当选的那天，市议会做出了明显的政治姿态，授予泰特斯·奥茨及其兄弟荣誉市民权，次年又将荣誉市民权授予了蒙茅斯公爵和辉格党上议院成员洛夫莱斯勋爵，为了庆祝他们获得这一荣誉，还举杯祝愿"所有教皇党君主遭受失败"。[226]1679 年秋天，康沃尔郡的索尔塔什发生了市长选举暴动，"一帮没有选举权的未宣誓居民"引发"严重骚乱"，导致一个叫斯凯尔顿的人当选，这位不从国教者曾经因为没有按照《市政法人法》规定宣誓而被逐出市政官队伍。[227]

　　政府确实做出了一些整顿市政法人的努力。1680 年春，它开始调查各市镇对《市政法人法》所规定的宣誓、领国教圣餐和签署反对《神圣盟约》宣言的执行情况。有的市镇可以实事求是地说它们照章办事；但相当多的市镇不得不承认它们没有特别认真地做记录。

在一些城镇里，高教会派狂热分子借此机会将政敌赶下台。许多城镇只是承认工作存在不足之处，承诺今后加以改进，但真正落实的很少，甚至没有。此外，《市政法人法》完全治不了那些间偶奉国教者。例如，有些市政法人罢免了那些没有服从相关法律的人，却在他们名义上服从国教后马上让他们官复原职，结果，情况和之前的完全没有两样。[228]

失去对市政法人政府的控制，导致难以使用法律武器来对付教会和国家的敌人。特威德河畔贝里克有许多不从国教者，在 1679 年 8 月有报告称，没有一个人愿意出来告密。[229] 威廉·格莱德在出任埃克塞特的议员之前曾在 1676—1677 年担任该市市长，他为了在不从国教者当中建立票仓，允许"十五六名不从国教牧师经常去那里，肆无忌惮地在煽动造反的秘密宗教集会上布道"，以此——根据一份敌对方的材料——"毒害并败坏人民对教俗政府的忠诚与顺服"。[230] 在约克，治安法官和那些被挑选担任陪审员的人在处理秘密宗教集会时都是出了名的宽松；1682 年 4 月，当地巡回法院的法官哀叹这个地方"施政无方"，估计有资格任职的市政官不会超过两名。[231] 但情况最令当局担忧的还是伦敦，1670 年代末和 1680 年代初，不仅是宗教上的不从国教者，就连被控叛国罪的人，政府都无法定罪。在 1681 年这一年，伦敦的陪审团推翻了对不少著名辉格党活动人士的叛国指控，包括斯蒂芬·科利奇、约翰·劳斯爵士和沙夫茨伯里。[232] 正如国务大臣利奥兰·詹金斯在 1681 年 10 月对奥蒙德公爵所抱怨的，伦敦和米德尔塞克斯郡陪审团的组成导致"国王无法指望……在他自己的法庭上……获得正义"。[233]

堂区治安官、堂区委员会助理和巡夜人——他们都是不领薪水的当地居民，通常出身于社会中层甚至下层——等城乡的地方官吏，常常同情那些在非法秘密宗教集会做礼拜的人（毕竟这些人也是新教徒）或者那些上街参与政治示威或骚乱的人，不太愿意下手捉拿他们。[234] 甚至在地方治安法官或执法机构拥护宫廷、有意着手打击不从国教活动的情况下，他们如果怀疑公众反对这样的做法，也会拒绝采取行动。1682 年 12 月，国王命令（已经是）托利党的伦敦市长取缔不从国教者集会时发生的事情就很能说明问题了。作为回应，数千民众涌向那些集会场所，"每个人手里都拿着坚硬的手杖"来保护不从国教牧师不被逮捕。因此市长没有采取行动，他辩驳说，自己虽然乐意执行国王的命令，"但我清楚地看到随后会发生的冲突和灾难；您可以从人们的脸上看出来"。[235]

所以，我们不应该觉得，公众舆论的疏离只有到了可能引发叛乱的地步才值得重视。民众广泛对政府不满、当局在中央和地方上选举失利，以及地方政府公务人员不愿采取行动维护王权免遭公开或疑似敌人的侵犯，这意味着查理在统治国家这一基本工作上遇到了很大的困难。在那些身处权力核心的人看来，国王显然远非握有全部的王牌。

而更要命的是，叛乱的威胁确实真的存在。苏格兰人造反了。1678—1679 年，政府加紧迫害的政策让参与秘密宗教集会的人与当局的冲突愈演愈烈，并助长了铤而走险的倾向。1679 年 5 月 3 日，一伙圣约派分子在拉西雷特的大卫·哈克斯顿率领下，去找当地一名以迫害圣约派而臭名昭著的行政司法官员助理算账，却意外地在圣安德鲁斯郊外的马格努斯缪尔遇到了圣安德鲁斯大主教詹姆斯·夏普的马车。这帮人截住了马车，当着他女儿和仆人的面残忍地杀害了夏普。[236] 行刺者随即逃往西南部，与其他激进的圣约派分子一道策划一场全面起义。5 月 29 日，60—80 名武装分子骑马进入格拉斯哥近郊的拉瑟格伦，在集市十字架张贴了一份宣言，称他们为了保卫圣约派并反对君主至上、主教制、信教自由令、5 月 29 日纪念日和《撤销法》而起义，然后焚烧了议会所有"反对我们圣约改革的罪恶而非法"的法律（他们是这么称呼它们的）。[237] 在接下来的几周里，他们的队伍不断壮大，顶峰时可能多达 8000 人。6 月，他们在汉密尔顿的集市十字架张贴了另一份宣言，历数自复辟以来他们在主教制下遭受的"残暴、不公和压迫"，宣称他们想要保护"纯正的新教和长老会体制"免遭君主至上的侵害，要求召开自由的议会和长老会全会，"以阻止迫在眉睫的教皇党威胁，并从我们中间铲除主教制"。他们最后呼吁让"一切事情"恢复到 1660 年国王"被神带回他的王位和王国时的样子"。[238]

　　最终，起义被蒙茅斯公爵指挥的官军镇压了下去，后者于 6 月 22 日在博斯韦尔桥轻而易举地击溃了装备简陋的约 6000 名圣约派分子。尽管如此，这场叛乱不仅让苏格兰当局大为惊慌，也令英格兰政府坐立不安。例如，6 月底，国务大臣亨利·考文垂收到了一封来自布里斯托尔的信，信中报告了城里有很多苏格兰人似乎"被他们的叛乱所鼓舞"，并警告说如果没有得到中央政府"维持城市和平"的命令，布里斯托尔将陷入"可悲的景况"，因为城里的秘密宗教集会有"许多身体强壮但不明事理的人"，他们可能很容易威胁到"王国的和平"。[239]英格兰有些人显然同情苏格兰人，希望他们的偶像蒙茅斯能站在苏格兰人一边。例如，约克郡罗瑟拉姆的乡绅威廉·曼德维尔在 6 月 17 日被定罪，因为他说苏格兰叛军将"打败整个英格兰"以及"虽然蒙茅斯公爵是前去镇压他们，但人们认为他是去接管他们和苏格兰长老会的"。他还说，他希望"教堂变为瓦砾，教士们穿着他们的法袍被埋葬；因为我知道它们一无是处，但堂区还得花一大笔钱清洗它们的污秽"。[240]尽管蒙茅斯忠于职守，但他在迅速平叛后又请求对叛乱分子宽大处理，令他的人气在边界以北有增无减，令南边的政府更加担忧了。1680 年圣诞节在爱丁堡组织焚烧教皇肖像游行的学生选择在帽子绑上写有"不要教皇"的蓝丝带或许别有深意；在英格兰，佩戴蓝丝带代表支持蒙茅斯主张王位。[241]

　　在博斯韦尔桥战役失利之后，1679 年 10 月回到苏格兰的流亡牧师理查德·卡梅伦率领一帮激进分子继续进行野外秘密宗教集会，公开反对苏格兰政教体制。1680 年 6 月 3 日，当局在试图抓捕卡梅伦派运动领袖之一、博斯韦尔桥战役在逃人员唐纳德·卡吉尔未果后，发现了一份名为"新圣约"的材料，里面说卡梅伦派致力于"将神的教会从主教制的奴役、暴政、侵占和腐化……以及让世俗政府统管宗教事务中解放出来"。"新圣约"宣称，卡梅伦派跟国王以及那些追随国王为其"合法统治者"的人决裂，"是因为他们拦阻了我们……按照我们的圣约……正确、自由与和平地服侍神的道路"，并坚称他们不会"对这些人有任何自愿的服从"，因为他们"篡改并摧毁了主设立的宗教，颠覆了这个王国既定的根本性法律，将基督的教会与政府连根拔起，将这个国家的世俗政府（即由国王和自由议会统治）变成了暴政"。这份材料还说他们"不再将我们自己的政府和为我们制定法律的工作，交托给任何一个人及其世袭继承人……这种由一个人进行统治的政府最容易导致混乱（正如可悲而漫长的经历现在告诉我们的），并最有可能沦为暴政"。1680 年 6 月 22 日，卡梅伦和卡吉尔在邓弗里斯郡桑克尔的镇中心张贴了他们的激进声明《苏格兰纯正长老会、反主教制、反世俗政府统管宗教事务的受迫害党派之宣言与见证》。他们在声明里指责查理"在教会事务上篡权僭越，在世俗事务上施行暴政"，进而宣布与"在苏格兰王位上变成暴君"的"查理·斯图亚特断绝关系"（宣称他"在多年前背弃并破坏与神及其教会所立的圣约时"就已经"丧失"了对苏格兰王位的任何权利），并"对这样一个暴君和篡权者及其一切走狗宣战"。他们还宣布与约克公爵——"一个公开的教皇党徒"——断绝关系，并反对"他继承王位"。[242] 之后在 9 月 12 日，在斯特灵东南方向的托伍德举行的一次大规模武装野外秘密宗教集会上，卡吉尔宣布将查理二世这个"暴君及毁坏者"逐出教会，指控他背信弃义地撕毁了圣约、"撤销一切确立宗教改革的法律并颁布了与之相反的法律"、动用军队"毁灭主的子民"以及"与纯正新教徒为敌，充当教皇党徒的帮手，并阻止针对他们实施公正的法律"。他还以拜偶像的罪名将约克公爵以及其他许多国王的大臣（包括镇压博斯韦尔桥叛乱的蒙茅斯，以及背弃圣约并迫害敬神者的劳德代尔）逐出教会，并将逐出令张贴到托伍德各处。[243]

英格兰或许没有出现和苏格兰同样类型的极端运动，但不管怎样，南边的局势似乎也有可能变得极不稳定。反对王位排斥的人很快指出，政治反对派所用的宣传攻势跟英格兰内战前夕约翰·皮姆及其同伙所用的如出一辙。此外，王位排斥危机期间——这与1640年代初的情况不同——存在着蒙茅斯公爵这么一个勘用的觊觎王位者，他不仅战功卓著，还深得人心。还在布鲁塞尔流亡的约克公爵得知1679年5月下议院通过了第一部"王位排斥法案"后，便对自己的女婿奥兰治亲王评论道，"这是长老会和蒙茅斯公爵的盟友干的"，并预测说，如果国王没有"彻底向他们屈服并变得比威尼斯公爵还不如"，他们"将发动公开的叛乱"。[244]这样的恐惧并不是完全没有根据。许多辉格党人公开承认，如果天主教徒继承了王位，他们会采取一切必要手段来保护自己的生命、自由和财产，即便是武装反抗也在所不惜。在1679年4月27日下议院有关王位排斥的辩论中，托马斯·普莱耶力主有必要"修改《民兵法》中有关拿起武器反抗国王命官的誓言"；他说，眼下新教徒没有"违背这一誓言的诱惑"，但"一个教皇党王位继承人"可能会"派出教皇党卫队"像狗一样割开他们的喉咙，而按照誓言的内容，"我不能拿起武器保卫自己免遭这些匪徒的伤害"。[245]1680年11月第二部"王位排斥法案"在上议院受挫后，辉格党按照1585年伊丽莎白时期通过的法律，提出了一部"联合法案"，里面宣称，如果天主教徒杀害国王并试图拥立其弟上位,新教徒将奋起保卫这个新教国家。[246]1680年12月30日，下议院通过了一份给国王的陈情书，请求他排斥信天主教的王位继承人，并警告他说，如果王位"传给了约克公爵，有可能会出现对他所占据的王位的反对"，这或许"不仅会危及将来的王位继承世系，还有可能危及君主制本身"。苏格兰律师方廷霍尔的约翰·劳德爵士评论道，这相当于下议院扬言"他们将自己建立一个共和国"。[247]

更为激进的辉格党人确实想过要造反。1681 年 3 月牛津议会或许就有人讨论了造反的可能性，据说有一些辉格党上议院成员提到要留在伦敦做好准备，一旦"王位排斥法案"再度失败，就在城里起事。虽然 1681 年 11 月一个辉格党的陪审团推翻了对沙夫茨伯里的叛国罪指控，但当年夏天在他的密室里发现的一份文件的确呼吁"所有真正的新教徒"组成"联合"，如果约克公爵想要自立为王，就"用一切合法手段，以及在必要情况下使用武力"来反对他。[248] 到 1682 年底和 1683 年初，在英格兰和苏格兰多个地方协同起义的计划确实在讨论中了，许多在 1683 年夏天所谓的拉伊庄园阴谋曝光后逃过一劫的密谋分子，也最终参加了 1685 年的蒙茅斯公爵叛乱和阿盖尔伯爵叛乱。

有些相关谈论在全国各地的街头和酒馆里都能听得到，引起了当局的严重关切。当然，我们不能全盘接受所有对煽动性言论的指控。有些案件无疑是捕风捉影。在 1681 年之后的托利党反扑期间，政府对于心怀不满的辉格党人进行阴谋活动的担忧加剧，这类案件也变得比王位排斥危机期间更多，而之前辉格党人把持了地方政府，导致对辉格党同情者的起诉很难获得成功。有些 1682 年之后提出的起诉是关于更早时候的言论的；我们无法判断究竟只是托利党加强了对执法机制的控制，导致这样的起诉可以被提出来，还是说，只是人们在利用政府的恐慌心态，借助法律武器公报私仇。甚至我们知道了这样的起诉成功与否，也不见得能解答我们的疑问，因为精心挑选的陪审团总是公然按照一党之私来做出裁决：1679—1681 年的辉格党陪审员通常非常不愿意给他们的政治同路人定罪，不管对后者不利的证据有多确凿，而托利党反扑期间的托利党陪审员又总是不假思索地对政敌做出有罪的裁决。

　　尽管有这些情况需要我们特别留意，但煽动性言论的案件还是可以说明很多问题；被起诉的言论常常很具体，表明它们可能有某些事实依据，或许还能反映出地方上明确表达的种种担忧。它们还说明，至少对部分人而言，对现状的不满已经达到了想要更迭政权的地步了。1679 年 3 月，莱斯特有一个人被指控说"查理一世国王是个教皇党徒，这让他上了断头台，爱尔兰叛乱是经过他签名盖章的，他死有余辜"。[249] 几个月后，据说约克郡有一个公谊会信徒预言道："议会将打倒贵族和主教，还会像上次那样处置国王。"[250] 在牛津议会解散后不久，伦敦有一个裁缝被控说"国王和约克公爵一样都是大号的教皇党徒"以及质问为什么"议会没有砍掉他的脑袋"；[251] 据传北安普顿郡的一名绅士曾向郡里"很多自由地产保有人和相当数量的民众"滔滔不绝地说，"他们必须起来保卫可能被专制统治侵犯的自由和财产，以及可能被天主教侵犯的宗教信仰"，鼓吹"议会的权力和人民伟大的特权"；[252] 约克郡的一名通讯员报告，佩尼斯顿地区有"很多"人扬言"要叛逆"，并支持"共和国"。[253] 1681 年 7 月底，伦敦旧交易所附近的一名书商被判有罪，理由是他说"他知道有人正在密谋推翻国王，而且他希望看到共和国再现于英格兰"。[254] 1682 年秋天，有线报指向一个叫费迪南多·戈杰斯的人，称他在两年前多次发表煽动性言论，其中包括将国王斥为教皇党徒和皮条客，说不能容许他"威胁老实人让出他们的权利和特权"，因为"国王在国法面前不过是一介匹夫，必须服从法律"，还说"如果议会和其他良善的臣民不能像逼迫他父亲一样逼他就范，那么他们就是傻子"。[255] 同样，爱德华·惠特克在 1682 年 10 月被定罪，原因是据说 1680 年 7 月底他在巴斯说"先王是被明正典刑的，不是被谋杀的"以及人民有权"每年召集议会，而且不管国王召不召开，他们都应该开会"。[256]1684 年 11 月，约克郡的詹姆斯·阿普尔比被提起公诉，起因是 1679 年他在试图没收当地天主教徒威廉·奥弗尔的枪支时说的话。当时奥弗尔质问阿普尔比此举是否有国王的委任状，阿普尔比回答，"他有更厉害的令状"，即 "这个王国的根本法律"，还说，"他希望英格兰共和国将不日重建"，这样他们就能除掉国王和天主教徒了。他宣称，"法律有权像审判臣民一样审判国王"——他目睹了 "对已故查理一世国王的公正审判。而同样的法律对这个查理二世有着同样的权力"，他在 "他年长一岁之前" 就会看到的。阿普尔比的亲属爱德华也同时被起诉，理由是他在 1678 年春天 "用强词诡辩的说法来毁谤英格兰的君主制政府"，据说当时他宣称查理一世试图引进天主教和 "在爱尔兰谋杀臣民"（这 "比法国的大屠杀更恶劣"），理应被处决，并警告说，"查理二世重蹈覆辙，而且还走得更远……因而比他的父亲更应该受到同样的刑罚"。[257]

第一部节论

　　到 1679—1681 年，形势对政府已经变得非常严峻。复辟王朝二十年前还是在三个王国的一片欢呼声中被迎回来的，现在却已经危机四伏。查理二世事实上难以驾驭他的国家。全国上下坚决反对一位天主教徒继承王位，对天主教和专制统治恐惧万分，以至于查理不仅无法控制议会（尤其是下议院），连那些负责在地方上推行国王政策的人也不愿支持他了，从郡最高军事长官到市镇官员，再到基层陪审员和堂区治安官，都是如此。更要命的是，这场危机还不光是英格兰的事：它正在演变成整个不列颠的问题。公众对爱尔兰（那里有天主教的威胁）和苏格兰（那里的专制统治越来越明显）事态的看法在很大程度上塑造了他们对天主教和专制统治的恐惧。而且到排斥王位危机时，这两个地方看来马上就要爆发动乱乃至内战了。爱尔兰似乎本来就不稳定，人们不断传说爱尔兰天主教徒将要勾结法国人起事，以推翻英格兰的统治。苏格兰在 1679 年则真的爆发了叛乱，随后一伙激进的长老会成员（卡梅伦派）继续让自己与政府处于交战状态。在英格兰，辉格党一度能纠集起成千上万的民众来声援他们，动员民众参加政治示威和请愿运动，而且不满现状的人中间还有一些更加激进的，要是不能通过和平手段来满足诉求，他们真的有可能策划一场叛乱（与苏格兰的叛乱分子结为同盟）。到 1679—1681 年，复辟政权已经在三个王国失去了非常多民众的爱戴与支持，如果不能采取适当措施挽回局面，斯图亚特王朝很有可能要步它在 1640 年代的后尘。

这场危机的直接导火索是王位继承人、王弟约克公爵的天主教信仰。当然，国王的弟弟一般是不会继承王位的，他的宗教信仰本身之所以会成为问题，只是因为查理二世没有留下任何合法的子女。所以这场危机看起来最终取决于一个偶然因素——查理的王后布拉干萨的凯瑟琳不能生育。这难道不是历史上种种著名的意外之一吗？如果凯瑟琳可以有一儿半女，或是查理另娶他人，局面不就会变得迥然不同了吗？将重大的历史波澜归咎于偶然因素在近年来风靡一时，而推演反事实的历史总是会变成娱乐性的室内游戏，因为归根到底我们无法确知一个小小的变化会导致怎样的结果。但在这一件事情上，我们可以非常确定地说，问题的根源远远比某个女性不能生育要深远得多（虽然她是世袭君主制下的一位相当重要的女性）。正如之前几章所示，复辟政权在三个王国里都存在重大的结构性问题。不管查理有没有信奉新教的合法子嗣，他所继承的国家都很难控制。当然，他所继承的国家经受不了一个天主教继承者所带来的张力。但 17 世纪上半叶冲突所遗留下的潜在政治宗教矛盾仍然在三个王国内部及彼此之间制造非常尖锐的分歧，统治者纵有三头六臂也很难处理好。因此当危机发生时，尽管它是奥茨揭发教皇党阴谋所引发的，核心也是对一个天主教徒继承王位感到担忧，但要紧的问题远远不只在于一个天主教徒有朝一日成为国王后英格兰可能发生什么，也在于当今国王治下的二十年里所有这三个王国里所发生的事。

辉格党熟练地运用宣传手段，利用人们对天主教和专制统治及其对人民生命、自由和财产潜在威胁的恐惧，将公众舆论拉拢到他们这一边，从当前的形势中获得政治优势。他们希望查理最终会在巨大的公众压力面前低头。毕竟哪怕是拥有最大绝对权力的国王也应该按照人民的意愿来进行统治，要不然他们就成了暴君。更重要的是，大家都知道查理已经下定决心不会再度流亡海外了。因此，只要适当地展示臣民的感受（并暗示除非他们的诉求得到满足，乱局还将继续），他就一定会屈服，这种想法还是有几分道理的。然而，尽管辉格党利用了这种公众力量来巩固自身，但我们不应误以为这种力量是他们一手创造出来的，或者误以为他们用宣传手段制造了这场危机。辉格党之所以能取得成功，是因为他们能够诉诸普通民众的生活经验。一个英格兰新教徒（尤其是那些同情不从国教者的人）或者一个苏格兰长老会教徒（不管是在苏格兰还是在爱尔兰），甚至一个爱尔兰天主教徒，用不着读什么小册子，也知道复辟政权并非政通人和。复辟王朝在（以及针对）三个王国所推行的政策已经让民众非常不满了。辉格党所要做的只是利用这种业已存在的不满情绪，让它在最大程度上为己所用。他们在这方面无疑干得非常漂亮。

到 1681 年初，查理二世显然已经不能冒险在伦敦再召开一次议会了。他转而退到了王党势力主导的牛津，而牛津议会将成为复辟王朝命运的关键转折点。当查理的父亲于 1642 年逃离首都时，内战旋即爆发。但当查理本人于 1681 年步他后尘时，这标志着斯图亚特王朝开始了政治上的中兴。王朝命运的这一峰回路转非常了不起。

转折的实现本身就是一个精彩的故事，向我们充分地揭示了这一时期英格兰、苏格兰和爱尔兰政治权力的性质和实际情况——在这种政治文化下，想要让政治统治有效，它们需要做哪些事情。我们现在开始转而考察这一王权的复兴是如何实现的。

第二部

王党反扑期间

（约 1679—1685）

Some had yᵉ hands stuck off & hanged, others beheaded.   Some hanged

Some taken & instantly shot in yᵉ Fields.   Some banished, oth

《被释放的母鹿》

这幅木刻版画描绘了查理二世在位期间苏格兰长老会异见分子遭受的各种刑罚

rtered ⁓   Some Tortured by boots, thumbkins, firematches

hed in   wrack. Women hanged, others drowned at stakes in the sea.

第四章

对症下药

——在思想上回应王位排斥派的挑战

是报纸让他们变得疯狂，现在报纸必须拨乱反正。[1]

查理二世和约克公爵都平安渡过了王位排斥危机。兄终弟及的王位继承保持不变，约克公爵也在其兄最终于 1685 年 2 月 6 日去世后继位，时年五十四岁 *。但查理二世不仅仅是平安渡过危机；相反，正如一位历史学家所言，他从"王位排斥危机中一跃成为 17 世纪最强大的君主，这一点无可置疑"。[2] 本书的第二部分打算考察他是如何做到这一点的。

过去一般认为，辉格党的挑战是自上而下被击败的。1681 年 3 月 21 日，第三届王位排斥议会在牛津召开，它和上一届议会一样难以驾驭；查理在八天后就将其解散；仗着法国的金援和关税的增加，他之后干脆就再也不召开议会了。没有了议会，王位排斥就成了无本之木，除非有人发动人民起义。但查理也对各种政治和宗教上的异己分子进行残酷打击，彻底清洗地方政府和司法系统中的辉格党

---

* 原文如此。詹姆斯二世生于 1633 年。

人和不从国教者，并用忠于王权的人取而代之，这反过来又让他能充分动用法律武器来对付政敌。在托利党反扑的这几年里，各种反对查理兄弟的政治势力都被有效地镇压下去了，辉格党及其不从国教者盟友被迫转入地下。国王还对议会选区的选举权范围进行干涉，这样，当最终召开议会时，选出的一定是一个忠于国王的议会。在意识形态的战线上，查理的托利党和高教会派盟友大肆鼓吹君权：他们对辉格党宣扬混合君主制及诉诸议会外的意见的做法大加谴责，坚称英格兰的王权乃受命于神、世代相传，王位继承不可侵犯，主权集于国王一身，而国王只对神负责。查理是否有意要在英格兰建立法国式的绝对王权，可能始终存在争议。[3]但不管怎样，查理在位的末年被形容为个人统治的时期，国王"最终成了一个不受制约的主权者"。[4]依据这样的观点，王权是通过压制民众的声音来挫败王位排斥运动的。

　　近些年来，我们开始认识到，王权对王位排斥危机的反应比前文所述的更加立体丰富。国王及其托利党盟友并不是单纯地压制公众舆论；相反，他们通过精心设计的宣传活动来刻意迎合公众舆论。在这一过程中，他们试图缓解公众对天主教和专制统治威胁的焦虑，坚称避免这一威胁最好的方式就是民众对辉格党的挑战进行抵制，并团结在王权周围，以保卫传统的政教体制。根据我们得到的情况，他们的努力富有成效。随着王位排斥危机的发展，公众舆论开始倒向托利党一边，民众通过忠君献词和游行的方式来展现他们对王权和王位继承的支持以及对辉格党和不从国教者的反对。[5]一位历史学家甚至认为，托利党诱导民众的努力非常成功，以至于除了少数死硬分子之外，所有人都抛弃辉格党，转投托利党了。[6]根据这种说法，"说服"而非"镇压"才是击败王位排斥派挑战的关键。查理二世及其政府实际上并没有压制公众舆论，而是与之保持一致。[7]

　　但这样的解释有矫枉过正的危险。这里有一个很大的问题：辉格党怎么了？他们真的都消失得无影无踪了吗？如果是这样的话，那托利党反扑还有必要吗？而且既然大多数研究光荣革命的历史学家都认为辉格党在塑造革命后的政治安排方面有着举足轻重的作用，那这些辉格党是从哪里重新冒出来的呢？还有一个问题，即如何把苏格兰和爱尔兰纳入这种解释中。我们已经看到，那场直到1680年都还在困扰王权的危机并非单纯的英格兰危机，而是一场三王国危机。化解这场危机的手段在英格兰、苏格兰和爱尔兰三个王国是相同，还是各有不同呢？

其实，我们不应该把"镇压"或"说服"中的任何一点强调到非此即彼的地步，而应该把王权成功应对王位排斥派挑战视为两者的结合——尽管我们将会看到，两者的比重在不同的王国内会有所不同。挫败辉格党是政策引导（policy）和强力管制（police）双管齐下的结果：利用媒体来说服温和派、骑墙派或者那些不太坚定的忠君人士来效忠王权和王位继承，并允许他们站出来形成王权可以依靠的力量，而这一切又是以镇压政治宗教异己分子、在中央和地方政府中清洗辉格党人和不从国教者，以及让仍旧同情辉格党的相当部分民众噤若寒蝉作为后盾的。的确，真正有意思的问题是：为什么需要软硬兼施？为什么光靠强制手段是不够的？这个问题的答案可以充分揭示在当时的政治体制下公众舆论的重要性，以及公共领域的活力。它也能提供一种新的视角来认识查理二世成功应对王位排斥派的挑战一事是何性质，并帮助我们更好地理解其弟詹姆斯二世在位期间出现的种种问题。

本章将考察那些从意识形态上对辉格党挑战的回应。它将探究宫廷及其托利党盟友为什么会想要去迎合公众舆论，他们用哪些说法来回应辉格党的意识形态攻势，以及他们在多大程度上可以转移民众对天主教和专制统治的担忧，同时构筑一个明显带有托利党性质的意识形态阵地。它也会强调三王国的视角在塑造托利党对辉格党回应的性质方面具有重要意义。由于本章基本上涉及的都是在伦敦出版的作品，其作者（毫无疑问）认为自己主要是写给英格兰的读者看的，所以本章的焦点将放在英格兰。话虽如此，托利党——即骑士党 - 国教会——的意识形态在某种意义上为三个王国所共有。我们必须牢记，苏格兰和爱尔兰的印刷出版业相对落后，苏格兰人和爱尔兰人读到的大多数出版物都源自英格兰。更重要的是，苏格兰的主教制派以及爱尔兰国教会的新教徒无疑都强烈认同来自英格兰的托利党意识形态（正如后续章节所示）。也就是说，苏格兰和爱尔兰国教会的新教徒不仅熟悉本章所提到的种种论点，他们可能还看过本章所依据的某些作品。下一章将试图通过考察查理二世统治末年英格兰公众兴起的忠君浪潮，以衡量托利党的宣传工作在英格兰取得了多大的成果，并研究当局在托利党反扑期间对辉格党和不从国教者的打击，以说明当局如何通过软硬兼施的办法来挫败王位排斥派的挑战。第六章和第七章将分别考察苏格兰和爱尔兰。

托利党的舆论工作

在王位排斥危机期间，查理自始至终都明确表示他不会改变王位继承。他常常说他准备提供任何能在天主教徒继承王位后维护新教的保障，但篡改王位继承本身是他根本不予考虑的事。他已经在其他问题上做过妥协了，却在这一问题上寸步不让，这让当时的很多人感到惊讶。这当然不是因为他疼爱这个弟弟。[8] 其实他的想法是，君主制才刚从共和制试验中恢复过来，如果容许议会对王位继承发号施令，那么它就无法真正地生存下来了。在反对王位排斥的过程中，他得到了许多重要人物的支持，这些人构成了托利党的阵营：王后的财务官和收入官（1680—1684）第二代克拉伦登伯爵亨利·海德；首席财政大臣（1679—1684）克拉伦登伯爵的弟弟劳伦斯·海德（1682 年被封为罗切斯特伯爵）；国务大臣（1680—1684 年）利奥兰·詹金斯爵士；海军财务官（1673—1681）兼下议院议长（1679）爱德华·西摩爵士；以及民诉法庭首席大法官（1674—1682）兼掌玺大臣（1682—1685）弗朗西斯·诺思爵士（1683 年被封为吉尔福德男爵）。在上议院中带头反对王位排斥的人中有反复无常的王玺掌管大臣＊（1682—1685）哈利法克斯伯爵（1682 年晋升为侯爵），他在 1670 年代中期与乡村反对派结盟，在托利党反扑期间又宣称自己是平衡者的典型，但他在王位排斥危机期间是沙夫茨伯里在上议院的主要敌人。在上议院中，托利党还可以指望得到全体主教的支持，他们确保了托利党在上议院握有多数席位。不过，在下议院中，托利党被对手至少以三比二的比例严重压制。

　　需要强调的是，政府的第一反应并不是试图讨好公众舆论，而是想要把那些批评现政权的人除掉或者让他们噤声。因此，宫廷最初对辉格党挑战的反应（正如我们已经看到的）是将议会里关键的政治反对派吸纳到政府里，在 1679 年 4 月重组枢密院时引入了最猛烈的政府批评者，包括沙夫茨伯里伯爵和埃塞克斯伯爵。它也试图用普通法中的诽谤政府罪来打压媒体中的批评声音（同样也在上一章进行了讨论）。这两种策略都收效甚微。只有当这种办法遭遇了失败，宫廷及其托利党盟友才意识到，他们需要以辉格党之道还治其身。因此，他们发动了一场宣传反击战，按照政府的媒体审查员罗杰·莱斯特兰奇的话说，打算将"本分老实的原则"灌输"给普通民众"。的确，莱斯特兰奇认为这是唯一的"治病良方"。[9] 那么，他们是怎么做的呢？

＊　此处的王玺掌管大臣（Lord Privy Seal）与掌玺大臣（Lord Keeper）不同，前者掌管王玺（即私玺），后者掌管国玺。

托利党宣传工作的范围与辉格党的一模一样。对那些能够理解复杂的宪制和哲学问题的饱学之士，有长篇的论著和法律历史论文；对更广大的受众，有小册子、宽幅报纸和年历；对于识字不多的人，有歌曲、诗歌、版画和扑克牌；还有针对广大客户的政治期刊，让读者每天都能获知最新的政治事件。第一份托利党报纸是纳撒尼尔·汤普森的《真实国内资讯》，于 1679 年 6 月至 1680 年 5 月发行。不过，托利党的期刊从 1681 年开始迅猛发展。莱斯特兰奇的《观察者》和汤普森的《忠诚新教及真实国内资讯》是影响力最大的两份，它们都从每周两期变为每周三期，前者于 1681 年 4 月 13 日至 1687 年 3 月发行，后者于 1681 年 3 月 9 日至 1683 年 3 月 20 日发行了 247 期。还有其他一些发行量较小的期刊，例如《赫拉克利特的嘲笑》于 1681 年 2 月 1 日至 1682 年 8 月 22 日发行，《每周恶事揭秘》于 1681 年 2 月 5 日至 8 月 27 日发行。媒体得到了教会讲坛的配合，高教会派神职人员急不可耐地在布道中为政府辩护并谴责辉格党人，而随着舞台成为两党之间你来我往地搞宣传战的另一战场，伦敦剧院也上演了许多反辉格党的戏剧。[10]

很难弄清楚政府究竟在指挥这些宣传活动中扮演了怎样的角色。很多效忠政府的作家和教士都是自发的，不用政府鼓励，就会表达不同于辉格党的意见。有些支持政府的作品是匿名出版的，我们无从得知其作者，以及他是否与政府有联系。然而，政府中央无疑是给过一些指导的。弗朗西斯·诺思爵士对宣传策略提过建议，还亲自参与炮制忠君宣传内容。他的档案中有一些详细的记录，谈到如何写一部论著来让民众"认清教皇党阴谋的真相"；他们要写得"有理有据"，而不是"居高临下地拿权威压人"，而且还要指出教会和国家真正的敌人是共和派、长老会以及分离教派分子，这些人自打君主制和主教制复辟以来就一直心怀不满——这是反咬一口的典型例子。按照他的兄弟兼传记作者罗杰·诺思的说法，弗朗西斯爵士也建议国王"不应下达什么特别的命令，以免让民众觉得他被戳到了要害"，而是应该"安排对立面的作家"来指责出现的各种诽谤言论并予以回应。他说，因为"我们要么有错，要么是对的"；"如果是前者，我们就会像篡权夺位的人一样，运用暴力不分青红皂白地打击一切敌人"。但"因为我们是对的，没有必要这样做"，国王和他的大臣"除了法律许可的之外"什么也不用做。因此，辉格党的蹩脚文人尽可以"撒谎、指责政府，直到他们累了为止"；我们只需要"立刻宣称……他们所说的一切都是虚假和不公正的"就可以了。这可不是简单的"清者自清"（不管诺思兄弟多么希望如此），因为雇来的人——其中包括莱斯特兰奇（因为他的《观察者》）以及《赫拉克利特的嘲笑》的作者——显然对"真相"有一番托利党色彩浓厚的解读。然而，政府无疑对如何打宣传反击战有着相当深刻的理解。[11]最多产的亲政府宣传人员就是莱斯特兰奇本人，吉尔伯特·伯内特说他是"所有这些愤怒文字的首要操盘人"。莱斯特兰奇不仅打造了当时最具影响力的期刊之一，还写了大批重要的小册子和大字海报；的确，在《观察者》开始发行之前的两年里，约有6.4万份莱斯特兰奇的小册子在市面上流通。国务大臣詹金斯和爱尔兰总督奥蒙德也参与组织了政府的宣传工作，而且奥蒙德和莱斯特兰奇都组建了俱乐部，以协调他们的活动。[12]还有官方的报纸《伦敦公报》，每周发行两次，每期的发行量为1.5万份，以最有利于国王的口径对事件进行报道。[13]查理甚至亲自参与宣传活动，发表署名作品——最著名的是他在1681年4月的宣言，为他反对辉格党的立场正名。政府也试图利用教会讲坛这一媒介；查理命令全体神职人员向会众宣读他的宣言，[14]而官方指定的感恩日——例如1683年庆祝拉伊庄园阴谋告破——也为各地的忠君布道活动提供了由头。[15]倒不是说高教会派狂热分子需要大加鼓励才肯行动；伯内特（在他的《当代史》初稿中）回忆道，在王位排斥危机达到高潮时，这些神职人员会"去旅馆和酒吧里""粗野地责骂那些与他们立场不同的人"。[16]查理还在 1681 年 2 月成立了一个负责教会升迁的委员会，以确保只有表过忠心和有可靠托利党背景的人才能在教会获得晋升，并于 1681 年扩容以加入平信徒委员，担任委员的有坎特伯雷大主教威廉·桑克罗夫特、伦敦主教康普顿、哈利法克斯、劳伦斯·海德、西摩和拉德纳伯爵等。[17]

可以肯定的是，有些托利党媒体的目标受众在社会阶层上比较狭窄。长篇的论著煞费苦心地论证国王权力的确切边界这种更为细节的问题，只有那些受过良好教育的人才能完全读懂，估计主要是写给议员和地方社会领袖看的。不过，托利党的许多宣传都是特意为底层受众而设计的——当然，实际效果有好有坏。国教牧师威廉·舍洛克说，他在 1684 年写了一本有关不得反抗政府的册子，因为现有的相关书籍"对于普通读者而言过于深奥"，他觉得需要"有像这种……最适合一般人的……小册子"；但他还是太过乐观了，因为他的册子——语言一点也不通俗易懂——长达 221 页。[18]另一方面，莱斯特兰奇毫无疑问是将他的《观察者》定位为"纯粹针对民众的"，因而要做得"流行、受欢迎"且"及时、廉价和易读"。[19]短篇册子和期刊使用的是能与底层民众产生共鸣的语言风格：用词简单，语言生动，经常提到人们的日常生活行为——从喝酒到看病吃药、行房与如厕。许多小册子和《赫拉克利特的嘲笑》《观察者》这样的期刊会使用对话体这一广受欢迎的体裁，让辉格党首先提出他们的观点，再由对方的代言人用更加高明、更有说服力的理由逐一加以驳斥。对话体也将口头的观点交锋写了下来，反映了民众自身讨论政治问题的方式；因此，它们非常适合大声朗读，可以会通书面和口头两种文化，并反过来刺激进一步的政治讨论。[20]布道常常也针对不同阶层的民众。例如，著名的国教布道家爱德华·佩林声称，他发现"用简单的语言（虽然有些人会认为这是过度狂热）传达简单的事实……

是教导民众最有效的方式，特别是那些普通人，他们非常容易把你的话给理解错了"。[21]

　　但托利党为什么会想要做底层民众的工作呢？毕竟他们常常被视为反平民主义的党，而且这么说并非没有道理。的确，他们有时会严厉地抨击辉格党诉诸议会外的舆论以及"愚昧贫民与不明真相的大众"的政治认知。[22]然而，也有很多理由表明，政府需要展示民众是站在他们一边的。其中一个与"自我合法化"的意识形态有关，近代早期的君主们常常会披上这样的外衣。哪怕是那些最积极鼓吹君权神授的人也会认为，为人君者应该行事公正并促进臣民的福祉。如果民众总是走上街头抗议政府，政府就很难宣称他们尽到了保障"全体人民的安全与幸福"[23]这一神所交付他们的职责。政府也认识到，他们要想有效施政，就必须依赖地方上大批不领薪水的公务人员——上至郡和市镇的治安法官，下至地方陪审员、治安官、巡夜人和其他堂区官员。如果政府的政策想要得到有效推行，就必须说服这些人相信政府是对的；的确，这些人中有很多对政府的所作所为不敢苟同，这也就解释了为什么政府的处境在1679—1681年变得非常危急。或许最令政府担忧的是，普遍的民众不满情绪可能会威胁到国内的稳定。1640年代，议会反对派对议会外舆论的呼吁，就曾让英格兰陷入残酷的内战，最终导致国王身首异处、共和政府建立，而到1679年，已经有人担心英格兰可能会重蹈覆辙，或者用时人的话说，"41年再现"。这也解释了为何托利党对"大众"的态度显得有些"精神分裂"。鉴于1640年代的先例，他们会毫不犹豫地谴责任何呼吁民众向国王施加压力，以图改变国王政策的做法。同时，他们也知道他们不能让民众一直对政府感到不满，如果想要避免1640年代的事情重演，他们就需要去议会外争取舆论。莱斯特兰奇在他的《观察者》中明确表达了托利党的逻辑。他也认为"普通民众"是"粗鲁愚昧"的，而且没什么比"自以为是的大众""更加危险"或"荒唐"的了。但他相信，如果"煽动分子"没有在"权力和义务的问题上用虚假的教义和观点"毒害民众，民众还是"可以干好事的，就像他们可以干坏事一样"。此外，莱斯特兰奇一直坚信，"如果国王的盟友"只要"花一半的力气正确地引导民众"，就像国王的敌人误导民众那样，"普通民众"还是"愿意维护政府的，就像他们有可能颠覆政府一样"。他随后指出，如果民众误入歧途，政府要负部分的责任："当他们做了错事，并不是他们的心肠有多坏，对政治纪律完全无视……到了这个地步，政府本身要对民众的动乱负很大的责任。"[24] 或者用佩林的话说，"普通民众最需要我们的关心和引导，因为他们就是政治异议分子用来颠覆和平与现政府的手段和工具"。[25]

托利党是绝对王权论者吗？

那么托利党是用什么理由来回应王位排斥派的挑战的？一般认为，托利党是神授绝对王权论的吹鼓手，罗伯特·菲尔默爵士的《论先祖》很好地概括了他们的政治思想，这本书虽然在内战之前就写成了，但直到1680年才首次出版。[26] 按照一位学者的说法，托利党主张国王的权力是"绝对、专制且不得反抗的"，还"认为有产阶级的利益和特权应该任由一位专制绝对的国王主宰"。[27] 另一位学者认为，"菲尔默族长式的宪制学说是托利党绝对王权论的核心"；菲尔默"或许说得非常露骨全面，但他绝非独一无二"。这是"托利党绝对王权论的十年"；托利党在思想上"出奇地一致"，并与17世纪初越来越强势的绝对王权论惊人地一脉相承。[28]

这样的观点不无道理，但需要做一些限定。我们可以依据各种资料勾勒出托利党政治意识形态的轮廓：从思路缜密的哲学作品（旨在提出放诸古今皆准的原则）到更为通俗的论战性著作（只针对当下的情况），从议会里的讲话（在激烈的公开辩论时做出）到高教会派教士的布道词（常常为特殊场合准备，例如查理一世被害的纪念日或庆祝辉格党阴谋告破）。这些材料有的或许可以说反映了托利党的官方立场，因为它们要么是那些与宫廷关系密切的人所作，要么作者的观点得到了当权者的认可。然而，其他材料则是个人主动撰写或发表的意见。既然如此，我们就要谨慎对待那种简单明了、大而化之的结论。我们发现，根据作者和背景的不同，这些材料各有侧重；我们不应指望能在所有场合、所有作者身上找到完全一以贯之的东西（也找不到）。话虽如此，我们还是可以说，我们面对的只是侧重点的不同；大多数支持宫廷的人都信奉一套核心的托利党意识形态。我们还必须认识到，光说国王是受命于神的绝对统治者，说任何人对现状都是无能为力的（不管他对王位继承或查理二世时期的政治形势感到多么不安），都无法有力地回应辉格党在意识形态上的挑战。相反，托利党意识到他们必须回应辉格党有关天主教和专制统治的问题，并试图让民众相信可以坦然无惧地支持托利党的立场。在这一过程中，他们提出了各式各样的论点，用来表明他们是致力于维护纯正新教、法治以及保护民众的生命、自由和财产的——比起高喊君权神授，这些论点对于他们的意识形态纲领来说更为重要，而如果我们只是将托利党视为菲尔默那样的绝对王权论者，它们就有可能遭到遮蔽。

乍一看，我们似乎可以按照体裁来进行区分。那些针对受过教育的精英的论文提出的论点是否与那些通俗作品的有所不同？前者会不会因为目标受众更加认同统治者与被统治者尊卑有别，而更为普遍地宣扬君权神授的绝对王权，而后者会不会更突出托利党要向底层民众传达的信息？仔细一分析，这样的区分根本站不住脚。第一点，鉴于政治意识形态在实践中的传播方式，这两种体裁并没有那么泾渭分明。在一篇哲学长文中提出的观点可能会被一位国教神职人员拿来用在教会中，而他的布道词反过来又会形塑某个作家的观点，最后写成了一张风趣诙谐的托利党大字海报或一段尖刻抨击辉格党的话；即使这位作家从来没有读过前面那篇文章，但他只要去了教会，依然可能对其中的主要观点非常熟悉。既然这样，那么第二点就是，通俗作品和哲学论文不见得就一定反映了不同类型的托利党意识形态。有些论点可能在特定背景下更容易得到强调，但阳春白雪和下里巴人的托利党作品基本上都信奉同一套核心的托利党意识形态——如果说有差别的话，各种体裁内部都有差别，与体裁的差异无关。那么，接下来我们就要运用那些最能帮助我们理解托利党世界观的材料来解析托利党的核心意识形态，包括其各式各样的变体以及在侧重点上的细微差别。

　　我们先来看一下，托利党是不是菲尔默那样的绝对王权论者。这个问题比较复杂，但我们必须弄个水落石出，因为它不仅会影响我们理解托利党反扑的意识形态以及查理二世末年有没有绝对君权的苗头，也会影响我们对詹姆斯二世时期政治形势的认识。我们在本书的续作中会看到，当詹姆斯二世开始利用他的特权来提升其他天主教徒的利益，违背了让国教垄断政府官职、宗教礼拜和教育的法律时，托利党和高教会派并没有和他站在一边；事实上，他们相当激烈地反对。一旦我们充分理解了托利党如何看待国王理论上的权力，以及这种看法的确切性质是什么，我们就会更加明白他们为什么这样做。

　　有人认为菲尔默并不是典型的王党，因为他在鼓吹绝对君权时有点极端。[29] 但事实上，他的观点与复辟时期高教会神学家宣扬的君权理论如出一辙，在 1680 年以后，许多王党笔杆子都认为《论先祖》体现了他们观点的精华；的确，这本书正是桑克罗夫特大主教为了支持托利党的事业而下令出版的。[30] 辉格党人无疑认为菲尔默的著作概括了王党的立场，这就是为什么当时辉格党政治哲学的主要作品都将菲尔默作为主要的批判对象，包括约翰·洛克的《政府论》和阿尔杰农·西德尼的《论政府》。[31] 菲尔默的理论在诸多方面都可以为反对王位排斥的人服务。他不仅认为政府是神授的，还认为神在创世的时候就将这个世界赐给了亚当和他的世袭继承人，其他后裔不得染指。国王的权力就相当于亚当作为丈夫、父亲、业主和国王所享有的权力；君主的权力与父亲的权力是一回事，而且还是绝对的；还有，国王的权力来自世袭继承，并非通过选举或由人民赋予的。菲尔默对中世纪史的研究也证明了议会要服从于王权。

托利党也认为政府源自创世时期。正如托马斯·戈达德所言，政府"与世界同龄，而对整个宇宙拥有主权的神授予了亚当统治这个世界所必需的一切"，让他"掌管妻子夏娃"并"对他所生的拥有权柄"。和亚当一样，挪亚在洪水之后成了整个世界的先祖和最高统治者，他的众子成了列国列邦的先祖。因此，人总是生活在某种形式的政府治下；自然的自由状态从来都是不存在的。[32] 使徒保罗也说，"没有权柄不是出于神的"和"凡掌权的都是神所命的"（《罗马书》第 13 章第 1 节）。因此英格兰国王是凭借神授权力进行统治的；他们是"神的臣子和代理人"。这样说来，辉格党宣称的"人民是权力的基础和来源"，"君主如果辜负了他们的信任就将丧失权力"就是错误的。[33] 这样的论点反复出现。一份小册子抨击了"大众先生的原初主权"观念；另一份则谴责了那些"蛊惑民众说……权力在根本上是他们的，而且可以被撤回"，以及他们"有权"在他们的统治者"施政不力"时"再度收回全部权力"的人。神是政府的创造者，而政府是不可被改变的。[34]

托利党并不打算宣称英格兰国王真的就是亚当的后裔；他们"清楚地知道，世上所有的王国都经常更换它们的主人和家族"。[35] 毋宁说，他们将亚当的统治视为一切君主制的雏形，并将君主制视为最自然的政府形式，因为它与父亲的地位一脉相承，所有的政府都是以父权为开端的。在马修·赖德看来，君主制不仅"最好和最古老"，而且确实是"唯一合理的政府形式"；"贵族制和民主制""与其说是神或自然确立的，不如说是对君主制的篡夺"。[36] 菲利普·沃里克爵士在 1678 年写的一篇论文中采用的思路略有不同，他强调，虽然"神将父权作为一切世俗政府的基础"，但他允许人民选择将这种政府赋予一个人还是多个人；但不管怎样，"全体被统治者"就和妻子一样，虽然一个女人"或许可以选择她是否要把自己嫁给一个人作为丈夫，但一旦她选了，她就一直伏在他的权柄之下"。沃里克也说，他认为世袭君主制是最好的。[37]

很多托利党人和国教神学家公开信奉父权论。正如 1681 年 1 月 31 日塞缪尔·克罗斯曼在布里斯托尔大教堂布道时所强调的，"君主"是"整个国家共同的父亲……他是丈夫，王国是他的配偶"。[38] 菲尔默并没有向英格兰人传播父权论；他的观点之所以有吸引力，是因为它们与英格兰人所理解的社会运作方式深深契合。的确，人们长久以来就用家庭来类比国家内部的政治关系；早在 1399 年，卡莱尔主教就公开谴责理查二世被废黜一事（该讲话于 1679 年出版，作为王位排斥论战的一部分），他说："君主是我们国家的父亲：因此，他比我们的生身父母更加神圣亲近，一定不能加以冒犯，不论他们有多专横、有多不虔诚。"[39] 一旦用家庭做了类比，君主的权威似乎就因着"十诫"的第五诫变得更加稳固了："当孝敬父母"。[40]

与君权神授理论相生相伴的是，王位继承乃神所命定的，不得废弃。正如利奥兰·詹金斯爵士在 1680 年 11 月 4 日一次反对王位排斥的讲话中宣称的，"英格兰国王的权利只从神那里来……世间没有什么权力可以将它剥夺"。[41] 一位小册子作者宣称，"根据神和自然的法律，王位的继承被不可分割地附在了血缘近亲的身上"，而"一切限制神法和自然法的立法""本身都是无效的"；这位作者继续写道，

"没有什么人间的权力可以阻止国王的合法子嗣凭血统继承王位"，因为"国王就是凭血统继承的"。[42]1681年9月，剑桥大学校长汉弗莱·高尔在纽马基特当着查理二世的面说道，国王的头衔不是"来自人民，而是来自神"，他成为"君主是……凭借根本性的世袭继承权，没有任何宗教、法律、缺点或取消资格的做法可以加以改变或限制"。[43]同样，赖德也赞成"王位传给下一位有王室血统的继承人，是凭借神和自然的法律，凭借与生俱来的权利和毋庸置疑的继承"。事实上，"继承人和现任君主""对王位拥有同等的权利"，区别只是"他们享有主权的时间不同"：赖德继续说道，"正如一个还没有生命的胚胎和一个已经生下来的孩子都享有同等的生命权"，而堕胎"在神眼中就是彻头彻尾的谋杀"，就和夺去一个活生生的儿童的性命一样，同理，"现任君主在生前对王位享有什么样的权利，他的当然继承人或最近的血亲在前任死后也享有什么样的权利"。[44]不过，如果像沃里克承认的，神一开始允许人民选择他们喜欢的政府形式，或者甚至像赖德也愿意承认的，有些君主是选举产生的，那么用自然法对王位继承辩护本身并不充分。因此，托利党也强调英格兰自古以来就是采用世袭君主制的。正如《王位继承书简》的作者所言，"这个国家的法律，以及这个王国长期的做法"表明"国家至高无上的王位是世袭的，而且人们普遍承认王位继承注定是要给合法继承人的"。[45]另一位作者强调，"议会曾多次宣布，英格兰的君主制是世袭的；根据神和自然的法律，王位的传承要依照与生俱来的权利和血缘关系的亲近"。[46]那么托利党是怎么解释那些破坏继承规则的历史先例的呢？他们非常干脆地说，这些情况都是"大乱时"的篡逆行为。[47]《不列颠的解毒剂》的作者宣称："虽然合法继承人曾经被排斥在外，但这并不代表这种行为就是合理合法的。"[48]

那么，这是不是说明英格兰君主就是绝对的呢？菲尔默是这样认为的，而许多托利党作家和国教教士也宣称国王是绝对的。不过，我们在讨论这一问题时需要小心。在近代早期的政治话语中，"绝对"（absolute）一词有着很多不同的，甚至相互重叠的意思。[49]它最为常见的意思是"完整"（complete）：如果一个统治者拥有完整的权力，也就是说，如果他不与其他任何人分享他的主权，那么他就是绝对的。正如国教教士兼托利党理论家约翰·纳尔逊所言，"大不列颠的君主制"是"绝对独立的"（值得玩味的是，他的边注写的是"绝对且独立的"）。[50]在某种意义上，自从亨利八世改革废除了教皇在英格兰的宗教裁判权，英格兰君主就一直是绝对的；他们再也不用与任何外国君主或统治者分享他们的主权了。在这层含义上，伊丽莎白时期和斯图亚特王朝早期的很多清教徒也乐于承认英格兰君主是绝对的；甚至可以说，君主的权力在国际舞台上是绝对的，但在国内会受到一些限制。[51]换句话说，如果国王不与议会等国内实体分享他的主权，那么他在国内也是绝对的。"绝对"也有"免受法律约束"（ab legibus solutus）的含义。如果一个统治者不受法律约束，那么当他没有依法进行统治时，他的臣民就没有任何合法理由来反对他的权力；他当然就不能被他的臣民所反抗。因此，诉诸绝对王权思想也是对付反抗理论的一种方式。

如果一个统治者拥有完整的、不可分割的主权，不受法律约束且不能受到反抗，那么他可能也拥有相当大的自由裁量权，这么说，他就是一个专制甚至可以恣意妄为的君主了。但他也不见得一定就是这样，而且我们不应将绝对统治和暴政或专制统治等同起来。托利党人相信英格兰君主制是绝对的，但他们中的绝大多数不会承认它是专制的，也不承认国王可以随心所欲地进行统治。不同于奥斯曼帝国的专制统治者或法国的绝对国王，英格兰的君主在某些方面也是受到限制的。的确，有些托利党作家认为英格兰君主与欧洲大陆的绝对君主迥然不同，甚至他们都宁愿否认英格兰的君主制是绝对的了——尽管他们赞同英格兰国王是至高无上、不受约束、不可反抗的。

托利党反复驳斥"平等"理论——这种理论认为，国王与议会两院拥有平等的权力。莱斯特兰奇在 1679 年的言论颇具代表性，他说国王并不是一个平等的权力，所谓的三个等级并不是国王、贵族和平民，而是神职贵族、世俗贵族和平民。[52] 托利党也否认辉格党古老宪制的理论；他们强调，1066 年的诺曼征服彻底改变了英格兰的政体，议会并不能追溯到盎格鲁—撒克逊时期，它其实是中世纪发明出来的，由国王召集，最初不过是御前会议的扩大——这一说法在菲尔默的作品中就已出现，但在罗伯特·布雷迪的历史研究著作中才得到充分完善。[53]

辉格党认为，议会的权力源于它作为人民代表的地位，而反对王位排斥的人嗤之以鼻。正如本杰明·索罗古德爵士在 1680 年的一篇论文中指出的，"现在一般选举产生的议会""完全不是人民的代表"，因为根据现行的选举权制度，除了 40 先令自由地产保有人、城镇市民和自治市自由民以外，没有人有投票权。席位在地理上的分配也不公平，这就意味着像索尔兹伯里这样"最普通的市镇"也能选出和"英格兰最大的郡"一样多的议员。[54] 赖德问道，如果辉格党所谓议会代表人民的说法是正确的，那么"佃农、仆人、妇女和儿童无疑在全国占了大多数"，他们为什么没有权利投票呢？[55] 同样，乔治·希克斯也问道，如果说主权在于人民，那为什么妇女没有选举权："历史告诉我们，她们曾经和男人一样挥舞过权杖，而经验表明她们的智力与我们的没有天然的区别，除了教育使然外，她们对事物的认识没有任何缺陷；那么谁给了男人权力剥夺她们与生俱来的权利，以她们不适合参与政府为由将她们排斥在外？"[56] 不过，这些作者并不是在呼吁改革选举权；他们想说的是，议会的权力并非来自人民，它是一个由国王创设的机构。

否定了"平等"理论，那也就自然而然地说明，制定法律的是国王而不是议会两院。莱斯特兰奇解释道，一个人必须"弄清楚'同意'和'批准'之间的区别"："两院可以同意一部法案"，但"为它注入权威的决定才是唯一正当的立法行为，而这只有国王才可以做"。[57]托利党也认为国王是超越法律之上的。正如菲尔默主张的，"威严和主权属于一个绝对的权力，是不能受制于任何法律的"。[58]同样，劳伦斯·沃莫克也强调，"没有哪个君主是处在他自己法律的强制性权力之下的"。[59]如果国王触犯了法律，无疑是不能对其进行反抗的。1683 年 9 月，托马斯·庞弗雷特在贝德福德郡安普西尔庆祝拉伊庄园阴谋告破的感恩礼拜布道上说："凭着神明确的命令和整个国家的同意，至高无上的权力是绝对且不对任何人负责的。"[60]然而，鼓吹不反抗理论的人却能容许他们所谓的"消极服从"。如果一个统治者的命令与神的法律相抵触，一个人就不得不顺从神，而不顺从人。一个人决不能服从一个神所不容的命令；但他不能积极地进行反抗，只能被动地接受不服从所带来的任何惩罚。[61]

　　不过，这并不是说国王可以"不受任何控制地进行统治"。一位作者解释道，哪怕"最绝对的君主"，也要"受制于神的法律、他自己的良心以及普遍公义的规则"；的确，君主"在行使权力时要受到法律的制约与限制"，虽然他们不受"法律中有效力和有强制性的部分约束，而只是受示范性的部分约束"。[62]大多数托利党人确实认为，一个国王可以既是绝对的，又是受限制的。两者之间到底怎样平衡，因人而异。

　　所有的托利党人都同意，英格兰国王应该依法进行统治，而如果他们没有做到这一点的话，只有神能唯他们是问。正如莱斯特兰奇所写的，国王"在加冕的时候"就承诺"遵守一切公义的法律"，而且他"在履行这一承诺时要对神负责"——尽管莱斯特兰奇很快就补充说，国王本人就是"他自身义务的裁判"。[63]戈达德承认，人们就"何为绝对君主"存在相当程度的分歧，但他觉得数世纪以来哲学家提出的种种定义都有同一个毛病：它们都没能将暴君排除在外。戈达德想要"打倒暴君，却维护绝对君主"，因此他将"绝对君主"定义为一个"领受了公正的权力、不受控制地执行神和自然的法律"的人。这一定义不仅排除了权力不公正的篡位者，也对服从加以限制：戈达德解释道，这样一位统治者的权力相当之大，"以至于超越这一权力行事的人会被理所当然地视为暴君，这样人民就没有义务服从他了"。戈达德并没有将这一评论的含义充分展开，但他似乎想的是消极服从，他解释说，"君主没有权力下达不公正的命令，这是与神和自然的法律相抵触的，人民可以免于服从该命令的义务"。他在其他地方还坚定地认为，英格兰国王所受的唯一限制是，他们不能"自己授权剥夺国王的特权"；的确，"国王的行为和议会的任何法律都不"能"把他的特权让渡出去"。[64] 即便是最极端的托利党人，也还是会在明面上表示相信依法统治。例如《忠君党的呼语》的作者恳求查理"您要有个国王的样"，"至少得在一段时间内"对他的人民摆出"绝对的架势"，和法国国王一样，但他也强调，神安排复辟是让查理有机会"严格按照正义与公平来治理他的人民；遵循他……在神圣法律中留下的完美典范"。这位作者继续写道，既然查理已经"开了尊口"说，"我们的法律"将是他的"规则与准绳"，他"决心"凭借它们"来进行统治"，那么对他有点敬畏也没有什么不合适的，而他下一次召开议会的时候，应该"像狮王一样吼叫"，直到后者恐惧战兢，就像先王亨利八世一样。[65]

许多鼓吹君主权威的托利党人宣称，国王既超越法律之上，同时又在某些方面受法律的约束。沃莫克强调，他赞同布拉克顿的格言："国王在他的疆域内有两个上级，即神和法律。"他还说"英格兰境内最高、最绝对的权力在于议会"，但他澄清说，议会是由国王和三个等级（神职贵族、世俗贵族与平民）组成的。他随后解释道，立法权并没有被赋予议会两院，而是属于君主。每一项法律都是君主施加的恩典：当需要有新的法律时，下议院提出请愿，上议院予以同意，但只有国王才是使之成为法律的人。"君主给自己规定的法律是国王的法律"，而不是"人民的法律"。与此同时，沃莫克似乎认为国王可以制定法律来限制自己的权力。例如，他认为，议会可以通过恢复"那些国王因为意外或受骗而被夺去的东西，并归还那些因为迫于压力而被剥夺的特权"来挽回自己的荣誉。[66]《不列颠的解毒剂》的作者强调，英格兰国王是"绝对的君主"，他的权力来自神而非人民，而"议会两院并不分享立法权"，它是"完全赋予国王的"。他甚至认为国王的立法权是专制的。他在讨论国王对立法的否决权时声称："最高的权力都是专制的；因为没有更高权力控制的就是专制的。"他进一步宣称，国王有权决定哪些法律是现行的，哪些不是——换言之，他在决定执行哪些法律方面拥有一定的自由裁量权。与此同时，这位作者又强调"英格兰的政府"是"君主制、贵族制和民主制稀有而宝贵的混合体"，是"被我们祖先的智慧出色地调和的"，为的是给这个王国"所有人带来便利，又不会给任何人带来不便"，既维护国王的特权，又维护臣民的自由。因此，国王不能"利用他崇高至上的权力来侵犯他人的利益"；他不能在没有两院同意的情况下制定法律；只有下议院有权提出征税法案，他们还可以弹劾那些违反法律的人；而上议院"被托付了一项司法权力"，以帮助国王和人民"免受对方的侵害"。[67]

的确，声称"英格兰君主制既是绝对的又是混合的"这一说法并不罕见。正如沃里克所说："我们都知道，我国的政府是一种混合君主制，但所有的外国人（如博丹、格劳秀斯等人）都认为它是一种绝对君主制。"沃里克信奉父权论和不反抗，否认"平等"理论，还宣称所有人"都处于国王之下，而国王并不处于任何人之下"。但他依然承认，国王不能在没有议会三个等级（贵族、教士和平民）同意的情况下制定法律，虽然需要同意并不代表国王不是绝对的，只是意味着他"不是一个专制君主"。"征收税款"就是英格兰君主"受到限制"的"那些特例之一"，因为他不能"对臣民征税，只有让下议院提出，然后经上议院同意，或者两者同时发生"。[68]纳尔逊强调，"英格兰臣民的财产非常重要而绝对"，以至于没有他们代表的同意，不得对他们征税。[69]威廉·阿什顿主张，说英格兰国王是"绝对君主"，是因为"除了神以外没有比他更大的了"，他对他的王国没有"任何限制或条件"，不与三个等级分享他的权力，而且不能对他进行反抗。然而，阿什顿继续说道，

> ［如果］国王的权力在源头上是绝对的，也就是说，他唯独从神那里领受权力……那么当我们说到国王权力的行使与管理时，情况就很不一样了。因为英格兰国王出于他们丰盛的恩典与恩惠……在他们权力的行使上受到了很大的限制；以至于除非在议会里面，他们不能制定法律，也不能征税；对于最普通的臣民，他们剥夺其生命、处置其财产的权力就更小了，只有通过正当的法律程序才可以：因此，在有关他权力的第二重考虑上……英格兰国王不是一个绝对君主，而是一个有限君主。[70]

反对王位排斥的人承认，英格兰国王可以特免法律的实施，但只能在某些特定的情况下。例如，1682年《光明磊落是瑰宝》的作者就认为，"国王无疑有权……在紧急情况下……用他的国王特权来特免任何法律的处罚"，只不过"被特免的不能是本质上的违法行为（malum in se），只能是法律禁止的违法行为（malum quia prohibitum）"。换句话说，国王不能对犯下谋杀这类罪行的人进行特免，但如果法律所禁止的某种行为在此之前是完全合法且合乎道德的（例如禁止与某个国家做买卖），那么国王可以特免某人受到法律的制裁。然而，这位作者认为，国王不能中止法律的实施。作者

解释道，因为"中止某项法律的实施本质上就是在修正法律，那么他能修正法律，也就有权制定法律了"；能这么做的君主就能制定"法律征税征兵"，那么他就"不需要召开议会了"，"因而可以随心所欲地对臣民进行专制统治"。作者是在讨论查理 1672 年《信教自由令》的语境下做出以上评论的——他写道："在我的记忆中，这是自复辟以来唯一有些许可能建立专制权力或教皇制的事情。"他继续写道，这两者都不是国王的意图，后者只不过想要缓解不从国教者的苦难罢了。相反，该受指责的是时任"我们国家的首席大臣"——他们还要为财政止付令和反荷联法的外交政策负责。虽然他没有点名，但所有读者都能看出，他所指的首要人物就是沙夫茨伯里。[71]

因此，吊诡的是，绝对君主制并不绝对；绝对权力可以有不同的程度。例如，纳尔逊在讨论亚里士多德所谓君主制容易沦为暴政时说，这只有在君主制是"绝对、专制且不受约束"的国家才有可能发生。他继续写道，"在我们英格兰的君主制"，情况则"显然不同"，因为虽然国王"是绝对的，他不会被他自己对人民的慷慨让步所限制，他的意志就是他的法律，而且除了他的喜好外，不受其他任何权力的限制"，但历代英格兰君主其实给了他们的臣民很多"慷慨让步"来为他们的"绝对主权"设立"边界与限制"。[72]对一些托利党人而言，这种解释英格兰宪制的逻辑导致他们得出结论，认为英格兰国王不如以前绝对，甚至已经再也不是绝对的了。约翰·诺斯利说，古代的布立吞人、撒克逊人、丹麦统治者和好几代诺曼人"都比我们后来的先王绝对得多"，因为随着时间的推移，国王们给了他们的臣民许多让步，并"免除了他们先王所享有的权力和权利"——他特别指出，国王现在已经不能在未经臣民通过议会表示同意的情况下对他们征税了。而且尽管他否认"平等"理论，诺斯利还是坚定地认为，英格兰君主制应该"说是混合的，不同于绝对的暴政"。[73]一位鼓吹君权神授的匿名人士在 1679 年的著作中强调，他不是在为

"专制君权，像当今土耳其大君向其臣民行使的那种绝对权力"辩护；相反，他要的"只是我们和我们祖先长期以来幸福地生活在其治下的那种如父权的君权"。他继续写道："这种君权……拥有王位与生俱来、不可分割的国王特权，所以他不会侵害人的自由或者臣民的财产，除非通过他权力范围内合法合理的行动。"[74] 莱斯特兰奇不喜欢"混合政府"这个词，因为它暗示"人民与国王分享权力"，但他愿意"称之为受限的政府，以区别绝对、不受限制的政府"。[75]

拉伊庄园阴谋告破后，威廉·舍洛克写了一部谴责反抗理论的经典著作，直截了当地宣称英格兰君主制是有限的而不是绝对的。他解释道，"绝对君主制和有限君主制的区别并不在于反抗合法与否"；反抗不可能是合法的。相反，它们的区别是"绝对君主除了他自己的意志之外不受制于任何法律；他可以任意制定或撤销法律，不必问他的臣民同不同意；他可以任意地征税，在行使司法权时也不用遵守法律的严格规则与形式"。这"与有限君主制正好相反，后者的君权行使要受公开且现行的法律规范，君主如果没有得到人民的同意，不能制定或撤销这些法律"，"没有人会在未经法律程序和审判的情况下失去他的生命或财产"，"除非议会授权"，没有什么税"可以向臣民征收"。舍洛克欣喜地说，在"这个王国众多历代君主"中，没有哪个曾经"摆脱法律的权威，或者僭取绝对专制的权力"，而且"我们的国王如果企图让他们拥有绝对权力"，是"没有任何前途的"。尽管在有限君主制中"臣民不得反抗君主，即便他违反了王国的法律"，但他们也"不必服从他僭取的权力"，只有"合乎法律的才需要积极地服从"。[76] 在舍洛克看来，消极反抗的学说就证明英格兰君主制不是绝对的。

只要看一下1686年纳撒尼尔·约翰斯顿博士的《君主制政府的优点》，我们就能获得一些托利党对绝对王权限制的重要洞见。约翰斯顿是极端的托利党高派（high Tory），相信神授的世袭君主制，后来为詹姆斯二世时期一些滥用国王特权的做法进行辩护，最后成为詹姆斯党人。在他的长篇论文中有好几处地方似乎表明，他认为英格兰君主制是绝对的，"除了神以外不对任何人负责"，对那些"反对国王权力绝对性"的人提出异议，还援引法国绝对王权理论家让·博丹来维护他的立场。不过，他也煞费苦心地证明英格兰君主制不是"绝对、专制和不受制约的"。约翰斯顿断言，虽然"英格兰国王……除了他自己的意愿外不受任何权力限制"，但他们还是给了他们的臣民许多"让步"，这些让步已经变成了法律，并提供了"堤坝和边界"来阻止英格兰统治者以"专制暴虐的方式"行事。特别是"我们的君主在《大宪章》《权利请愿书》和其他法律中授予我们恩典，充分地保护并规定了我们的财产权利"。约翰斯顿进一步提出：

> 没有议会两院的共同同意，英格兰国王不能凭借他的意志或公告来统治他的人民……也不能制定新的法律或改变任何旧的现行法律：他不能压迫人民，也不能在未经正当法律程序的情况下，以任何理由用专制的方式剥夺他们的自由或财产……他不能做任何违背国家法律或普遍权利的事情。

约翰斯顿确实坚持认为，"国王没有按照这些法律行事的时候，并不会因为触犯这些法律而受到惩罚"。但他的论文中有一节驳斥了霍布斯所谓"君主应该是绝对专制的，以至于他应该在紧急情况下或凭自己的意愿处置每一个臣民的命运"，约翰斯顿承认，"在很多情况下，可以采取行动来保护一个人的权利，甚至是与国王作对"，他不仅承认"法官曾经对国王的某些主张做出宣判"，还说在这样的情况下他们"应该这么做"。[77]

既然在国王不遵守限制时无法对他进行问责，那么生活在这种有限君主的统治下究竟对英格兰臣民有什么好处呢？现代读者可能会对此感到困惑。约翰斯顿提到的法官就暗示了答案。只有国王才是不对任何人负责的，他的大臣或其他公共官员可不是。正如舍洛克所言，"虽然君主本人不对任何人负责，是不可反抗的，但他的大臣是可以被问责的"，而且如果他们为君主做的事情"违背了法律"，他们还要接受"惩罚"。[78] 同样，赖德说道，虽然"国王一向免受"法律制裁，"但他赖以执行意志的官员和大臣……仍然可以被惩罚，只要他们做的事情违背了法律，哪怕奉国王的命令"。[79] 1680 年的一篇论文对"国王不可能犯错误"这句格言进行了讨论，它这样解释其中的道理：

> 在这个国家，不能依据国王的授权或他的其他任何行为来处置臣民的人身、财物、土地或自由，而只能根据既定的法律，这些法律是法官宣誓遵守的，而且在执行的时候要对国王和他的人民一视同仁，不论贫富贵贱；因此，如果法律遭到了触犯，法官和司法大臣要被问责并受罚。[80]

按照辉格党的政敌对英格兰宪制的理解，王位排斥不仅不合法，而且没有必要。说它不合法，是因为它践踏了神所命定的王位继承，臣民不能废黜王位继承人，就像妻子不能休夫。[81] 1680 年 11 月 4 日，国务大臣詹金斯在下议院表示，王位排斥"不仅违背了神的法律，也违背了这个国家的法律"："它将改变君主制的性质，将王位变为选举产生的。"它也违背了效忠宣誓，因为后者是让"所有人对国王及其继承人和继任者"有义务；此外，议会没有权力"阻止继承人继承王位"，所以"如果这样的法律获得通过，它本身也是无效的"。[82]

然而，王位排斥也是没有必要的，因为法律会在天主教徒继承王位的情况下保护英格兰的新教徒。正如赖德所主张的，"只要我们的法律还没有被动摇撤销，我们就用不着担心一个必须依法统治的国王会带来危险"，因为"如果没有我们自己在议会的同意和认可，不能废除既有的法律，也不能制定新的法律"。[83] 的确，查理二世已经表示愿意对继承王位的天主教徒做出额外的限制，他告诉各位议员，他打算提出的对继任者的"限制"，连同"那些已经对他实施的限制"，将保证他们"获得法律所给你们的一切安全"。[84]1679 年 4 月底，国务大臣考文垂在下议院强调，他"不相信一个在对天主教充满偏见的情况下"继承王位的"君主有可能确立天主教"，他还催促议员们应该"制定反对天主教的考核与誓言"。[85] 其实，即便没有进一步的限制，大多数反对王位排斥的人也认为新教"已经被众多议会立法充分保护好了"，将来信奉天主教的国王"不可能撤销"这些法律。[86] 因此，《光明磊落是瑰宝》的作者认为，如果天主教徒继承了王位，"天主教做大的危险也微乎其微"，因为他不"能打破用来保卫我们宗教的法律"，就像他不能"违反那些保障我们自由和财产的法律"：只有议会同意，法律才能进行改变，而《忠诚宣誓法》保证任何人如果不首先公开与天主教撇清关系，都不得进入议会。此外，没有哪个统治者"可以不依靠一支军队进行专制统治"，而一个新教的议会绝不会给一个天主教君主"足够维持"一支常备陆军的"收入"。[87]

托利党反对天主教和专制统治的理由

托利党并不仅仅主张王位排斥是非法且没有必要的；他们还进一步强调，如果让辉格党得了势，国王臣民的处境将更加恶化。辉格党为了迫使王国阻止天主教徒继承王位，在许多敏感问题上挑起了大众的焦虑，托利党对这一点心知肚明，他们也知道如果真的要让人民安分守己、效忠君主，他们就要想办法缓解这种焦虑。因此，他们想要解决的问题和辉格党的一样——专制统治的可能性，利用常备陆军进行统治，对生命、自由和财产的威胁，以及天主教的威胁——不过，他们试图表明，人民如果想要避免这一切恶果，就应该团结在国王周围反对王位排斥。而在这一过程中，他们不只是盗穿辉格党的意识形态外衣；在提出反对天主教和专制统治的理由时，托利党发展出了一套不同于辉格党的意识形态观点，可能可以吸引到不同的支持者。

　　托利党的第一个理由是，如果辉格党得逞的话，之后有可能爆发内战。在下议院，约克公爵的盟友采用的论调是，过去王位继承被打断往往会引发内战。[88] 在 1679 年 5 月、1680 年 11 月和 1681 年 3 月的几次王位排斥辩论中，多名议员甚至警告说，如果约克公爵被剥夺了继承权，他将率军攻击英格兰人民，以恢复他的权利。[89] 同样，哈利法克斯写的一份小册子强调，"王位排斥法案"一通过，约克公爵将"有权用暴力恢复他的权利，不管是公开的还是秘密的，国内的还是国外的"。[90] 玫瑰战争的历史就经常被援引为例证，正如一篇有关该战争的论文的副标题所言，"王位继承有疑，会带来可叹的悲剧"。[91] 不过，托利党最担心的还是 17 世纪四五十年代的事情有可能重演。沙夫茨伯里和辉格党采取的策略跟 1641 年约翰·皮姆和查理一世的议会反对派的策略有着令人不寒而栗的相似之处——都用出版小册子的方式诉诸议会外的舆论，并用"天主教威胁"这一似是而非的理由煽动民众反对宫廷。[92] 托利党的笔杆子还指出，辉格党与不从国教者结成了紧密的同盟，而且和 1640 年代的议会派清教徒一样，辉格党的真实目的就是要推翻主教制的国教体制。1679 年 5 月，托马斯·克拉吉斯爵士在下议院说，大多数支持"王位排斥法案"的人"不是长老会教徒，就是长老会教徒的子孙"。[93] 还有，托利党强调说，如果顺着辉格党的逻辑走，那么显然辉格党的真实目的就是建立共和国（commonwealth）。正如一位作者所言，辉格党"高喊反对天主教和专制统治，他们将推翻国王和主教，再度建立共和国"。[94]

　　随着王位排斥危机的发展，特别是当托利党开始反扑，用议会途径最终解决王位继承危机的希望逐渐消失，一些更为激进的辉格党人确实开始考虑用更为极端的行动达成目的。例如，沙夫茨伯里1681 年所谓的"新教联盟"和 1683 年的拉伊庄园阴谋似乎都证明，辉格党真的想把英格兰拖回内战。正如莱斯特兰奇在他的《观察者》中指出的，"1683 年的阴谋"与"1641 年如出一辙"——

　　　　一样的手段；一样的立场；一样的借口；就连实施的套路也一模一样。国王遭诽谤；教会遭中伤；主张分裂教会的，被捧为敬畏神的党；天主教被提及；陛下的盟友被指为教皇党徒；国王被指责没有倾听议会的声音；他的特权遭到了侵犯。[95]

　　但此一时，彼一时，只有少数更为极端的辉格党人卷入了拉伊庄园阴谋。大多数辉格党人拒绝支持极端行动，1681 年之前，他们都致力于用和平的议会手段来解决天主教徒继承王位的问题。然而，反对王位排斥的人从 1679 年初就开始煽动对内战的恐惧了。还有，托利党反反复复地提到长老会的威胁，可英格兰的长老会是英格兰所有不从国教者中最为保守的。他们能有多大的威胁呢？如果只从英格兰的角度看，我们或许会怀疑托利党所谓的内战重演和长老会威胁不过是危言耸听。但我们必须认识到，托利党并不是单从英格兰的角度，而是在一个多王国的架构里思考问题的。

　　正如反对王位排斥的人毫不犹豫地指出的，英格兰议会没有权利决定苏格兰或爱尔兰的王位继承。如果辉格党在英格兰排斥了约克公爵，苏格兰人或爱尔兰人并不一定会接受；的确，这似乎从来就是不可能的事——特别是在苏格兰，约克公爵在那里拥有显而易见的拥趸，而斯图亚特家族一系就是古老的苏格兰王朝。因此，如果英格兰通过了"王位排斥法案"，三个王国就不可避免地要兵戎相见。在 1679 年 5 月 11 日的下议院辩论中，威廉·希克曼爵士说，苏格兰和爱尔兰将继续支持约克公爵，因此，通过法案"必将给英格兰带来一场没完没了的战争"。[96]1680 年 11 月 2 日，下议院就第二部"王位排斥法案"进行讨论，爱德华·西摩说："不能想象这样一部法律能在英格兰约束所有人，或在苏格兰约束任何人；它在爱尔兰是否有约束力也是个问题：因此，它非常有可能不仅让我们自己四分五裂，还会让三个王国彼此为敌，并引起一场痛苦的内战。"[97]在 11 月 15 日的上议院辩论中，哈利法克斯强调，约克公爵"实际执掌着一个强大的国家［即苏格兰］，那里也拥有一支军队"，而在爱尔兰"他的权力也不亚于此"，"那里的教皇党徒是新教徒的十倍或十五倍"，"将公爵宣布为国家的敌人非常不明智"。[98]约克公爵本人相信，"苏格兰和爱尔兰都会坚定地拥护他的利益"。[99]一份托利党的小册子预测，王位排斥不可避免地会"将三个王国卷入一场血腥的战争，令成千上万无辜的生灵涂炭"。[100]

很多人估计，苏格兰和爱尔兰"乐见另一场内战爆发"，希望将"它们从作为省份的不利局面中"解放出来。[101]在 1679 年 5 月的王位排斥辩论期间，约克公爵的支持者反复强调"苏格兰……绝不会一起改变王位继承"，而是"会抓住这一机会再度与英格兰分离"。[102]如果英格兰决定继续走向共和，那么苏格兰独立也将无法避免。正如戈达德所问，"苏格兰为什么要屈从于英格兰平民政权的统治"，爱尔兰为什么要同意"成为英格兰议会的一个省"？而三个王国如果再度独立，将会导致可怕的后果。戈达德继续问道："先前各有其主的时候，三地人民之间的相互仇恨就是出了名的，一旦回到这种势同水火的状况，他们难道会成为最紧密的朋友吗？"而且法国国王会"对我们分裂……这一大好机会坐视不理"吗？戈达德认为，"除了最绝望的战争外"，实在很难预测出什么别的结果。[103] 那如果王位排斥派在这些战争中失败了呢？哈利法克斯认为，约克公爵将在"三个王国里"纠集一个党派"为他而战"，而且如果他是"用武力"登基的，他可能"视我们为一个被征服的国家，破坏我们原有的法律和宗教，而把他想要的强加给我们"。[104]

不列颠视角可以进一步帮我们理解为什么托利党对长老会的威胁这么在意。他们不是简单地将辉格党与英格兰长老会联系起来；他们是将辉格党与苏格兰长老会联系起来。毕竟，这就是为何他们最初将王位排斥派称为"辉格党"（whigs）——这是苏格兰长老会叛乱分子"赶马人"（whiggamore）的简称。如前所述，苏格兰确实存在长老会激进势力，他们在 17 世纪六七十年代不断给复辟政权制造麻烦（虽然这一激进运动部分也是当局采取强硬手段镇压不从国教者导致的）：西南地区参加野外秘密宗教集会的人在 1666 年发动了武装叛乱；1668 年，圣约派牧师詹姆斯·米切尔和一些同伙密谋刺杀力主镇压的圣安德鲁斯大主教夏普未遂；1679 年，夏普真的被激进的圣约派分子杀害了。随后在 1679 年春，圣约派再度起事，似乎证明了曾在 1640 年代引发内战的三王国危机又要重演了。其实，奥茨最初在揭发教皇党阴谋时就预测了 1637—1642 年发生的事情会卷土重来：假扮成长老会教徒的耶稣会士将首先挑起苏格兰人造反，作为爱尔兰和英格兰叛乱的先导。现在，第一步已经实现了；爱尔兰的局势似乎远非稳定；沙夫茨伯里及其同党似乎在模仿 1641 年议会反对派的策略。这就是托利党说 1641 年的事情会重现的原因。而且，虽然博斯韦尔桥叛乱被政府镇压了下去，但激进的圣约派群体卡梅伦派继续进行反对查理二世和约克公爵的斗争，并在一系列公告中对这对兄弟宣战，呼吁将他们推翻。[105]

托利党媒体经常强调国界以北的长老会激进势力的威胁，想借此牵连抹黑英格兰的不从国教者。莱斯特兰奇在 1678 年发表的长篇论文中比较了"苏格兰长老会的纲领"与英格兰长老会的观点，以"评论西缅与利未之间的和谐"*。[106] 另一位小册子作者在牛津议会解散后，特别针对英格兰辉格党的策略，质疑"这些狂热分子"是否像他们宣称的一样"真的热衷于"维护现政府。他声称，他们在查理一世时期把"整个王国变成了血腥的剧场"。那么有什么迹象表明他们对犯下"如此凶恶的惨剧"有所悔改？作者自问自答："有的只是他们在苏格兰拔出了刀剑。"[107] 英格兰辉格党采取的策略常常被人放在苏格兰的背景下进行解读。诺斯利认为，沙夫茨伯里所谓抵御天主教徒继承王位的联盟与 1643 年的苏格兰《民族圣约》有异曲同工之处：他讽刺道，"剩下的没有什么需要做的了，就是把国王赶出王国、宣布他的全体追随者为'亏欠分子'；所有支持他的人为国王与国家的公敌；送信到苏格兰，派使者去野外秘密宗教集会，再从北边弄一支军队来，全盘接受第二部《神圣盟约》；这样我们就完完全全再现 1643 年啦"。[108] 同一位作者后来还宣称，1679 年 3 月沙夫茨伯里在上议院对苏格兰人所受苦难的谴责，鼓励了苏格兰狂热分子杀害圣安德鲁斯大主教，并挑动了博斯韦尔桥叛乱。[109] 一位忠君的民谣歌手唱道：

> ……只要有眼可见，
> 不管是愚是贤，
> 都能识破狡猾的长老会的假面；
> 他们在苏格兰的弟兄已经搞得尽人皆知，
> 因杀害自己的主教，他们亲手所犯的过失。[110]

---

* 见《旧约·创世记》第 34 章第 25 节，西缅和利未为雅各的第二子和第三子，在妹妹被示剑人玷辱之后，血洗示剑全城。

1681年11月，《赫拉克利特的嘲笑》的作者指出，"不久前，卡吉尔派在苏格兰自封为那里唯一纯正的新教徒"，就像英格兰辉格党人在英格兰所做的一样，因此"我们顽固的辉格党人与他们没有大的不同，只是更加善于伪装罢了"。[111]

政府和托利党媒体发现，只要报道国界以北圣约派激进分子的活动，就能起到很好的效果，一方面是希望可以借题发挥谴责英格兰辉格党，另一方面也只是试图吓唬国王的英格兰臣民，让他们老老实实地忠于宫廷。1680年11月，《伦敦公报》报道了苏格兰圣约派分子詹姆斯·斯凯恩在爱丁堡受审的情况，后者不仅拒绝谴责博斯韦尔桥叛乱、圣安德鲁斯大主教谋杀案或卡吉尔的圣约，还强调"服侍主的人已经跟服侍国王抵挡圣约的人宣战了"，"为了捍卫福音杀死任何国王的士兵或谋臣都是合法的"，甚至因为国王破坏圣约而杀死他也是合法的。[112]1682年3月，汤普森报道了拉纳克的12名狂热分子在一伙士兵外出获取补给时"袭击"了一名士兵：他们"抓住他以后，首先割掉他的鼻子、耳朵和下体，然后剜掉他的眼睛和舌头；在挨个切掉了他的手指和脚趾后，他们任由他在痛苦中慢慢地死去，然后逃之夭夭"。[113]

圣约派激进分子的政治观点也让人对他们的道德水准感到怀疑。一位作者抱怨说，苏格兰人被"拖进了这样的道德败坏中，迄今在基督徒中是闻所未闻的"。[114]1682年一篇笔调诙谐的文章指控苏格兰的圣约派犯下了各种淫乱放荡之事："甚至肛交、兽交、乱伦、通奸。"[115]对于因参与密谋行刺夏普大主教，最终在1678年被处决的圣约派传教士詹姆斯·米切尔，乔治·希克斯也有类似的指责，他甚至将圣约派称为"肮脏、残暴、满口谎言的狂徒"。他还写到了米切尔的同党韦尔少校，后者于1670年4月9日被控乱伦、通奸和兽交（跟一匹母马和一头母牛）。韦尔对此供认不讳，被判处绑在柱子上绞死后焚尸。希克斯在记载他受刑时写道："这个肮脏的禽兽尸体一被火焰加热，就勃起射精了，这充分显示了它有多么污秽。"[116]

这体现了托利党反不从国教者言论的另一重要方面：嘲讽。看得见摸得着的威胁固然要认真地对待：国界以北的长老会激进分子抱持危险的信念，对国内和平造成了威胁；沿着 1637—1641 年的老路走到 1642 年，并不是可笑的事情。但对于宣传人士而言，让敌人显得荒唐可笑——不仅应该轻蔑，还值得嗤笑——自然也是一种经典的策略。而且，如果说国界以南的新教不从国教者在一定程度上因为苏格兰长老会而受到了牵连，那么我们也不应忘记，托利党的讽刺作家在英格兰和威尔士也有不少文章可以做。莱斯特兰奇就反复嘲笑过不从国教者。他在一份小册子里写道："他们中的有些人说，尿床、骑木马这种事情也是宗教问题，因为'你若不回转，变成小孩子的样式，断不得进天国'*。"[117] 当时流传着一些嘲笑他们信仰的段子，例如"威尔士人拒绝还债，因为在账本上画十字是天主教的做派"。[118] 阿芙拉·贝恩的戏剧《圆颅党人》于 1682 年在伦敦上演，该剧抨击了所谓清教徒的伪善，还指责他们荒淫无度。[119] 这在汤普森的《真实国内资讯》中也是一个喜闻乐见的主题。1681 年 9 月，汤普森刊登了一则故事，讲的是卡莱尔的"一个再洗礼派因为和亲生母亲生了儿子而被判入狱"。1682 年 6 月，他又报道了德文郡有个人十多年没有去教会了，"还经常参加秘密宗教集会，并（以这种方式）生了非常多私生子"。报道中说，他显然在"进行了属灵的礼拜"之后就直接"与某个圣洁的姐妹有了属肉的欢愉；通过这种方式（在其他弟兄的帮助下），要不了多久就能生出一打私生子"。的确，有人"担心如果不对他们进行打击的话，他们到时候就要建立一间普通妓院了"。[120]

---

* 《马太福音》第 18 章第 3 节。

托利党不仅散布恐慌说一旦辉格党得势，有可能要爆发内战，还含沙射影地指出，辉格党才是真正推进天主教和专制统治的人。他们断言，那些大声疾呼反对专制统治的人其实是贼喊捉贼。[121]《光明磊落是瑰宝》的作者预测，任何对王位继承做出的改变只能"由一支常备陆军……来维持"，因为约克公爵是"一个优秀的士兵"，而且必然有国内外的盟友"协助他恢复他的权利"。作者继续写道："如果必须组建一支这样的军队，英格兰人民不应该供养他们吗？"而且"继位的……君主拥有了这样一支忠于他的军队"，他又有"何等的专制权力"？[122] 假如内战爆发、辉格党赢得胜利，随后将不可避免地出现专制统治……就像 17 世纪中叶一样。莱斯特兰奇回想起 17 世纪四五十年代，英格兰合法的教俗政府被以最专制的手段推翻，英格兰的自由彻底毁灭。[123] 同样，纳尔逊声称，在那个时期，不从国教者"以人能想象到的最专制、最不公义的手段进行统治"：他们"课税、稽税、征什一税、收取罚金、监禁、没收财产、劫掠财物、驱逐"。简而言之，他们将"他们不受控制的意志和喜好"设立为"他们和我们唯一的法律"。[124] 纳尔逊在另一份小册子中指出，1650 年代，法律的通过甚至不需要议会的同意，克伦威治下的英格兰人实质上是按照护国主及其军官的意志受统治的，而且还是依靠一支常备陆军。[125]《为王位继承辩护》的作者认为，王位排斥将导致内战，而内战又会导致"沉重的税收，不是按照法律来筹集"，而是按照篡位者的喜好；"我们的人身和财产"将"任由每一个傲慢而贪婪的委员会——彻头彻尾的专制——鱼肉"，而"一支常备陆军"是免不了的。[126] 1683 年，托马斯·梅出版了一本有关 17 世纪中叶英格兰共和派试验的历史书——标题起得相当直白：《残阙议会和奥利弗·克伦威尔的暴虐篡权所展现的专制统治》——书的扉页上印着一幅精致的版画，上面将共和国画成了一头龙，它的脖子是武装部队，吐出的火焰上写着"神所保佑的宗教改革"。这头怪物的面前摆着它要吃的食物：法律、习惯、主教制；君主制、法规；《大宪章》、特权、权利、自由；教会土地和什一税；贵族与上议院；以及"利益"（即经济繁荣）。它的肚子里就是议会。在它的身后是"共和国的果子"，这头龙正在排泄出征税、收税、稽税、借款以及圣约宣誓、效忠宣誓和背弃宣誓。它的尾巴是一条锁链，上面写着"自由"，这条锁链将国教教士给圈了起来，后者说道"奇妙的宗教改革啊"。[127]

托利党宣传人员常常利用精英阶层对底层人民可能威胁政治社会等级秩序的恐惧。1682 年的一首忠君歌谣宣称，辉格党想要"教贵族如何鞠躬，/ 并将他们的乡绅踩在脚下"。[128]1682 年，约翰·艾伦在切斯特的一次巡回法庭布道时建议"贵族、乡绅和全体自由地产保有人想一想他们的荣誉或产业、他们的自由和财产分别因着民众的愤怒和士兵的无礼遭了多大的罪"。[129] 然而，尽管托利党对于他们眼中无法无天的平民政府大加抨击，并祈祷能脱离"无礼的暴民"，[130] 但他们还是希望能展现出，是他们，而非辉格党，在心里最在乎底层民众的利益。一份大字海报谆谆教诲，"普通人"应该想一想"在所有的混乱与暴动中，牺牲的主要还是他们的性命"。[131] 莱斯特兰奇写道，在内战和空位时期，沉重的赋税将底层民众仅有的一点财产搜刮殆尽。他还指出，清教徒对于传统消遣娱乐活动——"喜剧、闹剧、摔跤、足球、五朔节游戏、圣灵降临节麦芽酒会、莫里斯舞、逗熊，等等"——的攻击，让人民的生活苦不堪言。[132] 辉格党并不是真的想维护"人民的生命、自由与财产"；他们想要的是自己"来主宰支配这些东西"。[133]

反对王位排斥的人还试图把对天主教的指控转向辉格党。同样，一旦托利党证明了辉格党在内心深处是志在颠覆现行政教体制的激进分子，这一点并不难做到。这一逻辑在好几个层面上都讲得通。其中之一是类比。教皇的最终目的是颠覆新教君主制和英格兰国教会；而这一点还真的被 1640 年代的议会派清教徒给办到了。正如一位作者所言，"教皇党徒想要摧毁我们的教会与国家；共和派也想"；不过天主教徒"只是密谋这么做"，而"狂热的新教徒"真的成功地推翻了"一个新教的教会"并杀害了"一个新教的国王"。[134] 同样，莱斯特兰奇也问道：查理一世"邪恶地被杀""英格兰国教会被颠覆""对罗马教会而言"难道不是"一件可喜、有利的事情吗"？[135] 另一个与此有关的逻辑是，辉格党和不从国教者的行动无意中让天主教得利。辉格党要求宗教宽容，有可能会让天主教徒乘虚而入；的确，在 17 世纪六七十年代，有好些为新教不从国教者争取信仰自由的计划（特别是 1662 年和 1672 年国王颁布的《信教自由令》）同时为英格兰天主教徒扩大了某些宗教自由。正如《赫拉克利特的嘲笑》的作者所言："教皇党绝无可能进入英格兰，除非宗教狂热分子为他们打开了宗教宽容的后门。"[136]1682 年 11 月 5 日，一位国教教士在布道时说，他担心不从国教者可能"会激怒神夺走我们长久以来所滥用的光明，使我们再次落入败坏的宗教里去"。[137]其他人则强调，辉格党制造的国内分歧只会助长法国和罗马的利益。有些人甚至认为辉格党与天主教徒有意结盟，共同行事，不从国教者要么是伪装的天主教徒，要么就是领取了法国的津贴。[138] 这一观点或许没有看上去的那样天方夜谭。沙夫茨伯里和查理二世的乡村反对派曾在 1675 年与约克公爵合作，以迫使查理二世解散骑士议会，而有些辉格党人在王位排斥危机初期的确接受了法国国王的资助，当时路易十四认为，通过给查理二世制造国内麻烦来让他在外交上保持中立，最符合法国的利益。

不过，托利党的主要观点还是，辉格党和不从国教者的政治原则——特别是他们的反抗理论——在源头上名副其实是天主教的。佩林在 1682 年查理一世被杀纪念日的布道中提出，"那些狡猾的新教徒……在反抗他们国王时所依据的原则……一度是耶稣会士的信条"；他解释说，他们"最开始受马里安纳、贝拉尔米内、阿佐里厄斯和其他若干耶稣会士"的教导。[139] 同样，1682 年 11 月，希克斯在对伦敦步兵训练团布道时强调，辉格党所谓"人民是权力的源泉"和"君主如果破坏了对他们的信任就将丧失他们的权力"的观点是"教皇党的原则，因为教皇党徒在所有的基督徒中首先教导了这样的原则，以武装臣民来任意反抗他们的君主，借此报复那些不服从教皇的君主"。[140] 一位作者声称，天主教是"充满叛逆原则"的宗教，而诺克斯、布坎南和巴克斯特的宗教也是如此。的确，"我们的宗教有一些改革者，他们对君主制不甚友好，还很赞同与他们对立的罗马教徒，以至于能够容忍……废黜国王的危险教义"。[141] 另一位作者宣称，如果"一个伊丽莎白女王时期的新教徒"能够冷静地考察"我们当代小册子作者的作品"，"他一定会正确地得出结论，认为耶稣会士和某些新教徒是一丘之貉"。[142] 一位威尔特郡的教士在 1682 年5 月强调，"保卫国王与生俱来的权利是一个新教徒的义务"；"像教皇党徒和长老会教徒这对兄弟在教义和实践中主张的那样废黜国王或排斥他们继承合法基业，是不合法的"。[143]

许多托利党人和国教神学家对天主教的公开反对与他们对新教不从国教者的态度同样激烈。佩林在 1681 年 11 月 5 日的一次布道中首先为与罗马决裂正名，然后谴责了他认为过去的一个半世纪里天主教会在欧洲和英格兰犯下的种种暴行：

> 自从宗教改革开始以来，人们目睹了持续不断的恶魔企图在每个时期都针对这个王国；正如亨利八世国王治下的动荡、爱德华六世国王治下的叛乱、玛丽女王治下的巨大牺牲；西班牙人的入侵；以及伊丽莎白女王治下的国内阴谋和……詹姆斯国王治下的火药阴谋。

他甚至补充道，人们还目睹了教皇党阴谋。[144] 不过，有些支持宫廷的人为了讨好王位继承人，宣称新教不从国教者比天主教徒更加糟糕。戈达德在 1684 年一份献给约克公爵的小册子里指出，宽容天主教徒可能比宽容新教不从国教者更为安全，因为新教不从国教者"真的曾经推翻了我们合法的国王兼教会最高领袖，还有政府"，而"天主教徒现在冒着他们生命和财富的危险来支持我们现有的政府，这一政府是由法律所确立的，甚至还针对他们这一类不从国教的天主教徒呢"。戈达德继续说，大多数天主教徒（耶稣会士除外）不再支持教皇废黜君主的权力了，因而哪怕是对一个新教君主也能效忠。[145]

在 1681 年一张题为《委员会，或伪装的天主教》的插图大字海报中，莱斯特兰奇以绝妙的方式概述了托利党反对辉格党的理由。这张大字海报分为两部分，上面是一幅版画，下面是一首图解诗；这张大字海报不论识不识字都能"阅读"。版画令人想起了 17 世纪四五十年代的动乱。它画的是一个委员会围坐在一张桌子旁，主持的是一个长老会成员，委员会代表了内战和空位时期出现的不同新教教派：一个大喊大叫的马格尔顿派；一个大声咆哮的浮嚣派；一个公谊会派正在用指头数着论点；一个再洗礼派手里拿着匕首；一个独立派在与其他所有人争论；一个第五王国派；激进的公谊会成员詹姆斯·内勒在布道；一个赤身裸体的亚当派。他们头上的横幅写着："看哪，我们是圣约的子民。"桌子上的文件写着"教会与国王的土地""财产扣押令""抗议书""请愿书""法院"和"羞辱"。站在委员会前的是一个"长老的女仆"，她喊着"不要礼拜用书"，而她的狗吠着"不要主教"，还有两名请愿者（一个公谊会成员和一头驴）喊着"不要教皇党贵族"和"不要奸臣"。画的左边是一群暴民，他们拿着一顶王冠、一顶主教冠以及写着"彻底宗教改革""自由""财产"和"宗教"的旗帜，并用锁链牵着斯特拉福德伯爵（查理一世个人统治时期的首席大臣，1641年被判叛国罪并处决）、劳德大主教（查理一世宗教政策的总设计师，1645年被处决）和理查德·格尼爵士（1641—1642年担任伦敦市长的王党分子，1642年夏天被长期议会弹劾）。他们的脚前是查理一世的权杖、宝球和半身像。右边则暗示了这帮暴民和分裂教派分子所带来的东西：暂管圣职、税收、军队账目、条例、寡妇的泪和孤儿的血。被委员会抛弃的东西中有《圣经》和《大宪章》。在左上角，我们能透过窗户看到一个"危险的阴谋集团"在密谋反对教会和国家。在右上角，我们能从两扇窗户里看到1640年12月在伦敦推动请愿废除主教制的艾萨克·彭宁顿，以及说"勇敢点，我的孩子"来鼓励委员会的教皇。在他们底下是一面旗帜，上书"神圣盟约：来吧，我们在不能遗忘的永约中与主联合"。[146]

　　这样，托利党宣传人员所利用的恐惧与焦虑，以及所提出的口号，在很多方面和辉格党的是一样的。例如，他们都宣称反对天主教和专制统治，支持新教和法治，并热心保护人民的生命、自由和财产。但我们不应该就此认为，托利党只是盗用了辉格党的意识形态外衣。托利党和辉格党支持、反对的大致对象或许相同，但他们支持、反对的手段却大相径庭。辉格党同情不从国教者，批评国教会；托利党反对不从国教者，坚定地捍卫现行的教会体制。辉格党主张议会主权，甚至宣称权力最初的源头是人民；而托利党均予以否认。那些稀里糊涂地担心天主教将要得势、专制统治将要出现，因而支持辉格党的人，一听托利党说天主教和专制统治的真正威胁来自辉格党本身，有可能就被说服，回到他们"应有的忠诚"。但那些深刻全面理解辉格党纲领，或者在复辟王朝统治下亲身感到生命、自由和财产受威胁，因而支持辉格党的人，就不太可能听信托利党的宣传而放弃辉格党的立场；的确，他们只可能进一步与托利党疏离。换句话说，托利党的宣传既是在建立共识，也是在强化分歧。它的目

对托利党反对辉格党理由的概括：托利党最多产的宣传家罗杰·莱斯特兰奇在这一幅版画中全部罗列了出来

的是让那些自认为忠诚拥护国教会和复辟王朝的人敌视托利党所认定的国内敌人。

那约克公爵本人呢？如果只是强调没有必要或不应该将他排斥在王位继承之外，这还不够。托利党的宣传人员还为这位信奉天主教的王位继承人打造积极正面的形象，以表明让他继承大位实乃众望所归。办法之一就是强调约克公爵所谓的军事才能和勇武。毕竟，他不是表现得像一位成功的海军指挥官吗？特别是在1664—1667年和1672—1674年的对荷战争中：用一位诗人的话说，他是"一位拥有第一等响亮声望的大英雄"；或者用另一位的话说，他善良勇敢，有明君之相。[147] 索罗古德认为，约克公爵是"最狂热的爱国者"，他拥有"不可战胜的勇气、成熟的智慧、非凡的勤勉和办事能力"；如果他成为国王，整个国家"无疑将幸福地"享受他的统治，"就像享受自诺曼征服以来任何一位挥舞英格兰权杖的人统治一样"。[148]

反对王位排斥的人还认为，约克公爵虽为天主教徒，但他将会保护英格兰国教会。《光明磊落是瑰宝》的作者强调，如果人们认为约克公爵如此不敬神明或不明白他自己的利益，以至于他会不打算"接受王位［并］进行加冕宣誓，依法进行统治，并保护臣民的宗教、自由和财产，以维护他们的和平"，那么他们并不了解这位公爵。[149]托利党的这一观点并不是基于对约克公爵品格的盲目相信，而是因为看到了他作为国家首脑的所作所为——那是在苏格兰。在王位排斥危机期间，查理曾两度派弟弟暂时到苏格兰避风头——从 1679 年 11 月到 1680 年 2 月，以及从 1680 年 10 月到 1682 年 3 月——而约克公爵实际上担任了那里的总督。他因为憎恨苏格兰长老会而与国界以北的主教制派势力结成了牢固的同盟，这令苏格兰的主教们刮目相看，以至于他们给英格兰的主教们写了很多信，向后者保证约克公爵将会优待国教会。[150]托利党媒体很快就拿约克公爵在苏格兰的作为大做文章，说这表明他继承英格兰王位后将是一位优秀的统治者。1681 年的一份小册子写道，约克公爵为苏格兰福祉所作的"高尚举动"为他赢得了"普遍的尊敬"，并让苏格兰人民打心里"效忠爱戴"他；自从约克公爵掌权以来，苏格兰"形势前所未有地一片大好"，"而他现在就像太阳一样，开始闪耀出更为夺目的光辉"。[151]1682 年 3 月，汤普森报道了苏格兰的主教告知坎特伯雷大主教"教会因着公爵殿下的到来而得到了多大的好处"，以及"他很好地弥合了他们中间的分歧，遏制了教会分裂的势头……而且他在公开和私下里都展示了他对英格兰国教会的热心"。[152]《为王位继承辩护》的作者强调，人民应该根据"约克公爵的行为"来评判他，"他像一轮旭日一样融化了北方的世界，并征服了苏格兰民族；不是用武力，而是用爱与智慧；他现在成了国王陛下之后这个时代的骄傲与宠儿"。[153] 这样，苏格兰不仅解释了王位排斥行不通（除非打一场内战），还用实际情况证明了英格兰人对这位天主教徒继承王位不必有任何担忧。

牛津议会的解散与托利党反扑的意识形态

王位排斥危机的关键转折点是 1681 年 3 月底牛津议会的解散。尽管查理在 3 月 21 日的开幕讲话中重申了他反对王位排斥，但下议院还是立刻提出新的"王位排斥法案"。随后，上议院和下议院在"以诽谤国王为由，弹劾爱尔兰阴谋告密者爱德华·菲茨哈里斯"一事上发生冲突。这成了议会工作的常态——或者就国家的有效治理来说，这一点也不正常——而查理已经受够了。就在下议院完成对"王位排斥法案"的第一次宣读后，查理于 3 月 28 日召集下议院立刻到上议院开会，宣布解散议会，然后火速前往温莎。他决定在他余下的在位时间里不再召开议会，粉碎了通过"王位排斥法案"的可能性，而在议会解散之后，开始出现了严厉打击政府的政治宗教敌人的措施，以摧毁辉格党在地方上的权力基础。

想要在没有议会的情况下进行统治，国王就必须先获得财政上的独立。就在牛津议会召开三天前，查理与法国国王再度签订密约，路易十四答应在此后三年给查理 500 万里弗，条件是后者不召开支持西班牙、反对法国的议会。从 1681 年 3 月到 1685 年 2 月，查理一共从法国国王那里得到了约 430 万里弗（约 32.25 万英镑）；路易把尾款给了詹姆斯二世。这并不是说，查理完全沦为了法国国王的傀儡——例如，1681 年底，他威胁说，只要路易入侵佛兰德斯或荷兰，他就要召开议会——但法国的资助无疑让他在国内获得了回旋的余地。查理还可以从爱尔兰获得资金，那里的经济形势在 1680 年代初还算不错，尽管能获得的数额不算太多——从 1684 年开始，每年只有 3 万英镑。国王现在能够获得财政独立，主要还是因为海关收入增加（由于征收效率提高了，政府在 1671 年决定停止关税的包税制，讽刺的是，这还是沙夫茨伯里担任国库总管时的革新之一）、1674 年对荷议和后英格兰贸易的扩张，以及 1681 年对法贸易禁运的取消。到 1681—1682 年，海关税收为 129 万英镑（相比复辟初年只有约 80 万英镑）；到 1684—1685 年，这一数目为 137 万英镑。[154]

4 月 8 日，查理颁布了一份宣言，解释了他为何像针对前两届议会一样解散牛津议会。[155] 这份经过精心编排的文件，可能出自弗朗西斯·诺思爵士的手笔，[156] 旨在让公众舆论产生决定性的转向，与辉格党和不从国教者为敌，并将王权与保卫纯正新教、传统英格兰宪制和臣民的法律自由紧密地联系起来。为了确保它尽可能地广为人知，政府下令英格兰所有的教堂和礼拜堂宣读该宣言。[157] 苏格兰律师方廷霍尔的约翰·劳德爵士对此举感到吃惊，宣称"有些人认为，一个君主为他的行为做出解释或向他的臣民辩解是有失体统的做法"。[158] 不过现代的历史学家认为，这其实是宣传上的一着妙棋。[159]

查理在宣言开头辩称，他"解散前两届议会"带来了"非常大的麻烦"，但他强调自己别无选择。尽管他告诉了上一届威斯敏斯特议会，他将保障他的臣民"不会有任何合理的担忧"，而且"只要能保障王位由应得且合法的后代继承"，他会"同意提出的任何能保障新教的补救措施"，但他遭到了"下议院最不适当的回应"。而且，尽管他以"上一届议会所犯的错误"警告了牛津议会，希望能避免"这样的流产"，并承诺"倾听任何可以维护国教、保住君主制的权宜之计"，但他很快就发现"他们并没有这样的权宜之计，只有彻底的王位排斥"。查理复述了一些反对王位排斥的人在议会和媒体上提出的观点，解释说，"经过了……先前内战……的悲惨经历"，他不会同意一部会"导致另一场最不合天理的战争，或者至少需要维持一支常备军才能维护政府和王国和平"的法律。此外，他有充分的理由相信，王位排斥意在作为更大规模宪制改动的前奏。当上下两院因菲茨哈里斯弹劾案发生争执时，显然两院无法在一起处理任何事务，所以"朕认为有必要也结束这一届议会"。但查理坚称，这并不意味着"朕打算搁置议会的使用"。他强调"议会中的不正常现象不"会"让朕失去对议会的敬爱，朕视它为治愈王国政治动乱的最佳方法，以及维护君主制在国内外受到应有的信任和尊敬的唯一途径"。因此，他决心"经常召开议会"，而且竭力"在议会内外……铲除教皇党，纠正朕良善臣民的一切不满，并在一切事情上按照王国的法律进行统治"。的确，他希望"不假时日"将"打开朕全体良善臣民的眼睛，看到朕的下一届议会将实现教会或国家所缺乏的稳定与和平"。他最后回顾道，"当君主制被动摇时，宗教、自由和财产都消失殆尽，而直到君主制被恢复，它们才得以恢复"。宣言并没有任何国王主张绝对权力的迹象；重点是国王忠于议会制政府和法治。

查理在许多场合重申他坚持依法统治的决心。在牛津议会的开幕讲话上，他敦促议员"将国家的法律作为他们的规则"，还说他"决心将它们作为我的规则"。[160] 牛津议会解散后不久，他再度承诺会"坚守法律"，也会"维持现在确立的教会"。[161] 他不仅会"依法治理"，还会用法律来挫败辉格党及其不从国教者盟友的挑战——他一再强调这一点。[162] 托利党辩论家反复论述国王忠于法治，以及需要用法律打败教会和国家的敌人。德莱顿在名诗《押沙龙与亚希多弗》中让查理二世宣布"法律仍将指导我和平的御统，/同样的法律也教导叛乱分子服从"。他后来还说："他们要的是法律，那就让法律展现它的面目吧。"[163] 1682 年 5 月，莱斯特兰奇在他的《观察者》中宣称："最好的政府有着最好的法律；而让那些法律充分执行的就是最好的统治者。"在后来的一期中，他让他的辉格党主人公宣称"国王已经承诺……依法统治；我希望他能言出必行"，对此"观察者"回应道，"哎呀，你我最终达成一致了；因为……我也希望这样"，还说"法律的执行将使得国王和他的全体忠诚臣民的利益都能得到保障，这两者是合而为一的"。[164] 支持宫廷的人尤其要求严格执行针对新教不从国教者的法律，并谴责此前几年错误的宽大政策。约翰·诺斯利在 1682 年写道："我认为温和在许多时候都是合适的，但并不包括犯法者以最极端的方式违反法律的时候……法律当然是支撑国家与教会最大的，也是唯一的支柱。"[165] 这种意识形态无疑在地方上很有市场。正如诺里奇主教在 1681 年 4 月的第三个星期写给雅茅斯伯爵的信中所说，"如果神保佑国王决心坚守法律并鼓励他的官员这么做，那么我不怀疑我们的乱党很快就会被平息"。[166]

国教教士反复在布道中呼吁严厉打击不从国教者，敦促地方官员和堂区治安官尽职尽责，确保处罚法得以实施。布里奇沃特所在的萨默塞特郡是出了名的不稳定，该地的堂区长代理威廉·艾伦在 1681 年 2 月的一次布道中恳求"神让这个国家所有的下级官员都能……勇敢地站出来支持法律所确立的正义之事"，因为这就能实现和平；他随后呼吁执行针对天主教徒和不从国教者的法律。[167] 与他同姓的约翰·艾伦于 1682 年 4 月在切斯特巡回法庭上布道时抨击了不从国教者、间偶奉国教者和没有给前两者定罪的陪审员。他宣称："我们有好的法律，看在神的分上，让我们按照它们来生活行事吧；让它们在一切违反、冒犯和藐视它们的人身上施行吧。"他还说："那些假意抱怨专制权力的人应该得到足够的法律制裁，直到塞满他们的肚腹，因为他们要的就是这个。"[168] 1683 年春天，宫廷牧师约翰·斯坦迪什在赫特福德郡巡回法庭布道时，敦促听众在他们的"若干领域内"认真"依法治理"并确保"我们全部的法律被严厉且不偏不倚地执行"。[169] 一年多后，同样是在赫特福德郡巡回法庭，迈尔斯·巴恩强调，需要"持续、严厉且坚决地执行"现行针对不从国教者的"一切法律"。[170] 而这不能算迫害。正如希克斯所言，迫害只会发生在按照神的吩咐行事的人身上，而不从国教者受到的是"公正的起诉"，因为他们不遵守法律。[171] 理查德·皮尔逊则敦促"一切认真的治安法官"执行针对不从国教者的法律，希望没有人会"因为宗教迫害的恶名而吓得不敢履行自己的职责"；不从国教者所理解的宗教"不过是暴力与劫掠、谋杀与反叛"，而执行法律将阻止他们迫害其他人。[172]

　　为托利党反扑辩护的人并不认为这开启了一场个人统治的新试验。大多数托利党人仍然坚持他们对议会在宪制中的传统角色的看法。1681 年 4 月底，托利党期刊《赫拉克利特的嘲笑》中，"玩笑"与"认真"两个角色都说，他们希望"有一个议会能治愈一切问题，并认真保护政府的基础免受教皇党和新教阴险之徒的威胁"。不过"认真"还补充说，既然国王已经"仁慈地向人民保证，前任议会的不当举动不会阻止他以最大的热情召集他的人民"，那么"认真"还是希望人民"尽量选择那些服从国王陛下公正命令和国家真正利益的人来代表他们，这样或能保护我们的法律、自由和宗教免遭教皇党徒和共和派不从国教者专制权力的侵害"。[173] 纳尔逊宣称，他"认同英格兰议会的卓越体制，并以一个英格兰土生的臣民、一个热爱自由的人、一个英格兰国教会……的真诚新教徒所有的崇敬之情来尊重它"；但他憎恶讨厌"一切篡权行为"，例如，"不让议会召集以实现当初成立它们的重大目的""显然违背了普通法……神的法律、自然的法律，而且是对政府的侵犯"，或者说，"国王对议会不应有负面的声音"。[174] 同样，莱斯特兰奇辩称他是"支持议会的"，只要它们像臣民一样行事，并且不试图夺取不属于它们的权力；"如果下议院能完成被召集时所赋予的工作"，"能尽他们的职责为新的法律提供所缺乏的材料，修正旧的法律有缺陷的地方，并依照我们现有的法律来生活行事，直到我们有更好的法律"，那么他"是支持这样一个下议院的"。[175]

结论

　　辉格党的挑战遭到了托利党在意识形态上的反击。托利党的宣传相当高明，针对的是社会各阶层的受众，不仅有精英和中等阶层，甚至还有底层民众，而且提出的主张旨在诉诸其目标受众的政治宗教情绪。在某种意义上，可以说托利党人信奉绝对王权；毕竟他们自己频频这么说，而且托利党的笔杆子还经常公然主张神授的绝对王权不可反抗，王位世袭继承不可改变。但他们在回应辉格党的挑战时，并非光靠叫嚣王权绝对无上、世袭罔替等消极、被动的口号。相反，他们精心地诉诸公众对天主教和专制统治的恐惧，试图告诉人们：假如辉格党如愿当道，他们这一恐惧就要成为现实了。他们也会强调他们对法治的忠诚，彰显他们眼中纯正的新教。因此，在某种程度上，他们是以辉格党之矛攻辉格党之盾；但在这一过程中，他们宣扬了一种明确的托利党意识形态，与那些坚定的辉格党人所主张的针锋相对。查理二世从头到尾都参与其中；的确，他积极地对外承诺保证法治、维护法律所确立的现行政教体制。当然，他这样做就是将王权牢牢地绑在了托利党的意识形态桅杆上。目前看来，付出这一代价还是值得的。

第五章

管制有术

——英格兰的托利党反扑

> 他们怀着满腔怒火，认为国王陛下应该屈尊来让他的人民醒
> 悟过来，更认为有一大部分人民需要醒悟，并对国王陛下的俯就
> 屈尊感恩戴德。[1]

> 群氓……如水火，可使之而不可为之使；若您管制有术……
> 这些民众有良多益处，但若您权威废弛，他们将变得桀骜不驯，
> 如同洪水烈火，将眼前的一切冲垮吞没。[2]

在上一章，我们不仅看到了宫廷及其托利党盟友如何试图将他
们反对王位排斥的立场合理化，也看到了他们如何在与辉格党的对
阵中拉拢公众舆论。我们现在要问的是，他们成功了吗？他们是否
让民众"醒悟"了？如果是的话，这些民众是哪些人，他们刚刚形
成的忠君思想又是如何表现出来的？查理二世在1681年4月发表
的宣言有何影响，国王在多大程度上履行了承诺，或者说，国王政
府在之后托利党反扑期间的政策是否让政府忠于法治的说法成了笑
话？我们还需要看一下辉格党这边。他们的群众基础是否随着托利

党宣传工作的不断壮大而烟消云散，或者他们是否被残酷的迫害镇压下去了（这种迫害可以让绝大多数人噤若寒蝉，却能让少数顽固分子铤而走险，从事颠覆国家的政治阴谋）？

表面上看，托利党诉诸议会外舆论的努力似乎收到了很大的成效。在牛津议会解散后的几年里，忠君活动风起云涌，人们用献词和游行的形式表达忠于国王和王位兄终弟及，反对辉格党的诉求和手段。不过，我们能否把这些公开展示的忠君情绪当真，这一点还不是很清楚。它们是公众舆论的真实表达，还是如当时的辉格党人以及某些现代历史学家所言，只不过是上面一手策划，表达的只是那些精英赞助人的想法？[3] 尽管近年来学界开始认为托利党有一些真正的草根基础，[4] 但民众表面上兴起拥护托利党的气氛究竟有何意义，大家还存在分歧。是那些反对王位排斥的基层民众变得更加敢于表达、理直气壮，还是说，他们在数量可能没有增加的情况下被更有效地动员起来了？又或者说，当时的公众舆论是否真的背弃辉格党而转向托利党？如果是的话，这个转向有多大？是比较小的，相当于我们今天在历次大选中看到的那种摆动，还是非常剧烈的，正如一位历史学家所称，全国舆论因此从王位排斥危机期间的亲辉格党变成了 1681—1683 年的亲托利党？[5]

毫无疑问，随着时间推移，公众舆论是有一些转向托利党的迹象，这一转向在 1681 年 4 月查理二世发表宣言后形成了势头，并在1683 年拉伊庄园阴谋曝光后变得更加明显。但我们不能说全国上下就倾向于托利党了。不管我们是看献词、群众运动和清洗地方政府，还是看对不从国教者的打击，所有的证据都表明，在托利党反扑期间，尖锐的党派斗争仍继续存在；事实上，辉格党和托利党的斗争在 1681—1683 年达到了白热化。忠君献词和托利党的游行并不都是基层民众自发的；有很多证据显示它们常常受到了上层的鼓励甚至资助（通常是由来自精英阶层的地方党派活跃分子，但偶尔也有国王政府直接参与）。这并不是说它们所表达的地方上的亲托利党气氛不真实，而是说不能把它们作为公众舆论的晴雨表。我们最好把它们视为另一种形式的宣传。政府及其托利党支持者试图宣称他们代表了真正的民意。为此，他们鼓励其同情者更加积极地表达对王权的拥护，这样就能把任何公开表达支持辉格党的活动淹没在汪洋大海中。公开宣传人民站在政府一边——尽管全体人民其实并非如此——有很大的好处。这可能会让地方上的执法人员在处理辉格党及其不从国教者盟友时更加理直气壮，因为他们不再觉得自己是在和公众舆论作对了。这也会让托利党反扑时期一些较有争议的政策（例如清洗地方政府或攻击市镇法人）执行起来没那么难看，因为这似乎符合了公众想要消灭乱党的意愿。这还能减少动乱爆发的可能，因为如果激进分子和心怀不满的人都受诱导而相信公众舆论正在离他们而去，他们就不太会冒险进行那些似乎不太可能争取到足够支持以获得成功的阴谋活动了。最终，辉格党运动是动用法律武器才被镇压下去的（需要强调的是，政府基本上还是在法律的范围内行事的），但政府能够宣称人民站在自己这一边，自己与公众舆论一致，对托利党的成功至关重要——这就是为什么必须把这两点结合起来考察。国王需要"让他的人民醒悟过来"，但如果他想确保"群氓"不至于桀骜不驯，也需要"管制有术"。

托利党的群众运动

牛津议会前的忠君现象

在考虑牛津议会解散后，民众在多大程度上改变效忠对象之前，我们需要承认托利党并不是没有根基的。忠于教会和国王、敌视新教不从国教者的高教会派纲领长期以来一直对众多不同群体的人拥有内在的吸引力；的确，在复辟的时候，民众表现出了对分离教派乃至温和清教群体相当程度的敌意，以及对拥有主教和《公祷书》的国教会的支持。[6]1670年代，对天主教的恐惧往往超过了对清教不从国教者的恐惧，再加上公众对宫廷的内外政策越来越感到不安，这意味着议会外的政治骚动带有强烈的乡村党色彩，随后又带有辉格党色彩。然而，即便是在辉格党炙手可热的时候，仍有相当一部分群体从来没有认同过辉格党的主张。在1679年5月下议院对第一部"王位排斥法案"的表决中，有38%左右的议员投票反对王位排斥，而有人估计，在1680年和1681年的议会中，有40%左右是支持宫廷的，[7]这就是说，反对王位排斥的人在议会选区中还是有一定市场的。在那些更大、更开放的选区中，辉格党的表现总的来说固然比宫廷的候选人更好，但也并非全部如此。例如，在1679—1681年的三次大选中，两位托利党人均在萨瑟克胜出，那里不领取救济的户主都有选举权（将近3500人），还有两位托利党人在诺里奇当选，那里约有2800名自由民拥有投票权。此外，我们也不应理所当然地认为，那些辉格党胜出的地方就没有人支持托利党了：在某些选区，辉格党是经过一番激烈的竞争才赢下的。[8]

其他证据也表明，在牛津议会解散之前，亦存在民众支持托利党的现象。当查理在1679年秋天派弟弟前往苏格兰时，约克公爵夫妇选择陆路交通，实际上将这趟旅程变成了一次漫长的王室巡游。《伦敦公报》报道了旅程的每一站，为读者记载了约克公爵在沿途各地受到了怎样的欢迎——尤其那些有身份的人（贵族、乡绅、市镇官员、重要市民和各级教会要人，还有地方民兵），以凸显地方政治精英对这位王位继承人的支持。公允地说，实际情况并不总是与《伦敦公报》的报道相吻合：约克郡乡绅约翰·里尔斯比爵士注意到，约克公爵在约克郡受到的接待并不热烈，而约克城迎接他的时候"非常冷淡"，市长和高级市政官后来还遭到了国王的申斥。然而，《伦敦公报》的报道也不能被视为无中生有。公爵和公爵夫人在达勒姆受到的欢迎尤为热情，主教和该郡的大多数乡绅（共约5000骑）率民兵部队在城镇郊外的桥上相迎，"人民……和民团"在街道两旁列队，从郊外一直排到了城堡门口，公爵夫妇在进城时受到了市长、记录法官、高级市政官和重要市民的欢迎。这一天最后的活动是敲钟和点燃篝火，包括大教堂广场一处金字塔形状的巨型篝火，《伦敦公报》报道，"十里八乡的人都涌来看公爵殿下夫妇"。[9]

　　1680年2月24日，约克公爵从苏格兰返回白厅宫，伦敦西部点燃多处（包括坦普尔巴和斯特兰德沿岸）篝火庆祝他平安到达。这里面无疑有宫廷的组织策划。劳德代尔为其中两处篝火出资150英镑，而查理命令市长禁止在伦敦城墙以内点燃篝火，显然是怕它们刺激辉格党人。另一方面，一份手写材料宣称，如果市长没有禁止的话，"许多人"会在城里点燃篝火。朴次茅斯、巴沙姆丘陵（萨福克郡）和坎特伯雷也有类似的亲约克公爵表演。[10]最后在3月8日，还有更多的忠君活动，当时查理带着弟弟去赴伦敦市长的宴席。他们"在民众的欢呼声中"到达市长官邸；钟声被敲响，篝火被点燃，而当这对兄弟离开时，有"大批民众"跟随，他们高喊："神佑国王，神佑公爵。"[11]

　　当月晚些时候，辉格党治安法官威廉·沃勒爵士发现一帮来自斯特兰德的托利党学徒"密谋"于5月29日在威斯敏斯特的"一次正式游行中"焚烧象征残阙议会的肉块以及奥利弗·克伦威尔的肖像，之后他们计划捣毁伦敦各地的不从国教者集会场所。这一计划为的是对抗去年11月17日（这一计划最初是在这个时候酝酿的）辉格党的焚烧教皇肖像游行，而且显然组织很严密：率领众学徒的是一个叫托马斯·奥尔福德的铸钟匠学徒，他自封"上尉"，一个鞋匠学徒和一个榨油匠学徒分别自封"中尉"和"少尉"；带头者将他们的支持者列在名单上，总计多达数千人（各方的估计差别很大，有的说四五千，有的说超过 4 万）；据说他们还拜访了一个给徽章上色的人，讨论"要在象征残阙议会的肉块上涂满什么颜色"；而且，据说他们还在托利党印刷商纳撒尼尔·汤普森的家中多次开会，后者被怀疑鼓动了这一计划。辉格党认为，这个计划中的残阙议会焚烧游行是更大的天主教反政府阴谋的一部分，而且"有相当多的教皇党徒参与了密谋"；其他人觉得"这里面没什么大不了的事"，还说"学徒们喜欢点篝火、喝麦芽酒快活一下才是根本原因"。虽然当局一开始以涉嫌叛国为由将带头者下狱，但他们最终未经审判就被释放了。我们在这里看到的似乎是托利党青年（或许是受到了托利党宣传人员的怂恿）企图在首都的学徒中发展草根的托利党运动，以展现并不是所有人都支持辉格党；的确，带头者之一——可能就是奥尔福德本人——最初曾试图在伦敦城的学徒中酝酿类似的计划，但市长发布了逮捕他的令状，因此，他转移到威斯敏斯特活动，并在那里得到了更为积极的响应。[12]

1680 年 4 月底，查理兄弟从纽马基特回来后去雷蒙德郡长的宅邸赴宴，他们在穿过伦敦街道时再度受到了民众的欢呼。[13]1680 年春夏约克公爵待在宫廷里，激起了各地大陪审团和其他团体向国王献词效忠并斥责辉格党手段的浪潮。然而，这些"斥责书"许多都出自少数精明强干的廷臣的主意，或许无法过多代表公众舆论的状况。[14]在 1681 年初的牛津议会选举后，有些选区向新当选的议员送去了辉格党的指示，要他们推动王位排斥并给予新教不从国教者宗教宽容，而另一些选区——包括剑桥、布里斯托尔、萨瑟克和柴郡——则起草指示，要他们的议员维护法律所确立的现行政教体制，保卫国王的特权，并执行针对一切非国教徒的法律：不仅包括天主教徒，也包括新教的分离教派分子。[15]

忠君献词与斥责书（1681—1682）

　　毫无疑问,随着王位排斥危机的发展,有些人改变了自己的立场。其中最有名的是查理二世的国务大臣桑德兰伯爵,1680 年 11 月他在上议院投票支持王位排斥,并因此在 1 月丢了位子;但他一步一步巧妙地夺回了国王的宠信,在 1683 年 1 月官复原职,并成为查理二世统治末年亲法外交政策的主要设计师。但桑德兰一直都是一位廷臣:他只是误认为自己看清了 1680 年秋天的事情走向,以为查理将不得不抛弃自己的弟弟（桑德兰不合时宜地转投即将失败的事业,这不会是最后一次）。更好的例子是亨廷登伯爵。他一度是沙夫茨伯里信任的政治伙伴之一,曾于 1680 年 11 月在上议院支持王位排斥;但在 1681 年 10 月,他亲吻了国王的手,随后成为托利党反扑的主力。1682 年,他在为自己的反水辩解时说,他相信"法律足以维护王权的安全和臣民的财产"以及"上一届议会追求的其他法律会削弱政教体制"。[16] 这样的人还有很多。霍尼顿的议员托马斯·帕特爵士在 1679 年投票支持王位排斥,但后来投靠了宫廷——不过应该指出的是,他一向都是高教会派人士。同样,在两届王位排斥议会中代表汤顿和萨默塞特郡的威廉·波特曼爵士也从支持王位排斥变成了约克公爵的捍卫者,他于 1681 年在该郡的忠君献词上签了字,还在 1685 年的塞奇摩尔战役中率领东多塞特郡民兵抗击蒙茅斯公爵。[17] 伦敦商人约翰·弗尼最初倾向于辉格党和不从国教者,但后来在立场上日益趋向于托利党和国教会。[18]1680 年至 1681 年初,温和的报纸出版商约翰·史密斯和托马斯·本斯金还是亲辉格党,到 1681 年春就变成亲托利党了;有人怀疑商业考虑在其中发挥了作用,但即便如此,这一点也非常重要,因为这反映了在牛津议会解散和查理 1681 年 4 月的宣言后,报纸读者的政治观点发生了变化。[19] 真的是这么回事吗?

一开始，人民对查理宣言的反应态度不一。当时写政治日志的纳奇苏斯·勒特雷尔认为"它不太受欢迎"，因为它抨击议会的做法，而当王国全境的教堂讲坛宣读这份宣言时，"在很多地方""并不是很讨喜"。[20] 但诺里奇的爱德华·莱斯特兰奇发现宣言"将新的生命和灵魂放进了国王陛下忠实的臣民里面"，因为国王"在里面为他近来的做法给出了如此有分量的理由，并做出了如此大的保证，说他会保护他一切尽责、忠实的臣民免受一切专制权力的侵害"。[21] 约克郡的理查德·格雷厄姆告诉里尔斯比，在教堂和法庭上宣读的宣言"得到了所有人的一致欢呼喝彩"。[22] 其他人也注意到民间的心态发生了显著的变化。身居深宫的康韦伯爵在4月中旬评论道，事态"自从上一次解散议会以来变得比以前清静多了"，而在下个月，他说"国王陛下的事情得到了超乎所有人预期的改善"。[23] 伦敦的一位通讯员描述咖啡馆"在言论方面变得非常温和，而城里也很平静"，因为"整个国家似乎被它［查理的宣言］的伟大模范力量所影响"；的确，他继续说道，"在我们的好几个集镇"，人们"说话的腔调非常不同于"以往，质问"议会为他们做了什么"以及"为什么议会不在某些事情上更顺从国王陛下一点"。[24]

在随后的几个月里，英格兰和威尔士向国王呈上了约211份忠君献词，感谢他颁布了那份宣言。[25] 这些献词是以大陪审团、治安法官、民兵军官、市镇法人、学徒和个人团体（包括一些八竿子打不着的团体，例如索尔兹伯里的厨师和蜡烛商公会以及康沃尔郡的锡匠）的名义起草的，有些献词上面的签名人数非常多。小郡拉特兰有1200人，德比郡有2500人，诺丁汉郡有约6000人，北安普顿郡据说有约1万人，康沃尔郡的锡匠据说也有这么多，德文郡"超过了1.6万人"，而伦敦城的忠君学徒有约1.8万人。如果我们把当时汇编的《英格兰之声》中引用的签名人数都加起来，那么就有接近2.75万人。不过，《英格兰之声》并没有给出所有签名人的具体数量；它在有些献词上常常只是写了"数千人"。例如，它没有提及德文郡、北安普顿郡、康沃尔郡锡匠或伦敦学徒献词宣称的人数。如果我们把这些再加上去，那么总人数就增加到了 8.15 万人，而且这仍然没有将所有的签名人包括在内（不过话说回来，有些宣称的人数可能有夸大）。[26] 其中，有 55 份献词出自牛津议会上两名当选议员都反对宫廷的市镇或郡，另有 41 份出自有一名反对派议员的选区。[27] 在一些地方——特别是伦敦、布里斯托尔和东盎格利亚——当地的托利党人在感谢国王解散辉格党议会之余，还会试图自发捐款支持国王（虽然诺福克郡的乡绅在这一点上没能获得足够的支持，但有传言称，他们筹集到了 4 万英镑）。[28]

那么，我们应该如何解读这些忠君献词呢？它们能否表明有大批民众自发地积极支持托利党，能否说明在查理 1681 年 4 月的宣言后，公众舆论的浪潮突然决定性地转而反对辉格党吗？为了解答这些疑问，我们需要探讨一些问题：这些献词的托利党色彩到底有多少？它们突然和自发的程度如何？它们代表了什么人的观点？以及它们在多大程度上反映了地方上新出现的共识？

我们首先应该认识到，这些献词所表达的声音并非整齐划一。查理宣言的遣词造句非常巧妙，既想谴责辉格党的做法，又想向民众保证国王将忠于法律和通过议会进行统治。因此，出于不同的理由，它可以引起不同政治立场的人共鸣，这些献词本身就证明了这一点。伯内特将这些献词大致分成三大类：有些"写得更为温和，只是对国王在宣言中的保证表示喜悦"；"更多的……宣称他们支持王位合法地世袭罔替，并谴责'王位排斥法案'"；剩下的"更进一步，谴责前任议会犯有煽动叛乱罪"，"对不从国教者态度强硬"，而且对"国王本人及其政府"极尽赞美之能事。或者换个说法，我们可以将这些献词分为立场模糊、托利党温和派和托利党高派三类。切斯特菲尔德的献词就是最后一类的例子：它承诺支持"国王有特权……任

The Loyal London Prentice:
Being his Constant Resolution, to hazard his Life and Fortune for his KING.
With his Defiance to Popery and Faction.

I'le plainly make it to appear,	I wear this Ribbond in my Hatt,
That I'm a True Born Cavaleir,	For all the Whiggs to wonder at,
And here my Colours have Display'd,	Let none then Tax my Loyalty,
'Gainst all the Factious that invade.	My King I'le serve until I dye.

To a pleasant Old Tune, called, *The Royal Rose.*

这幅托利党大字海报上的插图歌颂忠心的伦敦学徒采取了捍卫国教会与国家免遭辉格党侵害的立场

意召开、解散议会";谴责前任下议院"之前越来越篡权,实施专制统治";呼吁执行法律"打击一切不从纯正新教英格兰国教会的人"（称他们为"狂热分子、教皇的宝贝"）；并发誓捍卫国王"最神圣的人身"和"至高王位的合法继承人"以及"这个国家的现行法律"。但值得玩味的是,伯内特认为数量最多的托利党温和派献词才是宫廷"最乐意接受的"。[29] 即便是这些献词,在使用立宪温和派语言的同时,它们也十分清楚地表达了对辉格党的反对。例如,1681年5月10日,萨里郡黑斯尔米尔的副司法行政官和市民的献词感谢国王承诺他"决不进行专制统治",而是让"王国公开确立的法律……成为"政府的规则,并且没有批准一部会"导致另一场内战,或使维持常备军成为……维持王国和平……之必需"的法律,即"王位排斥法案"。该献词最后承诺今后会选出"热忱地爱戴陛下的人身与家庭，以及法律所确立的现行政教体制"的议员。[30]

不过，有些献词并没有清楚地表明签名者在王位排斥这一关键问题上持何种态度。例如，1681年春末，金斯林（诺福克郡）的市长和高级市政官感谢查理持续拥护"英格兰国教会卓越的体制，并一直尽心保护它免遭教皇党以及其他一切反对势力的阴险图谋"，还感谢他"坚决果断地维护王权的正当权利以及人民的自由和财产"；不过，虽然他们承诺支持国王的权威并祝愿他万寿无疆，却没有提及王位继承、约克公爵或处罚法。[31]尤其值得玩味的是温切斯特城于1681年5月20日起草的献词。它感谢查理在宣言中承诺"打击天主教，不进行专制统治，也不会允许其他人进行"，"频繁召开议会并将国法作为他的准则"，并"维护教会的权利"以及法律所确立的"纯正新教"，而签名者承诺报以捍卫国王"免遭一切教皇党徒和狂热分子的攻击"。但或许更有意思的是查理的回复，他说他对献词者的忠诚十分满意，并向他们保证，他会"捍卫法律所确立的新教及其一切盟友免遭教皇党徒和狂热分子两方面的侵害"，还补充道，只要他还在世，"国法"就是"政府的准则"。[32]献词人并没有提到王位继承的事，而在国王看来这似乎无关紧要！在有些地方，辉格党人可以在不放弃其政治原则的情况下签署献词。例如，在签署了萨里郡最高军事长官的献词后，萨里郡的辉格党议员阿瑟·翁斯洛就恢复了治安法官的职位，但在他清楚地表明仍旧支持王位排斥后，再次丢了官位。[33]同样，亨利·奥克森丁爵士在肯特郡的献词上签名，是因为他认为其中有"一些条款"是他可以认同的，但他依然致力于选出一个支持王位排斥的议员，只要新一届议会召开的话。[34]

还有一点需要注意的是，这些忠君献词并非同时出现的。最早的一份起草于1681年4月中旬，而国内最后一份则是在1682年1

月呈上的。全国各地并没有突然间被国王的宣言所打动，并一窝蜂地表忠心；许多群体踟蹰不前，尽可能地拖延。不过，随着越来越多的群体蜂拥而上地表忠心，而且看《伦敦公报》报道献词运动的口径就知道，国王不仅欢迎献词，还指望献词，这样无限期拖延下去就很难了。换句话说，随着时间的推移，跟风的无形压力越来越大。1681 年 11 月，眼看着其他所有人都"争先恐后地表达忠诚"，莱姆里吉斯的市长、治安法官、民兵军官、市民、自由地产保有人和其他忠君臣民最终决定他们"不应该再羞于表达"他们的忠诚了。最后，他们商定了一份托利党高派色彩浓厚的献词，斥责一切想要颠覆或改变"最卓越的政教体制"的煽动性原则和做法，承诺在下一届议会中选举公开忠君、品行正直的人为议员，还提出要"用他们的生命和财富"来保卫国王的"人身与特权、继承人、合法继任者以及现有法律所确立的新教"。[35]

　　这样的话，我们就很难确定这些献词在多大程度上与总体的公众舆论吻合。乍一看，这 211 份献词来自全国各地，签名人数逾 8 万，似乎很了不得。媒体报道献词的方式——《伦敦公报》挨个报道，持续了好几个月，然后再汇编成小册子——无疑就是要给公众留下"忠君势力迅猛发展"的印象。[36] 然而，8 万这个数字还不到英格兰和威尔士总人口的 2%，在成年男性人口中也不到 8%。18 世纪初研究献词运动的历史学者约翰·奥尔德米克森——应该指出他是辉格党人——则更为保守地将签名者总数估计为 4 万（不过，即便我们把这个数字翻一番，也不会影响他的观点），他认为这个数字算不得什么，尤其是考虑到获得这些签名花了不少"力气"，而威廉三世时期"有好几份献词的签名数量达到了近 37 万，且没有使用任何手段"。[37] 在献词运动如火如荼的 1681 年，一份辉格党小册子认为，"和反对者相比"，签名者的数量并不"可观"。作者注意到，有很多地方，包括不少郡和一些最主要的市镇，"拒绝呈上任何"献词，而"即便是在弄出献词的地方，签名或表示赞同的人不到十分之一，有些地方还不到百分之一"。他宣称，如果把回避签名或拒绝签名的人都当作反对者，"那么献词者就只占全国人口花名册中非常小的一部分"。[38]

其实，全国许多地方都存在着对献词运动相当程度的反对，而没有哪个地方比首都本身来得更厉害。5 月 13 日，伦敦市议会拒绝了一份对查理宣言表示感谢的献词，而是选择起草一份请愿书要求召开议会（不过表决结果很接近，91 票对 77 票），并于次日呈交给国王。[39] 同样，米德尔塞克斯郡大陪审团向首席大法官提交了一份请愿书，希望国王"迅速召开议会"；它甚至将诺里奇的忠君献词定为诽谤政府，还考虑对查理的宣言本身采取类似行动，不过最后放弃了。[40] 这不是说忠君人士在首都没有发出声音，而是说伦敦及其近郊被党派撕裂了。4 月 18 日第一份呈交给国王的忠君献词就来自米德尔塞克斯郡的治安法官。差不多同一时候，伦敦有"数千杰出市民和居民"向市长和高级市政官请愿，要求他们以市政法人的名义献词称谢，但遭到拒绝。伦敦城、伦敦塔、米德尔塞克斯和威斯敏斯特的军事长官，伦敦的步兵训练团以及萨瑟克区的大陪审团都呈上了称谢献词。[41] 前面已经提过，伦敦城有约 1.8 万名学徒在 6 月底呈上的一份忠君献词上签了名，而在 8 月底，约 5000 名来自威斯敏斯特的学徒呈上了自己的献词。[42] 作为回应，伦敦城的辉格党学徒在 9 月初向市长呈交了自己的请愿书，号称有 2 万人签名，与托利党学徒的献词（他们宣称实际的签者者只有 3000 人）划清界限，并对市政法人向国王请愿召开新议会的努力表示一致支持。[43] 律师之间的分裂最为严重。1681 年 6 月，中殿律师公会部分成员提请呈交一份忠君献词，遭到了公会的拒绝，在开了几次闹腾的会后，献词的人最终改到"魔鬼"旅馆征集签名，随后于 6 月 19 日以"中殿律师公会忠君团体"的名义呈交国王。同样，格雷律师公会也在 6

月拒绝了一份忠君献词，于是献词的人去了一间旅店，并以格雷律师公会"真正忠诚的臣民"的名义签了一份献词。内殿律师公会也就是否呈上献词发生过"非常激烈的争论"。最后，公会成员以 3 票的微弱优势决议"反对立刻处理这一问题"；内殿律师公会最终在 1682 年 1 月向国王献词称谢，这成了最晚的一份献词。林肯律师公会"尝试"进行献词，"但无果而终"，不过，克利福德律师公会呈上了献词。[44]

献词问题在全国其他地方同样引起了不小的争议。来自德文郡奇弗斯通的自耕农约翰·兰伯特因为在 1681 年 1 月宣称"在献词上签名的人都是无赖或傻子"而被德文郡季审法庭定罪。[45]1681 年 7 月，莱姆里吉斯有个人因为"对一切献词，特别是"多塞特郡"绅士呈交国王陛下的献词说了非常诽谤且不合适的话"而被告上法庭并被处罚。[46]约克郡里士满的市长拒绝插手当地发起的献词，说："插手最少的人，受的处罚也最少！"[47]时任坎特伯雷座堂主任牧师的宽容派教士约翰·蒂洛森博士"坚决拒绝"在坎特伯雷 9 月发起的献词上签名。[48]在约克郡西区，斯特拉福德勋爵拒绝在一份对国王"宣言每一个部分"都表示感谢的献词上签名，说那份宣言中只有国王承诺依法统治和频繁召开议会的部分值得感谢，还说"他绝不会感谢国王解散议会的"。[49]1681 年 7 月，林肯巡回法庭的大陪审团一致拒绝了林齐伯爵发起的一份献词。[50]在汉普郡，巡回法庭大陪审团的大部分成员反对该郡最终在 1681 年夏天采纳的献词，因为"他们认为上两届议会的所作所为不应受到中伤"。[51]考文垂在夏天呈上了两份献词：一份对国王的宣言表示感谢，按照汤普森的说法，有 800 多名忠君人士签了名；另一份"性质完全不同"，是"一些心怀不满的人"以市长、司法行政官和市议会的名义发起的。[52]

这样的例子还有很多：一位学者列出了达勒姆、大雅茅斯、肯特郡、诺森伯兰郡、牛津和温切斯特等地更多有关献词的争议，而且他的记载也不完全。[53] 甚至在坚定支持托利党的地区，也能发现对献词运动某种程度的反对意见。例如，德比的大陪审团在 1681 年 7 月一致签署了该郡的献词，众多贵族和大部分乡绅也是如此；的确，用一位当地通讯员的话说，"郡长和这里的大部分乡绅"都是"托利党高派"，总是"在他们的帽子上系小红丝带"。不过，"大部分"这个修饰语暗示并不是所有人；这位通讯员就注意到，在乡绅中有托马斯·格里斯利爵士拒绝签名。[54] 此外，有些地方看上去全体一致的表象具有欺骗性，因为沉默的大多数根本就没有被邀请来签名。这就解释了为什么许多选区在向牛津议会选出了辉格党议员后不久就起草了忠君献词：献词的人在刚刚投票的人中只占一小部分。在诺福克郡和贝德福德郡，只有 10% 的郡选民在各自郡的献词上签了名。伯克郡、柴郡、赫里福德郡和萨里郡的献词出自郡的大陪审团（在萨里郡还有民兵和治安法官），而不是出自自由地产保有人。同样，在不少市镇（包括布里奇沃特、德比、多佛尔、诺丁汉、雷丁、汤顿和温莎），忠君献词出自市政法人中有限的精英群体，而非市镇的全体选民。[55] 即便是那些宣称签名者基础广泛的献词都无一例外地做出限定，说签名的是郡或市镇的精英和其他"忠诚的"居民，闭口不提不忠诚的居民有多少。因此，一位辉格党小册子作者说"最能表现"人民"头脑和情感"的不是"献词"，而是"议会"，这一说法不无道理。[56]

在考虑献词的真实性时，还需要做出一个限定。虽然有些献词可能是当地自发的，但很多也受到了来自上面的鼓励，因为发起献词的地方人士不是与宫廷有密切的联系，就是和辉格党有仇。最高军事长官——政府任命的各郡行政部门主要负责人——在组织各自郡的忠君献词中扮演了积极的角色。[57] 高教会派教士也是如此。按照一位小册子作者的说法，教士们"忙得像蜜蜂一样，让人在献词上签名"，而另一份小册子说，"在不同地方办成献词"的正是这些"无知的教士"，尤其是那些献词中带有反新教不从国教者内容的地方。[58] 在地方上盘根错节的权势人物如果勤劳地拉拢运作，有时的确能产生令人吃惊的成果。9月，纽卡斯尔公爵写信给里尔斯比，感谢他寄来约克郡哈勒姆磨刀匠公会的一份献词，说里尔斯比完成了"一件奇迹，将他们变得忠诚，因为他们向来都是最爱结党捣乱的"。[59] 查理二世本人也公开支持这些地方发起的献词运动，并强烈反对任何召开新议会的要求。例如，查理在5月19日接受伦敦城军事长官和萨瑟克区的称谢献词时，"御前大臣盛赞他们的理智和忠诚，并向他们传达了国王出于同样原因所表达的感谢"。但他非常严厉地责骂了呈交伦敦市政法人要求召开议会请愿书的市长和高级市政官，说他们"插手了与他们无关的事情，命令他们回去管好自己的事"。[60] 的确，查理对那些呈上献词的人不吝赏赐。例如，1681年9月，他送给白金汉郡艾尔斯伯里的忠诚居民一对鹿，好让他们特别设宴表彰献词的人。[61]

因此，我们就很难直截了当地从1681年的献词中看出公众舆论的变化情况了。虽然有些献词是基层自发的，但很多都是当地的党派活跃分子发起的，而且这些献词往往令地方社会分裂，而不是团结一致共同忠君。这并不是说，我们不能在某些方面将这些献词视为公众舆论的风向标。我们没有理由怀疑那些在献词上签名的人接受了其背后的观点；的确，有证据表明人们如果对献词有不同意见，是可以表示反对或划清界限的（尽管我们应该补充说，迫使人献词的正式和非正式压力似乎不小）。公众舆论是有可能正在从支持辉格党转向支持托利党的——至少在某些地方，尽管这一点非常难以检验。但我们不应将献词当作公众舆论的反映，而是应该将其视为政府希望它们成为的东西——宣传。政府及其托利党盟友希望能够展现人民并没有站在辉格党一边。这就需要鼓励他们在地方上的支持者积极地表达忠君立场，也需要向尽可能广大的受众宣传这些展现忠君的举动——这就是为什么献词会被《伦敦公报》如此充分地报道，后来还被汇编成小册子。这件事本身有力地证明了公众舆论开始在复辟时期的政治中扮演重要的角色。然而，重要的不是某个党派是否真的争取到了公众舆论，而是他们能否令人信服地宣称自己争取到了。

对 1682 年斥责运动的考察，似乎可以进一步证实这一解读。按照《伦敦公报》的报道，从 1 月到 9 月间还有 157 份来自英格兰及威尔士各地呈交国王的献词对沙夫茨伯里所谓"新教联盟书"的计划进行斥责，该计划是在 1681 年夏天这位辉格党领袖因涉嫌叛国被捕后曝光的。[62] 斥责书的功能与前一年的忠君献词有些不同。它们大多出自大陪审团、治安法官、律师公会、巡回法庭和季审法庭，而且它们或许也会宣称得到了"其他居民"的支持，但通常不会夸口签名人数有多少。因此，它们的目的并不是表达公众情绪，而是作为官方对 1681 年 11 月伦敦大陪审团决定撤销对沙夫茨伯里的起诉一事的回应，宣称王国其他地方的法律专家、治安法官和陪审团都认为沙夫茨伯里的"新教联盟书"的确是叛国行为。[63] 主要的例外是 1682 年 7 月一份以伦敦城忠诚的年轻市民和学徒的名义呈交国王的斥责书，以及 9 月另一份布里斯托尔 1000 多名"忠诚的年轻人和学徒"呈交的斥责书。[64] 和前一年的忠君献词相比，斥责书中宫廷人士策划的身影更为明显。1 月，约翰·里尔斯比爵士负责劝说米德尔塞克斯郡的治安法官起草一份斥责书，而查理据说在斥责运动开始时对里尔斯比说，他"希望这一针对'新教联盟书'的斥责能和之前的献词一样获得广泛支持"。一位辉格党小册子作者宣称，莱斯特兰奇负责"起草下发到全国的稿子"，而郡最高军事长官、治安法官和地方教士则"受命让人在上面签名"。[65] 有些呈递斥责书的人得到了相应的奖赏。5 月，康韦勋爵邀请来自考文垂的"一群献词的人"到温莎与他一起在宫里吃饭；考文垂的党争是出了名的严重，

它在 1681 年因为忠君献词问题而被撕裂，因此康韦勋爵估计是想要
培植这个处在萌芽时期的忠君势力。[66]8 月 9 日，伦敦的忠君市民和
学徒受邀到裁缝商公会大堂享受有九道菜的盛宴，主持宴会的是宫
廷贵族中的头面人物，如奥蒙德公爵、阿尔伯马尔公爵、格拉夫顿
公爵、里士满公爵、哈利法克斯伯爵和桑德兰伯爵；他们一共吃掉
了将近 20 头鹿，其中有一些还是查理本人赞助的。[67]同样，这些斥
责书也在媒体上得到了相应的报道。

　　与 1681 年的忠君献词一样，这些斥责书并不能反映地方上的
共识。某一个陪审团是否发出斥责书，取决于挑选陪审员的人，也
就是郡长。正如一位辉格党小册子作者指出的，"全国上下都清楚地
知道""他们在挑选大陪审团的陪审员上花了很大力气"以及"驱使
其中很多人在斥责书上签名所用的伎俩"。作者对他的托利党对手说，
没有人怀疑"你们能选出适合你们的绅士当郡长"以及"你们能在
大多数郡里找到适合你们的 17 个或 18 个人"，但在有些地方"你们
能找出的不超过 13 个"，而在不少地方"你们彻底失败了"。[68]1682
年春，林肯郡最高军事长官林齐伯爵在"郡长的协助和巧妙安排
下"，设法让林肯郡大陪审团起草了一份斥责书。这份斥责书获得了
全体通过，但这仅仅是因为起草斥责书的陪审员都是林齐伯爵所任
命的新郡长挑选的。上一年夏天林齐伯爵曾想让大陪审团在巡回法
庭上采纳一份忠君献词，但该陪审团予以拒绝。林齐伯爵承认："借
此，你或许会发现，郡长……在本郡有多大的影响力。"[69]1682 年 4
月 27 日，牛津城巡回法庭开庭，两位辉格党司法行政官通过"挑选
他们知道'真正忠诚'的陪审团"，挫败了一份原本志在必得的斥责
书。这一辉格党陪审团还推翻了针对公谊会和浸信会集会的诉状。[70]
但辉格党对陪审团的控制并没有持续很长时间。到 7 月季审法庭开
庭时，治安法官职位已遭到清洗，新任司法行政官选出一个托利党
陪审团，由其起草了一份斥责书让法庭的人签名。尽管有多名法官

缺席，且记录法官和市长都反对，但警卫官还是宣布"法庭对陪审团所做的表示同意"。[71]1682 年 3 月，约克郡选出了两个"非常忠诚"的大陪审团，他们不可避免地要起草一份斥责书，并且与祝贺约克公爵从苏格兰平安回到英格兰的献词合在一起。郡最高军事长官助理、治安法官、"郡里大部分有头有脸的乡绅"、大主教以及约30 名教士也在上面签了名，并通过托马斯·斯林斯比爵士呈交给身在纽马基特的查理。但这份斥责书后来引起了很大争议，导致了"非常大的动静……辉格党人和托利党人势同水火"，以至于"他们都耻于被人看到与对方为伍"。好些地方的乡绅和教士都拒绝签名，因为没有人事先找他们商量；对立的党派团体甚至还发生了暴力斗殴。[72]有时，宫廷没能成功地影响陪审团的构成。在诺丁汉郡，纽卡斯尔公爵告诉哈利法克斯伯爵和里尔斯比，他尽自己所能让郡长和副郡长"完成他们的任务"，但斥责书还是没弄成。郡长选出了一个由"两党"组成的陪审团，随后给了他们两个反对斥责书的理由："它会影响到沙夫茨伯里勋爵"以及"大陪审团合了郡长的心意，那么它就不能被认为代表郡的意见了"。[73]

城镇治安法官和市政法人官员有时也会试图挫败斥责书。萨默塞特郡的韦尔斯在一般情况下是忠于宫廷的，但其辉格党市长压制了当地居民签署的对沙夫茨伯里"新教联盟书"的斥责书，说他担心如果自己呈交了，下一届议会会找他算账。[74]在切斯特的季审法庭上，记录法官慷慨陈词地谴责了大陪审团发起的斥责书，随后治安法官拒绝对斥责书予以支持。这位记录法官反对道，"他已经进行了效忠宣誓和最高权威宣誓，他认为这比在那份文件上签名更有约束力"，还说"那是他们表忠心的新形式，无益于国王陛下的荣耀"，因为"它往往会让托马斯与理查德为敌，让威廉和爱德华过不去"。他继续说道，此外，"它也不能证明任何人都对那个联盟感到担忧"。[75]在多佛尔，市长拒绝参与当地忠君人士推动的斥责书。[76]

即便是那些呈上斥责书的市政法人，全体一致的表象也常常具有欺骗性。2 月，赫里福德市议会全体投票支持斥责书时，31 名议员中只有 22 名出席。[77]4 月，考文垂的市政法人呈交了一份斥责书，宣称它还得到了郡最高军事长官助理、大陪审团、乡绅和该城及该郡其他居民的支持；同时它还给中央政府送去了一份拒绝或没有签名者的名单，警告说，这些人"信奉危险的原则"。[78]莱姆里吉斯在 5 月呈上了一份斥责书，上面只有 67 人签名，相比之下，去年的忠君献词上有 151 人签名。[79]在雷丁，对拟议的斥责书也存在一定程度的反对。3 月底先有一份草稿被提交审议，但 4 月初对其进行讨论时，一名低级助理说"他不想与它有什么瓜葛"，另一名说"他想要有时间考虑一下"，还有多名成员没有出席。经过进一步的讨论和对措辞的一些修改后，市政法人最终在 5 月初批准了这份斥责书（尽管不是全体一致）。[80]

在伦敦，分歧和之前一样明显。格雷律师公会的大部分绅士拒绝了其 2 月份的斥责书；"推动者"自己签了名并呈交给国王。[81]城里的辉格党学徒针对托利党青年推动的斥责书起草了一份对应的文件，说他们忠于国王，但宣称反对天主教徒推翻国王、"在这个王国"成立"专制血腥的君主制"的阴谋，不过这份文件似乎没有被呈递。[82]步兵训练团和军事长官呈交了斥责书，但市议会中的"忠实党"推动斥责书的计划很快被国王政府扼杀在萌芽之中，后者认为这会刺激"反对党"推动请愿召开议会，这有可能吸引"许多温和的人"，进而"制造不好的先例，再度在整个王国挑起这样的情绪"。[83]

用响声回应响声——托利党的街头政治

在牛津议会解散后的几年里，议会外的忠君示威活动急剧增加，民众走上街头宣示他们反对辉格党，支持国王和王位世袭。在托利党的日历里，最重要的一天是 5 月 29 日，查理二世的生日暨复辟周年纪念日。在王后的生日（11 月 15 日），甚至火药阴谋纪念日（托利党人想在这一反天主教纪念日借题发挥）以及查理或约克公爵正式进入主要城镇时，也会有示威活动。

1681 年 5 月 29 日正好撞上了星期天，但次日，在包括温莎、朴次茅斯和金斯林在内的"多个地方"，人们以"敲钟、点燃篝火、鸣炮和架渠引酒等形式"来庆祝国王的生日。在德比，"洋溢的喜悦之情非比寻常"：在各种节目中，有"一些头面人物"安排了"一个傀儡，穿上杰克长老的正式袍子，披上短披风……还有黑帽子"，然后"把它交给普通民众"，民众"带着它游街，喊着叫着：'记住 1641 年！'"最后，民众在集市中心将肖像烧掉，高喊着"打倒教皇党徒，打倒长老会教徒"。[84] 在逗留纽马基特期间，查理夫妇于 9 月底短暂访问剑桥大学，剑桥出现了"公开展现的喜悦之情"，而在他们于 10 月 12 日最终从纽马基特回来时，伦敦点燃篝火庆祝。10 月 29 日为市长日，国王和王后在穿过城市前往市政厅赴宴途中，受到了民众的夹道欢呼——当然，单纯向国王和王后欢呼本身不能被说成明显的托利党姿态，哪怕宴会是庆祝托利党市长当选的。[85] 然而，11 月 5 日在威斯敏斯特有专门针对辉格党的示威活动，威斯敏斯特学校的学生们决定在院长院子（Dean's Yard）焚烧杰克长老的肖像，肖像右手拿着一本题为《先祖的声音》的小册子，左手拿着《神圣盟约》。[86]11 月 15 日，为了庆祝王后的生日，首都再度举办篝火庆典。[87]

1682 年 3 月，约克公爵在"流亡"苏格兰 18 个月后回到英格兰，引发了专门支持这位天主教王位继承人的忠君示威活动。在大雅茅斯（他 3 月 10 日在那里登岸）和诺里奇（他当天晚些时候前往那里），他受到了"一切想得到的欢庆活动"的欢迎。在大雅茅斯，城里的水手对约克公爵的到来非常兴奋，"好几个水手把脖子以下泡在水里，用头把他顶在海面上，一路抬到岸上"；在诺里奇，街道上"满是人群和篝火"。[88]当约克公爵在 4 月 8 日回到伦敦时，全城有数不胜数的托利党示威活动。当约克公爵在 4 月 8 日返回伦敦时，首都各地举行了数量众多的托利党示威活动。在拉德盖特的"狗见怪"旅馆，民众焚烧了杰克长老的肖像，以及象征残阙议会的肉块、"新教联盟书"和"王位排斥法案"；在科芬园，象征残阙议会的肉块《神圣盟约》、"新教联盟书"和绿丝带都被仪式性地焚烧；在德鲁里巷，沙夫茨伯里本人的肖像被烧，其右手写着"新教联盟书"，左手写着"叛国"，胸前写着"无政府"；在市中心的康希尔，杰克长老、"新教联盟书"和多种辉格党报纸在"打倒辉格党！打倒辉格党！"的口号声中付之一炬。[89]约克公爵抵达首都的消息也在全国其他地方引发了庆祝活动。1682 年 4 月 13 日，多塞特郡沙夫茨伯里的居民焚烧了"象征可憎残阙议会的肉块以及可恶的'新教联盟书'"，以"表达他们对某些坏人所作所为的厌恶以及对国王陛下和公爵殿下平安到达的喜悦"。[90]同样，在多佛尔也有"大规模的欢庆"，"晚上燃起多处篝火"。[91]

支持约克公爵的示威活动持续了整个春天。4 月 20 日，在这位天主教王位继承人穿过伦敦城去赴伦敦步兵训练团的宴会途中，祝福的人向他欢呼。当天不可避免地要以夜间篝火结束：在拉德盖特的"狗见怪"旅馆，民众高喊："神保佑国王和公爵殿下；打倒'王位排斥法案'；打倒签署'新教联盟书'的人。"[92]1682 年 5 月 13 日，约克公爵在返回苏格兰（他去接他的妻子）途中船遇风暴却幸免于难的消息传到了索尔兹伯里，人们长舒一口气，"当地的钟声敲响，篝火燃起，大家在集市中央跪着举杯祝公爵健康"。[93]几天之后，北安普顿郡的昂德尔也出于同样的原因点燃了篝火并祝酒，而约克公爵在 27 日返回伦敦时，首都又出现了篝火。[94]

这一年的 5 月 29 日，王国上下许多城镇都举行了热情洋溢的忠君、反辉格党表演。在科芬园，民众焚烧了泰特斯·奥茨的肖像以及"新教联盟书"和《神圣盟约》。在白衣修士区，人们先是宣读了"新教联盟书"，然后经"大多数人投票"付之一炬，而在伦敦的法律区，中殿律师公会和内殿律师公会点燃篝火，焚烧《神圣盟约》和"新教联盟书"。[95] 首都以外也出现了类似的仪式。5 月 29 日，据称有一个杰克长老的肖像在诺里奇市中心的"一处非常巨大的篝火"被焚烧，人民"大声宣告神保佑国王及其王室"。然后还有"煽动造反的文件"被烧，还有人在把它们扔进火里时向聚集的民众宣读它们的标题："神圣盟约、宣誓、公共礼拜程序大全、长期议会的长篇议员讲话、长期议会给国王查理一世的十九条建议、包容法案、王位排斥法案、新教联盟书"——连同多位辉格党笔杆子的肖像，包括亨利·凯尔、兰利·柯蒂斯、理查德·詹韦和弗朗西斯·史密斯。[96] 达勒姆还举行了精心策划的城市庆典。在早上，市长、郡长、高级市政官和多名当地绅士——"除了他们的仆人外还有 100 人，每个人帽子上都系着一根红丝带"，以表明对约克公爵的支持——前往教堂聆听达勒姆主教堂受俸牧师的布道；随后他们参加了盛大的宴席，在那里"举杯祝王室的人健康，每一杯都敲鼓"；饭后，他们回到教堂，可能还微醺；晚上，市长带着大家以及达勒姆主教，回到市政大厅进行更多的效忠祝酒。那一天以城镇中心的大型篝火结束，多种辉格党册子被投入火中——"《神圣盟约》，近来可怕的'新教联盟书'，凯尔、詹韦和柯蒂斯臭名昭著的煽动性出版物"，等等，"每一份文件都被单独点名，在大批围观者的欢呼声中被投入火中"……"他们参加了当天的联欢"。[97] 在德比和曼彻斯特也有类似的反辉格党仪式，而在布里斯托尔，公谊会集会场所的椅子被用来点燃篝火。[98]

约克公爵在 10 月 14 日生日那天访问剑桥大学，引起了"热烈的欢庆"。当天晚上城里点燃了两处篝火，还有大量的葡萄酒和饮料，人们"一致"举杯祝国王、约克公爵和校监阿尔伯马尔公爵身体健康；

篝火"非常大",以至于周围乡村的人们都以为城里着火了。[99] 当天在圣詹姆斯宫有烟火表演庆祝,伦敦也有多处篝火(包括弗利特街的三处,分别在克利福德律师公会、衡平法院巷和坦普尔巴),忠君的青年在那里举杯祝国王和约克公爵身体健康。[100] 在火药阴谋纪念日——1682 年是在 6 日进行庆祝的,因为 5 日是星期天——伦敦有几个托利党群体出来喊着"要约克!要约克!"作为对辉格党人的公然挑衅[101],而在 15 日还有篝火庆祝王后的生日。[102] 各律师公会的年轻绅士计划在 17 日——伊丽莎白登基纪念日——焚烧克伦威尔的肖像,但国王担心引发混乱,下令禁止集会闹事。[103] 政府的取缔基本上制止了首都的反辉格党篝火游行,但它们仍在地方上继续。例如,1683 年 5 月 29 日,约克、达勒姆和奇彻斯特都有庆祝活动,甚至西部以辉格党势大闻名的汤顿都有民众聚集在一处篝火前,举杯祝查理二世、约克公爵和各位主教身体健康。[104]

这些例子并没有穷举。考虑到时人在报道地方上的庆典时往往只提及几个城镇的名字,然后泛泛地说其他许多地方也有类似的活动,因此无法一一标出英格兰出现忠君表演的地方。忠君分子无疑在 1681—1682 年非常活跃,这是以前没有过的;街头再也不会只有辉格党一方的声音了。不过,与忠君献词一样,我们必须小心对待这些忠君示威活动的证据。它们显然不能证明大批民众正在抛弃辉格党而成为托利党人。

首先,很多这样的忠君示威活动都是宫廷赞助的。1681 年 4 月多佛尔的亲约克公爵示威经过了精心组织。当篝火点起的时候,"13门大炮从城堡鸣放,还有七门从两座堡垒处鸣放",而"港内所有携带火炮的船只也同时鸣炮"。[105] 正如我们已经提到的,1681 年 5 月 30 日德比的焚烧肖像活动是"城里一些头面人物"组织的,他们提供了杰克长老的肖像。[106]1682 年 5 月 29 日达勒姆的庆典是一些"重要的绅士"提前三周计划的,而且我们得知,晚上的篝火是"市长准备的"。[107]1683 年 5 月 29 日汤顿的忠君示威是托利党市长斯蒂芬·泰姆韦尔赞助的，为的是与 5 月 11 日纪念内战期间议会军在当地打败王军的庆典分庭抗礼。[108] 在约克公爵从苏格兰回来后的 1682 年 4 月 8 日举办了盛大的接风活动，甚至国王本人也在策划过程中扮演了角色，他指示市长提前给予约克公爵"相应"的接待，并强烈暗示他"不怀疑伦敦的忠诚学徒会为他的接风尽一份力"。[109]4 月 8 日在拉德盖特"狗见怪"旅馆的篝火据称是应"公爵的多名仆人"请求而设置的 [110]，4 月 20 日在拉德盖特的亲约克公爵示威活动则有"多名重要人物"出席，他们向聚集群众举杯祝酒，而国王的近卫骑兵提醒"小伙子们和民众……该喊叫和致敬了"。[111]

需要强调的第二点是，辉格党的示威活动并没有突然减少。如果说有什么变化的话，那就是它们在牛津议会后的几年里有所增加。1681 年 11 月 5 日，除了伦敦各地照常的焚烧教皇肖像活动外 [112]，地方上还有不少精心策划的事件。在索尔兹伯里，一个教皇的肖像"坐在他的宝座上，头戴三重冠，一手拿着十字架，另一手拿着权杖，戴着非常华丽的装饰"在城里游街，两个人拿着"魔鬼的画像在他边上"，还伴随着表现火药阴谋和教皇党阴谋的露天表演，有"数以千计的人"跟随。傍晚 5 点，教皇肖像"在大集市的一处大篝火"被焚烧。当天的活动由"城里的年轻人负责"，但市政当局也出了一份力，在市政厅为市长、高级市政官、市议员及他们的夫人举行了一次盛大的宴席，"并免费接待其他所有前来的忠诚、诚实的绅士"。查塔姆皇家造船厂的木匠们"准备了教皇、耶稣会士等的刻像，并带着它们隆重地从查塔姆游行到罗彻斯特"又回来，伴随着"大批欢快的旁观者"，然后在"城市的尽头对它们许多可怕的罪行进行宣判"，再在一处巨大的篝火上焚烧。在萨默塞特郡的汤顿—迪恩，教皇和魔鬼的肖像被"大批忠诚的新教徒"用于在城里游街，领头的是"两个人，打扮成修士的模样，穿着相应的长袍"以及"两个教皇党主教，头上戴着冠冕"；教皇后面"则是一个法官模样的人，穿着红色的法袍，骑着一匹由两个小伙子牵引的马……跟随的人是郡长和官员模样，在他们的后面有一个乡下人在马背上进行露天表演"。不过，这些肖像并没有被当场焚烧，而是留到了之后 11 月 17 日的焚烧教皇肖像仪式上。[113]

1681 年 11 月 17 日伦敦的教皇肖像焚烧游行是到这时为止最为盛大的。这次设计了好些新的露天表演，"是由忠诚的市民和其他人……付钱的"。今年"教皇陛下"的大腿上放着"一只精致讨巧的小猎犬，名叫图泽尔，嘴里叼着一份《观察者》——这是在影射罗杰·莱斯特兰奇。从伦敦东端的白教堂开始，漫长的游行队伍穿过首都拥挤的街道，教皇最后在西边的史密斯菲尔德被焚烧，那里是玛丽女王时期烧死异端的地点，民众还在那里观看了精彩的烟火表演。[114]11 月 24 日，伦敦的一个陪审团推翻了针对沙夫茨伯里的叛国指控，这个消息在首都各地引发了庆祝性的篝火——按照汤普森的说法，"比 5 月 29 日看到的"更多。[115] 随着消息传到地方，"这个王国很多地方"也有类似的欢庆活动。[116] 在萨福克郡的伍德布里奇，汤普森告诉我们，当地的辉格党人和不从国教者"在篝火上投的钱……比他们一生为任何忠诚或慈善事业所贡献的钱都要多"。[117]多彻斯特在当年早些时候发表过捍卫王位继承的忠君献词，但居民们在沙夫茨伯里脱罪时还是用钟声和篝火表达了"他们的喜悦之情"，西部的许多城镇也一样，包括不久前刚刚进行过反辉格党长老肖像焚烧仪式的索尔兹伯里，甚至是托利党活动显著且激进的布里斯托尔。[118]

同样，对蒙茅斯公爵的支持也没有明显减少，他此时已经成了辉格党群众的宠儿，而且随着他公开宣称自己是替代约克公爵唯一可行的新教人选，他似乎也在积极争取民众的支持。[119]1681 年 4 月，他在北安普顿郡的奥尔索普庄园拜访了桑德兰伯爵，有大批民众前

对 1680 年 11 月 17 日伦敦辉格党焚烧教皇肖像游行的描绘——受众是错过了这一活动的人，以及参加过活动并想要留念的人

来围观。[120]1681 年 7 月 13 日，威尔特郡沃明斯特的法庭开庭时，约有 40 人现身法院，"每个人的帽子上都有一根蓝丝带"，以表明效忠蒙茅斯，因为"索尔兹伯里的人现在都穿戴红色，以表示忠于约克公爵"。[121]蒙茅斯本人在 11 月 17 日参加了伦敦史密斯菲尔德的教皇肖像焚烧仪式，聚集的民众"一起"举杯祝他和国王身体健康。[122]1682 年 5 月 12 日，政府禁止辉格党在杂货商公会大厅设宴犒劳支持他们的伦敦学徒，学徒们还以颜色，在科尔彻斯特勋爵的住所外举行自己的焚烧教皇肖像仪式，喊着"打倒教皇，打倒教皇党人，神保佑国王和蒙茅斯公爵"。[123]1682 年 9 月，蒙茅斯穿过英格兰中部前往西北地区——表面上是去威勒尔半岛的沃勒西参加赛马，实际上是去试探如果发动起义可能得到的支持——他在造访的许多地方受到了民众的喝彩。在切斯特，"民众"点起篝火欢迎公爵，并围着篝火喊："让蒙茅斯统治，让蒙茅斯统治。"部分参与者的被捕在第二天引发了更大的骚动，约有 30 人前往监狱探望朋友后"一齐穿行街道喊着，'要蒙茅斯，要蒙茅斯'，还威胁要打倒并杀死他们碰到的一些人，说他们是托利党"。当天晚上还有更多的

篝火，以及进一步的混乱：一位前来镇压民众的高级市政官被打了
一顿，一个袭击者说"他不管国王或议会放的屁，神保佑蒙茅斯公
爵"。[124] 9 月 14 日，考文垂发生动乱，"暴民"替蒙茅斯敲响钟声并
点燃篝火，当一位高级市政官试图劝说民众"和平离去时……他们
袭击了他"。当天晚上，"暴民集结"在集市十字架附近，"带着棍棒，
威胁治安法官"。[125]

考察这些证据，可以看出许多地方民意分裂，并在不同的时候
出现了对立的辉格党和托利党示威活动。有好几次，辉格党和托利
党群体还真的直接发生冲突了。1681 年 11 月 5 日，伦敦的托利党
青年在组织自己的长老肖像焚烧仪式的同时，还试图在首都其他地
方阻挠辉格党的教皇肖像焚烧仪式。4 月 8 日，约克公爵回到伦敦，
辉格党的学徒喊着"要蒙茅斯，要蒙茅斯，打倒约克，打倒约克"，
试图熄灭托利党人庆祝的篝火，并以自己的教皇肖像焚烧仪式来进
行对抗；在首都有多处地方随即发生暴力斗殴。4 月 20 日、5 月 27
日和 5 月 29 日也发生了类似的暴力冲突。[126] 到秋天，矛盾愈演愈
烈。10 月 14 日，辉格党青年试图熄灭弗利特街上庆祝约克公爵生
日的篝火。托利党青年将他们驱逐了，但"立刻进入守备状态，以
防第二波攻击"。[127] 11 月 6 日发生了严重的暴力事件，喊着"要约克，
要约克"的群体试图熄灭辉格党纪念火药阴谋败露的篝火。辉格党
还以颜色，打退了托利党青年，接着在街上横冲直撞，喊着"打倒
约克，要蒙茅斯，要蒙茅斯"，袭击已知的"托利党匪徒"的住处，
并捣毁他们厌恶的酒馆标牌，例如"约克公爵之首""枢机主教之首"
和"主教冠冕"。[128]

地方上也发生了类似的冲突。1681 年 5 月 30 日，德比的长
老肖像焚烧游行被一些当地的辉格党人骚扰，后者试图夺取肖像
未果。[129] 1682 年 5 月 29 日，据说托利党支持者在诺里奇的集市焚
烧了杰克长老和主要辉格党报人的肖像，而辉格党群体则"在河的

另一侧"焚烧"教皇"来庆祝国王生日暨复辟纪念日。[130] 在牛津，蒙茅斯／约克之争或许在某种程度上与市民和大学之间的矛盾重合。1683 年 4 月 11 日，一些市民在"喜鹊"酒馆举杯祝蒙茅斯公爵身体健康，一些学生以祝约克公爵身体健康作为回应，双方发生了激烈的对抗。支持蒙茅斯公爵的人举杯咒约克公爵陷入混乱，而当学生们离开酒馆时，他们跟到外面，袭击了好几名学生，并在高街上到处喊叫："要蒙茅斯！要蒙茅斯！打倒约克！"[131]

当然，托利党人之前谴责辉格党人煽动暴民，结果自己为了迎合基层民意，也煽动起暴民来，这不能不说很讽刺。这个推崇秩序的党鼓励人们上街表达对辉格党的反对，其实制造了更多的混乱。但托利党的宣传家们非常清楚，如果不挑起民众的忠君行动，代价会更大。例如，莱斯特兰奇在 1681 年 11 月的《观察者》上提醒读者，人们曾经在 1641 年被一帮宣称要维护"新教事业、反对教皇党"的人"愚弄并煽动进行了一场叛乱"；同样的借口"再现于今朝"，必须"警惕它不会把我们带入同样的境况"。[132] 或者又如他在后面一期里写的，"用响声回应响声；而响声……必须用响声来反对"。[133] 忠君示威活动以及忠君献词和斥责书的证据让托利党媒体可以宣称，辉格党并没有让全体人民都站在他们一边。因此，1681 年 5 月，汤普森在他出版的期刊上夸口说："现在看来，以多个郡的名义出版的［辉格党］请愿和献词并没有代表人民的心声；因为我们现在有许多不同性质的献词、信件和贺词。"[134] 另一位作者在 1685 年宣称，显然"王位排斥法案"不是人民的普遍意愿，因为"大部分人民反对它"。[135]

恰恰是因为宫廷及其托利党盟友试图宣称大部分人民其实是站在他们一边的，辉格党在议会外的活动反而在 1681—1682 年变得更为剧烈了。两个群体都不想让对方看起来占了上风。这就是为什么伦敦的辉格党学徒迅速用自己的献词来回应托利党学徒的献词，

也是为什么会出现对立的教皇／长老肖像焚烧游行。而且，因为我
们是在考察宣传活动——试图向公众表明，是自己而不是对方垄断
了人民的意见——媒体报道这些对立的示威活动的方式也存在冲突。
例如，托利党报纸往往渲染忠君示威活动，而忽略辉格党的示威活
动；辉格党报纸反过来质疑那些所谓托利党表演的真实性，并强调
人民继续支持辉格党。我们以汤普森对 1682 年 5 月 29 日诺里奇反
辉格党示威活动的详细报道为例。诺里奇是英格兰第二大城市，拥
有相当数量的不从国教者群体。要是能报道它现在已经转而忠于宫
廷了，这将会是宣传上的一记妙招——比汤普森前一年报道的德比
和达勒姆国王生日示威要出彩得多。出于同样的原因，辉格党不能
让汤普森对事件的报道只手遮天。一周后，辉格党的《真实新教信
使报》刊登了一封来自诺里奇的信，表达了对"纳特·汤普森无耻
伪造 5 月 29 日事件"的极大震惊。这位通信人写道，"我们的确在
那一天……欢庆国王陛下的生日和复辟纪念日"，但其实"我们在河
的另一侧焚烧了教皇"。[136] 汤普森的记载并非编造；这封谴责他"伪
造"的信后面也承认确实进行了某些忠君表演，是由"两三个不识
字的人"推动的。也就是说，当天在诺里奇似乎有对立的辉格党和
托利党示威活动，汤普森的"伪造"在于他只报道了部分发生的事情。
所以在这里，我们看到了一场媒体围绕着谁能够发声乃至如何报道
民众的斗争。

很难说辉格党是否真的正在输给托利党。托利党可能成功地
夺回了某些中间派——立场摇摆的人，党派立场没那么激进的人，
担心天主教和专制统治但在其他方面并未完全认同辉格党纲领的
人——但我怀疑，这部分人是人群里的少数，不代表大多数公众都
从一边彻底转向另一边了。即使在当时，也不是所有的人，甚至不
是所有支持托利党的人，都相信托利党正在变得比辉格党更受欢迎。
1683 年，后来担任都柏林大主教的威廉·金在坦布里奇泡温泉时注

意到，那些"为国王挺身而出"的人（他称赞这些人"清醒、被灌输了宗教感"）"不如"不虔诚的党派"受欢迎"，"因为他们捍卫的事业并不讨全体英格兰人民喜欢"。[137] 不过话说回来，忠君献词和示威活动无疑增强了王国各地忠君人士的信心，而且沉重打击了辉格党的士气。1681 年 8 月，里尔斯比向哈利法克斯伯爵报告称，约克郡西区都"非常平静"，"因为我没有发现一个人在原则上有丝毫改变，除非是往好的方向改变，心怀善意者想必……在这个地区人数众多"。[138] 一位伦敦的简报作者在 1682 年 6 月报告称，"辉格党""在这个月相当低落。他们不再像以前那样在咖啡馆那么招摇，愿意思考的人每天都在抛弃他们。他们的信心被击溃了"。[139] 不管真实的状况如何，重要的是越来越多的人开始相信人民正在转向托利党。正如勒特雷尔在 1683 年 3 月的日记里提到的："人们的倾向在这十二个月里发生了很大变化，大多数现在似乎倾向于托利党了。"[140]

不过，如果两个党派都希望能宣称人民站在自己这一边，他们就必须是正派的人。例如，托利党反复指责辉格党的群众地位低下，宣称自己得到了更体面的人支持。他们将参与伦敦的辉格党示威活动或者在辉格党献词上签名的人斥为"轻浮的群众""屠夫和其他卑贱的同类""看门人和清洁工"；相比之下，托利党学徒则是"伦敦学徒中最棒、出身最好的那部分"。[141] 辉格党报人自然不会接受这样的定性，而是声称真实状况正好相反。例如，詹韦强调那些在托利党献词上签字的伦敦青年是"无赖和乞丐一样的歹徒，被酒桶所吸引，不是真正的学徒"；相反，辉格党学徒则是"机灵、出身良好的青年"，"在地方上有可靠的父母，而且将要从事手艺"。[142] 一位辉格党小册子作者更是一概而论地宣称"那些为议会解散而感恩的人绝大部分因为年龄不够或贫穷而没有选举议员的投票资格"，是"由他们所生活地区的渣滓和废物组成的"。[143]

其实，两党支持者的社会成分并不好分析。在大多数时候，我们考察的各种群体都是匿名的；除非有参与者因为滋事（虽然少数示威活动演变为骚乱，但大部分还是相对和平的）被捕，他们在历史档案中不会留下蛛丝马迹。请愿也是类似；很少有带着签名者字迹的原件存世，即便有，我们能看到的也只是姓名而已，并不容易看出他们是何许人、从事何等职业。我们所有的证据表明，虽然某些群体更容易支持某一党派（例如纺织工支持辉格党），但总体上看，他们的分界线是纵向而非横向地穿过社会的。富人、中产阶级以及穷人都能在两边找到，乡村的人和城里的人也是如此。政治立场最突出的标志是宗教归属：不从国教者几乎都是辉格党，而强硬的国教人士则是托利党，但我们必须记住，许多温和的国教徒同情不从国教者，因而也往往会站在辉格党一边。[144]

清洗地方官员

　　争取基层民意、鼓励公众表达支持王权的工作，是与一场将辉格党人和不从国教者逐出地方职位的运动相伴的。政府的首要任务是保证民兵掌握在可靠的人手中。1681 年 2 月，国王罢免了剩下的三位曾支持王位排斥的郡最高军事长官（亨廷登郡的曼彻斯特伯爵、萨福克郡的萨福克伯爵以及赫特福德郡的埃塞克斯伯爵），并代之以坚定的忠君分子。随之而来的是大规模清洗那些公开对政府表示不满的郡最高军事长官助理和民兵军官。[145] 政府也开始罢免被猜疑的治安法官。在 8 月底之前，除了剑桥郡、多塞特郡和诺福克郡，英格兰每个郡的新委任状都盖了章。这一次，在对付那些社会身份很高的人时，政府表现得毫不犹豫；例如，那些曾经在 1680 年保住法官职位的辉格党大佬这次就被拿掉了。一些在 1680 年因为不和宫廷一条心而落马的人，也因为表明自己已经改弦更张而官复原职。伯内特说"在法院或民兵群体中没有剩下什么人是不积极迎合宫廷的"，这种说法虽然有些夸张——1682 年还有进一步的调整，甚至在少数地方一直都有一些辉格党政治同情者担任各种职位——但这些清洗确保了到查理二世统治结束时，郡的政权牢牢掌握在托利党忠君人士手中，他们致力于捍卫他们特有的、被法律所确立的教会和国家政府形态。[146]

对郡政府的清洗伴随着对市政法人更为剧烈的清洗。在政府看来，问题并不仅仅在于这些市镇能选出五分之四的议员，还在于市镇不受郡治安官员职权的管辖，而是由市民而非国王任命的市镇治安法官自行管制。它们实际上是英格兰王国内部的小共和国。清除城镇政治及宗教异议分子的行动导致了对市政法人自由权的全面践踏，国王（或者以其名义行事的人）以臭名昭著的权利开示（quo warranto）程序，试图对某一市政法人"凭何令状"而存在的说法提出挑战。许多市政法人要么被迫交出特许状，并向国王申请一份新的，要么就得面临特许状的合法性遭到权利开示令挑战的风险。这一政策一直持续到詹姆斯二世在位初年，导致从 1682 年初到 1687 年初约有 134 个市政法人被授予新的特许状。曾经有人认为，国王的主要目的是通过改变市政法人的选举权来影响下议院的构成；但英格兰有超过三分之一的议会市镇选区未被触动（217 个中有 79 个），而许多不是议会选区的市镇却遭到了打击。虽然针对市政法人的运动确实会对选举产生一些影响，但其主要目的似乎是限制市政法庭的独立性。[147]

前文提到，17 世纪六七十年代，很多地方的不从国教者不顾《市政法人法》的存在，设法重新侵入市镇政府，而且到王位排斥危机时，许多市镇治安法官的职位已经被那些批评政府政治宗教政策的人把持，他们常常准备保护辉格党人和不从国教者免遭中央政府依法打击异己分子行动的伤害。最大的问题就在伦敦，1681 年那里有一批辉格党领袖被控叛国——包括沙夫茨伯里本人——他们获得了缓刑，因为塞满辉格党人的陪审团不批准公诉书（即无须答辩）。据称，查理二世本人也承认，"他之所以推翻城市特许状，为的是将陪审团的任命权从民众那里夺回来"。[148]

并非所有的市政法人都是辉格党的堡垒。有一些市政法人忠于宫廷，而且大多数市政法人都有忠于宫廷的势力。的确，许多市政法人经历了辉格党和托利党派系之间激烈的权力斗争，每个派系都试图控制镇政府——这只会加剧市政法人乱象丛生的名声，并且凸显改革的必要性。如果说有什么变化的话，那就是在牛津议会后，许多市政法人里的党派斗争达到了高潮。其中最臭名昭著的例子就是拉伊，1681 年 8 月的市长选举争议后，那里分裂成两个对立的市政法人，辉格党推举自己的候选人约翰·特尼为市长，与国教派的克劳奇分庭抗礼。国王命令克劳奇担任市长，直到该案得到法律解决，但特尼最终获胜，而且在 1682 年 5 月底，他率领"一帮近 300 人的暴民"闯入市政厅，夺取政权。在接下来 8 月的选举中，再度出现两个对立的市长："辉格党推举的"特尼和"忠君居民推举的"约瑟夫·拉德福德。[149]

对地方的研究显示，到 1680 年代初，从诺里奇和布里斯托尔（分别为英格兰的第二大和第三大城市）到赫里福德郡莱姆斯特这样较小的人口中心，许多市议会出现了严重的党派分裂。[150] 伦敦也远远没有被辉格党所垄断。1681 年 9 月，温和的托利党人约翰·穆尔爵士当选市长，尽管他能当选是因为他是最资深的高级市政官，该轮到他当市长了。次年，更为极端的托利党人威廉·普里查德爵士被选为市长，但这是在不从国教者被取消选举资格后才有的事。对伦敦托利党人最重要的转折点是，他们在 1682 年夏天经过一次激烈的选举争议后，重新控制了郡长职位。伦敦有两名郡长，理论上市长有权任命一名，但近年来两名郡长都是由自由民选民组成的市议会选举产生的。在 1682 年仲夏日投票时，约翰·穆尔试图任命自己的人选、托利党人达德利·诺思为郡长之一，但他被声浪压制，并被推出了会场，然后两位即将离职的辉格党郡长托马斯·皮尔金顿和塞缪尔·舒特为这两个职位举行了投票。选举过程非常暴力滑稽。辉格党人宣称他们的候选人托马斯·帕皮伦和约翰·杜波依斯胜出，但托利党候选人拉尔夫·博克斯则被宣布当选，与诺思一同任职。随后博克斯拒绝上任，因此需要在 9 月举行新的选举。辉格党人认为帕皮伦和杜波依斯已经正式当选，拒绝参与，最终托利党人彼得·里奇爵士被区区 500 人装模作样地选上。皮尔金顿很快就遇到了双重的麻烦。11 月，约克公爵告他诋毁权贵，理由是在约克公爵从苏格兰回来后不久，他在一次高级市政官会议上说，"约克公爵曾经焚烧了这座城市，现在要来割开市民的喉咙"。皮尔金顿没做什么辩护，陪审团判定要给约克公爵高达 10 万英镑的赔偿。由于无力支付，皮尔金顿被投入监狱。然后在 1683 年 2 月，皮尔金顿、舒特和其他 12 人被控在去年夏天郡长选举中制造骚乱且罪名成立：舒特后来被罚 1000 马克（666 英镑 13 先令 6 便士），而皮尔金顿再被追罚 500 英镑——因为他已经入狱，所以金额较少。[151]

要消灭辉格党在市政法人的影响力，王权可以依赖当地托利党人的支持。事实上，清洗的压力常常来自地方自身，要么是被排挤的托利党人想寻求政府的帮助来夺回当地官职，要么是当权的托利党派系想赶走辉格党对手，以获得更大的控制权。[152]1680 年代，第一个进行到宣判阶段的权利开示程序是在伍斯特，由当地的托利党人针对辉格党市长詹姆斯·希金斯及其他 25 名市政法人成员发起，指控这些人篡夺"国王的权力"，在没有签署宣言谴责《神圣盟约》的情况下担任职务。尽管相关程序早在 1680 年秋天就开始了，但案件直到 1682 年与 1683 年之交的冬天才最终解决，26 人被定罪，并被更加可靠的人取代。[153] 或许是伍斯特的例子启发了政府在 1681

年 12 月启动权利开示程序对付伦敦。对伦敦的指控是，它非法征收市场准入费，并通过印刷、散布声称"查理解散议会是错误"的请愿书，煽动"国王的臣民仇视国王个人及其政府"，因而违反了它的特许状，故不再成为市政法人。政府希望伦敦能自愿投降，但伦敦的辉格党人选择坚决斗争到底。宫廷在 1683 年 6 月 12 日决定将伦敦城的特许权收归国王手中，针对伦敦的判决最终在 10 月 4 日做出。国王随后对伦敦市政府进行任命，所有官员都是国王指派的，并且根据国王的意愿行事。[154]

　　1682—1683 年，国王的法律官员初步制定了更为普遍的政策来对付市政法人，以权利开示程序来威胁市政法人自愿交出特许状，作为回报，每个市政法人都能得到特权更多的新特许状，但某些关键的市政职务人选需要国王的认可。这次似乎也是托利党人为王权指明了方向，这些托利党人在城镇里争取国王支持，以与当地辉格党人进行权力斗争。第一个交出特许状的城镇是 1682 年初诺福克郡的塞特福德，在上一年秋天，那里的市长选举发生争议，随后即将离任的市长约翰·门德姆拒绝让新当选的市长沃姆利·赫瑟西特宣誓就职，理由是赫瑟西特没有签署宣言谴责《神圣盟约》。王座法庭强行要求门德姆让赫瑟西特就职，要不然就要进监狱。门德姆判定，打败政敌的唯一办法就是设法让市政法人同意交出特许状——尽管这需要进行程序上的欺骗，并宣布对手的投票无效。3 月 6 日，国王颁发了新的特许状，唯一新增的条款是，记录法官和镇秘书兼行政官的任命需要国王的批准。随着针对城镇特许状的行动初具势头，国王开始要求不但有权利批准，还有权利提名市政法人成员（但这个提名严格来说只是市政法人不得不接受的建议），并且在他们违背国王意愿时能够随意罢免（不过，查理行使罢免权的时候非常节制，不像他弟弟当国王的时候）。有些城镇相对容易就同意交出特许状，其他城镇则需要多敲打敲打。伍斯特有之前的权利开示程序判决，但它还是在 1684 年交出了特许状，以证明忠于国王。在贝里克，驻军统帅的压力说服市政法人交出特许状，而不是对权利开示程序提出异议。对原初特许状最微不足道的违反，都可以成为威胁剥夺市政法人地位的理由。例如，亨廷登郡的圣艾夫斯被指控拥有四名治安官员和三名警卫官，而特许状上规定的是三名治安官员和两名警卫官。不过，最经常提出的意见是市镇法庭审判不公。[155]

　　许多市政法人就是否交出特许状发生了严重的党派斗争，地方上的辉格党人和托利党人常常希望争取当地贵族、绅士的支持来夺取或保住权力。1682 年，诺里奇发生了激烈而漫长的冲突。虽然把持市议会的托利党人最终获胜，但他们遭到了辉格党高级市政官及其在市民中的支持者的坚决反对，后者成功征集了八九百人签名请愿，反对交出特许状。[156]1682 年诺丁汉交出特许状一事——按照勒特雷尔的说法，“是市长及 13 名市民所为，与人数多得多的高级市政官和市民意见相悖”——同样引发了“城里激烈的争执”。市政法人的一部分人拒绝承认新的特许状，他们说旧特许状是被不当剥夺的，而在 9 月 29 日，辉格党市民在威廉·萨谢弗雷尔的领导下与当地的不从国教者结盟，“凭借旧特许状”选举了自己的市长（奥尔德曼·格里夫斯）、郡长和司库。一群闹事民众聚集在市政厅，阻止即将离任的托利党市长杰维斯·怀尔德让根据新特许状任命的官员宣誓就职，并暴力抢夺了市长的册子以及一名郡长的权杖。最后，市长不得不躲进自己的家中，在那里给官员宣誓就职，但当他来到集市十字架公布这些官员的任命时，原郡长、不从国教者约翰·舍温“带着一群不从国教者……出现在街头，摆出要闹事的架势”，喊着“不要新特许状，要格里夫斯，要格里夫斯”。[157]即便在交出特许状之后，考文垂的党派矛盾依然尖锐。记录法官布鲁克勋爵曾建议不要太过严厉地清洗辉格党人，说如果让大多数人继续任职，进而有望争取他们支持国王的利益,造成的伤害要比罢免任何“对穷人有很大影响”

的人更小。然而，结果是，托利党人发现他们"在面对一个如此强大的党派时"常常"无能为力"，并且抱怨大多数因新特许状而掌权的人，曾在 1682 年秋天"蒙茅斯公爵途经城市时逢迎过他"。[158]

　　清洗的结果是给了土地阶层更多控制市政法人的权力。在许多市政法人里，当地乡绅被冠以荣誉市民的称号，而当地的大贵族常常能够获得关键市政法人官职的任命，如记录法官或执事——例如，亨廷登伯爵成了莱斯特的记录法官，雅茅斯伯爵成了诺里奇的记录法官。因此，一位历史学家将托利党反扑视为英格兰贵族政治复兴的标志。[159] 清洗也将城镇变成了托利党的堡垒，并确保市政法庭可以被用来执行针对政治宗教异议分子的法律。尽管清洗是出于赤裸裸的政治目的，但它们是合法的，因为王权总是遵循适当的法律程序。的确，被处理的市政法人往往违反了某些法律。

　　在许多市政法人里，得胜的托利党人在他们最终拿到新特许状时会举行公开的庆典。1684 年 7 月，大雅茅斯"用盛大的欢庆和篝火，以及城内多处鸣放巨炮"来庆祝新特许状的颁发。[160]1684 年 11 月 20 日，科尔彻斯特在记录法官阿尔伯马尔公爵带来新特许状时举行了精心策划的城市庆典，公爵本人"一路受到夹道欢迎……人民大声欢呼，用在夜晚燃放篝火的方式来表示他们的喜悦之情"。[161]1685 年 3 月 6 日，切斯特的新特许状"在人民响亮而反复的欢呼声中"被带到市政大厅，市长架设渠道引酒的命令无疑起到了推动气氛的作用。[162]1685 年 8 月，约克用"人民持续欢呼"、效忠祝酒和篝火的方式庆祝新特许状的颁发。[163] 这样的例子还有很多。新特许状的颁发往往标志着当地托利党势力打败了辉格党，无疑会受到地方上部分群体发自内心的欢迎——这或许能进一步表明，在 1680 年代，民意逐渐转向托利党。但这些表演也流露出上面策划的迹象，进一步证明了我们之前的观点，即让人民看起来站在他们这一边，变得对托利党（以及政府）非常重要。

摧毁他们的生命、自由和财产
——打击不从国教者

对治安法官队伍和城镇市政法人的重整，为查理末年针对新教不从国教者的严厉打击铺平了道路。从 1681 年开始，政府反复要求执行一切针对新教不从国教者的法律，出现了英格兰历史上宗教迫害最持久、最激烈的时期。政府动用手中的一切法律武器来镇压分裂教会的不从国教者——不仅有那些复辟时制定的法律，例如 1665 年的《五英里法》和 1670 年的《秘密集会法》，还有过去伊丽莎白时期的法律，包括 1593 年臭名昭著的《伊丽莎白第三十五年法》。政府甚至动用伊丽莎白和詹姆斯时期的不服从国教法律来对付那些不参加国教会的人，尽管不从国教者反复抱怨称，制定这些法律的初衷是为了对付天主教徒。虽然参加秘密宗教集会的罚金相对较低（初犯为 5 先令），但很多参加秘密宗教集会的人被控参与暴乱，处罚就更为严厉了；根据当时的法律，暴乱是指三人以上聚集从事非法活动，按照这一定义，一切不从国教者的秘密宗教集会，不管有多和平，严格来讲都是暴乱。不服从国教的罚金是每月 20 英镑，而1593 年的反叛逆教派法可能对累犯处以死刑。如果地方官员怀疑不从国教者对政府不忠，他们可以选择实施效忠宣誓，这招在对付公谊会（以及部分浸信会）时非常有效，后者在信仰上拒绝任何宣誓。其他武器也被用来胁迫不从国教者服从，例如逐出教会或不给济贫福利。不过，尽管政府准备动用一切法律武器来打击不从国教者，查理本人却小心翼翼地不逾越法律的字句。的确，1681 年 12 月，伦敦军事长官提议派 11 个连的民团去取缔非法集会，国王却禁止这么做，说他将一直依法统治，秘密宗教集会应该由治安法官来取缔。[164]

宗教迫害或许于法有据，但其导致的野蛮行为无疑也存在。辉格党人和不从国教者经常抱怨前来取缔集会的执法官员和告密者行为粗暴。1681 年 12 月中旬的一份报道描绘了官员在执行针对索尔兹伯里的一处非法集会的令状时"殴打集会的人"，"抓着男人、女人和小孩的头发"拖拽，在逮捕的时候将他们"扔下楼梯"，并捣毁了讲坛和座位，还将所有他们能找到的《圣经》扔进河里。[165] 征收的罚金可能迅速攀升。1685 年 5 月，萨福克郡对不参加教会的公谊会成员的罚金多达惊人的 3.33 万英镑。[166] 在莱斯特郡，1685 年 9 月对不从国教者判处的罚金达到 3.1 万英镑。[167] 那些付不起罚金的人会被扣押财产或投入监狱。根据一份公谊会的请愿书，在詹姆斯二世登基时有约 1460 名教友关在牢里。[168] 如此沉重的处罚可能带来毁灭性的结果：整个家庭沦入贫困，许多人被迫离开自己的家园和行业。受苦的不仅是不从国教者，还有地方上的经济。1682 年 9 月，兰利·柯蒂斯报道了对布里斯托尔不从国教者不参加教会的罚金"迫使超过 500 个家庭抛弃他们的住房并离开城镇"；的确，许多人已经离开了城市，导致"贸易由此萎缩"，关税收入不及"这次迫害前的……三分之一"。[169] 勒特雷尔在 1682 年 12 月注意到，伦敦和王国其他许多地方的不从国教者受到了严重的迫害，以至于"不少商人和其他人离开了他们的职业"并"漂洋过海，宁愿选择在广阔的世界里漂泊，也不愿遭受（他们所谓的）如此迫害"。[170] 在德文郡，约 500 名哔叽工因雇主不从国教入狱而失业。在萨福克郡，约 200 名羊毛工人在其公谊会雇主入狱时也遭了殃。[171] 复辟时期的监狱条件极为恶劣，那些入狱的人如果出狱时健康没有遭受严重损害，那就算幸运的了。1682 年 3 月，柯蒂斯得到了一份报告，称 86 名公谊会成员和 52 名长老会教徒近来被关在布里斯托尔，他们在那里被迫"人叠着人，一个小房间里至少有 26 人或 30 人"，"几乎窒息"。[172]

　　1680 年代，没有人真的因为宗教信仰而被处决。1682 年，公谊会商人理查德·维克里斯的确在布里斯托尔狱中面临处决。根据《伊丽莎白第三十五年法》的条款，他被定罪，并被要求宣誓离境，绝不回国；但作为公谊会信徒，他拒绝进行必要的宣誓，因此被定为重刑犯，不得享受神职人员的特权。不过，威廉·佩恩利用他对约克公爵的影响力，让判决被宣布无效，理由是原来的起诉书中存在错误。[173] 再则，1684 年 10 月，长老会牧师托马斯·罗斯韦尔因为在一个秘密宗教集会上做煽动性布道而被定为叛国罪：他质疑了国王治疗瘰疬病的能力（还说，不管怎样，人民应该去找不从国教牧师而不是国王）；将查理比作《圣经·旧约》中拜偶像的国王"最邪恶的耶罗波安"；还向听众许诺，他们"将会胜过他们的敌人"。然而，主审法官杰弗里斯面对陪审团的判决，选择暂停判决，罗斯韦尔最终因为一纸国王的特赦令而免于一死。[174] 尽管如此，还是有大批不从国教者死在复辟时期的狱中。1687 年，威廉·佩恩说总数约有 5000，[175] 这个数字无疑有些夸大。更可靠的是，研究公谊会的历史学家统计，在查理二世和詹姆斯二世在位时期约有 450 名教友死于狱中。[176] 公谊会是人数最少的教派，却是记载最详细，也最容易遭受牢狱之灾的（既因为他们贫穷，也因为他们拒绝搞间偶奉国教，特别容易遭受不服从国教的指控）。考虑到 1680 年代发生了复辟时期最为剧烈的宗教迫害，似乎可以公允地得出结论，至少有数百人在托利党反扑期间为他们的宗教信仰付出了生命的代价。正如浸信会的托马斯·德洛内在 1684 年所说，宗教迫害"摧毁了他们的自由、财产甚至生命"。[177]

随着针对城镇市政法人的运动开展，我们会看到查理二世末年对不从国教者的迫害是中央和地方压力结合的产物。的确，在某些地区，早在中央政府采取任何行动之前，国教会的狂热分子就要求严格执行针对新教不从国教者的法律了。例如，1679 年 9 月 14日，布里斯托尔的治安法官罗伯特·卡恩爵士突袭了城堡管辖区内的几处集会，宣称"他来这里执行国王的法律"；一位参加秘密宗教集会的人语带嘲弄地问"他是否刚听过国王说话，或者他什么时候和他说话的"，显然不相信查理二世在这一阶段会支持这样的政策。[178] 在很多忠于宫廷的国教人士看来，王位排斥派与不从国教者显然在 1679 年之后已结为紧密的联盟，这再度表明政治异见分子和宗教异端有着必然的联系，打击后者有助于抑制前者。此外，1679年与 1680 年之交的冬春对治安法官的清洗，导致有更多积极打击新教不从国教者的治安法官——不仅让强硬的国教徒取代那些对不从国教者软弱的人，还让那些设法保住职位的人更加急于用打击不从国教者来表现对国王的忠心。在萨默塞特郡、多塞特郡和威尔特郡，1680 年复活节季审法庭中被起诉的不从国教者（长老会教徒、浸信会和公谊会成员）大幅增加。[179] 宗教迫害似乎在牛津议会选举期间再度抬头，尽管那时政府敦促法官要"对不从国教者非常柔和"。[180]

　　从 1681 年夏天开始，中央政府要求严格执行处罚法，有些地方对此表示热烈支持。例如 1681 年 12 月，布里斯托尔市长派遣治安官和其他地方官员去捣毁城里多处集会场所的讲坛、长凳和座位，据说"普通民众"欢欣雀跃，认为这是个白拿木材的机会。[181] 约克郡的治安法官在《伦敦公报》中读到米德尔塞克斯郡治安法官奉命执行针对不从国教者的法律，他们对 1682 年 1 月自己的法庭召开时没有得到类似的指示表示失望；他们还是认定，不从国教者傲慢无礼，有必要好好教他们做人。[182]1682 年 10 月，"米德尔塞克斯郡的多名自由地产保有人"向希克斯厅的法官请愿，请求他们"向国王说情"，"起诉英格兰全境的不从国教者"。[183]1683 年 1 月，一个由萨瑟克"众多城市工匠团体"组成的大陪审团向市长请愿，要求更为坚决地取缔秘密宗教集会。[184]

　　的确，全国各地大陪审团的起诉报告表明，很多人已经听信了托利党所谓不从国教者威胁的宣传。在 1682 年春天布里斯托尔的季审法庭上，大陪审团表示"保护国王特权及人民自由和财产的最好办法"就是"正当且公正地执行处罚法，而在这方面的不足导致了之前的叛乱"。[185]1682 年 12 月，米德尔塞克斯郡奥萨尔斯顿百户区指责"教皇党和宗教狂热""对法律所确立的政府同样危险"，主要的区别是天主教徒的阴谋总是失败，而不从国教者的阴谋成功了，推翻了君主制，摧毁了教会，并施行"非法的专制暴政……近二十年之久"。[186]1683 年 3 月，肯特郡的大陪审团也表示"教皇党和宗教狂热""对政府同样危险"，而"维持保护国王陛下神圣的人身、法律所确立的政教体制，以及臣民正当的自由、特权和财产最好、最有效的方式"是"公正且正当地执行法律"。[187]

　　不过，在很多地方，领导反不从国教者斗争的只是当地的一小撮狂热分子，甚至是个别的活动人士，有时要面对相当程度的地方阻力。在萨默塞特郡的汤顿，1682—1684 年担任两任市长的斯蒂芬·泰姆韦尔在这个"充满着反叛和党争的城镇里"积极地驱散取缔秘密宗教集会，结果导致他作为商人在经济上破了产，因为人们拒绝和他做生意。[188]在林肯郡，一位"非常认真地起诉煽动性秘密宗教集会"的神职人员遭到不满的当地人多次无理起诉，最后自己身陷囹圄，王座法庭下令制止针对他的行动，但当地的代理司法行政官助理决定无视这一命令。[189]1682—1686 年，约翰·希尔顿和他的弟弟乔治在伦敦领导了一个由 40 余名男女组成的帮派，在首都到处取缔集会，为的是获得 1670 年《秘密集会法》规定给告密者的罚金分成。[190]但首都的告密者日子也不好过；他们经常在同情不从国教者的愤怒群众试图解救被捕人员时遭到人身伤害。[191]

　　不管在哪个地方，我们都能看到颇为同情不从国教者的证据。在不少地区，执行处罚法的努力遭到了有组织的抵抗。1682 年 5 月，一位在萨瑟克布道的不从国教牧师被一个连的近卫步兵逮捕，当地学徒"群起营救"，打退了士兵并打伤了他们的连长；他们对这一胜利深感自豪，以至于彻夜手持短棒在街头游行庆祝。[192]1682 年，在伯克郡的阿宾登，托利党市长在一个短暂的时期内取缔秘密宗教集会颇有成效，直到他的治安官在城里遭到一伙暴民的袭击，这些人有四十多个，手持刀棒，决心保护集会；在此后几个月里，阿宾登的季审法庭没有再起诉不从国教者。[193] 地方官员常常不愿意采取行动，要么是同情新教不从国教者，要么是因为不想疏远自己的朋友、邻居和生意伙伴。在托利党反扑初年、清洗市政官员取得很大进展之前，情况尤其如此。一位温莎的居民在 1681 年 12 月指出，"我们这里的治安法官是靠他们的生意维生的"，"不会为了执行一项法律而丢掉一个顾客"。[194] 但我们也能看到乡村地区的治安法官反对宗教迫害，即便是在 1681—1682 年清洗法官队伍后。1683 年 9 月，据报道，东埃塞克斯郡的一些法官"为了避免被认为过于积极地起诉"，对秘密宗教集会"完全是睁只眼闭着眼"，还通过抹黑告密者的信用、在定罪后拒不发放给告密者应得的罚金分成来阻挠其他人这么做；的确，夏季季审法庭的一位法官"警告人们不要利用在教会的职务敲诈勒索，他们"针对不从国教者的"措施有许多错误"。[195] 同年夏天，多塞特郡一位治安法官不仅劝阻了告密者，还把一位不从国教牧师缴纳罚金的三分之一退了回去，而这笔钱根据 1670 年《秘密集会法》的规定，是要给堂区里的穷人的。[196]

不过，最不愿意在针对不从国教者的斗争中为虎作伥的群体还是堂区治安官。这些不领薪水的兼职临时执法官来自中下阶层，在最好的情况下，自然不愿意对邻居的罪行锱铢必较；除非他们对不从国教者有特别的敌意（在某些地区，一些堂区治安官无疑是这样的），他们不会轻易对那些仅仅在自己的秘密宗教集会中和平礼拜的人采取强硬手段。1682 年 7 月到 1683 年 2 月，伦敦的告密者头子约翰·希尔顿在其出版的《秘密宗教集会新闻》中，对堂区治安官的玩忽职守多有抱怨。1682 年夏天，谢菲尔德季审法庭的法官颁布令状，要求当地治安官报告辖区内的全部秘密宗教集会，但后者没有上报；他们的不作为得到了当地一位治安法官（当地清教徒的领袖，在令状颁布时没有在场）的许可，他不仅拒绝追究治安官无视令状的责任，还说所有针对不从国教者的措施都是非法的。[197]1684 年 1 月，在考文垂的季审法庭上，一个由托利党郡长挑选的极端忠君大陪审团控告上一年任职的"全体治安官""没有在取缔秘密宗教集会中尽到他们的责任"。[198]当月，伦敦的一个大陪审团在中央刑事法庭上将违反处罚法的现象归咎于"堂区俗人执事和治安官普遍的玩忽职守"。[199]当年 9 月，米德尔塞克斯郡治安法官指控斯皮塔尔菲尔兹和贝思纳尔格林的治安官"没有举报并取缔秘密宗教集会"；有的治安官被罚 100 英镑，有的被罚 50 英镑，还有的被下令戴枷示众。[200]

跟对付城镇市政法人的运动一样，对不从国教者的打击也揭示了查理二世末年许多城乡存在根深蒂固的裂痕。当然，相互敌对的政治宗教势力之间的具体力量对比因地而异，要想细致地勾勒出地方上的党派归属，需要进行一系列详细的地方研究。然而，可以确定的是，在托利党反扑的政策背后并没有共识。1678—1680 年的辉格党人并没有在 1681—1683 年变成托利党人；相反，在牛津议会解散后的几年里，托利党与辉格党、反不从国教者势力与亲不从国教者势力陷入了激烈的斗争——一方面是争夺政治上的优势，另一方面是为了生存（有时真的是生死攸关）。

高教会派和托利党的笔杆子相信，打击不从国教者有助于争取民众回到国教会，进而结束宗教上的分裂，在他们看来，这种分裂是 17 世纪英格兰一切政治动荡的根源。固然，有许多不从国教者迫于淫威而离弃他们的秘密宗教集会，回到了国教会。1681 年 11 月，一位通讯员从布里斯托尔写道，"执行这些法律"已经"让更多的人来到教会……比过去几年都多"。[201]1682 年 2 月，诺里斯勋爵告诉国务大臣詹金斯，威尔特郡唯一值得报道的消息是，"无论哪里的宗教狂热分子被起诉，他们一般都会来到教会"。[202] 次月，萨默塞特郡传来报道，说教堂突然间人满为患，"因为那些过去多年是坚定的宗教狂热分子的人现在经常去堂区教堂了"。[203] 全国各地都有类似的报道——甚至有些浸信会和公谊会成员据说也皈依了英格兰国教会。[204] 格洛斯特郡的治安法官拉格兰的赫伯特勋爵在 1682 年 1 月预测，如果政府"持续采取措施对付不从国教者"，"他们将不会制造什么麻烦"，而且"要不了多久……将很少会有人听说过哪怕一个不从国教者了"。[205] 到 1684 年 5 月，秘密宗教集会似乎在考文垂销声匿迹了，"对不从国教者执行法律"并"让他们付出代价"已经成功地将"他们都带到教会了"。[206] 地方研究也证实了这种说法。例如，在肯特郡，宗教迫害导致不从国教者的信众大幅缩减。[207]

　　然而，大多数人心里都清楚，这些不从国教者回到教会只是出于惧怕，而非在宗教上回心转意。汤普森在 1682 年 9 月的《真实国内资讯》上报道，自从最近有一个浸信会成员被任命为白金汉郡艾尔斯伯里附近一个城镇的堂区治安官以来，那些此前一直去教会的不从国教者开始回到他们的秘密宗教集会了——他继续写道："这样就清楚了，通过正当地执行法律，他们中的许多人（因为利益，而不是信仰）会服从国教……但由于某些官员的故意渎职，这些阴险之徒又与日俱增。"[208] 许多过去的不从国教者选择部分服从国教；他们离开了他们的集会去参加教会，但通过拒绝参与那些让他们不快的礼仪来给自己的良心找补。1684 年 7 月，埃克斯特治安法庭认定，"尽管几乎所有的分离教派分子现在都经常去他们的堂区教堂"，但从"他们在那里粗鲁、不守规矩的行为"可以看出，他们去教堂不是"出于他们的义务感，而只是为了省钱和免受法律处罚；他们在神圣的礼拜时表现出一切想得到的不敬和粗鄙行为"。因此，法庭命令治安官和堂区俗人执事揪出"所有在教堂祈祷时不下跪的人，在复述信经、荣耀圣三一和唱教会其他赞美诗时站立的人，以及在参加其他所有庄严仪式时有《公祷书》所禁止之行为的人"。[209] 有些不从国教者顽抗到底，或者坚持到他们坚持不下去为止。其他人试图搬到他们觉得或许可以不被骚扰的地方。1681 年中期诺里奇开始宗教迫害时，约六名更为坚定的不从国教商人决定离开城镇，到伊普斯威奇重新开张。[210] 1682 年 2 月，在赫特福德郡，据说取缔集会的行动将一些人带到了教会，但其他人决心"绝不再参加英格兰国教会"。有的人决定移民海外。另有些人想自寻短见；确实有两个人在当地投湖自尽了。[211]

激进派阴谋与 1682—1683 年的拉伊庄园阴谋

面对托利党的反扑，一些激进的辉格党人想要用武力推翻政府。证据的性质决定了想要弄清 1680 年代初各种所谓阴谋背后的真相并不容易：政府相信辉格党人和不从国教者内心深处是致力于摧毁君主制和教会的共和派，因此总是往最坏的情况想；告密者为了获得金钱奖励，非常乐意利用政府的焦虑，提供那些往往能证实其最大恐惧的线报；而只要出现了辉格党阴谋的传言，政府都有充分的动机将其认定为事实，并将所谓的阴谋分子绳之以法，以进一步抹黑辉格党的公共形象。第一个因为参与阴谋被起诉定罪的辉格党人是斯蒂芬·科利奇，他在 1681 年 8 月被指控密谋在牛津议会召开时劫持国王——不过，对他不利的证据很薄弱，最初的起诉书被伦敦的辉格党陪审团驳回，第二份起诉书被交给牛津的极端忠于宫廷的陪审团，之后他才被定罪。[212] 老一辈的历史学家往往对查理二世末年所谓辉格党阴谋的真实性存疑。但近来的研究表明，当时的确有一个激进的地下运动，领导人是辉格党精英中的部分骨干，他们在议会的王位排斥运动失败后试图发动所有三个王国中不满宫廷的势力，用其他手段对教会和国家进行激进的改革。[213]

　　1681 年 3 月，国王召集议会在牛津开会时，沙夫茨伯里和其他辉格党领导人（包括麦克尔斯菲尔德伯爵、沃克勋爵福特·格雷和威廉·拉塞尔勋爵）似乎已经和蒙茅斯公爵商讨过应急计划，以备查理如他们所料，对王位排斥派下手。他们的想法是，沙夫茨伯里留在伦敦，一旦牛津议会突然休会，他就在城里发动他的支持者；随后，辉格党议员迅速返回伦敦，在市政大厅重新聚集。不过国王留了一手，在他离开期间，伦敦驻扎了大批皇家卫队，以防止任何生乱的可能性，于是沙夫茨伯里决定取消这一计划。[214]沙夫茨伯里随后于 7 月被捕，在伦敦塔里被关到 11 月底，不得不暂时停止阴谋活动。1682 年约克公爵从苏格兰回来后，他们又卷土重来。1682年 5 月国王突然患病，沙夫茨伯里、格雷、拉塞尔、蒙茅斯、托马斯·阿姆斯特朗爵士等人在沙夫茨伯里的伦敦住所萨尼特楼（Thanet House）开会，决定一旦查理驾崩，他们就发动叛乱，为的是召开一个决定王位继承的议会。结果，查理身体康复，但在当年夏天托利党在伦敦郡长选举中获胜后，起义计划再度启动。辉格党人和不从国教者现在再也不能指望有陪审团来为他们开罪了，对那些有性命之忧的人而言，铤而走险的时候已经到了。按照格雷的说法，沙夫茨伯里说，"我们在伦敦的朋友现在认为他们的项上头颅已不保，如果他们要救自己一命的话，就必须诉诸武力"。[215]沙夫茨伯里、格雷、阿姆斯特朗、拉塞尔和蒙茅斯在萨尼特楼重新碰头，又开了好几次会，其间有更多心怀不满的辉格党人加入进来，最后，他们决定在全国不同地方协同起事。沙夫茨伯里负责在伦敦起事；拉塞尔去西部各郡探探情况；格雷去埃塞克斯郡摸底；蒙茅斯则以去沃勒西参加赛马为由前往柴郡，评估当地支持的程度，并与辉格党贵族麦克尔斯菲尔德和德拉米尔以及他们各自的儿子布兰登的杰勒德勋爵和亨利·布思讨论方案。前面说到，蒙茅斯9月的西北之行非常成功，而沙夫茨伯里也很想立刻动手，但蒙茅斯拒绝采取行动，而拉塞尔也警告说西部还没有准备好。

与此同时，另一帮阴谋分子开始讨论一项计划，即在查理和约克公爵10月从纽马基特赛马回来途中将他们刺杀（这一想法最早是原平等派分子约翰·怀尔德曼提出来的）。沙夫茨伯里对蒙茅斯越来越失去信心，对这一提议表示欢迎，但支持君主制的辉格党人并不乐意，担心这会导致共和政体，而蒙茅斯拒绝支持任何会威胁到其父性命的计划。苏格兰独立派神学家、沙夫茨伯里的私人牧师罗伯特·弗格森开始成为两个阴谋团体之间的主要沟通者——他似乎在为蒙茅斯效力，试图尽可能刺探这一阴谋的情报，进而将其挫败，但他可能也是为沙夫茨伯里工作的双面间谍。不过，刺杀计划这次落空了，因此沙夫茨伯里转而决定继续坚持联合起义的计划。阴谋分子将时间定为11月19日晚，离火药阴谋纪念日和伊丽莎白登基周年纪念日（在辉格党的日历上是两个反天主教纪念日）不久，而且是个星期天，商店关门，有很多民众在街头，可以为叛乱者的行动提供掩护。然而，11月6日，伦敦当地的辉格党人和托利党人爆发斗殴，导致政府加强戒备，禁止在17日举行任何篝火庆祝活动，而且西部地区还是没有准备好，所以阴谋分子决定推迟计划。沙夫茨伯里失去了耐心，且担忧自己性命不保，便在11月28日离开英格兰逃往低地国家；他于1683年1月21日在阿姆斯特丹去世。

起义的想法现在由一个新成立的"六人委员会"来执行，该委员会由蒙茅斯、拉塞尔、埃塞克斯伯爵、埃斯克里克的霍华德勋爵、阿尔杰农·西德尼和约翰·汉普登组成。另一个由罗伯特·韦斯特领导的阴谋团体则继续执行刺杀图谋，他们现在计划趁查理兄弟从纽马基特春季赛马回来的途中，在赫特福德郡霍兹登的拉伊庄园进行伏击。（"拉伊"意为"黑麦"，据说叫这个名字是因为之前的主人是个麦芽酒酿造商，现在庄园属于信奉浸信会的原克伦威尔军队军官理查德·朗博尔德，他娶了原主人的遗孀。）六人委员会决定拉心怀不满的阿盖尔伯爵及其苏格兰支持者入伙，试图在伦敦、西部各郡、柴郡和苏格兰协同造反。有些苏格兰阴谋分子以购买卡罗来纳殖民地的土地为幌子来伦敦与英格兰阴谋分子会面；英格兰当局乐见这些不消停的麻烦制造者终于要远走新大陆，巴不得看到他们来伦敦从事他们所谓的生意。[216] 这次还是由弗格森来牵线搭桥。然而，六人委员会发生了致命的分裂，一部分人支持建立共和国（埃塞克斯、西德尼和汉普登），另一些人则只是想迫使国王就范。结果，纽马基特在 3 月 22 日发生火灾，迫使查理兄弟比预计时间提前好几天离开，导致刺杀计划受挫。六人委员会还是继续执行其计划，据说到 6 月底已经就宣言草案达成一致，其中规定了议会控制民兵、各郡有权选举郡长、每年举行议会选举、信仰自由以及将那些违背人民利益的贵族降级。[217] 就是在这一时期，辉格党反抗理论的两部经典著作成形——约翰·洛克的《政府论》和阿尔杰农·西德尼的《论政府》，它们都没有在当时立刻出版，但显然是为 1682—1683 年激进辉格党人计划的反抗行动进行辩护的。[218]

不过，拉伊庄园阴谋无果而终。6 月 12 日，一个叫乔赛亚·基林的浸信会榨油工向政府告发，当局很快逮捕了一系列阴谋分子。7 月的第二个星期，对被控的阴谋分子的审判开始了。12 日和 13 日，政府审判了五人——托马斯·沃尔科特、威廉·霍恩、拉塞尔勋爵、约翰·劳斯和威廉·布拉盖，前四人被定为叛国罪并被处决。在第一代辉格党人和怀疑阴谋真实性的老一辈历史学家看来，这些审判歪曲了正义，因而暴露了政府的暴虐本质。现代学者的观点则更为平衡。至少在审判这几个人的时候，政府的行为按照当时的标准还算公允；正如布拉盖的脱罪所表明的，当时并没有一股脑地推定他们都有罪，而另外四人的定罪是有着充分的证据支撑的。首席大法官杰弗里斯在拉塞尔一案的证据总结肯定带有赤裸裸的党派倾向，并利用另一被指控的阴谋分子埃塞克斯伯爵据说在伦敦塔自杀的新闻（在审判进行时传到法庭）来证明阴谋的真实性。这无疑会对陪审团产生一定的影响，要是放在今天，很有可能导致审判无效。但拉塞尔也不是辉格党传说的无辜之人；他自己后来也承认他至少对叛国行为知情不报，这一罪行可能依然会让他付出生命的代价。拉塞尔的律师试图主张政府违反了法律，没有召集一个由自由地产保有人组成的陪审团，但其实法律在这一问题上并不是很清楚，而且这似乎只适用于郡巡回法庭的重罪审判，不包括叛国罪审判或者在市政法人（由拥有土地的自由地产保有人组成当地陪审团的可能性极低）举行的审判。[219]

　　7月13日埃塞克斯伯爵之死在当时颇具争议，而且从那以后就一直引人猜测。从伤口判断，似乎非常不可能如传言所称的，是他自己用一把剃刀割开了自己的喉咙。的确，有一位学者提出了一个强有力的理由，即约克公爵和桑德兰伯爵安排人暗杀了埃塞克斯，为的是让公众相信阴谋的真实性，且有助于给拉塞尔和其他阴谋分子定罪。[220] 如果这是真的，或许这就足以让政府遗臭万年了，但相关证据无法得出板上钉钉的结论。辉格党律师、原绿丝带俱乐部成员劳伦斯·布拉登相信埃塞克斯伯爵是被谋杀的，并开始收集相关证据。政府自然很紧张；布拉登拿出的任何东西，即便与埃塞克斯伯爵之死无关，都有可能造成极其严重的政治影响。因此，1683年9月，政府以涉嫌教唆证人作伪证为由将他逮捕，并设定了1.2万英镑的保释金，让他在王座法庭受审；如果他交不了保释金，就要交6000英镑作为他品行端正的保证。经过请愿，保释金在10月底减为2000英镑，布拉登获释。他最终在次年2月受审，被认定有罪，处以2000英镑罚金并保证余生品行端正，而且在缴清之前不得出狱。直到光荣革命后，他才恢复自由。[221]

在埃塞克斯伯爵死前的一天，即 7 月 12 日，政府还起诉了一批已经脱逃的阴谋分子，包括蒙茅斯、阿姆斯特朗、格雷、弗格森，以及纳撒尼尔·韦德和詹姆斯·霍洛韦等小角色。蒙茅斯躲在他情妇位于贝德福德郡托丁顿的住宅，并不算很隐秘。[222] 由于政府需要蒙茅斯可能提供的一切信息来给目前在押的其他六人委员会成员——西德尼和汉普登——定罪，哈利法克斯伯爵成功地在秋天让父子俩重归于好，并让蒙茅斯在 11 月 24 日自首，在国王和约克公爵面前低头认罪，在供词保密的前提下供出了他知道的一切有关阴谋的信息。次日，查理宣布蒙茅斯已经认罪，并决定中止一切针对他的措施。与此同时，政府决定用西德尼未出版的《论政府》手稿当作第二证人来审判他；第一证人是跳出来告密的阴谋分子埃斯克里克的霍华德勋爵。虽然西德尼在 11 月 14 日受审时成功地攻击了霍华德的可信度，并否认（相比之下没那么有说服力）从他书房里搜出的材料出自他的笔下，但陪审团用了不到三十分钟就认定他有罪，他被判处在 11 月 26 日受吊剖分尸刑*。在西德尼被处决的同一天，蒙茅斯收到了正式的赦免令以及父王的 4000 英镑礼金。然而，蒙茅斯对《伦敦公报》刊登他认罪的新闻大为光火，公开否认他知道任何阴谋。[223] 他的否认，加上他受到的宽大处理，使得人们更有理由怀疑政府为了打击辉格党领袖而捏造了阴谋。12 月 6 日，查理让蒙茅斯签署了一份措辞含糊的文件，肯定他"知道之前的阴谋"并对他在其中扮演的角色（尽管他辩称自己不知道有任何针对国王性命的图谋）感到遗憾，[224] 但蒙茅斯第二天就撤回了——担心这会被用来给他的朋友汉普登定罪——查理别无选择，只能将自己的儿子逐出宫廷。1684 年 1 月 25 日，政府在审判汉普登时传唤蒙茅斯出庭

---

* 古代英格兰酷刑，意在惩处犯叛国罪的男性囚犯。具体做法是将罪犯吊至半死后，剖其腹并焚烧其内脏，而后将其头颅砍下，再将其尸体裂为四段，与头颅皆悬挂于公共场所示众。1870 年被废止。

作证，他已逃往欧洲大陆。到 4 月，他一直待在布鲁塞尔。

汉普登在 2 月 6 日出庭受审，但由于没有第二证人来证实他的叛国行为，他只被认定扰乱治安和传播煽动性言论——属于轻罪。但法庭还是判处了 4 万英镑的巨额罚金，而且下令一直关押到缴清罚金为止，这基本上是判他终身监禁了。政府还抓获了两名逃往海外的涉嫌阴谋分子：詹姆斯·霍洛韦于 1684 年 1 月在加勒比海被捕，托马斯·阿姆斯特朗爵士于 5 月在低地国家被捕。由于他们在被指控叛国后逃避司法而被宣布剥夺法权，宫廷有权不经审判将他们处死。然而，政府选择让霍洛韦在王座法庭受审，指控他非法逃匿，并提议撤回此前对他下的判决，让他可以对叛国指控进行辩护，哪怕他在被捕后不久就招供了；背后的逻辑是"让他已经供认的可憎阴谋更加昭然"。[225] 霍洛韦并没有为自己辩护，而是选择请求宫廷怜悯，但他在 4 月 30 日还是上了绞刑架。相比之下，政府拒绝了阿姆斯特朗的受审请求，6 月 14 日，王座法庭以叛国被剥夺法权为名判处他死刑。阿姆斯特朗在绞刑台前递了一张纸给郡长，称他能够找到证人来证明自己的清白，并援引霍洛韦的先例，还说爱德华六世时期的一项法律给予了逃犯受审的权利，如果他在一年内自首的话。然而，阿姆斯特朗本人算不上自行归案，政府未经审判给他定罪并没有违背正当的法律程序。[226]

拉伊庄园阴谋调查的下一个受害者是 1681 年 11 月不批准起诉沙夫茨伯里的那个辉格党陪审团的首席陪审员塞缪尔·巴纳迪斯顿。1684 年 2 月，他被控在前一年夏天写了四封有关阴谋调查状况的煽动性信件。这些信都是写给私人的，也没有特别严词诽谤——尽管其中确实包含支持拉塞尔和西德尼的字句，并有对首席大法官杰弗里斯的意见——但杰弗里斯作为主审法官指示陪审团做出定罪判决，并处以 1 万英镑的罚金。巴纳迪斯顿在监狱里一直待到 1688 年 6 月交了 6000 英镑并为剩下的罚金做了保证，才被释放。[227]

　　政府还决定拿泰特斯·奥茨杀鸡儆猴，在他们看来，正是此人揭发了虚假的教皇党阴谋，才出了这么多乱子。1684 年 6 月 18 日，约克公爵告奥茨诽谤权贵，说他传播有关自己的假新闻和谎言，特别是 1682 年 12 月在一家咖啡馆里，他公开说约克公爵是叛徒。杰弗里斯又做了一个严厉的证据总结，而陪审团在意料之中做出了有罪判决，评估出来的损害赔偿金为令人难以置信的 10 万英镑，而且还要奥茨再掏 20 先令作为陪审团的费用。这么不合理的罚金可以说违背了《大宪章》，后者"规定没有人应该被罚款至彻底破产"。[228]的确，过分的罚金和过高的保释金是光荣革命时对斯图亚特政权主要的不满，并受到了《权利宣言》的谴责，该文件有若干条款提到查理二世和詹姆斯二世政府的滥权行为。可以说查理二世的政府即使没有滥用法律的条文，至少也滥用了法律的精神，因为这种手段被用来关押政府认为危险的异议分子，而法律本来是无法羁押他们的。

　　拉伊庄园阴谋的曝光，激起了全国上下对辉格党和不从国教者进一步的反弹。为了确保所有人都知道谁该受到指责，国王发表了一纸宣言——显然还是由掌玺大臣诺思执笔的[229]——详细写下了激进辉格党人和不从国教者针对他们兄弟俩性命的阴谋，并下令在全国各地的教堂和礼拜堂里宣读。有趣的是，它开头提到了近来民间忠君情绪的抬头。查理大谈自己"对维护新教的狂热和……依法统治的决心"，提到了近来"朕良善的臣民"已经开始看到辉格党的策略会造成"怎样的麻烦"，因而"在一切场合"利用机会"展示他们捍卫朕的人身、支持朕的政府和法律所确立之宗教的决心和意愿"。查理宣称，"通过这些方式，乱党日益失势"，以至于不惜铤而走险，"决心……使用武力"。[230]宣言最后宣布，9 月 9 日为免遭阴谋的感恩日。这为又一轮忠君布道运动提供了由头，全国各地的教士纷纷宣讲忠君和消极服从的原则，并抨击不从国教者以及"辉格党"和"之前下议院"的所作所为——不过应该指出的是，有几个教士"抨击了这一阴谋以及之前的教皇党阴谋，说应该也为我们脱离后者设立感恩日"。[231] 作为托利党意识形态攻势的一部分，牛津大学在 1683 年 7 月 13 日发表了一份裁定，谴责对国王政府有害的"某些危险书籍和可憎主张"，包括认为权力最初来自人民、暴君将丧失统治的权利、国王与议会两院分享主权、臣民在统治者发出违法的命令时没有消极服从的义务，以及处死查理一世是合法的。[232]

阴谋的曝光成了第三轮忠君献词的引子。从 7 月初到年底，约有 283 份来自英格兰及威尔士的献词表达了对阴谋的斥责，并承诺忠于国王。[233] 其中大多数与 1682 年的斥责书出自同类群体——城镇市政法人、大陪审团、律师——但也有一些献词来自没有正式执法责任的独立团体，例如英格兰商业冒险者协会、泰晤士河船工以及一个自称"埃塞克斯郡纽波特忠君俱乐部绅士"的团体。[234]1683 年 7 月 13 日雷丁市长、高级市政官、助理和大陪审团的献词在论调上颇具代表性。它开头祝贺国王免遭"信奉狂热教派和反君主制原则的人策划并煽动的，在任何时代都是最可怕、最奸诈的阴谋的恐怖后果"伤害，然后表示愿意奉献献词者的性命和财产来保卫国王的人身、"教俗政府以及正当的继承世系不受一切叛逆阴谋分子和结党教派分子的侵害"。[235]

1683 年的忠君献词不仅比 1681 年或 1682 年的更多，而且出现得也更迅速——有时候为了让政府满意，迅速得有些过头了。7 月 27 日，柴郡最高军事长官德比伯爵写信给宫中的奥蒙德公爵，说他等待"某种献词的范本"已经有半个月了，但望穿秋水的他决定不再等了。因此，他起草了自己的献词，让担任郡民兵军官的"主要绅士们"签名，还说他"希望尽早地表现出对那些企图杀死这么贤明的国王、颠覆这么好的政府的卑鄙之徒的憎恶"。奥蒙德回复道，他希望有"更多的人参与"，并建议等到 8 月底巡回法庭召开时，以整个郡的名义发布献词。[236]的确,这一轮的献词不太需要政府的催促；城乡的地方统治者都有充分的理由与这一激进的阴谋保持距离——或许可以说,在那些对宫廷的忠诚受到怀疑的地区尤其如此。值得玩味的是,第一份反对拉伊庄园阴谋的献词,来自伦敦城的市长、高级市政官和市议会；近来的选举已经让托利党获得了市长宝座和市议会里的微弱多数,而针对城市特许状的权利开示程序令市政府现任领导人急于对国王兄弟安全脱险表示祝贺,并承诺用他们自己的"生命和财富"来保卫国王人身、他的"继承人和继任者"以及"既定的教俗体制"。[237]8月底,莱姆里吉斯有182人以市政法人、自由地产保有人和市镇的其他忠诚臣民的名义签署献词,对国王在拉伊庄园阴谋中平安脱险表示喜悦,并斥责任何反对国王人身、"他的继承人和合法继任者以及法律所确立的现行教俗体制"的阴谋和结社。这次比1681年签署献词的人多了31人,比1682年签署斥责书的人多了115人。值得注意的是,莱姆里吉斯后来是1685年6月蒙茅斯公爵叛乱爆发的地方。[238]需要强调的是,大多数辉格党人都避免卷入阴谋活动,即便是那些没有对查理1681年4月的宣言表示感谢或者对沙夫茨伯里所谓新教联盟表示斥责的人,也很有可能对刺杀国王兄弟的阴谋曝光感到震惊。不过,献词确实反映了各式各样的政治立场。有些献词狂热地忠于宫廷,不仅谴责拉伊庄园阴谋,还抨击了近两届下议院的所作所为。有些来自城镇市政法人的献词还主动提出交出城镇特许状。[239]相比之下,牛津市长和市议会的献词开头谴责了阴谋,但随后就对权利开示程序进行攻击,敦促国王不要因为某些结党分子的错误来评判献词的人,对他们自己的忠诚提出抗辩,并恳求国王慈悲为怀,确认他们古老的自由和特权。[240]

除了这些献词,9月9日还有许多庆祝拉伊庄园阴谋败露的篝火表演。[241]朴次茅斯、普利茅斯和韦尔斯都举办了引人注目的纪念活动；据记载,在韦尔斯的纪念活动上,"城里的忠诚绅士"制作了一个杰克长老的肖像，在上面贴上写有"新教联盟""无政府""不批准起诉"和"打倒主教"字样的纸，然后隆重地游街，最后在集市中心的一处巨型篝火将其焚烧。[242] 在牛津，城市和大学点燃了许多篝火。城市赞助了音乐演出，并花钱置办了一桶麦芽酒和一处篝火，而在"星"旅馆前的水泵上，有人放了一只装有杰克长老肖像的桶。据记载，"城里衣着光鲜的小伙手持棍棒在街上行进，为国王和约克公爵呼喊"，但据说"所有人嘴里都念着约克"，而大多数学院的餐厅在吃饭时都公开为约克公爵的健康举杯。[243] 考文垂的庆典被留到了 10 日，这天是星期一，忠君人士带着沙夫茨伯里和弗格森的肖像以及"该死的新教联盟书""苏格兰圣约"和"信仰自由"从城里的每家每户门前经过，其中有一个人"一路上"对它们进行宣读和解释。他们行进到城镇监狱，然后再行进到集市中心，"在那里将它们吊在一个绞刑架上"，下面还放着篝火。据说，有 1000 人观看了这一模拟处决，喊着"神保佑国王和约克公爵"，并伴随着"排炮射击和敲钟"。[244]

　　正如上面的记载所暗示的，这些并不是自发的仪式；它们显然在一定程度上是官方赞助的。在雷丁，市政当局事先决定，9 月 9 日举行过适当的仪式后，要敲响教堂的钟声，"在集市点燃篝火，准备一桶啤酒、四瓶白葡萄酒和 12 瓶红葡萄酒"来为庆祝"国王陛下幸运脱险"助兴。[245] 汤顿——我们的史料准确地告诉我们它"近来被视为英格兰最不忠诚、党争最严重的地方之一"——在 9 日星期天和 10 日星期一举行了"盛大的公开欢庆表演"，10 日那天更是有"敲钟、击鼓、篝火和盛宴等，场面空前"。这部分反映了城里的"辉格党要人"急于"公开证明他们回归了他们效忠的对象"，但主要还是因为托利党市长斯蒂芬·泰姆韦尔和治安法官同僚的积极运作，他们"极大地鼓励了庆祝仪式，让人民开怀畅饮，并带头举杯祝国王和其他王室成员身体健康"。[246]9 月 12 日，柴郡的托利党人在德拉米尔森林先后举办了一场狩猎活动和一次盛宴，以庆祝"国王、公爵和王国摆脱一个狂热教派嚣张恶毒的阴谋"；他们举杯祝查理和约克公爵身体健康，伴随着"喝彩声、音乐、小号和猎号"，然后前往沃勒西参加赛马。据记载，就连"普通民众都被这些带头的人感染，也模仿起他们的喝彩来"。[247]

　　尽管忠于宫廷的人或许发出了各种声音，而且在一些出了名的对政府不满的地区，辉格党人或许也很想表忠，但我们不应该想当然地认为，党派矛盾此时已经销声匿迹，或者大部分人最终都转向了托利党。7月初，在约克郡的基斯利，"国王的徽章"在一次公然反斯图亚特王朝——甚至反君主制——的公开行动中"被扯下并污损"。[248] 肯特郡伊勒姆"一个贫穷的技工"庆祝9月9日的方式是在当地一间酒馆举杯祝蒙茅斯公爵健康，但他遭到在场另一人的严厉斥责，后者随后向当局检举了他。[249] 考文垂在9月10日的忠君表演部分是为了回应前一天的一个"侮辱性表演"，当时有一群人为了公开羞辱城镇的堂区长代理，在他门前立了一个身穿教袍的稻草人。[250] 在雷丁9日的忠君表演过后，洛夫莱斯勋爵和一帮当地的辉格党人因为在"三顿"（Three Ton）旅店秘密聚餐而引起怀疑；有人甚至安排圣格蕾丝教堂敲响钟声"为这些绅士的聚会助兴"，但城镇的一名治安法官迅速下令制止了敲钟人。似乎至少在当地，有人会为了该地区的辉格党仍旧活跃、他们的事业可能还没有彻底失败的消息感到鼓舞。[251] 在全国部分地区，拉伊庄园阴谋的曝光成了托利党和国教狂热分子攻击辉格党和不从国教者邻居的借口。例如，在威根，理查德·安妮斯和玛莎·安妮斯夫妇在9月9日的庆祝活动后"喝高了"，带着一帮30人至60人的队伍穿过城镇的中产阶级聚居区，骚扰那些公开同情辉格党或不从国教者的居民，"用了许多污秽和辱骂的词语，说他们是流氓、长老会无赖、教皇的走狗、罪犯和婊子"。[252]

拉伊庄园阴谋的败露，导致了对不从国教者的打击愈演愈烈。[253] 不从国教者和政治不满分子之间的联系现在已经在公众心目中坐实了，许多城乡采取了零容忍的政策。正如 10 月柴郡一个大陪审团在解释为何决定将"所有没有依法经常去教会的人"都定为不从国教者时所说的，"要想知道人的心为何拒绝来教会，是不可能的"，而任何"对这种事情的纵容许可"都是"通向叛乱、天主教和专制权力的康庄大道"。[254] 该阴谋也让地方上的托利党大陪审团有借口来打击其在地方绅士中的辉格党对手。1683 年 7 月，北安普顿郡的一个大陪审团认定 51 名"心怀不满"的绅士要签署治安保证书，说他们是"本郡一个异议党派"的成员，曾经向他们在牛津议会的议员递交了支持王位排斥的"煽动性请愿书"并"组织多个集会、俱乐部或阴谋集团"来进行各种"针对政府的危险图谋"，"他们的论调出了名的大胆，他们的党派配备武器的比例过高，更像是为了某些危险图谋，而不是为了私人使用"。[255] 结果，有一位巴特勒先生因为递交了所谓的煽动性请愿书而在王座法庭受审；他被认定有罪，被处以 500 马克（333 英镑 6 先令 8 便士）的罚金。[256]9 月 17 日，经柴郡一个特别挑选的大陪审团认定，约 28 名"来自本郡一个异议党派"（或者按照勒特雷尔的话说，"辉格党"）的头面人物——包括麦克尔斯菲尔德伯爵、布兰登勋爵、亨利·布思和理查德·科顿爵士——要因为各种"危险和煽动性的行为"保证品行端正，每人支付保证金 500 英镑。特别提到的事由是，他们在选举布思和科顿为牛津议会议员时，曾推动一份支持王位排斥的请愿书；一直在该郡组织"各种集会和阴谋集团"，因为"他们中的很多人都配备了武器"而引起怀疑；以及在 1682 年 8 月纠集"分裂教会和不满当局的人公开迎接蒙茅斯公爵詹姆斯"，后者是"近来叛国阴谋的一个首要帮凶"。[257]10 月 1 日，萨塞克斯郡在米德赫斯特总季审法庭的大陪审团起诉了 30 名绅士、一名从男爵和多名候补骑士——"都是郡里有产业的人"——因为他们"要么与"拉伊庄园阴谋的"一些主使者有关","要么宣称他们不喜欢现在的政府,要么以经常参加集会或在家中庇护的方式支持不从国教牧师"。[258] 同样,伊利岛 9 月总巡回法庭的大陪审团要求该岛"许多煽动造反、心怀不满的人"保证品行端正。[259] 1684 年春天,汤顿巡回法庭的一个大陪审团将西部地区三名重要的辉格党领导人——乔治·斯皮克、威廉·斯特罗德和爱德华·克拉克——定为心怀不满的危险人物,并让他们保证品行端正。[260]

结论(兼论"平衡手")

在牛津议会解散后的几年里,拥护国王、反对辉格党的公开活动此起彼伏,这无疑反映了公众舆论在某种程度上背弃辉格党,转向托利党。但我们并没有发现全国上下一致倒向托利党。其实,英格兰国内党争激烈,辉格党和托利党在法庭、市政法人和街头针锋相对。如果说牛津议会解散后的几年里有什么变化的话,那就是党派矛盾达到了白热化。这在语言的使用上就可见一斑:"辉格"和"托利"这两个词最早于 1680 年被用在英格兰的政治语境中,因 1681 年 4 月莱斯特兰奇在《观察者》创刊时发表了一段"辉格"与"托利"之间的对话不胫而走,它们在托利党反扑期间成了人们描述伦敦以及地方上两个对立党派的日常用语。[261] 这两个标签一开始是用来骂人的,因此常常带有贬义。一份手抄简报记载了 1681 年 12 月林肯律师公会的两名学生发生口角,"用当时流行的托利和辉格来辱骂对方",于是两人决定进行决斗,以一人身亡告终。[262] 1684 年秋,北安普顿的副记录法官对新当选的市长说,"这座城镇"就是"整个国家的缩影",两股人"互相给对方贴上辉格和托利这样的恶名",他觉得这两个都很"下作"。[263] 但这两个标签越来越多地被用作中性的描述——正如一段记载了 1682 年 11 月威根发生的政治争论的材料在最后评论道，"这就是辉格党和托利党之间的问题"。[264] 的确，政治党派分子也开始把这两个名字当成光荣称号安在自己身上。1682年 3 月，罗伯特·费拉尔从伦敦写信给他在小吉丁的堂兄弟约翰抱怨说，"现在受这些可憎的托利党人和'疾驰者'所传的无稽之谈欺骗，一个诚实的辉格党人几乎都分辨不清事实了"。[265]1682 年 9 月初，五个醉酒的托利党人游行穿过白教堂，强迫"他们见到的所有人说'神保佑托利党人'"，随后他们被押到治安法官面前，当他们被要求对自己的行为做出解释时，他们咒骂道，"去他们的……他们是真正的托利党人，不是辉格党人"。[266] 在 1682 年夏天那场激烈的伦敦城郡长选举后，纽因顿学校的一名学者问小不列颠的一个装订商学徒，他的师傅是"辉格党人还是托利党人"。学徒回答说："是托利党人。"这名学者后来对那个装订商本人说，要是他可以把业务交给自己选择的人就好了——这明显是在暗示他自认为辉格党人。[267] 在地方上，人们显然也乐意把党派标签安在自己头上。1681 年秋天，为了回应当地"一些辉格党头面人物"办的宴会，雷丁市长决定办一个"托利党宴会"，这名字起得相当直白了。[268]

　　不过，如果认为整个英格兰截然地分成辉格党和托利党两个阵营，那就过于简单了。正如辉格党中有激进派和温和派之分，托利党里也有强硬派和温和派。那个曾在 1684 年斥责辉格党和托利党的北安普顿副记录法官认为，城里还有另一类人，他称之为"忠臣"——他们"向来且将一直竭力支持教会和国家的体制"——但这样的人在我们看来很像托利党（尽管是比较温和的那种）。一份有关 1682年 2 月之后诺里奇政治对立的记载称，该镇有三个党派——所谓"激进的托利党"和"激进的辉格党"，温和派则是第三个，后者"拥护现行的政教体制，但行事比较冷静"。[269]

我们还必须看到,这一时期出现了一群自称"平衡者"的人——他们认为自己是在两个极端之间搞平衡。1684 年,哈利法克斯侯爵出版了著名的《平衡者说》,为自己反复无常的政治生涯辩护,书中提倡一种讲究温和与妥协的政治。[270] 但莱斯特兰奇更早之前就发现平衡者是一股政治势力。1682 年 11 月,他的《观察者》就从"辉格党人"和"托利党人"之间的对话,变成了"平衡者"和"观察者"之间的对话。[271] 国教会中也有一些神职人员是平衡者。在托利党反扑达到高潮时,伦敦有一群宽容派神职人员——包括约翰·夏普、约翰·蒂洛森、托马斯·特尼森、西蒙·帕特里克和爱德华·福勒——发表了一系列小册子,呼吁国教徒和不从国教者在天主教威胁面前团结起来,他们公开表示这是为了劝说不从国教者回到英格兰国教会,使他们免遭迫害。[272]

平衡者这个问题非常重要,在这里没办法全部展开来讨论。无疑,是有一些人觉得自己走的是两个极端中间的道路,信奉他们认为不同于任何一党的意识形态,并常常把"平衡者"的标签贴在自己身上。但不太清楚的是,我们能否把平衡者视为一个内部统一且与众不同的第三股政治势力。人们对"平衡者"一词有很多不同的用法。反对平衡者的莱斯特兰奇认为有"许多种平衡者,如国家平衡者、法律平衡者、教会平衡者、贸易平衡者"。[273] 宫廷、城市和乡村也有各自的平衡者。[274] 莱斯特兰奇攻击平衡者,主要是为了让那些倾向于温和政策的人相信,对新教不从国教者采取严厉措施还是很有必要的。骑墙中立是不可行的;没有人能说自己不属于任何一个党派,也没有人可以既拥护国王,又对那些"偏行己路"的人心慈手软。"中立者"是"一个和敌人一样的派别",他们为了"空洞的中立"而"放弃了作为臣民的义务"。[275] 1685 年爱德华·赫伯特爵士被任命为王座法院首席大法官时,御前大臣杰弗里斯建议他,不仅要让法律对那些辉格党人复仇,"也要警告那些哀哭切齿的平衡者;因为救主耶稣基督在福音书中教导我们，'不与我相合的，就是敌我的'"。[276] 因此在某些人眼中，平衡者就是那些背叛了托利党立场的人。但也不是所有的平衡者都属于这一类。吉尔福德勋爵弗朗西斯·诺思说他在 1684 年被视为平衡者，这是因为他批评杰弗里斯愈演愈烈地践踏市政法人特许状的做法，并不断强调必须严格遵循法治。可吉尔福德勋爵本人又起草了 1681 年 4 月查理二世的宣言这一托利党宣传杰作。事实上，他宣称"平衡者"一词是在查理二世末年桑德兰伯爵和杰弗里斯成为国王重要谋臣、约克公爵恢复全部政治权力后，被用来分化托利党的，他说"所有那些（尽管也忠于国王并公开信奉国教）没有和宫中新的野心家保持完全一致的人"都被打成了平衡者。[277] 在另一些人看来，平衡者是那些身在国教会的不从国教者："教会平衡者就是平衡者中的鬼王别西卜……一个服从国教的不从国教者，一个在属灵上玩弄把戏的人。"[278] 根据一段写于光荣革命后的文字记载，平衡者是那些"与不从国教者一道……在政教事务上都主张温和立场的人"。[279] 对激进的辉格党律师托马斯·亨特而言，平衡者是"比较温和的托利党"；对德莱顿而言，他们是"秘密的辉格党人"。[280] 很难看出他们有什么统一性可言。

不过，我们可以看出，在查理二世末年大多数引发分歧的问题上，不选边站是非常困难的，因为当问题摆到面前的时候，就不得不二选一了。王位继承是否应该更改？针对不从国教者的法律是否要实施？拉伊庄园阴谋败露是否值得庆幸？正如一位国教牧师提醒他的会众时所说，"在叛国的问题上没有中立者"。[281] 莱斯特兰奇坚称："在不存在'过度'的问题上谈论'温和'是非常可笑的。您听说过'过度'正直、'过度'智慧、'过度'心平气和、'过度'勇敢、'过度'忠诚、'过度'虔诚、'过度'自制、'过度'仁慈的人吗？"[282] 他在另一处地方对他的平衡者敌人说，"宽以待人和替坏人求情有着很大的区别"。[283] 因此，1683 年 1 月萨瑟克的一个大陪审团宣告，

"所有那些不尽心竭力镇压法律所禁止的一切秘密宗教集会，却自称国王陛下忠心臣民的人"，"不过是僭取了这一头衔"。同样，那些"现在要求放松针对教皇党徒或新教不从国教者的处罚法的人，不管有什么特别的借口"，"都是国王的敌人"。他们想要的就是"彻底而公正地执行处罚法来镇压各种不遵从国教会的人"。[284]那些主张劝说不从国教者回到国教会的宽容派神职人员也会认为，在目前的情况下，实施处罚法还是有必要的。[285]即便如此，他们还是常常会遭到信众里的强硬分子责难，说他们对不从国教者过于软弱。福勒"不偏不倚的布道"使他在自己的克里波盖特圣贾尔斯堂区——该堂区住着非常多不从国教者——招来了很多"严厉的敌人"。他说有的人"非常生气，以至于宣称再也不听"他布道了。还有人采取了法律行动，去坎特伯雷教省法院告他的一系列做法涉嫌违反了教会法：在未赦罪的情况下容许被逐出教会的人参加礼拜，在伦敦议会选举中支持辉格党人和不从国教者，以及阻止对不从国教者进行控罪。结果，他于 1685 年 12 月 9 日被强令暂停履行教职。[286]

　　关于平衡者的讨论，可以进一步凸显为何政府及其托利党盟友认为争取公众舆论非常重要。为了挫败辉格党和不从国教者的挑战，地方上的执法人员必须愿意对王权的政教敌人采取行动。治安官员得抓人；治安法官得指控；陪审团得定罪。政府不允许这些人自行拿捏政策，或者认为无需对不从国教者太过严苛，一切也会好起来的。因此宫廷及其托利党盟友必须让民众相信，对辉格党和不从国教者采取措施是十分必要的（这就是他们宣传工作的目标）；他们还必须让人有胆量这么做，并且向他们保证，支持镇压的法律行动并不是站在公众舆论的对立面。因此，政府就要能展现它获得了公众舆论——以及那些关键人士——的支持，并鼓励支持者更加积极地表达他们的忠诚。挫败辉格党挑战的是严刑峻法，而不是温文尔雅地说服大家改变政治立场。我们不应该忽视查理二世末年英格兰的迫害有多残酷。但严刑峻法之所以能成功，是因为托利党成功地进行了宣传反击战。在政策引导和强制手段的软硬兼施下，辉格党作为一股强大的政治力量土崩瓦解，不从国教的势力也大为削弱了。

第六章

从博斯韦尔桥到威格敦

—— 苏格兰与斯图亚特王朝的反应

　　苏格兰的辉格党人就像一瓶令人作呕的液体……和我们英格兰的辉格党人一样；他们的集会、数量和决心比英格兰的要可观得多（按比例说）……可您现在看到的是良法的权威，以及以那个王国为例，良法的稳定实施。不仅集会被取缔了，就连那个奸党的流毒都得到了矫正和清除。[1]

　　自彭特兰战斗到如今……现行的不公法律还有一些灰色地带，可以让我们支持既成事实；可我们正在进入的时代，不仅制定了新的野蛮法律，这些法律的执行也非常血腥和普遍；在很多案例中，那些嗜血的刽子手连自己的法律都懒得遵守，在公路上、田野里以及泰河以南的几乎任何地方扰民生事、大开杀戒。[2]

　　我们已经看到了查理二世在英格兰如何通过政策引导和强制手段相结合的方式，成功地摆脱 1670 年代末至 1680 年代初所形成的危机，在其统治末年不断地重新巩固王权的地位。在这一过程中，王权与托利党－国教会势力结成牢固的同盟，让自己显得是在依法行事，并捍卫法律所确立的现行政教体制。但查理在 1670 年代末至 1680 年代初所面对的危机，在本质上并不仅仅是一场英格兰的危机。那些担心天主教和专制统治威胁的人曾援引爱尔兰和苏格兰的形势来指出查理兄弟准备要对英格兰干出什么勾当，而国王政府在复辟时期的大多数时间里，一直担心另两个王国中的敌对分子可能对政治稳定带来的威胁。在三个王国中，苏格兰对复辟政权的安全威胁最大，1679 年 5 月 3 日，一伙激进的长老会信徒谋杀了圣安德鲁斯大主教詹姆斯·夏普。此后不久，又有约 8000 名圣约派分子在西南部揭竿而起。甚至在 6 月 22 日叛军兵败博斯韦尔桥后，激进的卡梅伦派仍然一直兴风作浪，他们多次公开宣布将查理·斯图亚特逐出教会，并向这个他们认为的暴君兼篡位者宣战。

那么，我们就需要思考一下政府如何回应苏格兰的危机，以及这种应对跟当局在英格兰的行动有何不同。我们是否也会看到争取公众支持政府立场的努力，以及维护依法行事形象的类似意图？当权者在应对政教异己分子的挑战时，采取了什么措施，又有什么后果？我们还必须认识到，在苏格兰采取的行动并不仅仅是为了解决苏格兰的问题；这是一个不列颠解决方案的组成部分，针对的是一个更大的不列颠问题。查理二世派弟弟约克公爵（或者称他的苏格兰头衔奥尔巴尼公爵）在王位排斥危机期间两度到苏格兰：第一次是 1679 年 11 月到 1680 年 2 月，第二次是 1680 年 10 月到 1682 年 3 月。约克公爵在苏格兰最高政府中扮演了积极的角色，并在 1681 年夏天查理二世在爱丁堡召开的议会中担任高级专员。约克公爵在苏格兰能办成什么事，查理为何会在已经放弃英格兰议会的情况下在苏格兰召开议会，苏格兰的举措对英格兰的政治形势和舆论有何影响，这些都是我们需要进行评估的。

博斯韦尔桥叛乱的后续和约克公爵
在苏格兰的第一次居留 （1679—1680）

　　虽然苏格兰比英格兰更多叛乱，但我们需要注意，不应过分夸大北边的不满程度。他们天生在政治和宗教上更为保守，这就意味着复辟时期苏格兰的统治精英绝不可能与民间的反政府势力一道，给查理二世制造其父在 1630 年代末所面临的那种麻烦。正如一位历史学家指出的，与 1637 年相比，1679 年"民间的愤怒并没有与贵族的不满相结合"。[3] 不过，在精英阶层以下的群体中也存在反对圣约派的声音。我们看到，被查理派去镇压博斯韦尔桥叛乱的英格兰军总司令蒙茅斯公爵在 6 月 18 日抵达爱丁堡时，受到了"国王陛下全体善良臣民"的欢呼。[4] 同样，6 月 24 日，被捕的叛乱分子被押往苏格兰首都时，"大批民众"在城外的街道两侧排了 2 英里长，在"犯人经过的时候"恶毒地"施以嘲笑和责骂"，而在 8 月 14 日，因涉嫌参与起义而被捕的野外布道家约翰·金和约翰·基德被处决后，爱丁堡举行了"公共庆典"（虽然是由苏格兰枢密院下令点燃的篝火）。[5]

　　6 月 22 日，圣约派在格拉斯哥郊外的博斯韦尔桥迎战蒙茅斯公爵的职业士兵时，完全不是对手。有数百人在逃离战场时被击毙——估计在 200 人到 400 人之间，不过因为蒙茅斯本人反对滥杀，所以准确的数字应该偏低。[6] 另有约 1200 人当场投降被俘，加上后来被捕的人，总数多达 1400 人。在克拉弗豪斯的约翰·格雷厄姆的指挥下，军队被派往西南地区搜捕在逃的叛乱分子，他们犯下了许多恶行，不仅在人家里白吃白住，劫掠嫌疑人的住宅，还在缺乏明确法律依据的情况下征收过重的罚金。查理授权他们对不肯交代的人用刑，这进一步加剧了军队的暴行。一个男孩因为拒绝指认哪个邻居参与了博斯韦尔桥叛乱，士兵们就绑着他的大拇指把他吊起来。他们还在另一个"无辜的年轻人"头上缠了一圈绳子并绑在一支手枪的枪托上，然后"在他的头顶上方用力拧，以至于头骨周围的肉都被割开了"。痛苦的喊叫声在方圆几英里都听得见，这位可怜的年轻人后来伤重不治。[7]

不过，蒙茅斯力主对被捕的叛乱分子宽大处理。赦免令于7月27日在温莎城堡颁布，并在8月14日金和基德被处决后昭告苏格兰；这份命令对所有参与室内或野外秘密宗教集会以及1666年和1679年叛乱的人进行大赦——有部分人例外——前提是他们保证不再武装反抗国王及其权威。那些例外包括：参与博斯韦尔桥叛乱的乡绅和牧师；拒绝政府征召平叛的人；曾威胁或虐待国教教士的人；以及否认这场起义是叛乱、夏普大主教是遭到谋杀的人。[8]至于那些带头的人和顽固的起义者，只有七人被判处死刑。除了基德和金，还有30人因为被控叛国或否认夏普是被谋杀而受审，但他们都有机会通过做保证免除一死。有24人做了保证，一人被无罪释放；剩下的五人被处决。有三四百人被安排流放到殖民地；不幸的是，12月10日，超载运送他们的船只在前往巴巴多斯的途中于奥克尼岛外海失事，其中超过220人遇难。[9]约有35名没有获得赦免的乡绅被没收了财产：克拉弗豪斯的格雷厄姆理所当然地得到了一处被罚没的土地作为奖励；据说，其他一些被没收的土地给了天主教徒。那些没有响应民兵征召的乡绅也被处以沉重的罚金——例如，达丁斯顿勋爵就因为没有派人应征而被罚1000苏格兰镑。[10]

到1679年夏天，镇压政策显然又没有起到作用。这一政策不仅再度在苏格兰激起叛乱，也在英格兰掀起了波澜，让人抱怨国王的政府致力于搞专制统治。[11]因此，查理再次试图与较为温和的长老会和解。在得知叛乱者兵败博斯韦尔桥仅三天后的6月29日，他颁布了第三部《信教自由令》，其中虽然仍旧要求打击野外秘密宗教集会，但中止了针对泰河以南一切室内秘密宗教集会的处罚法，只有爱丁堡方圆 2 英里以及圣安德鲁斯、格拉斯哥和斯特灵方圆 1 英里除外。虽然国王中止法律实施的权力在革命时期的英格兰和苏格兰都是一个重大问题，但这一次，查理可以宣称他这么做是依照 1670 年苏格兰《秘密集会法》中的一项条款，该条款规定，在法律三年期满后，国王有权决定是否继续实施。记载长老会所受苦难的历史学家罗伯特·伍德罗虽然无疑有自己的政治宗教立场，但他可能说得没错，"这一《信教自由令》并非行使中止权，而是符合当时现行法律的"。[12] 但国教教士对《信教自由令》很是不满，要求枢密院将例外范围扩大到爱丁堡方圆 6 英里，不过没有得逞。[13]

博斯韦尔桥战役基本上标志着劳德代尔独揽苏格兰大权的终结。虽然他直到 1680 年 10 月才正式辞去国务大臣一职，而且查理在此期间仍然会听取他的建议，但他的影响已经不复。苏格兰的一些人希望蒙茅斯能取代劳德代尔，但蒙茅斯很快就在 1679 年秋天失去了宫廷的宠信。结果，约克公爵成了苏格兰事务的主导者。

1679 年秋天，查理让在低地国家流亡的约克公爵改为前往苏格兰继续避难。查理并没有给他的弟弟清楚的指示，但他决定让詹姆斯进入苏格兰枢密院，此举引起了一些争议，因为信奉天主教的约克公爵需要免除效忠宣誓和最高权威宣誓，而按照 1661 年一部法律的规定，这是一切官员都要做的。总检察长罗斯豪的乔治·麦肯齐爵士将在查理统治末年成为苏格兰绝对王权最坚定的捍卫者，但他此时对劳德代尔抗议说，国王不能豁免这一法律，就像他不能"豁免其他任何被认为对人民有利的主要法律一样"，因为它相当于"国王与人民为了王国的安全而订立的议会契约"。麦肯齐还警告说，作为王位排斥的次选，当前宫廷正在提议对天主教王位继承人进行限制，而豁免将会损害约克公爵在英格兰的前程，因为"国王陛下的臣民如果看到没有法律可以约束这个王位继承人，那么任何针对他的限制都不能令他们感到安全"。[14] 劳德代尔也尽其所能地劝说约克公爵进行宣誓，说如果拒绝的话，这将会给他在英格兰的敌人以及"在苏格兰"支持蒙茅斯的"可悲奸党""极大的可乘之机"。但约克公爵还是不肯就范，最终，查理二世授权他在不进行宣誓的情况下进入苏格兰枢密院，宣称1661年法律的措辞并不包含国王的"合法子嗣和兄弟"。[15]

　　约克公爵夫妇于11月21日抵达苏格兰边境，御前大臣罗西斯伯爵、38名枢密院成员和来自南部各郡的大部分贵族、乡绅在那里迎接，并浩浩荡荡地护送他们进入首都。他们在11月24日进入爱丁堡，从利斯（2英里外）开始，街道的两侧就挤满了"数千民众"，他们喊着"祝国王长寿昌盛"和"欢迎公爵和公爵夫人，祝他们身体健康"。城镇治安法官在水门向约克公爵进献了城门钥匙，市长发表讲话，表达了该城"对殿下到来的巨大喜悦"，并"重新保证他们对国王陛下的一贯忠诚"，"对皇家世系坚定的拥护和爱戴"以及"对公爵殿下特别的尊敬和爱戴"。当晚，街上到处是篝火，以至于"整座城镇似乎发生了火灾"，而且集市中心架设的渠道彻夜流淌着葡萄酒供人畅饮。接待工作规划得很好，而庆祝活动显然也是有人安排的——但情绪之真挚或许也没有差到哪里去，因为很多苏格兰人无疑真心乐于"见到一个离国王陛下和王位如此近的王子出现在他们中间"。约克公爵本人也很高兴，他在几天后写道，他得到了他所能想到的"最盛情的接待"，"有充分的理由感到满意"。但种种夸张的忠君表演也是要给英格兰人看的。在8月和9月对政府不利的英格兰议会选举后不久，王位排斥危机期间伦敦首次大型的焚烧教皇肖像游行才过去几天，《伦敦公报》就可以报道说，在斯图亚特王朝的肇基之地，仍然有很多政治精英和基层民众支持国王及其继承人。这是第一次有公开的迹象显示，如果继续推进王位排斥，英格兰和苏格兰之间可能出现严重的分裂。[16]

　　约克公爵知道他需要在苏格兰建立尽可能广泛的支持基础，所以他一开始执行的是和解政策。许多之前被劳德代尔排挤或因为其政策而疏远的人回到了枢密院——包括阿瑟尔、昆斯伯里和珀斯伯爵——这些人将在 1680 年代成为国王政府的关键人物。只有汉密尔顿仍在权力核心之外。强硬派——特别是主教们——对给予长老会让步很是不满，但约克公爵知道长老会曾经对蒙茅斯公爵的措施表示欢迎，他可不能把这些人得罪了，因此，他决定目前应该继续执行宽容政策。正如他在 12 月 14 日的一封信中所说的，他决心不成为"这里哪一个党派"的囚徒，而是尽量"不冒犯和偏袒任何人"。约克公爵承认他并不喜欢《信教自由令》，说它有可能会鼓励另一场叛乱；但不管怎样，他认为"在他们再度放弃之前，不应该从他们那里将它收回"。[17] 即便是辉格党人伯内特也承认约克公爵"在第一次去苏格兰时"表现得非常热心，做事"非常温和……以至于没有人对他有什么抱怨"。[18]

结果，约克公爵在苏格兰的政治精英中争取到了相当数量忠心的追随者。1680 年 2 月，当他启程前往英格兰时，宫中的苏格兰贵族和乡绅向他"展示了苏格兰的王冠、权杖和宝剑"，并一致宣称"他们会团结一致，甘冒身家性命的危险，保卫国王陛下及其合法继承人免遭一切反对"。[19] 苏格兰枢密院也写信给查理，赞扬了约克公爵"处事温和、执法公平"，说他如何"既鼓励了国教教士，又没有得罪跟他们不同的其他新教徒"，并向国王保证，他们会尽一切所能"捍卫神圣的陛下和您的王位继承人根据全能的神独授的不可更改的血统权利，按照常规传承王位"。[20] 约克公爵本人也对他在苏格兰期间的事态发展感到满意；正如他在被召回英格兰时对枢密院所说的，他将告诉国王"他在苏格兰拥有忠诚的贵族和乡绅，而且枢密院和其他法庭里也都是忠诚能干的人"。值得玩味的是，《伦敦公报》在报道这一讲话时宣称，约克公爵当时还说，"他注意到这些曾经给他制造一些麻烦的不安分的人民并不像英格兰共和派"所宣传的那样

"是他们的重要盟友"，而苏格兰的统治精英"不仅有能力和决心管好那些不太老实的人民"，还"坚定地团结在国王利益的周围，他毫不怀疑这个王国的良好状况会对国王陛下在其他领地的事务产生非常好的影响"。[21]

只有苏格兰长老会中的激进势力卡梅伦派仍然"不安分""不老实"。绝大多数长老会的成员似乎都愿意接受《信教自由令》的条款。不过，在约克公爵离开后不久，温和政策就被抛弃了。苏格兰的主教担心《信教自由令》会威胁到他们的地位，便派爱丁堡主教约翰·佩特森前往伦敦，向劳德代尔和桑克罗夫特大主教抱怨苏格兰国教会的窘境。与此同时，英格兰的主教也很想打击两国的不从国教者，而约克公爵本人目前已经对他的苏格兰支持者非常放心，认为现在是时候打击曾经带头倡导让步的政治对手蒙茅斯了。这两股势力中的不同群体让查理相信他的《信教自由令》不起作用，它的条款经常被违反，野外秘密宗教集会仍在举行。于是，1680年5月，查理对《信教自由令》做出了一系列限制：从今以后，在有正规主任牧师供职的堂区教堂方圆1英里内不得举行室内秘密宗教集会；曾经在野外秘密宗教集会上布道的不从国教牧师将不能获得许可证；不从国教牧师不能在他们曾经供职的堂区或绝大多数民众顺从国教的地方获得许可证；爱丁堡周边不得举行室内秘密宗教集会的范围从方圆2英里扩大到方圆12英里。集会场所被取缔或拆毁，有越来越多参加秘密宗教集会的人被起诉，而发出去的许可证也被迅速收回。[22]

卡梅伦派在1680年夏天的种种表演（6月在《昆斯费里文件》和《桑克尔宣言》中谴责查理二世和国教会，并在9月的托伍德秘密宗教集会上宣布将国王和约克公爵逐出教会[23]）招致了进一步的反应。政府发布公告，对任何协助抓捕理查德·卡梅伦、唐纳德·卡吉尔或其他任何发表《桑克尔宣言》的叛国者（"不论死活"）的人予以金钱奖赏。[24]1680年7月，卡梅伦及其兄弟在艾尔郡的艾尔兹莫斯被龙骑兵击毙。参与谋杀夏普大主教的大卫·哈克斯顿被捕，并在月底遭到残酷处决，先是砍掉他的右手，"过一段时间再砍掉他的左手"，再"吊起来并趁还没有断气放下来"，开膛破肚，最后分尸。另外，至少有 13 名在艾尔兹莫斯或托伍德秘密宗教集会被捕的人被处决，其中包括伊索贝尔·艾莉森和玛丽安·哈维两位女性。许多被捕的人受到了刑讯逼供。一份反圣约派的材料记载，有四五人"被铁靴折磨，他们的腿从膝盖或脚后跟被压扁到一指宽，以至于血和骨髓从脚趾流出来"。[25]

　　政府还采取其他各种措施打压不从国教言论。1680 年 1 月 6 日，枢密院下令，任何在咖啡馆供公众阅览的公报或简讯需要先交给爱丁堡主教或其他枢密院成员审批，以阻止"虚假和煽动性的新闻及诽谤言论"传播。[26] 由于发现一些"诽谤煽动"的报纸仍在流通，当局在 1681 年初要求所有咖啡馆或"资讯社"的老板交出 5000 马克保证金，除非经过国务官允许，不得"出售任何新闻或报纸，或让人在他们的场所阅读此类出版物"。[27] 煽动性的言辞也遭到了严厉的打击。1680 年 7 月中旬，一艘以伦敦为活动中心的船只的英格兰船长约翰·尼文因为说了约克公爵"阴谋杀害国王并伙同法国国王入侵英格兰"以及"公爵来苏格兰组织一个推行天主教的党派，但我们善良老练的英格兰人心里不能忍受这个"而被定叛国罪并处以死刑。这一判决非常严厉；其实陪审团的意见是五五开，最后是首席陪审员投出了认定有罪的一票。当时的苏格兰律师方廷霍尔的约翰·劳德爵士认为，"这一过程在英格兰会被当成笑话"，他觉得尼文的言辞顶多算诋毁权贵，而法律"最高刑并没有到死刑"，但判决书其实是依据 1587 年的一项法律，该法律规定，恶意指责无辜的人叛国也以叛国罪论处。不过，这一判决似乎"是为了吓唬一下英格兰的"，正如劳德所言，法官们知道查理二世在约克公爵的说情下会减刑的。[28]

约克公爵第二次来访（1680—1682）

1680 年 10 月，在第二次王位排斥议会召开后不久，查理再次派弟弟前往苏格兰，表面上（正如国王告知苏格兰枢密院的）是让他去监督民兵的改组，并实现该王国"全面的和平与安宁"。[29] 但更宽泛来说，查理是希望詹姆斯在苏格兰争取到苏格兰统治精英的忠心，进而在他受到英格兰议会内外的反政府势力的挑战时，北边的王国可以保持忠诚。

在查理的提示下，苏格兰枢密院在约克公爵抵达时安排了适当的"公共示威欢庆活动"，一份在爱丁堡、伦敦和都柏林同时出版的大字海报报道了活动的细节。10 月 25 日，许多贵族和乡绅以及"大批民众"来到福斯湾北侧的柯迪科迎接詹姆斯及其妻子（他们这次是坐船从海上来的）。在与御前大臣罗西斯待了几个晚上后，公爵夫妇在 29 日前往苏格兰首都。在与爱丁堡隔着福斯湾的本泰兰，他们受到了礼炮、钟声和群众欢呼的迎接。在爱丁堡城堡"大炮"的鸣放声中，他们渡海到达利斯。在利斯，岸边据说"挤满了各阶层的人，以至于大炮、号角、定音鼓和鼓的响声都被人们大声反复的欢呼所淹没"。从那里前往霍利鲁德宫，一路上都受到城堡炮声的礼遇，"全体人民普遍欢欣喜悦，喊着：'主佑国王陛下和奥尔巴尼公爵、公爵夫人殿下'"。在苏格兰首都各地，钟声持续了大半个夜晚，而出版的记录告诉我们，"城里的所有街道都点起了大型篝火，许多市民在那里举杯祝国王、王后和公爵夫妇身体健康"。[30]

对约克公爵到来的喜悦，并没有这一记载所说的那么"普遍"；正如我们在第三章看到的，大学的学生们曾在当地学徒和工匠的协助下，准备在 1680 年圣诞节组织一场教皇肖像焚烧游行，以表达他们对天主教徒将要继承王位的担忧。[31] 尽管如此，约克公爵回到苏格兰无疑受到了某些利益群体的欢迎。其中最积极的就是主教制派教士。10 月 30 日，爱丁堡主教和城里其他教士来迎候约克公爵，表达他们"对他到来的……普遍满意"。[32]一个星期后，苏格兰的主教们写信给英格兰的同仁，说他们因公爵殿下的回来感到"极其放心与宽慰"，希望约克公爵在他们与"煽动性的教派分裂分子"的持续斗争中再次协助他们。[33]苏格兰枢密院也写信给国王，感谢他派约克公爵到他们之中，并重申他们对合法王位继承的忠诚，他们说，对王位继承"即便最小的侵犯，都会给我们带来一场内战"——方廷霍尔认为，这是"虚张声势"，为的是"震慑"那些想要因为约克公爵的宗教信仰而将他排斥在王位继承之外的"下议院和大部分英格兰人"。[34]

苏格兰当局认为，通过推动支持国王及其继承人的公开表演来充分利用这种忠君情绪很有价值。1680 年 11 月 15 日，英格兰上议院否决了第二部"王位排斥法案"，罗西斯伯爵闻讯后想要在爱丁堡点燃篝火庆祝，但在这种情况下，约克公爵认为，现在庆祝还不是时候，因为他担心自己有可能被弹劾。[35]1681 年 2 月，约克公爵在贵族和乡绅的陪同下从林利斯戈隆重前往斯特灵，伍德罗说，这是故意想要"在他登基之前装出古代先王的派头来，让自己变得更受欢迎一点"。从官方印刷出版的记载上看，这趟行程非常成功：约克公爵认为他造访的"所有城镇和乡村人民的善意和爱戴非常显著"；很多人出门"用大喊和欢呼"来迎接他；在斯特灵，显然"每座房屋前面都有一处篝火"；在他回到爱丁堡时，"大批民众"组成"一个连绵不断的人群"，从西边的港口一直到霍利鲁德宫，"都在为国王和公爵祝福祷告"。[36]约克公爵也出席了 1681 年 5 月底在爱丁堡举行的国王寿辰庆典。29 日正值星期天，"所有教堂都做了适合这一时刻的布道"，但庆祝活动本身被推迟到了次日。30 日颇为壮观。城市当局在集市中心为公爵夫妇设下"最高档的宴席"，在大炮、号角、鼓、钟的响声和"民众的欢呼声"（他们因为城镇架渠所引的葡萄酒而喝醉了）中，约克公爵和城镇治安法官举杯祝国王身体健康。晚上，约克公爵夫妇出席了在宫门举行的巨大的篝火晚会，城里所有的贵族、绅士以及城市治安法官在那里"下跪祝愿……国王、王后、公爵夫妇以及全体王室健康昌盛"。庆祝活动彻夜进行，有"鸣钟、放炮、篝火和其他所有公开表示喜悦的方式"。所有内容都安排得井井有条。城市治安官提前沿着高街每隔40英尺点燃篝火，当地居民还被额外收费，用于支付相关开支。虽然庆祝活动是政府策划的，但它似乎明确肯定了苏格兰首都对王室的普遍拥护。此外，庆祝活动的消息很快传到了英格兰，加深了公众重新支持国王兄弟的印象，而这正是查理二世在牛津议会解散后积极试图倡导的。[37]

1681 年议会

在迅速解散牛津议会、击退英格兰辉格党人之后，查理决定于7月28日在爱丁堡召开议会。这一想法显然来自苏格兰内部，该王国有许多"头面人物"让约克公爵和查理相信，"大部分贵族、绅士的忠诚态度，加上公爵亲临收拾人心的行为对这个王国产生了很大的影响"，无疑使得"召开议会不仅有助于苏格兰的安宁和利益，还能够与英格兰形成对比，遏制那些至今一直扰乱这个国家的激进行动"。[38]换言之，正如爱丁堡一位新闻作者所言，一届议会"将在苏格兰召开，以他们的好榜样来引导英格兰人更好地听话"。[39]

没有什么证据表明政府试图通过干预选举来影响议会的构成。一些来自默瑟（苏格兰东南部）的乡绅向枢密院抱怨，他们的郡长霍姆伯爵只提前一天通知选举，打算给他们来一个出其不意，但枢密院指示该郡长要提前至少六天通知，让选民有机会去投票。另一方面（根据总检察长麦肯齐的说法），"宗教狂热党"则竭力"利用他们在这个国家可以拥有的微小的权力和利益，促成受他们原则影响的人尽可能多"地当选。结果,这届议会并不像某些人希望的那样,成为一个压倒性地忠于宫廷的机构。约克公爵认为"在他们中间有一些生乱的人",而麦肯齐甚至声称"他看到了一些在博斯韦尔桥叛乱中蛊惑人心的面孔成为议员",但他后来收回了这一评论。不管怎样,支持宫廷的人显然是多数——麦肯齐宣称"忠诚的议员……与那些心怀不满的人的比例是十比一"——而大多数分组表决都能以三四十票的优势胜出。[40]

约克公爵坚持他在苏格兰的时候不能由其他人来代表国王,于是查理决定任命弟弟为王室高级专员。约40名议员反对,说1567年和1609年的两部法律禁止新教徒以外的人掌握国王手下的职位,并试图劝说汉密尔顿公爵就此提出动议。汉密尔顿却退缩了,他的律师解释道,代表国王本人的专员并不算职位。[41]阿瑟尔侯爵被临时任命为议会议长,取代在议会召开前夕去世的御前大臣罗西斯。按照方廷霍尔的说法,本届议会里,约克公爵的"马前卒和车后炮"是总检察长麦肯齐、财政大臣助理查尔斯·梅特兰(劳德代尔的弟弟)、哈多的乔治·戈登爵士以及和总检察长同名同姓的塔巴特的乔治·麦肯齐。约克公爵还能指望得到各位主教坚定不移的支持。[42]

在议会召开前,政府开始对野外秘密宗教集会进行进一步打击。4月,枢密院发布公告,规定乡绅有责任举报在自己的土地上举行的任何此类秘密宗教集会,授权地主在宣誓后可以讯问任何他们怀疑可能提供此类违法行为情报的人,并对那些没有采取行动的人处以年地租四分之一的罚款。[43]1681年7月21日,当局最终在拉纳克郡的卡温顿抓获了卡梅伦派现任领袖唐纳德·卡吉尔。26日,卡吉尔及其两名同伙和两名博斯韦尔桥叛乱分子被定罪并被判处死刑;在议会开幕前一天的27日,这五人在爱丁堡被处决。[44]

查理希望用苏格兰议会来增强苏格兰的王权,并巩固斯图亚特王朝在全部三个王国的地位。议会在开幕当天(7月28日)宣读了他致各位议员的信，信中强调国王的利益和臣民的利益是不可分割的，任何"对王室权利和特权"的侵犯或削弱，"对朕子民的安全和财产来说，都是致命的和毁灭性的"。因此，他敦促议会对教会内的叛逆原则和分裂行径进行适当的纠正，因为这是"我们现行法律所确立的政教体制……得到应有尊重和服从"的最好办法。约克公爵对国王的意图进行了展开，解释说国王决心维护"现行法律所确立的"、实行主教制的新教，并希望采取有效行动打击"煽动叛乱的秘密宗教集会"。约克公爵继续说道，查理希望大家能够理解，他将确保"法律得到应有的执行，这是为了臣民财产及权利的安全"；而作为回报，他希望议会能够积极维护"他的国王特权"，"宣布他的王位得到自然且合法继承的权利"，并"确定和提供及时必要的拨款，以应政府的维系和利益之所需"。议会对国王的意愿表示充分的支持。议员们在 8 月 1 日对国王的信做出正式回复，说他们想要让查理的"其他王国和全世界看到，我们的生命和财产只有用在维护陛下王位及王权的正当权利和特权才是最好的"，他们还补充道，"王位的自然继承如果被侵犯，必然导致陛下这一古老王国的根本法律被彻底颠覆"。看来苏格兰人心里清楚，他们被召集起来是为了给英格兰人传递政治信号。此外，为了确保英格兰人看到这一信号，查理的信、约克公爵的讲话以及议会的答复都在伦敦出版了。[45]

　　政府竭尽全力掌控这一议会会期，好让他们所希望的立法得以顺利通过。查理给了弟弟明确的指示，不得允许议会处理任何未经立法委员会批准的问题，并对会期内一切非常规或特别的会议、密谈和大会进行打击，以避免王位排斥危机期间英格兰出现的那种党派纪律表现。[46] 不过，这并没有阻止反对派的出现。

　　立法委员会一开始设立了若干委员会来准备保障新教、维护王位继承和投票给国王拨款的法案。[47] 宗教委员会马上就出问题了。在斯泰尔的詹姆斯·达尔林普尔和阿盖尔伯爵的怂恿下，该委员会提出一项"保障新教免遭教皇党和教皇党国王侵害"的法案。该法案将重申 1567 年的《信纲声明》；防止对教会的公共礼拜进行修改，除非由全国宗教会议决定；要求所有担任官职的人宣誓赞成《信纲声明》；规定对主持弥撒的耶稣会士、神父或任何在修道会里的人处以死刑；批准通过自詹姆斯六世登基以来制定的一切针对天主教的法律，并对那些没有执行这些法律的治安法官处以罚款；规定今后所有君主在登基和加冕时都要说 1567 年的加冕誓词，并进一步宣誓不"试图且不批准改动或变更前述新教"，也不向非新教徒提供职位。为了加强该法案，还提出了其他各种条款，其中一条是，任何人如果在没有宣誓赞成《信纲声明》的情况下担任官职，就属于叛国，只有国王和议会都同意才能赦免。它还提出，如果查理二世驾崩时没有议会召开，那么上一届议员的议员就要重新聚集在一起开六个月的会，这样他们就能将所有教会和文武官职交到新教徒手里，这与 1679 年 4 月查理向英格兰议会建议对天主教继任者进行限制的方案相一致。这样的法案如果通过的话，将会极大削弱 1669 年所确立的君主至上地位，以牺牲王权的代价来大幅增强苏格兰议会的权力，并有效地束缚天主教继任者的作为。约克公爵显然无法接受，便解散了这个委员会。[48]

　　作为妥协，议会同意推迟讨论增加保障新教措施的问题（例如对拥有官职的人进行宗教审查），并在 8 月 13 日通过了一项非常简短的法案，批准自詹姆斯六世在位以来通过的一切"确定并保障神的纯正教会以及本国目前信奉的新教之自由，以及一切针对教皇党的法律"。[49]在给予御准时，约克公爵宣布"他真心实意支持他们为新教提供保障"——这一评论通过《伦敦公报》在英格兰不胫而走。在伯内特看来，约克公爵的动机完全是功利的，即认为"在开始的时候对之前所有的法律进行笼统且冷淡的确认，将会给后来要做的事情带来好处"。[50]

议会在同一天通过了一项保障王位继承的法律。该法声称，苏格兰国王的"王权仅源自全能的神"，一旦君主驾崩，统治的"权利和管理"将立刻传给"下一位至亲合法的继承人，不论男女"，"没有宗教差别……或议会立法"可以"改变或转移王位的继承权利和继承世系"，任何臣民如果胆敢改变王位继承或妨碍"下一位合法继任者按照本王国法律立刻进行实际、充分和自由的统治"，都属于叛国。这项措施不仅是为了确保约克公爵继承苏格兰王位，还要让人不敢动在英格兰排斥他的念头，除非如该法所言，国王的臣民打算承受"内战的一切致命可怕的后果"。为了让英格兰人知道，该法的副本在伦敦适时出版（由纳撒尼尔·汤普森经手），而《伦敦公报》也报道了该法通过的消息。[51]《王位继承法》规定下一位王位继承人立刻继位，似乎就撤销了 1567 年的《加冕法》，后者规定所有君主"在他们加冕接受王权之时"需要宣誓保护纯正的宗教；[52] 因此，它与刚刚通过的那项批准自詹姆斯六世继位以来一切保障新教法律（《加冕法》就是其中之一）的法律矛盾。有些议员要求正式撤销《加冕法》；另一些议员则认为该法实际上已被撤销，要求通过一项新法，规定国王有义务进行加冕宣誓。[53] 这两种建议都不了了之。不过，《王位继承法》潜在着一个漏洞：如前所述，该法有一个条款规定，试图妨碍继承人"按照本王国法律"进行统治的行为属于叛国，方廷霍尔解读为它是在暗示"如果下一位继承人的治理有悖于支持新教的现行法律"或者想要"引进天主教"，那么臣民对他的效忠就结束了。[54]

议会通过了各式各样的法案来巩固斯图亚特王朝在苏格兰的地位。8 月 20 日，议会批准追加五年的拨款，用于供养必要的武装力量，以保护国家免遭潜在的"叛乱暴动"；此举是要接上 1678 年非常议会同意的津贴，使之到 1683 年才到期。[55]9 月 6 日通过的一项法律，则授权在国王驾崩后继续征收五年的货物税，使得"本王国的国王政府不会因为对紧急情况提供适时必要的支持而陷入穷绌"。[56] 反对该法的人认为，现任国王将他的继承人推到这样的高度实在有失明智，并担心这一拨款可能"被用于引进并确立天主教"。支持者则回应道，"闹事之徒很有可能"在查理驾崩后起事反对约克公爵继位，因此，他必须有办法"供养一支军队用于镇压这等叛匪"。[57] 苏格兰议会的慷慨与 1680—1681 年的英格兰议会形成了强烈的对比，后者为了迫使查理同意王位排斥还停止了拨款。苏格兰的一些人甚至建议"在今后所有的时间里"将货物税与王权永久绑定，这样国王及其枢密院在紧急状态下就有权不经过议会征税了，但这些提议都没有结果。[58]

　　有一些立法是专门针对宗教激进分子的威胁的。8 月 29 日，议会通过一项法律，先是批准了一切支持主教制的法律，然后规定地主和家主有责任向参加野外秘密宗教集会或收容在逃牧师的佃户和仆人收取罚款；如果佃户或仆人无力支付，地主和家主就要将他们赶出土地或逐出家门。该法宣布，先前法律对野外秘密宗教集会征收的罚金翻倍，这差不多是后来补充的。[59]9 月 13 日通过的《反暗杀法》规定，不仅进行暗杀属于叛国，就连坚持或声称"因意见不同而杀人"或因对方曾为国王或教会效力而将其杀掉"是合法的"，也属于叛国。[60] 不过，最厉害的法律或许要数 9 月 16 日通过的那项，该法承认苏格兰境内"一切政府和司法权"属于"神圣的国王陛下及其合法的继承人和继任者"，因此国王可以"自行或委派任何人任意审理并裁决任何案件或诉讼"。[61] 这项法律旨在将高地独立的贵族司法管辖权置于国王的控制之下，但它通过得非常迅速，措辞非常马虎，以至于让所有的法庭都"听从国王的意愿"。[62] 结果，这让查理可以绕开法官和治安法官，授权给任何他指定的人——例如武装部队的成员——来审判并处罚政治和宗教异己分子。查理在其统治末年将在苏格兰大肆使用这种自由裁量权。

苏格兰忠诚宣誓

1681 年议会通过的最有争议的法律是《忠诚宣誓法》，该法在 8 月 31 日获得御准。用忠诚宣誓的方式来确保国王手下的官员忠于新教的想法，在此次会期的早些时候就讨论过，而宫廷方面的人承诺，一旦保证王位继承的法案获得通过，就有可能提出更多法案来保障新教。主教制势力希望能有一部法律来保护现行体制免遭天主教以及长老会的威胁。约克公爵打算予以批准，以安抚那些对天主教徒继承王位有疑虑的人，但他也看到了这样一部法律的价值，不仅可以允许他进一步打击长老会，同时通过囊括一个不反抗的誓言，还能将他的新教臣民更加牢固地与王权和天主教王位继承捆绑在一起。议会就忠诚宣誓进行了不少辩论。汉密尔顿公爵和阿盖尔伯爵提议将涉及新教徒的部分与对付天主教徒的部分分割开来，试图以此阻挠法案的通过；麦肯齐和爱丁堡主教佩特森反驳道，这会颠覆该法案的意图，而一项为天主教徒和长老会教徒各准备一个誓言（对长老会的斥责没有那么严厉）的提议被轻蔑地拒绝了，有些议员认为，"他们面临的长老会的危险，要大过天主教徒的危险"。最终，《忠诚宣誓法》仅以 7 票的微弱优势获得通过。[63]

该法开头要求一切针对天主教礼拜、新教分离教派，以及室内和野外秘密宗教集会的法律得到"充分且严厉的执行"。[64] 为了避免任用"教皇党徒和宗教狂热分子……担任受公众信任的官职和职位"，该法要求全体议会议员、议会选举选民、枢密院成员、司法官员、神职人员、地方官员（例如郡长和治安法官）、城镇治安法官、大学和学校教师以及武装部队官兵宣誓拥护新教并忠于国王。（1681 年 9 月 17 日的另一项法律进一步扩大了这个清单，包括海军部、民兵军官以及任何能参与选举同业公会执事的人。）[65] 不过，该法豁免了"国王的合法兄弟和子嗣"——这让阿盖尔伯爵很是沮丧，他抗议称任何例外都只能给予约克公爵，警告说"为王室信奉不同宗教开一个口子"非常不明智。[66]

誓言的后半部分包含了很多要求，旨在确保一切公共官员无条件忠于国王、君主至上地位以及王位世袭继承。例如，官员被要求"申明并发誓……国王陛下是这个国家……在教俗事务上……唯一的最高统治者"；保证"信赖并真正效忠国王陛下、他的继承人和合法继任者"；"协助并捍卫"国王陛下的一切权利和特权；发誓称武装"反抗国王或他所任命的人"或者未经国王许可主持集会"探讨、商议或决定国家的任何教俗事务"都是非法的；并发誓称他们"不受……《民族圣约》或《神圣盟约》……的约束……来改变或更改本王国现行法律所确立的政教体制"。所有这些都非常符合约克公爵、宫廷以及主教制势力的意图。方廷霍尔认为，这部分誓言颠覆了王国的根本宪制，大踏步地将苏格兰君主制变得"绝对、专制且无法控制"。[67]但话说回来，它和复辟初年以来要求英格兰和爱尔兰官员进行的效忠及不反抗宣誓没有太大的差别。

不过，忠诚宣誓第一部分的内容严重削弱了它的内部连贯性，该部分内容旨在确保官员忠于新教。立法委员会不太清楚要怎样定义"新教"这个笼统的名称。因此，斯泰尔提议他们应该以1567年的《信纲声明》为标准，尽管该声明已经很久没有使用了，但严格来说仍然有法律效力。[68]问题是《信纲声明》认为教会的最高元首是耶稣基督，而不是国王，而且不反抗的条件是最高长官正在履行他维护纯正宗教、打击偶像崇拜和迷信的义务。[69]斯泰尔的目的是要破坏忠诚宣誓，但由于议会里几乎没有人熟悉《信纲声明》，他的动议得以通过。因此，官员要宣誓决不同意对"《信纲声明》所含纯正新教"的"任何修改或改变"，并弃绝一切"与上述新教和《信纲声明》不符"的原则。此外，该法要求"按照其字句直白真实的意思进行宣誓，不得有任何模棱两可、心理上的保留或任何形式的回避"。鉴于誓言固有的矛盾之处，比较认真仔细的人会发现很难做到这一点。

　　该法要求所有官员在 1682 年 1 月 1 日之前进行忠诚宣誓。枢密院在 1681 年 9 月 17 日议会休会后的 22 日举行了第一次会议，大部分成员进行了宣誓。不过，昆斯伯里侯爵是个坚定的主教制派，他要等着看同僚会怎样做，才进行宣誓，宣誓之前还不忘抗议一番，说"如果国王陛下认为对国教进行改动是件好事"，他"不认为自己会反对这些"。没有人对昆斯伯里模棱两可的说法提出异议。同一天，枢密院决定那些没有出席会议的人不得继续担任枢密院成员，直到他们进行宣誓为止。[70] 有几个人拒绝接受，被免去了职位。托马斯·默里爵士被免去了档案主事官一职。苏格兰最高民事法院院长斯泰尔虽然对新教获得的保障表示满意，但还是因为无条件忠诚的内容而反对誓言的后半部分，结果不仅被逐出了枢密院，后来公布的最高民事法院法官新名单中也没有他的名字。此后不久，他逃往了荷兰。在光荣革命后，斯泰尔宣称罢免他是非法的，因为詹姆斯六世时期的一部法律禁止任意罢免法官，规定对法官的任命是终身的。但他的说法正确与否值得怀疑：《忠诚宣誓法》的确明明确确要求最高民事法院法官进行宣誓。而根据新任命状的条款，法官的任命取决于国王的意愿，这就使得国王在将来可以任意罢免他们。[71] 枢密院要求蒙茅斯公爵进行忠诚宣誓，因为他是枢密院成员，并在苏格兰担任若干职务，尽管蒙茅斯宣称他不在国内，无法强迫他宣誓。这一要求的目的之一是公开表明蒙茅斯的私生子身份，因为该法规定只有国王的"合法儿子"才能被豁免。蒙茅斯拒不同意，被剥夺了职位。汉密尔顿公爵一开始也有疑虑，并同意让枢密院指派代理人来负责其领地内的司法管辖权；他最终在 1682 年 3 月进行了宣誓。卡西利斯伯爵、哈丁顿伯爵、尼斯代尔伯爵和萨瑟兰伯爵都拒绝宣誓，结果被剥夺了世袭管辖权。[72] 不过，最著名的拒绝宣誓者是阿盖尔伯爵。

阿盖尔伯爵在 1681 年的议会中就表现出自己是"新教利益的勇敢维护者",但他此时还没有与约克公爵闹到不可开交的地步。事实上,他在 1680 年 2 月枢密院写给查理二世的信上签了名,赞扬约克公爵第一次造访苏格兰时所取得的成就,甚至还支持 1681 年的《王位继承法》。[73] 不过,考虑到他在西部高地的根基很深,假如他自命为反对宫廷的新教势力领袖,政府对他可能带来的威胁颇为担忧。而他也的确不想迎合政府内占主流的保守派,从这一事实可看出,他在爱丁堡以及阿盖尔郡和塔比特的领地内四处煽动教士和平信徒反对忠诚宣誓。[74] 因此,阿盖尔必须被打倒,而他有不少愿意落井下石的政敌和私敌。在拖了几个星期后,11 月 3 日阿盖尔最终在枢密院面前宣誓,并嘀咕了几句解释的话,当时似乎没有人在意,他也被允许出任枢密院成员。不过,有几个与阿盖尔为敌的人告诉约克公爵,他解释的话是煽动叛逆的,于是阿盖尔被要求在次日重新宣誓,不得自行为誓言增加任何限制。阿盖尔拒绝了,说他只会说和前一天意思一样的誓言,并提交一份书面材料,概括了他所说的解释。材料中说他确信"议会绝对无意强加相互矛盾的誓言",因此他所说的誓言是"与自身以及新教一致的",并补充说,他不打算约束自己不去企图进行任何他认为"有利于教会或国家"且"不会有悖于新教和他的忠诚"的改变——有人认为,这一限制与之前昆斯伯里的声明很相似。枢密院不仅认定阿盖尔没有按照法律的条款进行宣誓,还认为他的材料"妄议国王陛下的权威和统治,后果危险";他们命令将他押往爱丁堡城堡,并指示总检察长开始叛国罪的审判程序。审判在 12 月 12 日和 13 日进行,阿盖尔被判定有罪。对这种赤裸裸歪曲法律的行为,就连政府的支持者也感到担忧。在英格兰,哈利法克斯告诉查理二世,"他不懂苏格兰的法律,但根据英格兰的法律来解释,连他的狗都不能绞死"。甚至苏格兰的主教也忧心忡忡,他们向总检察长表示抗议,说希望看到阿盖尔被无罪释放，因为杀了他会"毁了他们的利益"。其实，查理和约克公爵都不希望看到阿盖尔被处决；他们只是想让他放弃部分世袭管辖权。因此，查理下令推迟进行宣判，直到他想好要采取什么行动。与此同时，阿盖尔伯爵在 12 月 20 日成功逃离爱丁堡城堡并前往伦敦，随后逃往低地国家。12 月 22 日，法庭缺席判处他死刑，并没收了他的财产；根据方廷霍尔和朗福德伯爵的说法，苏格兰法律只有在一个人武装反抗国王的情况下才允许缺席判处没收他的财产。[75]

忠诚宣誓和对阿盖尔的处理都成了人们嘲笑的对象。爱丁堡赫里奥特学校的男生认定他们的看门狗拥有公共职位，因此应该进行忠诚宣誓，但当他们递给它一张写有誓言的纸时，它"完全拒绝"。这些小伙子在纸上抹了黄油，试图让誓言变得更好接受——"他们说这是模仿阿盖尔对忠诚宣誓的解释"——但那条狗只是舔了黄油，把其他的都吐了出来。因此，他们开始对它进行叛国罪审判，并认定它有罪，判处它像狗一样被绞死。当一个路过的牧师助理责骂这些小伙子进行"如此放肆的嘲弄"时，他们回应道，"他和他的弟兄更应该被绞死……因为他们吞下了狗都不愿意吃的东西"。在圣诞节后的第一天，大学的学生们在爱丁堡的集市中心焚烧了一个手握忠诚宣誓誓言的教皇肖像，以表达对忠诚宣誓的蔑视。[76]

忠诚宣誓的措辞妨碍了不少国教教士进行宣誓。阿伯丁主教及其教区里的神职人员拒绝接受，他们质疑在《信纲声明》规定耶稣基督是教会唯一元首的情况下，怎么可以宣誓说国王是教会唯一的最高统治者。他们坚持认为，《信纲声明》里有很多模糊不清、有问题的内容，特别是暗示只有在官员恪尽职守时才应该予以服从和不反抗；另一方面，誓言要求宣誓者承认君主至上地位（以及国王有权任意改变教会的现有体制），这似乎跟主教制度神授以及使徒统绪＊的信念背道而驰。[77]一些对忠诚宣誓有疑虑的国教牧师在一份传抄的小册子里概述了他们的观点。他们宣称，既然忠诚宣誓是为了打击天主教和不从国教者，而国教教士按道理不会倾向任何一方，那么强迫他们接受它就十分荒唐了。而且，誓言的表述方式会分化理智冷静的新教徒：对《民族圣约》的谴责会疏远那些愿意服从国教的温和长老会信徒，其他人则会因为《信纲声明》在反抗问题上的立场而难以无条件地宣誓同意。此外，那些相信主教制度神授的人将不会同意一份要求他们承认君主至上地位的誓言，而那些认为主教制度无关紧要的人也不会宣誓决不改变他们认为可以改变的东西。忠诚宣誓要求人们维护君主制、法律以及现有的国王世系，哪怕它们是天主教的，但这与1567年的《加冕法》相矛盾，（作者们认为）现有议会已经在确认一切有利于新教的法律时批准了这一法律。值得警惕的是，现有法律赋予任何可能是天主教徒的国王的权力将"对新教非常不利"，因为国王"不仅能处理教会的外部政策，还可以在所有教会会议及其讨论的事务中就用人问题颁布法律"，只要他觉得合适，这其实就意味着新教的敌人有能力颠覆一切了。[78]

为了缓解这些担忧，苏格兰政府在1681年11月发表了一份"对如何解读忠诚宣誓的释义"。其中规定那些进行忠诚宣誓的人并没有宣誓认同《信纲声明》中的"一切主张或条款"，"而只是对与天主教和狂热教派相对的纯正新教宣誓"。它还强调，忠诚宣誓中没有条款旨在"侵犯或侵占……教会固有的属灵权力"，也没有条款应该被解释为"对本国教会的主教体制"不利。[79]最终，大多数主教制派神职人员都进行了宣誓，许多原本有疑虑的人都被释义说服了。[80]当拒绝宣誓的全部后果开始显现出来时，一些仍旧顽抗的人最后也

＊　使徒统绪，指基督教教会的圣职从耶稣的十二使徒传承开始代代相传，强调其连续性和可追溯性。

服软了。[81]达丁斯顿（离爱丁堡很近）的牧师安德鲁·拉姆斯登不仅拒绝进行忠诚宣誓，还在讲坛上公开谴责其非法与自相矛盾之处，结果被剥夺教职，但他后来打消了疑虑，申请进行宣誓，从而恢复了教职。[82]阿伯丁的牧师们坚持的时间最长。1681 年 1 月初，让牧师进行宣誓的最后期限已过，圣安德鲁斯大主教和苏格兰枢密院通知阿伯丁的治安法官，既然牧师们拒绝宣誓，那么他们的教堂现在就空缺出来了，而治安法官要在二十天内找到接班人。后来，有好些被剥夺教职的神职人员屈服了，进行了宣誓，并在 2 月 23 日经枢密院的特别命令恢复了职位。[83]

对被剥夺教职者总数的估计各有不同，但最终的统计可能在 50 人到 80 人之间。他们中有著名的爱丁堡牧师乔治·梅尔德伦和爱丁堡大学神学教授劳伦斯·查特里斯。大约有 20 人去了英格兰，他们在那里的堂区安顿了下来；至于留在苏格兰的人，则不得不成为不从国教者。[84]忠诚宣誓并非没有后遗症，它在教会内部造成了进一步的分裂。堂区居民常常为自己的牧师被赶走而感到不满。1682 年 2 月，爱丁堡以东的普雷斯顿潘斯发生了一起恶性事件，奉命接替被剥夺教职的牧师进行布道的人遭到了"一大批男人、女人和男孩"的攻击，他们朝他扔石头和土块；他们后来还把这个上面强行塞进来的神职人员从教堂里拖了出去，要不是有几个路人出手相救，他恐怕会被踩死的。[85]5 月 21 日，在珀斯以南的德龙，原来的牧师、一个被特许的长老会成员拒绝进行宣誓，乔治·德拉蒙德试图执行法令，任命一名新的牧师取而代之，却遭到了约 300 名拿着武器的男女暴力袭击，他们用棍棒猛击德拉蒙德的手脚，把他拖到一个附近的池塘，打算把他淹死在那里。[86]

忠诚宣誓让中央当局有机会对地方政府进行清洗。许多可以世袭继承的地方司法管辖权——自由王地管辖权、执事管辖权和郡长管辖权——因为当事者拒绝宣誓而被国王收回，并交给公开忠于宫廷的人。例如，狂热反对长老会的克拉弗豪斯的约翰·格雷厄姆被任命为威格敦的郡长。[87]当然，天主教徒也在这一过程中失去了他们的职位，但有时当局会采取措施，确保他们的权力根基不会真的被削弱。按照伍德罗的说法，斯通豪斯领主是"一个狂热的教皇党徒和宗教迫害者"，他的附庸之一、小地主詹姆斯·米切尔取代他担任尼斯代尔（邓弗里斯郡）的郡长。针对秘密宗教集会的行动仍在继续，而斯通豪斯领主依旧可以拿到大部分归郡长所有的罚款，而米切尔只拿到了很小一部分。[88]民兵部队被清洗了，因为那些拒绝进行忠诚宣誓的军官失去了他们的职位。[89]忠诚宣誓也让政府拥有了控制地方市镇议会构成的手段。许多御准自治市和城镇——包括艾尔、库珀、邓弗姆林、因弗基辛、欧文和昆斯费里——决定将原定于1681年秋天举行的年度治安法官选举推迟到1月1日忠诚宣誓的最后期限之后。其他地方的选举照常举行，但没有立刻要求他们的治安法官进行忠诚宣誓。苏格兰枢密院迅速做出反应，命令一切还没有举行选举的城镇进行选举，否则将以叛乱论处，并罢免那些已经当选但还没有进行忠诚宣誓的官员。那些坚持拒绝举行选举的城镇——例如库珀和欧文——被剥夺了特权，而国王和苏格兰枢密院得以直接任命治安法官。[90]

　　尽管因为忠诚宣誓问题与国教教士发生了一些摩擦，但本次议会会期对王权而言是一次巨大的成功：约克公爵王位继承得到了法律的保障；试图改变王位继承将以叛国罪论处；慷慨的拨款让国王及其继承人在今后相当长的时间里都不用再召开议会了；而赋予国王的额外权力让他能够应对政治宗教异己势力的挑战，包括那项承认苏格兰国王统领司法权力的重要法律。简而言之，1681年议会极大巩固了苏格兰绝对君主制的根基，并为查理二世末年残酷镇压秘密宗教集会提供了法律依据。就连《忠诚宣誓法》在总体上看也是有利的，因为它让政府确保了所有在国王手下任职的官员的忠诚，并保证将来不管什么时候需要召开议会，议会都能由狂热的保王派和主教制派把持。在最初因为神职人员宣誓问题引发的动荡大体平息后，1682 年 1 月，苏格兰枢密院在给查理二世的信中毫不夸张地写道，忠诚宣誓是"让那些拥护新教和国王陛下政府的人来担任一切职务的最为巧妙的手段，靠着这些人，陛下和您的子民可以看到您针对一切不法行为的法律得到了一致而坚决的执行"。[91] 此外，1681 年苏格兰议会的一切行为都见诸英格兰报端，向英格兰的反政府势力传达了一个在意识形态和政治上强有力的声音，既展现了忠诚的臣民应该如何行事，也表明了继续要求王位排斥必将让查理二世的各王国陷入内战。1682 年春，在约克公爵从苏格兰回来后，查理写信给苏格兰枢密院，对议会和枢密院在为他效力时所呈现的"格外热心"表示欣喜，他说，"我们由此看到了非常好的成效，既在你们那里，也在这里［英格兰］"。[92]

"时代的宠儿"

在逗留苏格兰的剩余时间里，约克公爵继续巩固忠君基础。1681 年 10 月初，他和妻子访问了格拉斯哥和邓巴顿。在格拉斯哥，大主教、贵族、乡绅和治安法官"用当地所能提供的最好方式"接待了他，并把荣誉市民权装在一个大的金箱子里送给他；大批"各色人等"挤满了街道，向他欢呼以示支持；晚上每条街都点燃了篝火。同样，约克公爵在邓巴顿受到了"一切可以想象的欢庆方式"，并被授予荣誉市民权。一件小的意外令访问格拉斯哥的行程显得美中不足，有人在约克公爵穿过街道时递给他一张纸。约克公爵以为这是请求施舍的请愿书，就收了下来，结果发现这是卡梅伦派的一份长篇檄文，斥责"国王的一切暴政"、对神子民的压迫、派一个天主教徒来苏格兰执行他的政策，以及推行谴责圣约的忠诚宣誓。[93]10

月 14 日约克公爵生日那天，苏格兰首都用钟声、炮声和烟火进行了隆重庆祝，点燃的"篝火"比平常庆祝国王生日时"更多"，[94] 而 11 月 15 日的王后生日同样在霍利鲁德宫进行了"非常隆重"的庆祝，包括篝火和鸣炮。[95]1682 年 3 月约克公爵启程前往英格兰时，枢密院成员、国内大多数贵族以及数千民众高喊着"愿神保佑公爵殿下"，从霍利鲁德宫一路欢送到利斯港。[96]5 月，他短暂回爱丁堡来接妻子，再度受到了"非常愉快的迎接"。[97]

在约克公爵离开后，忠君表演仍在继续。例如，1682 年 5 月 29 日，苏格兰以隆重的方式庆祝了国王的生日。市长和城市的治安法官先去了教堂礼拜，之后穿过街道来到集市，在那里举行了一场盛宴，并邀请了新任命的苏格兰财政大臣昆斯伯里和其他许多重要人物。当宴会结束时，一个巨型篝火架了起来，周围聚集着"不计其数的围观者，高喊'愿神保佑国王和王室'；然后就是举杯祝他们身体健康，每提到一个人就鸣一门礼炮"。[98]

约克公爵不止在低地成功地获得了支持。在完成遏制高地动乱的任务时，他采取了比以怀柔著称的劳德代尔政权更为温和的策略，积极培养与更多部族首领的友好关系（没收阿盖尔伯爵的财产无疑有利于这项任务）。他成立了高地治安维持委员会，让乡绅和小贵族来负责维持治安，而不是大贵族。委员们很快给枢密院送来大批他们取得成功的报告（无疑有所夸大，但也足够真实），数量多得都有些令人厌烦了；或许更重要的是，詹姆斯的工作可以解释为什么有这么多高地部族在斯图亚特王朝的命运急转直下后的很长时间里仍旧支持他们。[99]

苏格兰的统治精英对约克公爵主政的这段时间颇为满意。3 月 9 日，圣安德鲁斯大主教与六名同僚写信给英格兰的桑克罗夫特大主教，汇报约克公爵为了拯救和恢复"我们的教会和秩序"并阻止教会分裂的扩大做了很多工作，还说"他把教会的敌人视为君主制本身的仇敌"。英格兰的托利党媒体不仅刊载了这封信，还对其进行了报道，确保它尽可能广泛地传播。[100]5月，苏格兰枢密院致信查理二世，称赞约克公爵所展现的"仁慈、公正、温和、以身作则的忠诚"，以及他在平息"我们所有的混乱"和"维持正统教士"方面取得的成就。[101]

约克公爵对苏格兰主教体制的支持确实在很大程度上让英格兰的主教们放宽了心，一旦他最终登基，他们将不必为自己的教会担忧。正如我们在第四章所见，这也让托利党的笔杆子可以告诉英格兰公众，没有必要为天主教徒继承王位感到害怕，因为他在苏格兰主政时已经证明自己是一个优秀的统治者，并已成为苏格兰人眼中的"时代的宠儿"。[102]自然不是所有人都能认同这一点。英格兰辉格党人对苏格兰在约克公爵治下的事态发展感到惊恐，特别是《忠诚宣誓法》的通过以及后来对阿盖尔伯爵的处理，这只会让他们感到更加焦虑，认为"在一切都落入其手后"，约克公爵"将成为一个残暴的主人"；的确，伯内特宣称，在苏格兰1681年议会之后，约克公爵"比以往更遭人憎恨了"。[103]然而，这里的重点在于，在英格兰就王位继承引发的意识形态争论中，苏格兰的事态成了核心，而查理和约克公爵对苏格兰局势的处理不仅是为了增强他们在国界以北的地位，还是为了迎合他们在英格兰的支持者，即国教－王党势力。在这两个方面，约克公爵在苏格兰的工作无疑是成功的。

迫害与法律（1682—1685）

在约克公爵离开苏格兰后，苏格兰的政府进行了重组。议会议长阿瑟尔本有望接替已故的罗西斯成为御前大臣，约克公爵却任命了哈多的乔治·戈登爵士，这位坚定的保王派是约克公爵事业的主要支持者，很快从一介乡绅变成阿伯丁伯爵。约克公爵对现有贵族的不屑一顾清楚地表明，他决心在头把交椅上安排自己的人。前面说到，昆斯伯里伯爵出任财政大臣并晋升为侯爵，接替他担任最高刑事法院院长的是曾在 1678 年与劳德代尔作对的珀斯伯爵。米德尔顿伯爵进入了枢密院，与莫里伯爵一道担任国务大臣。让这些新人上台是为了摧毁劳德代尔的残余势力。劳德代尔的弟弟查尔斯·梅特兰被联手扳倒，其财政大臣助理一职落到了珀斯的弟弟伦丁的约翰·德拉蒙德身上。当劳德代尔最终在 1682 年 8 月去世时，他的职位则被珀斯、昆斯伯里和米德尔顿瓜分。汉密尔顿和特威代尔伯爵重新进入枢密院，为了让前者与新政权修好，还给了他劳德代尔在嘉德骑士团中的位置。[104]

苏格兰政府继续饱受派系内斗的困扰。传统的统治精英对平步青云的阿伯丁伯爵非常不满，很快开始密谋将他扳倒。1683 年底，为了确保他们能控制新任御前大臣，他们说服国王允许枢密院的一个"秘密委员会"来提出所有的政策，其成员包括阿伯丁、阿瑟尔、昆斯伯里、珀斯、伦丁以及其他两人。他们最终在 1684 年 6 月底让阿伯丁倒台，御前大臣一职给了珀斯，而伦丁成了国务大臣，昆斯伯里则晋升为公爵。[105] 不过，拜忠诚宣誓所赐，这些在约克公爵离开后继续执掌苏格兰的人在意识形态上至少还是相当一致的。枢密院大部分成员坚决反对一切形式的政治宗教异见分子，而在 1683 年克拉弗豪斯的约翰·格雷厄姆进入枢密院后，强硬主教制派的地位得到了进一步的巩固。[106] 汉密尔顿——先前温和派仅存的硕果——独木难支，即便他有想法，也不敢挺身而出。正如方廷霍尔指出的，统治者的变更"没有改变专制统治"；的确，当需要"严厉无情地执行军事和教会法律"时，这些新政客比起劳德代尔的"专制"有过之而无不及。[107]

查理在位的最后几年，王室的政治和宗教敌人遭到了无情的迫害。跟之前一样，这次还是卡梅伦派的行动首先挑起了政府的愤怒。这些"存留者"*（这是在失去领袖卡梅伦和卡吉尔后，人们对他们的称呼）现在不过是一批进行祷告的会社，但在1681年底，他们开始进行重组，在会社之间建立联盟或常规的联系，并安排每半个月分发一次通函，每个季度举行一次会议。[108]12月15日，他们在拉纳克郡的莱斯马黑戈举行了第一次会议，在会上起草了"苏格兰教会纯正长老会的辩护宣言"。该宣言指责查理二世"在教俗事务上暴虐地将他的意志强设为法律"，并谴责了1681年议会的行为，特别是通过了《忠诚宣誓法》。起草者接着宣布，他们想要"将自己从一个暴君的枷锁下拯救出来，并将我们的国家和教会恢复到1648年和1649年的光景"，宣言最后重申了《拉瑟格伦宣言》和《桑克尔宣言》，这两个宣言将复辟以来查理二世及其议会的一切作为都宣布为无效。[109]

1月12日，"会社分子"（Society People）派出了一支由40名骑兵和20名步兵组成的准军事代表团，全副武装前往拉纳克发表他们的宣言。他们先是在集市和其他地方张贴了他们的材料，并将材料散发给部分当地居民，然后生起了一堆篝火，在上面焚烧了从当地巡视员家中缴获的1681年《忠诚宣誓法》和《王位继承法》。苏格兰枢密院对当地治安法官和市民没有积极阻挡这支卡梅伦派部队——只有一个名叫威廉·哈维的当地纺织工被捕（他后来被处决了）——感到惊慌，便对该市镇罚款6000马克，由当地居民作为赋税缴纳，并派安德鲁·怀特少校率军前往拉纳克郡镇压秘密宗教集会，并将拉纳克宣言的参与者、博斯韦尔桥叛乱分子以及逃亡的牧师绳之以法。[110]枢密院还派克拉弗豪斯前往威格敦、邓弗里斯和柯库布

---

* 原文为Remnant，乃基督教重要概念，在《圣经》和合本中或译为"余种""余民"等。如《创世记》第45章第7节："神差我在你们以先来，为要给你们存留余种在世上，又要大施拯救，保全你们的生命。"

里，授权他对不去教会、参加秘密宗教集会以及窝藏叛乱分子的人进行罚款，并组织法庭，"作为法官"起诉任何身份在乡绅以下、因参与先前叛乱而被捕的人，到3月底，法夫郡、哈丁顿郡、金罗斯郡、珀斯郡和林利斯戈郡也都遭到了军事占领。[111] 军队常常残酷对待当地居民。1682年6月，伦敦的辉格党媒体报道称，龙骑兵在拉纳克郡克莱兹代尔对六个涉嫌窝藏叛乱分子的人进行严刑逼供，"点燃的火绳"被"放在他们的手指之间"，他们"遭受这种酷刑长达近一个小时"，伤势重到据说有两人"至少失去了手掌甚至前臂"。这些人都没有招供；到底是清白无辜还是拒不招认，不得而知。[112]

　　政府采取了一些措施来整顿传统的地方执法机关。例如，1682年5月初，枢密院通过了一项法律，要求郡长和其他治安法官在得知任何野外秘密宗教集会时，应该立刻采取行动驱散，或者报告给枢密院或其他一些国务官。[113] 不过，政府越来越认识到直接绕开民事当局、依靠军队的好处。1682年8月3日，枢密院收到投诉说不少郡长、执事和治安法官在处罚叛乱分子和不从国教者时玩忽职守，便特别任命怀特少校为艾尔郡的法官，任命梅尔德伦领主（一骑兵连的上尉连长）为哈丁顿郡、塞尔扣克郡、贝里克郡和皮布尔斯郡的法官，授权他们与当地的郡长和治安法官一同审问被押解来的犯罪嫌疑人，甚至可以在民事当局不称职时单独行事。11月，枢密院委派林利斯戈伯爵在林利斯戈郡执法，因为"一些治安法官……在履行职责时""玩忽职守"。同月，枢密院将林利斯戈市的司法管辖权授予了利文斯顿伯爵，以应对"市长和其他治安法官玩忽职守"所导致的问题，而在1683年12月，枢密院干脆任命利文斯顿伯爵为林利斯戈市长。后来，伍德罗批评枢密院成员"实质上将议会赋予下级官员的行政权力一笔勾销，然后将其安排给自己人"，并认为对林利斯戈市的处理直接侵犯了御准自治市的特权。不过，当局采取这些行动的依据是1681年的那部法律，该法承认国王统管一切司法权。[114]1683 年 3 月 1 日，枢密院命令克拉弗豪斯、梅尔德伦和怀特审查乡村治安法官法庭的记录，搜集相互勾结或非法减轻罚款的证据。[115] 次月，查理授权苏格兰枢密院发布公告，要求严格执行一切针对圣约派的法律，并在西部和西南部各郡设立六个巡回法庭来处理不去教会的人和叛乱嫌疑人，为期三年。那些仅仅因为窝藏或串通叛乱分子而被定罪的人，也要被当成叛国者来起诉。不过，任何人如果在 8 月 1 日前跪下进行忠诚宣誓，都将获得赦免——最后期限后来延长至 1684 年 3 月 1 日。原本只针对官员的忠诚宣誓，现在成了全民的忠诚测试。伯内特认为，"自从阿尔瓦公爵"和 1560 年代末西班牙在低地国家臭名昭著地迫害新教徒以来，全世界还没有见过这样的公告。[116]

1682—1683 年，只有少数人被追究处死——要么是因为涉嫌卷入夏普大主教谋杀案、博斯韦尔桥叛乱或在拉纳克焚烧《忠诚宣誓法》，要么是因为拒绝承认国王的权威——两年各有七人遭到处决。一些被定罪的叛乱分子获得赦免，或将刑罚改为流放。很多因为参加野外秘密宗教集会而获罪的人被送往卡罗来纳或新泽西。[117] 对较轻的罪行也会处以巨额的罚金。1682 年 6 月，两个不从国教牧师因为非法给儿童施洗，每人分别被处以 5000 马克罚金。[118] 因为无力支付罚金、拒绝做保证或拒绝进行忠诚宣誓，很多人被监禁了一段时间。1683 年 1 月初，"许多"爱丁堡商人因为不上教堂或让不从国教牧师给他们的孩子施洗而被处以高达 1000 马克的罚金，并且由于交不起而被关进了监狱。[119] 那些被军事占领的地区遭受的打击最大。军队犯下了种种暴行，白吃白住、劫掠民宅不说，甚至拷打虐待犯罪嫌疑人或他们认为知情不报的人。[120] 很多军队指挥官干脆认为，他们奉命整肃的地区里，每一个人都是有罪的；例如，克拉弗豪斯曾经说道，"加洛韦忠诚守矩的人，跟那里的大象和鳄鱼一样多"。[121]

　　偶尔，人们可以通过合法手段为士兵造成的伤害讨回公道。1682 年 4 月，达尔赖的约翰·奇斯利向总检察长控告国王近卫骑兵团的两名士兵殴打他和他的仆人，夺走了他马厩里的财物，还赶跑了他的马匹。陪审团认定士兵私闯民宅寻衅滋事罪名成立，麦肯齐判处一人流放，另一人开除军籍并需保证品行端正。[122] 地方上有权有势的地主有时可以保护他的佃户。1683 年 10 月，汉密尔顿抱怨梅尔德伦让六名龙骑兵无缘无故驻扎在自己的附庸詹姆斯·威尔逊的家中，要求将他们撤走。他还抗议梅尔德伦以不明原因传唤他在莱斯马黑戈王地的多名佃户和租佃地保有人前往拉纳克，而由于他自己有司法管辖权，他批准那些人不用去梅尔德伦那里。[123] 有时，当地居民会抵制士兵的敲诈勒索，甚至阻止士兵征收谷物或干草喂马（这是法律所允许的），但他们往往会因此触犯法律。[124] 像往常一样，反抗最极端的要数卡梅伦派。1682 年 3 月初，约 20 人在拉纳克袭击了一名留守的龙骑兵（其他战友都去搜集给养了）；他们残酷地将他重伤，让他慢慢地流血而死。[125] 1683 年 6 月，为了营救一名被从斯特灵押往格拉斯哥的秘密宗教集会分子，一伙狂热分子伏击了五名负责押送的国王卫队士兵，打死打伤各一人。[126]

　　从 1684 年开始，政府的打压政策变得更加残酷，且日益无视法律。这部分是因为 1683 年拉伊庄园阴谋的曝光：告密者不但声称有数千苏格兰人进入了英格兰，准备加入那里的叛乱，其中有多名原博斯韦尔桥叛乱分子，还说阿盖尔伯爵计划在苏格兰领导一场起义。英格兰当局审讯了大批苏格兰人，很多人显然没有参与任何阴谋，而包括阿盖尔伯爵在内的一小撮苏格兰人则被认定卷入了某些阴谋，其中有些人已经逃之夭夭。约翰·科克伦爵士、科克伦的儿子（约翰）、梅尔维尔勋爵和劳登伯爵都逃到了欧洲大陆；1684 年 4 月，苏格兰对这四人进行缺席审判，他们被判有罪并被没收财产。[127] 彼时阿盖尔身在低地国家，而且已经背着一道死刑判决了。不过，到 1683 年

7 月底，国王确实在英格兰关押了一批涉嫌拉伊庄园阴谋的苏格兰人，包括塞斯诺克的休·坎贝尔爵士、威廉·斯彭斯、威廉·卡斯泰尔斯、亚历山大·门罗和贾维斯伍德的罗伯特·贝利。政府发现很难给他们安上什么罪名，便在 1683 年 10 月决定罔顾英格兰《人身保护法》，将他们引渡到苏格兰，那里的政府可以进行刑讯逼供。[128] 此外，由于苏格兰没有人身保护令，这些嫌犯可以在未经起诉或审判的情况下被无限期关押，直到政府找到足够多不利于他们的证据。[129]

塞斯诺克的休·坎贝尔在 1684 年 3 月底出庭受审。政府无法证明他参与了拉伊庄园阴谋，便指控他参加了博斯韦尔桥叛乱。陪审团认定他无罪，但他还是被羁押在狱中，法庭说他是钦犯，须经国王同意才能释放。在卡斯泰尔斯和门罗认罪之后，塞斯诺克最终在 1685 年 6 月承认自己犯有叛国罪，被没收了财产。[130] 为了更加顺利地起诉其他苏格兰阴谋嫌疑人，查理二世在 1684 年 6 月 14 日写信给苏格兰枢密院，授权他们进行刑讯。[131] 关于刑讯的使用规则比较模糊；苏格兰没有实在法或议会立法予以规范，有的只是习惯和普通法。[132] 然而，法律界还是普遍认为有一些需要遵守的原则。刑讯只能适用于被控犯有死罪的人，而经受住了刑讯就能洗清一切犯罪嫌疑——换句话说，嫌犯如果在第一次刑讯时没有招供，是不能进行第二次刑讯的。此外，刑讯必须适度；如果导致嫌犯死亡，刑讯者就犯有谋杀罪。而且还应该有一份证人证词指向该嫌犯，即所谓"不完全证据"（semiplena probatio，法律要求有两份证人证词才能形成完全证据）——在刑讯之前还应该有比较合理的有罪推定。

首先遭受刑讯的是斯彭斯和卡斯泰尔斯，上述原则无一得到遵循。他们只是有嫌疑而已，都没有不完全证据。两人被要求宣誓回答一切问题，但他们都以法律禁止人自证其罪为由予以拒绝，特别是他们面临的都是死罪。不过，枢密院宣称，他们已经许诺斯彭斯和卡斯泰尔斯，如果宣誓招供就不会被以死罪起诉，而既然他们有了这些条件还不肯宣誓，那么他们就给自己招来了刑讯的充足理由。[133]斯彭斯成为政府的调查对象，是因为他是阿盖尔伯爵的秘书，而且据说他知道如何破译主人的加密通信。[134] 为了让他交出密码，枢密院对他施加了三种不同的酷刑。审讯始于 1684 年 7 月 25 日，他被上了铁靴，抵着胫骨的楔子被用棍棒敲了 18 下，而不是通常的六七下。然后，他们用了对付女巫的手段，进行睡眠剥夺，让斯彭斯穿上刚毛衬衣，当他快要因体力不支而昏迷时就用烧热的火钳戳他或夹他，让他几天几夜都醒着。8 月 7 日，他们换上了拇指夹。最终，斯彭斯挺不住了，同意协助破译通信，并证实阿盖尔、斯泰尔和其他苏格兰人计划在苏格兰召集一支军队。[135]

9 月，枢密院转而对付卡斯泰尔斯，在用上拇指夹并用铁靴吓唬后，他供认参与了阴谋。他指认了很多人，那些当局能抓到的都受到了刑讯逼供。汉密尔顿对枢密院公然无视正当程序的做法进行了严厉抗议，说"以现在这种架势，他们可以在未经指控或指证的情况下从街上抓来任何一个人，然后进行刑讯"，并拒绝出席任何这样的审讯。[136] 他在枢密院里的同僚不为所动。12 月，他们转而针对贾维斯伍德的罗伯特·贝利。在未经正式指控的情况下，贝利在苏格兰的监狱里吃了一年多的苦头，此时病得很重，枢密院决定趁他还没有死在狱中，赶紧给他定罪。塔拉斯伯爵沃尔特·斯科特和菲利普霍赫领主詹姆斯·默里因卡斯泰尔斯的供词而被捕受审，现在他们被推出来作为证人指证贝利参与了拉伊庄园阴谋。贝利审判案始于 12 月 23 日，但枢密院担心塔拉斯伯爵和菲利普霍赫领主的证词不足以让陪审团排除合理怀疑，因此，尽管在刑事审判中缺席证人的证词不能被采纳，而且枢密院已经许诺卡斯泰尔斯不会把他的供词作为国王的证据，可枢密院还是下令在法庭上宣读卡斯泰尔斯的供词。不过，枢密院说宣读供词不是为了拿来当证据，而只是想向陪审团证明证人证词是可信的。这一诡计确实奏效了。贝利在 24 日被认定有罪，并在同一天被处决。[137]

　　政府变本加厉的镇压也是为了应对卡梅伦派的抬头。拉伊庄园阴谋调查报告显示，会社分子与欧洲大陆的反政府势力有接触，而且 1683 年 9 月，詹姆斯·伦威克从低地国家学成回国，作为受按立的牧师领导"存留者"，野外秘密宗教集会死灰复燃，加剧了政府的担忧。陆续有秘密宗教集会分子制造骚乱的报告传来，包括在卡斯泰尔斯和莱斯马黑戈刺伤龙骑兵的马匹，这促使枢密院采取一系列新措施。1684 年 1 月和 2 月，枢密院对西南各郡颁布新的委任令，赋予某些指定的地方治安法官、郡长和军官完全的司法权力，可以组织法庭，惩办那些蓄意谋反和拒不承认国王权威的人。4 月又有一项法令，针对那些窝藏或串通叛乱分子的人。[138] 尽管如此，西南地区仍然相当难以管控。将近 6 月，詹姆斯·伦威克在拉纳克郡布莱克洛赫的旷野对约 100 名武装追随者（80 名男子和 20 名妇女）布道；虽然军队立刻出动前去追捕，但他们没有抓到任何人，而且这小股武装分子在乡村地带大摇大摆地行进了好几天，据说还恐吓国教教士，杀死了一些国王的士兵。7 月 22 日，查理做出反应，发布公告批评当地官员和乡绅玩忽职守，并命令郡长、执事、乡绅和平民抓捕叛乱分子及其共犯，并予以惩办——其实就是在整个西南地区进行大搜捕。[139] 8 月初，在从邓弗里斯到爱丁堡途中的恩特金，叛乱分子在营救一群囚犯时与士兵发生暴力冲突，双方都有死伤。随后，枢密院将西南各郡置于军事管制之下，授权军官搜捕叛乱分子、参加野外秘密宗教集会的人以及协助或煽动他们的人。[140] 到 8 月底，查理授权枢密院在格拉斯哥、艾尔、邓弗里斯和邓西（位于苏格兰西南部）等地设立法庭；每个法庭只有三名枢密院成员担任法官，他们负责对博斯韦尔桥叛乱分子、违反针对秘密宗教集会法律的人或拒绝去教堂的人进行审判，并有权对顽固不化的人进行罚款、监禁、流放，甚至处以极刑。这给了枢密院成员相当大的自由裁量权，使得伍德罗认为苏格兰现在处于"一个专制绝对政府"的统治下，"生命、自由和一切事物都落入了掌权者的手中"。[141]

苏格兰最高刑事法院在处理拒绝承认国王权威的犯人时变得更加无情，光是 1684 年的头六个月就处决了 12 人。8 月，还有五人被处死：三个是因为协助营救恩特金的囚犯；第四个人则是因为在前面三人被处决时喊刽子手是"狗和恶棍"而被捕，然后大胆地否认国王并承认《民族圣约》；第五个人"承认参与博斯韦尔桥叛乱、拉纳克宣言以及要求将国王逐出教会的行动"。[142] 并非只有持危险政见的人才会被打击；全体长老会教徒都受到了法律的威慑。那些拒绝去教堂的人被处以沉重的罚金——例如，据 1684 年 8 月的一份文件记载，仅罗克斯堡郡一地的乡绅就被处以总额达 27473 镑的罚金。[143]1684 年 2 月，根据对法律的一项有争议的扩张解释，丈夫要开始为妻子不去教堂承担罚金。自宗教改革以来，固然有许多法律明确规定丈夫要为妻子的罪行负责，包括 1670 年的《秘密集会法》，但 1663 年《反分裂教会法》原本没有这样的条款。该法说的是"一切以及每个人"脱离教会都应该被罚款，不过珀斯伯爵认为这暗示丈夫要支付妻子的罚款，因为已婚妇女并没有自己的财产。就连时任御前大臣阿伯丁伯爵也认为这一理由站不住脚，但他现在失势了，国王的裁定支持珀斯对法律的解读。[144]1684 年 4 月，查理批准将那些已经在其他方面悔罪，但拒绝进行忠诚宣誓的犯人流放到卡罗来纳。[145] 对军队的严重依赖导致政府难以确保他们总是按照正当程序行事。1684 年夏天，一个人在从秘密宗教集会回家的途中在野外遭士兵杀害；一伙士兵在这个不幸的受害者休息的时候遇到了他，"没有任何的讯问或程序，直接向他开枪"。[146]

不应该认为这场针对不从国教者的行动只是由政府主导的。主教制派神职人员常常积极地举报不从国教者活动，并劝告堂区居民协助惩治那些不去教堂或参加秘密宗教集会的人，那些闯入原长老会根据地的神职人员尤其如此。在某些最动荡的地区，政府的打压政策似乎也得到了当地地主一定程度的支持。10 月 9 日，柯库布里郡的乡绅向国王呈递了一份献词，表示愿意在四年的时间里自愿多交二十个月的田赋，以维持当地的常备军，并保证自家佃户和小农品行端正。威格敦、邓弗里斯郡、安嫩代尔执事管辖区、克莱兹代尔区、艾尔区以及斯特灵郡的乡绅也做出了类似的承诺。[147] 不过，这些献词似乎是由充当巡回法庭法官的枢密院成员鼓动的；1684 年底，昆斯伯里收到了一封枢密院的信，为邓弗里斯和安嫩代尔的献词向他表示感谢，说他"响应了国王和公爵殿下合理的期待"。[148]

　　为了回应变本加厉的迫害，会社分子在 1684 年 11 月 8 日发表了《苏格兰教会纯正长老会的辩护宣言和警告声明》（下简称《辩护宣言》），并张贴在西南大部分地区的集市中心和教堂门上。他们首先表示继续坚持之前与查理·斯图亚特断绝关系、对他和他的同党宣战的宣言，然后谴责所有伸手打击他们的人——法官、军官、民兵、士兵、"阴险恶毒的主教和牧师助理"以及告密的乡绅和平民——并警告这些人将作为"神和宗教改革圣约事业的敌人"，"根据我们的力量和罪行的轻重"受到惩罚。[149] 率先遭到他们以牙还牙的是国王近卫骑兵团的两名士兵，分别名叫肯诺韦和斯图尔特，都是臭名昭著的迫害者；11 月 19 日晚，他们在林利斯戈郡布莱克本附近的斯温修道院睡觉时被"以最野蛮的手段"杀害。[150] 据说，卡梅伦派会组织"模拟法庭"，传唤"任何他们认为是死硬敌对分子的人"，装模作样地审判他们一番，然后判处死刑。12 月初，枢密院得知"那些野蛮的狂热分子"（方廷霍尔语）杀害了柯库布里郡卡斯费恩的牧师皮尔逊，后者"经常检举他们，并在布道中猛烈斥责他们"。[151]

　　枢密院用一系列残酷的手段来回应这一宣战姿态。三个因为张贴《辩护宣言》而在枢密院受审的人被残忍地施以当时流行的拇指夹酷刑，然后被处决。[152]11 月 22 日，枢密院通过决议，规定任何人如果拒绝斥责《辩护宣言》，只要有两份证人证词在场，枢密院委派的人就可以立刻将其处死，三天后，枢密院进一步规定，可以要求任何有嫌疑的人宣誓弃绝该宣言。[153]西部和西南大部分地区都进行了戒严。12 月初，枢密院委任德拉蒙德中将在西南各郡设立法庭来审判叛乱嫌疑人及其支持者，并让他麾下的军队"追击、抓捕并杀死叛乱分子及其窝藏者"；几天后，又授权奥比斯敦领主召集一支 200 人的高地志愿军前往邓巴顿郡和伦弗鲁郡的任何地方，"杀死、击伤或消灭"任何他们发现进行武装反抗的人。[154]12 月 30 日，查理颁布公告，要求所有十六岁以上的人宣誓弃绝《辩护宣言》；没有宣誓证明的人不得出门旅行，而且任何拒绝宣誓或者在遇到要求时拿不出忠诚证明的人将被视为《辩护宣言》的支持者，受到相应的惩罚。[155]根据枢密院 1685 年 1 月 13 日的一项命令，这意味着有关男子要被绞死，妇女则被溺死。[156]

在整个所谓的"杀戮时代"，或许有上百人被处决，其中大部分是在野外。[157]一些拒绝宣誓的人立刻被当场枪杀；另一些则在最终被绞死之前有时间重新考虑，或者经过了某种形式的审判。[158]1685 年 4 月，威格敦的一个司法委员会没有经过任何合法审判，就判处年过六旬的玛格丽特·麦克劳克伦和年仅十八岁的玛格丽特·威尔逊溺死。经过犯人亲友的上诉，枢密院下令暂缓死刑，但出于某些不明原因，威格敦的治安法官没有接到通知，城镇官员将这两位女性绑在海边的柱子上，把她们的头摁进上涨的潮水中。[159]

在斯图亚特王朝反扑期间，苏格兰的宗教迫害比英格兰的要严重许多。1682 年秋天，伦敦的一份辉格党报纸评论说，国界以北"对不从国教者施加了无可比拟的残酷行为"，而伍德罗在 1683 年写道，"在英格兰为信仰的缘故受苦"和苏格兰的事情比起来，就很难说是"受苦"了。[160]此外，英格兰政府必须在王位继承危机爆发之前就已存在的法律中行事，而在苏格兰，我们看到了一个不断创新的过程，议会或枢密院通过新的法律，用新的手段来对付政治宗教颠覆分子。1687 年，圣约派笔杆子亚历山大·希尔兹抨击苏格兰当局在暴政方面"有心超越尼禄、图密善、戴克里先、阿尔瓦公爵或路易大王的作为"，"蔑视一切程序和法律"，特别是在《辩护宣言》之后，"他们的任意妄为闻所未闻"。[161] 在光荣革命后，长老会的论战家也将苏格兰斯图亚特王朝反扑年间斥为暴政时期，当局通过大量专制非法的行为，罔顾"法律的正当程序"，对不计其数的无辜民众进行残酷压迫和定罪，不分男女。[162]

　　政府内部的人认为，在苏格兰执行的政策是为了对付妄图摧毁国家和平的阴险反政府分子的威胁，所以是完全合适的，而且在法律上也说得过去。正如查理二世的总检察长罗斯豪的麦肯齐在革命后写道的，查理二世的刑法是正当的，因为不从国教者"颠覆了政府和法律"，而且"这一事业在苏格兰比在英格兰更为正当，因为苏格兰的不从国教者对《民族圣约》更加偏执，一直在蛊惑人造反"。麦肯齐继续写道，后来针对野外秘密宗教集会的法律不过是"当时叛乱活动增多的必然产物；它们不是要惩罚宗教观点，而只是要打击叛逆团伙"；他甚至大胆地说，"在苏格兰没有人因为自己的宗教信仰而受苦"。[163] 同样，爱尔兰总督奥蒙德公爵在 1683 年 7 月评论说，"苏格兰的不从国教者"被"反抗和叛乱的灵给附体了，没有什么温和中庸的手段可以赶出这样的魔鬼"。[164] 解决的办法就是严苛地执行法律。苏格兰的主教们一再主张，宗教狂热分子之所以成为问题，仅仅是因为 1670 年代的国务大臣们推行的错误政策（特别是各种允许信教自由的试验），并强调持续有力地执行法律就能将他们平息下来。[165] 同样，塔巴特的麦肯齐在 1683 年 11 月给汉密尔顿的信中提到了某些地方当局在取缔秘密宗教集会时所谓的玩忽职守，他指出，"法律已经规定了程序，如果能在所有地方都执行下来，那么秘密宗教集会就无处容身了"。[166]1682 年底，一位不具名的通信人在写给昆斯伯里的信中说，"我们必须做合法的事"，但他也信心满满地说，"只要我们正确地遵循法律，我们总能在法律中得到足够的东西"。[167]英格兰政府的卫道士援引苏格兰严格执行法律的成效，建议英格兰也应该有样学样，才能解决不从国教者问题。例如，莱斯特兰奇在 1683 年 1 月的《观察者》中评论道，"好的法律和决心在苏格兰收到了效果"，结果就是集会被取缔，教会里"满是回心转意的人"。[168]一个多月后，他评论说，因为当局持续严格地执行了法律，苏格兰"顽固死硬的党派……轻易"就被控制住了，"那个教派的大多数人……心甘情愿地重新做人"。[169]和在英格兰一样，"坚持法治"在苏格兰成了那些主张严厉镇压政治宗教异见分子的人最主要的辩词。只有从 1684 年下半年开始，苏格兰当局认为现在已经和长老会的激进势力开战了，我们才看到有更为激烈的言论出现。例如，总检察长麦肯齐在 1684 年 8 月就将卡梅伦派比作"德意志的再洗礼派农民"，"满腔怒火地想要均贫富……起来造贵族和绅士的反，把他们都杀了"；他指出路德和其他新教神学家"清楚地表示，应该把这些分离教派分子像狼和其他贪婪的猛兽一样猎杀"。[170]

在政府的支持者看来，苏格兰针对不从国教者的行动取得了成功。一位作者在光荣革命后宣称，查理二世驾崩时"让这个苏格兰教会处在比之前很长时间更为和平的状态；它的团结程度相当令人羡慕：基本上所有苏格兰人都属于同一个教派"，因为那里的天主教徒很少，公谊会的成员也较少，而长老会教徒除了一小撮卡梅伦派，"大多数都回到了教会的大家庭；他们的牧师成了我们的会众，按规矩出席我们的公共礼拜，很多人和我们领一样的圣餐"。[171]一线的地方官员汇报了他们的成绩。拉纳克郡是苏格兰最动荡的郡之一，1683 年 3 月，该郡的郡长助理夸口说，过去的几个月里，他"在北区的每一个堂区里"定期组织法庭，导致那里教堂"的人比过去好多年都更多了"。[172] 批评政府的人也承认不从国教者现在去教会了，但指出他们这么做是出于恐惧，而不是真心的。例如，方廷霍尔认为宗教迫害"没有什么成果"，因为虽然"它把许多人赶去了……教会，但强人所难的礼拜"是没有价值的，"暴力只能导致口是心非，而教会对他们而言就像监狱"。[173] 有些人逃往阿尔斯特，另外一些人去了新大陆（特别是新泽西和卡罗来纳）。[174]

　　当然，我们在这里看到的是势同水火的两方在唇枪舌剑：1680年代政权的批评者自然要将其斥为暴政，而它的辩护者会用法治来证明其合法性。而我们需要指出的是，比起英格兰，苏格兰的法律赋予国王及其手下大得多的自由裁量权。法律不仅用更加严厉的刑罚来对付不从国教者（包括死刑），用更为无情的手段来让人认罪（例如使用刑讯），而且它还让国王可以置身于法律之上，抛开传统的民事当局，利用军队来执行他的政策，甚至批准立刻处决。在这一方面，我们可以说，查理在位末年的苏格兰出现了专制统治的做法；法外施刑，许多人未经正当的法律程序就受到刑罚，还有数不清的案例几乎可以说是冤案。不过，国王或者他委派的人是否僭越了他的合法权力，这个问题还有争议。不管怎样，到查理驾崩时，苏格兰已经在通往绝对君主制的道路上走了很远——不仅在理论上，也在实践中。

　　总检察长麦肯齐在 1684 年发表的长篇论文充分阐述了苏格兰绝对王权的理论基础。麦肯齐大胆地宣称，"我们君主的权利不是来自人民，他们是绝对君主，他们的君权直接来自全能的神"，并援引实在法、基本法、神法和理性原则来支持这一论点。在麦肯齐看来，国王是至高无上的，"没有任何事情"受到限制；议会"不与国王共同行使立法权"，这是"完全"属于"国王的"；的确，国王不仅"凌驾于法律之上"，还能够"正当地打破法律"——即在需要实现公义的时候——"因为严苛死板的法律是比绝对君主更要命的暴君"。[175]

不过，国王的权力还是受到某些限制的：麦肯齐承认，"这个绝对君主的头衔"并没有"授权他处置我们的财产"。因此，《民兵法》才宣布，人民不该接受士兵白吃白住。但苏格兰所有的土地曾经都是国王的，所以他也可以被推定为所有土地的业主。"在公共利益无法通过其他手段来维护的必要时候"，国王"即便是对私人财产，也拥有至高无上的超越权利"；例如，在战争时期，他可以让士兵在民宅自由驻扎。[176] 此外，国王"不能被他们自己的臣民所惩罚"；一个国王"受制于法律的指导力，也就是说，国王应该把法律当作指导来服从"，但"不受制于法律的强制力"。反抗都是不合法的，哪怕以自卫的名义。"正如臣民惩罚他们的国王是非法的，武装反抗国王也一样，不管以什么理由都不行，哪怕是为了保卫自由或宗教。"[177]

麦肯齐用了同样的篇幅来证明，"本王国的人民和议会都不能排斥按照世系的王位继承人，也不能将同一王室血脉中的其他任何人扶上王位"。的确，就连绝对君主都不能改变王位继承。他不认为加冕誓言规定只有新教徒才能当国王。在苏格兰（以及英格兰）法律中，"国王是永远不死的"，这意味着在先王驾崩的那一刻，其继承人就成了国王。《加冕法》讲的只是国王的加冕，而不是王位的继承；加冕仪式并不是绝对必要的，因为一个没有被加冕的国王仍然是国王；而且《加冕法》中也没有"如果继任者不进行宣誓，就将排斥王位继承人或宣布王位继承无效"的条款。此外，《王位继承法》规定，在君主驾崩时，统治权被立刻传给下一位合法继承人，不管他信什么教，"在这一点上"就废除了《加冕法》，"因为如果继任者要在加冕并宣誓之后才能进行统治的话，那么这个统治权要怎样立刻传给他呢"？这样看来，麦肯齐似乎在告诉他的读者，不仅他们的当今国王是绝对且不得反抗的，而且他们很快就要有一位绝对、不得反抗且不受限制的天主教国王了。不过，麦肯齐也说，"这位与臣民宗教信仰不同的合法王位继承人可能会随口宣誓（神禁止他轻易这么做），说他将维护现行的法律"。的确，他承认"任何议会"都可以"合法地保证这位继任者不去颠覆他们的宗教或法律，尽管他们不能排斥他继承王位"。麦肯齐解释道，因为即便这位继任者没有宣誓要维护法律，苏格兰的新教徒还是"不会因为他的继位而遭受什么危险；因为议会的一切法律仍然有效力，直到后来的议会将它们撤销为止，而且未经议会批准，国王不得撤销法律"。[178] 这是一个重要的限制——在那位天主教继任者在位期间，它将会受到考验。

第七章

不满分子与忠君人士

——从"教皇党阴谋"至王党反扑期间爱尔兰的动荡与忧虑

虽然我们的邻国饱受阴谋和骚乱的困扰，但我们……并没有因这些走火入魔的举动而遭罪……这里有的只是平静安宁。更为显著的是，我们的土地上万事万物欣欣向荣。商品增加，贸易繁荣，能工巧匠铆足干劲；国王的收入……大幅提高，整个国家进入了一个非常明显的利好形势；而与此同时，其他国家正准备要打仗，国外的朋友觉得我们这个王国的人民处境绝望、悲惨、孤独，正沦为共同敌人的猎物。[1]

从表面上看，爱尔兰似乎是复辟政权最不稳固的地方。信仰国教的新教徒只是极少数，就连不从国教的新教徒也比他们多，更不要说占人口四分之三的天主教徒了。复辟所做的安排导致了政治、宗教和经济上的紧张局面。天主教徒和新教不从国教者都对他们丧失政治商业特权、宗教自由受到官方限制颇为不快，而土地安排则埋下了痛苦怨恨的根源，不光是失去土地的天主教徒因无法讨回他们认为属于自己的土地而感觉受到了欺骗，很多新教徒也为被迫归还自己刚买的土地而愤愤不平，或者为能否保住自己的土地而忧心忡忡。17 世纪六七十年代，爱尔兰一度风声鹤唳，草木皆兵，不是听说新教不从国教者与英伦三岛其他地方怀揣不满的激进势力密谋推翻复辟王朝，就是传闻爱尔兰天主教徒与欧洲天主教强权相勾结，企图将新教从欧洲西北角铲除干净。爱尔兰的统治者不得不小心翼翼；严格执行针对天主教徒和新教不从国教者的法律只会进一步激化绝大多数民众的不满情绪，但要是对天主教徒太过宽容，又会让爱尔兰和英格兰新教徒担心新教优势地位可能不保。

话虽如此，1670 年代，爱尔兰开始有了从 17 世纪中叶的浩劫中恢复的迹象，而且尽管矛盾仍有爆发的危险，但社会还是相对稳定的。直到英格兰的教皇党阴谋暴露以及随后引发的王位排斥危机，爱尔兰的局势才重新动荡起来。按照奥茨最初的说法，爱尔兰的天主教徒也在策划起事，这在 1680 年春天似乎得到了证实，当时沙夫茨伯里称，他发现了一起爱尔兰人在法国支持下屠杀新教徒的阴谋。另外，1679 年 5 月至 6 月苏格兰的圣约派叛乱让人担心阿尔斯特的苏格兰长老会也会起义响应。而且，人们对爱尔兰事态的观感，对英格兰王位排斥危机期间的公众舆论有着至关重要的影响，这一点是毫无疑问的（正如我们前面所见）。

本章旨在对爱尔兰到底发生了什么进行考察。我们将分析教皇党阴谋的揭露对爱尔兰的影响以及爱尔兰人的反应，以确定爱尔兰此时动荡的程度如何。我们也将探究查理二世的政府如何处理爱尔兰局势。都柏林的国王政府——在大多数时候由奥蒙德公爵主持，他在 1677—1685 年二度出任爱尔兰总督，而其子阿伦伯爵在 1682—1684 年担任他的副手——推行的是控制损害程度的审慎政策。因此，它采取了适当的安保措施来阻止一切发生叛乱的可能性，并做了一些巩固新教体制的努力，但它还是小心翼翼地避免对天主教徒和新教不从国教者（他们大多数还是和平忠诚的）采取过激反应，以免挑起更大的民怨。在据传会涉及爱尔兰的拉伊庄园阴谋暴露后，当局觉得有必要采取更严厉的措施来取缔不从国教者和天主教徒的公开集会，并对地方政府官员进行清洗以保证他们忠于现政权。即便如此，奥蒙德父子在这一时期还是严格谨慎地在法治的边界内行事。爱尔兰此时虽然存在一些不满情绪，但其实还是有限的，所造成的威胁比在苏格兰甚至英格兰要小得多。不过，在查理二世统治末年，爱尔兰还是出现了忠君人士反弹的明显迹象，全国各地的国教会信徒通过忠君献词运动来表达他们支持王权同英格兰辉格党人做斗争，这一点和英格兰比较类似。因此，与英格兰一样，爱尔兰在托利党反扑期间支持查理兄弟的呼声急剧高涨——至少在国教会的新教徒中间是这样。

教皇党阴谋的后续

虽然复辟时期爱尔兰的形势本身比较不稳，但我们不应把画面想象得过于暗淡。新教优势阶层或许会担心来自天主教徒和新教不从国教者两方面的潜在威胁，还对英格兰议会在经济问题上的指手画脚颇有微词，但它除了寻求英格兰的支持外别无他法，而且说实话，它在这种属国关系中还是如鱼得水的。另外，复辟政权在实质上给予新教不从国教者和天主教徒相当程度的宗教宽容，这意味着爱尔兰的宗教矛盾不会像在英格兰和苏格兰那样，因为政府主导的迫害而加剧。绝大多数新教不从国教者——包括阿尔斯特的苏格兰长老会——都能与复辟政权和睦相处，甚至人数似乎还在壮大。天主教商人的活动虽然会受到法律的限制，但他们中许多人还是设法发了点财；事实上，在有些城镇里，他们可以成为自由民，甚至还能获得市政法人的职位。土地安排仍然是大多数天主教徒心中的痛，但目前看来他们愿意相信复辟政权，希望查理二世有朝一日能重审土地问题——其实，他似乎在 1672 年就准备这么做了，不过后来英格兰议会迫使他回心转意，而在 1678 年他又动了同样的念头。此外，约克公爵在 1673 年不肯服从《忠诚宣誓法》，公开承认他已经改信了罗马天主教，这让在爱尔兰占大多数的天主教徒看到了同教弟兄当国王的希望。他们所要做的就是等待；在这个节骨眼上挑战新教优势地位，只会加剧英格兰人对天主教徒继承王位的焦虑，很有可能引发对他们不利的反弹。

　　再则，经过了 1640 年代战乱导致的破坏和人口减少，以及复辟初年的些许动荡，爱尔兰经济开始出现了复苏的迹象。随着土地安排慢慢稳定下来，它没有受到挑战的时间越久，新地主就越愿意投资改良自己的土地。同样，贸易活动虽然因为 1664—1667 年和 1672—1674 年对荷战争的影响以及英格兰对爱尔兰经济的限制而暂时受到打击，但总体呈上升趋势。1671 年的《航海法》规定，所有从殖民地进口的商品都要先在英格兰上岸，但爱尔兰还是可以自由地直接向殖民地出口商品，而且要避开这部法律也不是很难。1663 年和 1667 年的《牲畜法》虽然摧毁了一项利润丰厚的对英格兰出口贸易，但也刺激了爱尔兰农业经济在腌牛肉、黄油和绵羊等方面全面发展，并促进了对欧洲大陆和殖民地贸易的扩大。经济的繁荣发展反映在关税收入的急剧增加上，1665—1683 年该项收入不止翻了一番。人口也开始增加，而此时英格兰及威尔士的人口却停滞不前，甚至减少。人口增长最快的是都柏林，1660—1685 年增长了至少一倍，甚至两倍；到 1685 年，它的人口有五六万，是斯图亚特王朝各国的第二大城市，仅次于伦敦。这一派繁荣景象并没有让爱尔兰全体居民雨露均沾；财富的大头仍然在新教徒手中。然而，这个王国并非勉强维持，政治经济也没有到崩溃的边缘。[2] 在王位排斥危机前夕的 1670 年代中期，爱尔兰不管是占优势地位的新教势力、新教不从国教者还是天主教徒，似乎都不会从翻天覆地中获得什么好处。

此时，只有外部因素才能威胁到爱尔兰相对稳定的状态。1678年夏末到秋天教皇党阴谋的曝光，令爱尔兰当局不得不做出一副对天主教徒采取严厉措施的姿态。1678年10月16日，都柏林当局发布公告，要求所有天主教主教、耶稣会士和修道士离开爱尔兰，并关闭所有的修道院。[3]两周后，又有一道命令禁止所有天主教徒在未经总督许可的情况下携带或持有武器，并让他们将武器全部上缴。11月20日，政府颁布公告，禁止天主教徒进入都柏林城堡或王国境内的任何堡垒，就连在驻军城镇中居住也不允许，除非他们已经在那里居住了十二个月以上，而且还将改信天主教的人开除出近卫部队。[4]这些命令并没有得到严格执行，在随后的两年里，当局不得不颁布更多公告，催促天主教徒解除武装，并逮捕那些没有获准待在国内的天主教教士。[5]沙夫茨伯里和英格兰辉格党人在英格兰议会严词控诉奥蒙德对天主教徒过于软弱，但这位总督不愿迫于压力采取极端措施来刺激占多数的天主教徒，以免得不偿失。[6]

不管怎样，英格兰教皇党阴谋的曝光还是在爱尔兰引起了恐慌。1679年2月初，一位通讯员从爱尔兰往英格兰写信说，甚至"在我们听说这一可怕的阴谋之前，对此心知肚明的爱尔兰人就告诉他们的许多英格兰朋友，说血腥透顶的时候就要到来了"。他接着疑神疑鬼地指控奥蒙德勾结天主教徒，下令归还他们的武器并释放被捕的神职人员。的确，这位通讯员声称，奥蒙德父子继续在他们所能影响的地区任用天主教徒，而包税人甚至任命天主教徒来收壁炉税或货物税，因而使他们"有机会搜查我们的住宅并割开我们的喉咙"。他继续写道，尽管有公告禁止天主教徒在都柏林拥有房屋，但一些显赫的天主教徒仍然待在首都：大多数治安官员都是天主教徒；"国内安插了教皇党的邮政局长"；奥蒙德或阿伦的领地上开办了天主教学校；而且弥撒公开举行，"比我们的教会还频繁"。他甚至声称，1679年初奥蒙德赴英格兰时到爱尔兰代为主事的长子奥索里伯爵其实是过来招募私人武装的，还推测天主教徒准备协助他们在英格兰的同教弟兄——尽管他承认自己还不知道"先被割开的是我们的喉咙还是你们的喉咙"以及"两边会不会在议会召开时一起动手"。[7]爱尔兰西部克莱尔郡的总督奥雷里伯爵也表现出类似的偏执妄想，他在1679年2月警告说法国即将发动入侵，还预测如果不迅速采取措施加强王国的防备，法国很可能会得逞。他宣称，他辖区内主要港口中的爱尔兰天主教徒——"以及那些最有可能生乱的不法之人"——远远多于士兵或新教居民，只有科克例外，而那里的郊区也充满了"危险分子"。而且，不仅乡村地区满是天主教徒，他们的部族首领（尽管因为之前的叛乱而被没收了财产）也继续住在他们中间，"罗马教教士"（尽管有公告命令他们离境）也是如此。奥雷里预计，"当大多数普通民众被他们的世俗首领和属灵导师影响时，他们就很容易发生叛乱"——尤其是"法国侵略军到来时会给"这两个有势力的群体"带来宣言，恢复他们被没收的财产以及教职，重新赋予他们荣誉、地位和收入"。[8]

这些恐惧或许只是捕风捉影，但时人的感受却非常真切。约克公爵在爱尔兰的代理人威廉·塔尔博特爵士注意到，教皇党阴谋令新教徒从"安然酣睡"中惊醒，"迅速武装起来"。相比之下，天主教徒"因为这个他们认为无知愚蠢的阴险计划而惊慌失措"，担心新教徒的反弹将导致他们"万劫不复的灭亡"。塔尔博特本人相信这一"阴谋"的"曝光是不满分子掩人耳目秘密煽动所致，为的是让一切陷入混乱"，他觉得"只有神意的作为"才能"止息民众愤怒的情绪"。[9]奥雷里的怀疑似乎得到了证实，1679年春天，有一个名叫墨菲的爱尔兰天主教徒在都柏林当局面前作证，说"有多名爱尔兰教皇党徒被私下征召入伍"，不过都柏林方面后来告诉奥雷里，墨菲"这个人总是异想天开"，他的证词并不可靠。奥雷里发现，法国入侵的可能性仍然存在，新教徒们告诉他，要是他离开这个国家的话，他们"将变得更加灰心",所以他不得不推迟原定前往伦敦的行程。[10] 然后到了 9 月,有一个叫大卫·菲茨杰拉德的新教船长告诉他,法国长期以来一直计划带着一支军队和五六千支火枪入侵爱尔兰,并在沃特福德与邓加文之间的某处登陆。奥雷里"严肃对待这一警告";奥蒙德认为入侵的可能性非常低,因为没有其他情报相印证,但他还是进行了相应的调查。(一艘据称运载武器的法国船只在抵达沃特福德时受到了搜查,但发现它装载的只是盐而已。)[11] 1679 年 12 月 29 日,一位新教牧师在约尔布道时谈及"我们中间的麻烦与不安",警告会众这有可能是他们最后一次团契,因为他们不知道他们的自由何时会"被夺走"。[12] 恐惧导致新教徒和天主教徒相互猜疑,关系日益紧张。例如,1679 年 4 月 1 日,都柏林有一个叫约翰·托蒂的执杖官被派去商人码头取缔一处弥撒场所,引发了事端:托蒂"抓着神父的肩膀往外拖";神父喊着说"他要为此遭报应的",当晚就有两个人在税关揍了托蒂一顿,把他扔在那里等死。[13]

那些担心天主教阴谋的爱尔兰新教徒意识到,他们的性命取决于英格兰人选择如何回应教皇党阴谋。于是他们寄希望于英格兰议会,因为它似乎是唯一决心将阴谋一查到底的机构,并对查理试图利用休会和解散议会的权力来挫败英格兰辉格党人的做法越来越不满。换句话说,爱尔兰出现了类似英格兰辉格党的运动(虽然范围比较小),他们致力于确保英格兰议会正常召开,以便其应对爱尔兰海两岸新教徒所面临的挑战。1681 年 3 月 1 日,克莱尔子爵以及克莱尔郡的治安法官和大陪审团在恩尼斯的巡回法庭上起草了给奥蒙德的请愿书,宣称近来英格兰议会的解散让爱尔兰的天主教徒变得非常无礼:他们解释道,因为没有议会,对阴谋的调查就不了了之,而天主教徒会认为他们受到了优待。因此,请愿者恳求奥蒙德劝说国王在 3 月 21 日召开议会,并一直开到有实际行动保护爱尔兰的新教徒免遭天主教谋害为止。克莱尔子爵的举动是否和英格兰辉格党的请愿运动有关，我们不得而知；汤普森在他的《真实国内资讯》（或许不是最可靠的史料）中宣称，克莱尔的请愿书"先是在英格兰起草，然后让两位有头有脸的人送过去的"。不管怎样，它似乎至少是爱尔兰境内更大范围请愿运动的一部分：利默里克郡也有人试图推动类似的请愿，但因为当地的大陪审团不愿卷入其中而流产。查理二世对克莱尔非常生气，说爱尔兰的居民"一旦假装要给国王陛下在英格兰的事情出谋划策，就逾越了他们的本分"，还解除了他的治安法官和民兵部队指挥官等职务。迫于压力，大陪审团和两名治安法官在4月底和5月初撤回了请愿；克莱尔说自己的意图被人误解了，他绝无二心，但他直到1683年12月拉伊庄园阴谋后，才正式撤回请愿。[14]

让爱尔兰开始不稳定的，不光是英格兰教皇党阴谋曝光，还有苏格兰长老会动乱的爆发。爱尔兰国教会的新教徒长期以来对国内大量的不从国教者感到不安，尤其是阿尔斯特的苏格兰长老会，后者在地域分布上比英格兰不从国教者更加集中，组织也更为严密。包括阿马大主教迈克尔·博伊尔在内，许多人不满于新教不从国教者获得的事实上的宗教宽容，希望那些处罚不从国教者的法律可以得到更严格的执行。奥蒙德虽然承认有必要施行务实的宽容政策，但他还是认为长老会教徒和天主教徒一样恶劣。1678年苏格兰长老会教徒前来逃避迫害，1679年又有苏格兰叛乱分子前来避难，这些人的大量涌入进一步加剧了国教人士的担忧。[15]1678年9月，英格兰政府指示奥蒙德持续密切监视北部海峡，以阻止激进的圣约派分子从苏格兰西南部逃往爱尔兰。[16]在苏格兰圣约派叛乱爆发后，这样的措施在1679年6月被重新采用，以免阿尔斯特的长老会出于同情而起事。[17]这种恐惧确是空穴来风。在1679年5月圣安德鲁斯大主教被苏格兰狂热分子杀害后，有人听到德里一个叫亨利·奥斯本的长老会教徒在公开场合说他乐见大主教被杀，而次年又在该地发现有卡吉尔的《桑克尔宣言》在流传。[18]

　　然而，阿尔斯特的长老会还是安分守己的，大多数牧师都极力与北部海峡对岸的极端派活动撇清关系，并重申他们忠于政府。1679 年 6 月底，唐郡的教务评议会起草了一份呈交给奥蒙德的献词，坚决表示他们忠于国王，并宣称对苏格兰的叛乱事先并不知情，也没有参与其中。9 月，八名来自伦敦德里和毗邻各郡的长老会牧师又起草了一份献词，宣称他们"坚决保持"其忠诚，会继续"为国王陛下的人身和政府祈祷"并"遵守他合法的法令"，甚至在他们无法"在良心上积极服从国王陛下的法律"时，他们"还是会和平地……顺服国王陛下毋庸置疑的权威"。同样，1680 年 7 月，来自阿马郡的四名长老会牧师领袖向奥蒙德请愿，否认与《桑克尔宣言》有关，并坚称"本郡的牧师和圣职人员""除了对国王陛下忠诚和合理服从的原则外"，别的什么也不知道。[19]

"这个王国在明显地改观"——王党反扑的开始

　　随着时间的推移，爱尔兰人越来越怀疑天主教威胁的真实性。很快，在很多当地的人看来，天主教阴谋的传言显然是没有根据的。例如，1680 年 7 月底，一位新教教士从蒂珀雷里郡卡舍尔给英格兰的通信人写信，讲到他在让当地天主教徒改宗时遇到的困难，但他还是保证，这里一切都很平静，"有关麻烦的报道是假的"。[20] 在 1681 年 3 月的第三个星期，威廉·莫利纽克斯在都柏林写道，虽然可以想象"我们在爱尔兰的阴谋""短暂地发生过"，但他相信这些阴谋"源于英格兰，因为我们除了从那里以外，没有从任何地方听说过"。[21] "源于"爱尔兰的阴谋显然是捏造的。例如，1681 年 8 月，两个改信新教的天主教徒在梅奥郡的巡回法庭上指控两个天主教徒参与"一项引来法国人、征服本王国、改变法定宗教并引进教皇党的图谋"，由新教徒组成的陪审团认为，这一起诉"完全是恶意且没有根据的"，给出了无罪判决。[22]1682 年 2 月，三个人因为虚假指控所谓的爱尔兰阴谋而被判戴枷示众，其中两人还被割掉了一只耳朵。[23]1682 年 8 月，在科克巡回法庭上指控科克名义主教涉嫌卷入爱尔兰阴谋的首要证人撤回了他的证词，并宣布"他之前宣誓的内容都是假的，他之前的行为都是被人挑拨的"。[24]当然，我们也不应该误以为，所有新教徒都突然间相信他们对天主教徒的极度恐惧是毫无根据的。然而，很显然，爱尔兰国教会的许多新教徒越来越不相信英格兰传出的爱尔兰阴谋了，而且愈加怀疑所谓的爱尔兰阴谋是被用来诋毁爱尔兰的当权者的。1681 年 5 月的一件事情就很能说明这一趋势，当时都柏林市议会正式谴责一份题为《爱尔兰悲歌》的小册子，该小册子指责奥蒙德公爵、阿伦伯爵和博伊尔大主教受罗马天主教的影响，违背英格兰人在爱尔兰的真正利益。[25]

英格兰的托利党媒体全力传递爱尔兰一切安好的印象，以作为缓解英格兰人对所谓天主教威胁的焦虑，并动员他们支持国王的策略的一部分。例如，1681 年 3 月 9 日，汤普森在他的《真实国内资讯》第一期中报道称，都柏林的来信显示爱尔兰非常平静，与爱捣乱文人的谎言相矛盾——他特别强调了近来有关天主教教士大集会以及在科克附近发现天主教徒秘密储藏武器的谣言不是真的。[26]同样，汤普森在 1682 年 4 月向读者保证，爱尔兰的"状况非常安静和平"。[27]奥蒙德也是这么认为的。1681 年 7 月，他从基尔肯尼的家族宅邸写信给国王说，"这个王国在明显地改观，而且它改观的程度超过了人们在二十年的时间里所能合理期望的"。的确，查理其他王国里的教派"在这个王国"都有"一些教唆者和支持者"，但国王"近来在他的宫廷、市议会和治安法官队伍的作为"——即他回应英格兰王位排斥派挑战的方式——"显然有利地影响了他在这里的事务"。[28]

其实，在 1681 年 3 月牛津议会解散后，我们看到爱尔兰有和英格兰同样类型的王党反扑。这种反扑表现在两个方面：希望保持和维护现行新教体制免遭新教不从国教者或天主教徒的挑战，以及通过忠君示威和献词来公开表示支持国王及王位世袭继承的现象突然增多。两个王国的趋势并非一模一样。的确，"反扑"一词放在爱尔兰并不是那么合适；英格兰存在针对辉格党及其不从国教者盟友的明显反扑，以及公众舆论明确转向支持查理二世和约克公爵，而在爱尔兰，那些支持国王立场的国教新教徒的忠诚是从来没有疑问的。因此，国王没必要像在英格兰那样对地方官员进行清洗。还有，鉴于爱尔兰国教会的新教徒只是总人口里的一小部分，他们必须小心不要对体制外的人做出过度反应。因此，我们没有看到对不从国教者的打击和对处罚法的严格执行，而这些是英格兰托利党反扑的核心特点。然而，我们能发现爱尔兰存在同样类型的进程，即新教体制和王权之间的联系更加巩固，其核心是对王位世袭继承、法治和国教会优势地位的奉守。

许多城镇采取措施，以确保它们能继续充当新教体制的堡垒。1681 年 5 月 28 日，特里姆市议会命令所有没有完全市民权的人在 6 月 10 日前离开，并要求所有拥有完全市民权的人进行效忠宣誓和最高权威宣誓。[29] 同样，当年 7 月，都柏林市政法人申明没有人"今后可以在没有进行效忠宣誓和最高权威宣誓的情况下获得本市的完全市民权"。[30] 总督奥蒙德采取措施，以确保那些在爱尔兰维持法律和秩序的人是忠于国教会的，他在 1681 年 11 月颁布公告，要求陆军的全体军官提供证明，以表明他们已经领了国教会的圣体，次年 4 月，也有同样的措施针对全体治安法官。[31]

在爱尔兰复杂的宗教背景下，不可能对那些在新教体制外礼拜的人严格执行法律。然而，随着苏格兰和英格兰的政府开始对新教不从国教者采取越来越严厉的措施，爱尔兰当局也认为有必要对不从国教者的活动做出某些姿态，尤其是如果这些活动可能威胁到该王国内现存权力结构的话。当局态度趋于强硬的第一个迹象出现在1681年初，当时在阿尔斯特举行的拉根河长老会议呼吁在2月17日禁食，以避免在会议认定的"天主教大发展"之时遭到神的审判。虽然会议在过去也经常呼吁禁食，但这种事情严格来说只有国王可以做，所以这相当于篡夺王权。涉事的牧师们被传唤到都柏林的总督和枢密院面前，以违反《礼拜仪式统一法》被起诉，每人被处以20英镑罚金，他们因为付不起而被关了大半年，直到财政署将罚金减为20先令才获释。[32]1681—1682年，都柏林的公谊会的成员被追缴拖欠的什一税，偶尔还有士兵被派去取缔公谊会在私宅内举行的集会。[33]不过，爱尔兰当局似乎并不确定自己拥有多少可以针对不从国教者秘密宗教集会的法权。1682年7月，博伊尔大主教询问国王有没有可能"为我们在爱尔兰打击秘密宗教集会的议会立法赋予更多权力"，对此奥蒙德警告说："我们绝不能超越法律所赋予我们的。"他解释道，"我们在爱尔兰的律师"并不确定任何英格兰的法律可以被用来针对除天主教徒以外的任何人，尽管他们都认为"针对暴动和非法集会的法律"或许能被解释为适用于新教不从国教者。[34]爱尔兰政府暂时选择小心行事。

与英格兰和苏格兰一样，爱尔兰也有忠君示威活动。这些活动是否有增多不好说，因为自从复辟以来，庆祝各种王室周年纪念日，特别是复辟纪念日本身，在爱尔兰国教会的新教徒中间就一直是强大的传统。[35]然而，在王位排斥危机这一不同以往的政治背景下，特别是在英格兰托利党反扑期间，这种持续庆祝王室周年纪念日的现象，无疑有着新的意义，当时英格兰的托利党报刊都热衷于指出斯图亚特王朝三个王国的忠君热情，从而为他们所谓大部分民众不支持辉格党的说法提供依据。例如，1682 年 6 月，汤普森的《真实国内资讯》详细报道了都柏林人以"一切能想象到的喜悦表现"来庆祝 5 月 29 日，全城各地有不计其数的篝火，包括市长下令在市政厅、学院大门和城堡街架起的三处巨型篝火，"大批民众""跪下"进行忠君祝酒，喊着"神保佑国王和全体王室成员"。[36] 同一天，在多尼戈尔郡的利福德，那些被敌对者称为"醉酒的绅士和治安法官"的人焚烧了沙夫茨伯里和当地一个长老会牧师的肖像——该名牧师之前因为举行非法禁食而被同一批治安法官逮捕入狱，此时才刚刚获释。[37] 不像在苏格兰和英格兰，在爱尔兰并没有王室成员驾临，无法为忠君表演提供机会，但在国王或约克公爵不在的情况下，总督也可以充数。例如，1681 年秋天，奥蒙德从他在基尔肯尼的乡间宅邸回到都柏林时，"受到了盛大欢庆活动的迎接，不仅居民们点燃了篝火，民兵部队还为迎接他而出动"。[38]

　　爱尔兰也像英格兰一样向国王呈递了很多忠君献词。查理二世在 1681 年 4 月颁布的宣言解释了他为何解散英格兰的前两届议会，它主要是关于英格兰的，爱尔兰并没有做出回应的明显必要。不过都柏林"忠诚而坚定的市民"还是在 5 月起草了一份献词，感谢国王消除了"对天主教和专制权力的无端恐惧和猜忌"。[39]1682 年春夏，爱尔兰各地的市政法人和郡又呈递了 43 份献词，承诺忠于国王、王位继承和新教。第一份是科克郡的大陪审团在 3 月 22 日呈上的。起草者声称受到了英格兰忠君献词的"鼓舞"，承认他们在查理二世治下生活安泰欣荣，并承诺他们将竭尽所能维护国王的"权利、合法的王位继承以及由现行法律所确立的新教"。[40] 巴里莫尔伯爵后来不得不写信给身在伦敦的奥蒙德道歉，说这份献词"并没有像我们预计和希望的那样充分"，因为它并没有像 1682 年英格兰的献词那样，点名谴责沙夫茨伯里的新教联盟，并提议在下一次季审法庭上推动另一份"明文针对之前叛逆联盟"的献词，这似乎可以证实英格兰的国王政府并没有策划这一献词行动。[41]

　　很快就有其他更为"充分"的献词跟进科克郡的献词了。利默里克郡的献词宣称，查理二世的政府"因其以全面、不受玷污的公义"来管理"本国的法律而闻名于四邻，不间断的贸易和商业的发展超过了之前任何时代的水平"。然而，某些不满分子正在挑起事端，散播"许多诽谤国王陛下美政的小册子"，以图"离间陛下善良臣民的心"，进而要让他们卷入另一场内战。最后，献词者承诺保卫国王的"君主权利和特权"，反对国内外势力想要削弱查理二世或其"合法继任者"政府的邪恶行径。[42]都柏林市政法人的献词则感谢国王"最有恩典的统治"让他们享有"极大的幸福、和平、安全和安宁"，表示"厌恶某些结党营私、心怀叵测之人用来离间您的臣民对陛下的爱戴并引诱他们偏离应有的义务和服从……的所有那些邪恶的做法和念头"，最后承诺将"捍卫并维护"国王的"人身、新教和现行法律所确立的教俗政府免遭一切勾结窜谋的侵害……无论是来自教皇党徒、宗教狂热分子，还是来自其他破坏公共和平之人"。[43]

　　之后的大多数献词都是依葫芦画瓢。沃特福德的市政法人宣称受到了都柏林献词的启发，为查理二世和奥蒙德统治他们的方式向国王表示感谢，表示"对某些叛逆险恶之人近来实施的所有那些恶毒做法和煽动诡计非常厌恶"，并承诺将保卫维护国王的人身和特权、"由世系和合法程序确立的至尊王位的合法统绪"、"纯正新教"以及"现行法律所确立的教俗政府免遭一切勾结势力的侵害"，不管是"来自教皇党徒还是来自分离教派分子"。[44]米斯郡大陪审团的献词感谢查理二世"一再保证"他会捍卫"现行法律在这个王国所确立的新教"并"依照法律"进行统治，斥责各种勾结，并宣告不仅要对国王尽忠，还要对"国王陛下的继承人和合法继任者"尽职。威克洛郡的大陪审团成员说他们会"捍卫维护国王陛下的人身和特权、陛下至尊王位的合法世系和继承以及现行法律所确立的纯正新教"。韦克斯福德

市镇表示斥责新教联盟，并承诺保卫国王、他的特权和继承人以及
"宗教和现行法律所确立的教俗政府免遭一切勾结势力的侵害，无论
是来自教皇党徒、宗教狂热分子，还是来自怀有其他原则或信念的
破坏和平者"。[45]

　　国王政府一开始似乎并不知道要如何利用来自爱尔兰的献词。
例如，奥蒙德就对都柏林 1681 年 5 月的献词颇为烦恼。他评论道，
"来自爱尔兰的这种做法"是新鲜的，或者说"至少从来没有在……
太平时期……施行过"；此外，此举注定会遭人反对，而且他担心
"不满分子的数量"可能比任何人认为的都要大。同样，查理虽然对
都柏林人"总体表现出的良好倾向"感到"非常高兴"，但他担心大
搞献词运动可能会"让他们那里陷入党争"，就像伦敦城已经发生的
一样。[46]康韦伯爵记载，1682 年都柏林和科克的献词在温莎城堡向
国王宣读时，他们都笑了出来。国务大臣詹金斯显然"在读的时候"
犯了"一个可笑的错误"——这究竟只是口误还是故意戏谑就不清
楚了，但康韦最后说，爱尔兰的献词被认为"价值不大"，因为它们"不
在正确的道路上"，而且他认为应该指示奥蒙德去打压它们。[47]然而，
不管温莎城堡的宫廷是怎么看待这些献词的，爱尔兰当局认为，一
旦有人带了头，就应该保证它们源源不断地出来。例如，1682 年 5
月 9 日，托马斯·帕内尔从都柏林写信斥责安特里姆郡利斯本的乔
治·罗顿爵士，抱怨"他的郡在给国王陛下献词一事上拖后腿了"，
并敦促该郡"应该尽快弄一份出来"，别成为最后一个。[48]

　　我们能从这些献词看出爱尔兰公众舆论的什么气候呢？显然，
我们面对的只是人口中的一小部分。这些献词是以城镇或郡统治精
英的名义发布的；不同于英格兰，这里没有献词出自学徒、厨师或
锡匠这种比较卑微的群体。献词者几乎都是国教会的新教徒，不过，
偶尔还是能在签名中找到爱尔兰名字的：例如，1682 年 4 月唐郡的
献词里有两个姓莫根尼斯的人签了名，但这份献词依然表示忠于"现

行法律在我们中间所确立的宗教"。[49] 而且，也不是每个郡或市政法人都呈递了献词（如果都呈递了的话，总数会是原来的四倍），有些地方拖拖拉拉，或明显缺乏热情。都柏林当局对阿尔斯特某些地方呈递献词之缓慢表示担忧。虽然伦敦德里郡在 4 月 25 日起草了一份献词，但安特里姆郡和贝尔法斯特市政法人一直都没有。卡里克弗格斯的市政法人是最后呈递献词的之一，直到 7 月 10 号它才起草献词。[50] 被奥蒙德视为"本王国最心怀不满的"蒂珀雷里郡也有一些对当局不满的情绪。虽然该郡在 5 月初交出了一份献词，但阿伦伯爵发现大陪审团的大部分成员受克朗梅尔心怀不满的市长斯蒂芬·穆尔的怂恿，拒绝在上面签名。因此，他决定先压着，等待有机会撤销穆尔的治安委任令，直到 7 月 18 日，蒂珀雷里郡才就献词达成了一致。[51] 最后一份献词是 8 月 9 日由凯里郡呈递的，但它交得这么迟或许更多是因为与都柏林距离遥远，而不是因为对当局不满。[52] 有些地方显然认为，自己得随波逐流，以免落下心怀不满的嫌疑。例如，4 月 26 日艾里什敦市政法人的献词对国王的敌人"以打倒奴役和专制统治为名"试图摧毁"古老的君主制"并威胁要恢复"先前致命的混乱和无可比拟的暴政"表示担忧，而且献词者希望让全世界知道他们没有沾染"任何共和派和煽动性的原则"。[53]

然而，在许多地方，新教徒无疑非常愿意公开表达他们对国王的忠诚。例如，作为奥蒙德公爵领地核心的基尔肯尼镇，虽然直到 5 月 19 日才开始起草献词，但阿伦还是开心地向在英格兰的父亲报告说，该镇"对此事一致支持"。[54] 的确，从整体上讲，爱尔兰的献词表明，在托利党反扑年间，爱尔兰的新教优势阶层真心想要与他们在英格兰的国教–托利党同道们一起公开表示对国王和王位继承的忠诚。同英格兰的献词者一样，爱尔兰的献词者知道，自己的安全不可避免地与斯图亚特政权在英格兰的安全捆绑在一起。然而，爱尔兰的献词者表示，对稳定的威胁来自外部——基本上是来自英格兰，而不是爱尔兰内部。他们大多数人都强调爱尔兰在查理二世治下享受了和平与繁荣；让他们担忧的根源是那些喜欢诽谤的小册子作者、沙夫茨伯里所谓新教联盟的支持者以及那些想要挑战国王特权或颠覆王位继承的人。当然，有人意识到这等不满分子的邪恶计谋可能会挑起国王的爱尔兰臣民的不满情绪（所以献词者才想要表明他们绝无二心），也担心天主教徒和新教不从国教者给现行政教体制带来的潜在威胁，这或许反映了占统治地位的少数新教徒在一个天主教徒占绝对多数的国家里感到了不安与焦虑。但总体上讲，爱尔兰的献词是对英格兰事态及其可能对爱尔兰稳定造成的影响的反应，而不是对爱尔兰本地事态的反应。换句话说，这些献词反对的是英格兰辉格党人的活动，因而本质上归属于（英格兰意义上的）托利党。此外，与英格兰的托利党献词一样，爱尔兰的献词表示坚决忠于"我们现行法律所确立的宗教"，并将"不偏不倚地执行所颁布的全套法律"，以保障国王臣民的"宗教和财产"。[55]

　　除了可以看到阿尔斯特和蒂珀雷里郡的某些地方对忠君献词冷淡之外，1680 年代初，爱尔兰还有一些新教徒不满现状的证据。然而，重要的是，这些情绪需要外来刺激才会公开表现出来。查理二世曾经鼓励逃避迫害的法国胡格诺派难民来爱尔兰定居。他们有些人去了科克，但大部分人在都柏林定居，到查理二世驾崩时，那里已经形成一个法国新教徒聚落，人数有好几百。当局甚至在圣帕特里克大教堂的礼拜堂里为他们辟出一个教堂，让他们按照自己的祈祷书用法语做礼拜。[56] 然而，都柏林的新教工匠和学徒认为，这些移民威胁到了他们的生计，而且他们是法国人，做礼拜用外语，这也会让人怀疑他们其实是天主教徒。1682 年 4 月底，阿伦伯爵到都柏林履行代总督（Lord Deputy）的职任，他接到情报称"学徒将在次日起事，以赶走法国新教徒"。虽然阿伦命令治安官严密戒备，并要求工匠将自己的学徒关在家里，但第二天上午，还是有约 300 名学徒——主要来自城市外围的特辖区而不是城内——聚集在城郊新建的基尔马纳姆军医院附近，拿着棍子和几把刀剑，抗议"弥撒和教皇党神父不应这样被宽容"，并提出可以证明有好几个法国难民"其实是教皇党徒，有人看到他们参加弥撒，他们除了策划又一起大屠杀之外没有别的目的"。卫兵设法驱散了民众，逮捕了 10 人或 12 人，事情似乎就这么了结了。一个伦敦的简报作者报道称，据说这帮学徒"分成了两派，一派支持约克公爵，一派支持蒙茅斯公爵，后者要去揪住卫兵"，但他承认这种说法并没有得到证实。身在爱丁堡的方廷霍尔的约翰·劳德爵士说他听闻都柏林的学徒"也宣称反对让一个教皇党徒继承王位"，但他可能只是在复述自己从伦敦简报上读到的内容。在阿伦送出爱尔兰的通信中，我们看不到有关这些学徒试图对王位继承问题做政治表态的迹象。[57]

在 1682 年下半年和 1683 年的最初几个月，又有一次所谓的天主教阴谋试图打破爱尔兰相对平静的局面。1682 年 8 月，一个信奉天主教的爱尔兰雇佣兵（有的史料说他叫蒂利，有的史料说他叫图尔）向巴黎的普雷斯顿子爵透露路易十四企图"占领爱尔兰，以此来控制英格兰，使之服从他的目的"。据说，这个计划是在爱尔兰登陆 4 万大军，届时"大批当地人将起事，夺取科克、利默里克和戈尔韦"，并与法军会合。按照蒂利的说法，在爱尔兰这一头配合该阴谋的人是贾斯廷·麦卡锡上校、跟麦卡锡同族的克兰里卡德伯爵，以及因为推动 1681 年克莱尔郡的请愿而失宠的克莱尔子爵。普雷斯顿听到后非常担心，便将蒂利送到英格兰枢密院接受问讯，第二年年初更多的阴谋细节得到披露：爱尔兰人将承认路易十四为国王，法国将给予爱尔兰人贸易特权，罗马天主教将被重新确立为国教。一个叫彼得·斯蒂普金斯的人站出来发誓，说他见过一份蒂利亲笔的请愿书，是代表爱尔兰的贵族和人民写给法国国王的，其中哀叹他们"失去财产的可怜光景，每天都被限制宗教活动"。他也证实执行计划的时间将是"一个星期天做礼拜的时候，会在爱尔兰所有重要城镇的教堂门口突袭民众，不留活口"——进而暗示有可能对新教徒进行大屠杀。该阴谋可能一度在英格兰引发了波澜，但蒂利做得过头了，说他已经将数千件武器带进了爱尔兰；英格兰枢密院要他交代武器的藏匿地点，要不然就将他关押，无法得到赦免，结果他退缩了。在爱尔兰，阿伦从一开始就有所怀疑，认为这个告密者是个骗子。在阴谋骗局曝光后不久出现了一份大字海报，说这个告密者与麦卡锡上校有私仇。[58]

博伊尔大主教在 10 月 10 日写信给奥蒙德，要求召开新一届爱尔兰议会，信中对 1682 年初爱尔兰舆论环境的看法颇有见地。这位首席教长笃定地说道，"毫无疑问，这个王国从来没有经历过像阁下统治下的那种安全、富足、自由和宽松"，广大人民目前似乎"心态平静"，以至于他信心满满地认为，"如果小心选举的话"，重新召开的议会将为国王做任何他想做的事情。但博伊尔也知道，这种满意的状态取决于英格兰的情况继续"像目前这样良好"，而一点风吹草动就有可能让局势动荡起来。他警告说，"如果英格兰重新陷入之前的混乱与动荡"，"我怀疑我们中间有一些，甚至许多心怀不满的人就会壮起胆来，给政府制造麻烦，而这些人在现在这样的关头是不敢冒头的"。[59]

拉伊庄园阴谋的影响

当然，1683 年春末和夏天拉伊庄园阴谋的曝光，表明英格兰有可能"重新陷入之前的混乱与动荡"。阿伦毫不怀疑"那些恶人在本王国有一些同伙……主要是在北方和芒斯特"。[60]7 月 8 日，托马斯·沃尔科特在国王和枢密院面前接受审问，供出在英格兰、苏格兰和爱尔兰煽动对政府不满的势力的计划，而罗伯特·弗格森则宣称，他预计会有两三万阿尔斯特苏格兰人造反。其他告密者指认曾经在三届王位排斥议会中担任德文郡议员的威廉·考特尼爵士企图与来自沃特福德的新教不满分子勾结，拥立蒙茅斯公爵。不过，考特尼后来书面否认他对这样的阴谋有任何了解，政府相信了他的话，决定不对他采取措施。[61]

　　的确，政府没有发现任何确凿证据，表明爱尔兰与拉伊庄园阴谋有牵扯；唯一沾了点边的事情是，汤顿有个人在前往爱尔兰途中在英格兰西部被捕，从他身上搜出了一份苏格兰反叛宣言的片段。[62]阿尔斯特的长老会担心在英格兰已经开始的取缔秘密宗教集会行动会蔓延到爱尔兰，据说他们开始出现"叛逆躁动的言论，并直言不讳地威胁要反抗直到流血的地步"；一个告密者甚至宣称他们在筹钱将武器运入爱尔兰，但他因为被指捏造"情报以牟利"而名誉扫地。虽然北部的"不从国教党"或许"普遍对当局不满"——他们说"迫害的时刻就要来了"——但并没有可靠的证据表明当时存在什么真正的阴谋。[63]然而，有一丁点令人浮想联翩的证据或许暗示了事情可能没有看上去的那么简单。1683年8月中旬，芒乔伊子爵从蒂龙郡的纽敦斯图尔特写信给奥蒙德，说虽然阿尔斯特的不从国教者"闹出了很大的动静，说要大批前往卡罗来纳"，而且他们还准备了"一艘大船在德里用来运送他们"，但现在时间到了，"却没有人来"，那艘船不得不改变航程。[64]这件事无疑很诡异，但似乎也无关紧要，直到有人想起1683年苏格兰的拉伊庄园阴谋分子曾以在卡罗来纳购买土地为名，来伦敦与英格兰的阴谋分子会面。[65]阿尔斯特的苏格兰长老会是不是也在以移民为幌子参与拉伊庄园阴谋呢？这并非天方夜谭，而且这也能解释为什么那艘船在政府掌握了阴谋的消息后就不用了。不过，一艘船显然不足以运送大批阿尔斯特苏格兰人去参加英格兰和苏格兰的起义，我们不得不承认我们没有找到可以相互印证的证据。

克朗梅尔的巡回法庭档案反映了当时爱尔兰南部某些对政府不满的现象。例如，在9月的巡回法庭上，约翰·莱恩和芭芭拉·莱恩被控在上一年4月说"国王陛下没有将约克公爵逐出他的领地，是卑鄙和非法的，因为他会在国内制造动荡"；约翰·普赖尔被控说"既然国王陛下和蒙茅斯公爵都还活着，他希望约克公爵殿下永远不要成为国王"；亨利·施林普顿被控预测"蒙茅斯公爵将在国王陛下死后继位并作为国王进行统治，或者干脆就不要国王"，还声称"国王陛下是有史以来最不公义的国王，他从来不履行他所做的任何承诺，而且……如果克伦威尔还活着，他将和最强大、最公义的国王一样"。不过，鉴于施林普顿和莱恩夫妇的罪名不成立，普赖尔被宣布释放而没有受审，这不禁让人怀疑这些指控有多少真实性。[66]

拉伊庄园阴谋的曝光还是导致了一系列新的安全措施。为了应对出现叛乱的潜在威胁，都柏林当局命令所有军官前往他们的驻扎地，向北部增派兵力，并下令对进入爱尔兰的人员进行检查。[67]7月中旬，奥蒙德指示阿伦依据解除天主教徒武装的法律，"解除那些经常参加或容留秘密宗教集会者的武装"，不过他强调不要动天主教徒，因为只有那些获得特别许可的人才能保留他们的武器，而现在没有理由去破坏这些规矩。[68]

阿伦担心阿尔斯特的苏格兰长老会集会规模比以前更大，便指示当地治安法官去取缔非法的不从国教者集会并逮捕其牧师。虽然在北部的一些地方必须出动地方民兵来制止秘密宗教集会活动——当地的治安官完全不能信任，因为他们很多自己就是不从国教者——但爱尔兰各地（包括阿尔斯特）的大多数不从国教牧师选择与政府合作，自愿停止他们的公开集会并保证品行端正。8月8日，阿伦满怀自信地向英格兰的国务大臣詹金斯报告称，他"顺利地取缔了这里的宗教狂热分子集会，并在很大程度上镇压了北部的狂热分子集会"，而几天后，芒乔伊告诉奥蒙德，北部的长老会"比他料想的更加顺从"，他没有"听说过一个集会，不管是公开的还是私下的"。奥蒙德还是对阿尔斯特长老会"突然变得温和顺服"表示怀疑，认为"对他们默默顺从的防备不应该少于对他们顽固不化的防备"，而阿伦也承认所采取的措施并不会"使很多不从国教者改奉国教"。尽管如此，当时的结果应该还是令人满意的。不从国教者开始回到教会。至少有一段时间，整个爱尔兰的秘密宗教集会大都被取缔了，即便在阿尔斯特也是如此。只有公谊会继续聚会，但都柏林当局并不"认为他们是危险的教派"。[69]

　　政府必须很小心，以免被认为单单处罚新教不从国教者，却对天主教徒的活动睁一只眼闭一只眼。都柏林大主教说服都柏林的天主教徒关闭他们的礼拜堂，尽管这些礼拜堂之前"被政府忽略无视"，但它们从来没有得到法律上的批准，而朗福德伯爵也说服利默里克当局，不仅要关闭秘密宗教集会，也要关闭公开的弥撒场所。[70]虽然天主教徒被允许在自己的家中进行宗教活动，但他们必须低调。1683年8月，政府得知西部海港戈尔韦附近建立了一所公开的女修道院和四所公开的弥撒场所，梅奥郡纽波特附近的伯里斯胡尔建立了一所托钵修道院，便迅速采取行动，以免让人说政府对"那些人"软弱。男女修道院很快被遣散，多名神父、托钵修道士和修女因为违反了禁止做弥撒的法律而被告上了巡回法庭。[71]10月，奥蒙德听说有些修士计划在自己的故乡基尔肯尼建立四间礼拜堂，他非常愤怒，警告儿子说政府需要"采取严厉措施来教训他们"，让他们知道"在新教不从国教者遭受打击的时候，另外一些人拥有比之前所允许的更大的自由"是不可能的事情。[72]然而，对天主教徒的打击似乎在查理二世统治结束前就放松了。虽然在下令名义主教和天主教修道士离境的公告发布之后，天主教神职人员"保持安静"了一段时间，但显然他们很多人其实一直留在爱尔兰，而且到1684年底，他们变得越来越活跃了。1685 年 1 月，奥蒙德告诉桑德兰伯爵，"现在这个王国里的罗马教主教至少和新教主教一样多"，而"托钵修道士和其他修道士在本王国的各个地方都大量存在"。奥蒙德认为修道士"对信罗马教的穷人来说是一项难以忍受的额外负担"，因为"除了这些修道士从他们身上得到的，除了他们给合法牧师［即爱尔兰国教会牧师］的，他们还要供养主教和本堂神父"。话虽如此，查理乐见爱尔兰天主教徒可以自由礼拜。的确，桑德兰在月底告知奥蒙德，国王已经获悉都柏林大主教关闭了爱尔兰首都的天主教礼拜堂，希望得知原因。[73]

拉伊庄园阴谋的曝光导致了对地方政府人员一定的清洗，尽管规模没有英格兰的那样大。1683 年 7 月初，奥蒙德告诉阿伦，英格兰有人"议论"爱尔兰"治理得非常糟糕"，许多陆军军官、郡治安法官和城镇治安法官都对当局不满。正如博伊尔大主教所承认的，由于缺乏其他合适的人员，那些获得治安委任令的人的确有很多曾在克伦威尔手下任职，或是这种人的子弟，但他强调，不愿做效忠宣誓和最高权威宣誓或拒绝服从国教的治安法官非常少，甚至没有。问题是都柏林当局对此不是很有把握，因为很少有治安法官、征兵官和民兵军官按照 1681 年 11 月和 1682 年 4 月公告的要求，提交他们已经领了圣餐的证明。阿伦确实罢免了一些治安法官，但不是因为他们不从国教——只有一名治安法官被证实是不从国教者，而且他的任命是得到奥蒙德批准的——而是因为他们玩忽职守或才不配位。凭借 1672 年埃塞克斯规则赋予他的权力，阿伦拒绝批准克朗梅尔再次选举斯蒂芬·穆尔为市长，但除此以外，没有什么证据表明这位代总督积极干预地方政务，以确保市政法人选择对政府忠心的人。不管怎样，阿伦相信掌权的都是忠君人士，即便在最受怀疑的地方也是如此。例如，9 月底，他报告称贝尔法斯特市长是"一个非常诚实的人"，即便这个城镇"是爱尔兰最狂热的地方"。[74]

在政府打击潜在不满势力的同时，爱尔兰国教会的教士们积极地巩固对现政权的忠诚。1683 年 7 月 29 日，米斯主教安东尼·多平在都柏林基督大教堂的布道中滔滔不绝地谈论保罗有关不反抗的教义，然后断言不反抗的教义一直是英格兰国教会的"一贯观点"，并被庄严载入爱尔兰《礼拜仪式统一法》中。多平的结论跟英格兰托利党笔杆子和国教教士的标准观点一致：那些以反对所谓天主教泛滥为由来为反抗政府行为正名的人，不是英格兰国教会的成员，而是向罗马、苏格兰或日内瓦取歪经，"不是耶稣会士就是宗教狂热分子"。[75] 同英格兰一样，爱尔兰也将 9 月 9 日设为纪念摆脱拉伊庄园阴谋的感恩日。[76] 虽然没有发现布道词的印刷品，但鉴于爱尔兰国教会教士被指示要遵循英格兰规定的礼拜程序，他们可能借此机会大谈特谈消极服从和不反抗政府。女王郡（莱伊什郡）阿比莱克斯的牧师约翰·维西——与同名同姓的蒂厄姆大主教不是同一个人——一个星期后在克朗梅尔巡回法庭开幕仪式上的布道就是如此。维西力陈服从官长的必要性，并引用了圣彼得关于不反抗的教导："你们为主的缘故，要顺服人的一切制度。"（《彼得前书》第 2 章第 13 节）他郑重其事地说，叛乱是"一项最严重的罪"，而且"假借保卫自由和财产、摧毁天主教和专制统治之名"并不能使之非罪化。他继续说道，"我们不能作恶以成善"；"当我们被压迫时，我们要审视自己的生活，查验是不是我们自己的邪恶导致神用这样的统治者来惩罚我们"——这话果然有先见之明，因为在詹姆斯二世统治时期，爱尔兰的新教徒受到了压迫，确实不得不考虑他们是否要作恶以成善，或者说，忤逆官长以捍卫自由和财产。但维西的布道也揭示了当时爱尔兰的大众政治文化充满着活力。他认为，"没有哪个人是微不足道的，恰恰相反，一个人可以通过他的努力或祷告来为一个国家的总体福祉做贡献；不但如此，我们总能发现，叛乱和内战常常是由普通民众挑起的，而且总是由他们进行的"。人民应该学习安静，管好自己的事情。"如果每一个人"都能遵循圣彼得的教导"并将他的思想用在自己的事情上，而不是干涉国家的事务，我们就会比现在更加幸福"。但问题是，人民确实在干涉国家事务。维西评论道，"人民经常基于政府公报或新闻简报上的一个报道来对政府进行议论，抨击甚至责备更高的权力"。他劝告道，"将政府的塑造交托给你们的官长吧，他们的工作就是进行管理"，"我们不要对人民的统治者出言不逊"。[77]

　　9月9日，爱尔兰并没有举行任何忠君示威活动，以庆祝摆脱拉伊庄园阴谋。然而，全国各郡和各城镇还是迅速上书斥责阴谋，以表明自己的忠诚。1683年夏秋，约有52份这样的献词被呈递给国王。[78]7月29日，沃特福德市的献词感谢神护佑查理二世和约克公爵"脱离叛逆放肆的卑鄙之徒的可怖构陷"，并宣布憎恨所有针对国王的"人身或政府"的"蛊惑人心的可怕图谋"。献词者接着为自己在查理二世"依照王国根本法律"的统治下所享有的"和平、繁荣和幸福的恩赐，以及法律确立的纯正新教表示感谢"，并表示希望对法律"适时且不偏不倚"的执行能够震慑住那些"想要伸手加害耶和华受膏者的恶人"，最后还承诺维护国王的"人身、法律、政府、特权以及国教……免遭一切叛国反对派的侵害"。[79]和1682年的献词一样，这些早期的献词至少看上去像是在自发地表忠心，但随着时间推移，其他地方显然感受到了随大流的无形压力。例如，8月22日特里姆给国王的献词开头承认了针对国王兄弟的"近来可怕的阴谋诡计""让一切尽忠尽责的臣民有必要表达对它们的斥责，并给出……一些有关他们精诚效忠的公开保证"。献词者随后向查理保证，他们准备献出自己的生命和财产"来维护国王陛下神圣的人身、继承人及合法继任者免遭一切反对者的侵害，并维护现行法律所确立的新教，与教皇党和宗教狂热分子作对"。[80]这次，安特里姆郡呈递了一份献词，克朗梅尔镇也一样（虽然有些迟延）；但贝尔法斯特还是没有。

　　和 1682 年的献词一样，1683 年的献词基本上代表了城乡新教统治精英的声音。同样，大多数献词表示不仅要忠于国王、王位继承和国王特权，还要忠于法治和现行教会体制。有些天主教徒也在某些献词上签了字——以自由地产保有人、大陪审团成员甚或市政法人成员的身份——无疑他们非常想要表现自己对国王及其天主教王位继承人的忠诚，以及对新教不从国教者所谓丑恶行径的敌视，哪怕这意味着要保证不去挑战现行合法的政教安排。奥蒙德发现"来自爱尔兰的献词上有很多这种人的名字"，尽管没有人会怀疑"他们对另一种不从国教者的厌恶"，他还是警告阿伦说，他怀疑"如果国教新教徒和新教不从国教者都落到他们手里的话，他们是否会区别对待"。[81] 都柏林郡大陪审团、最高军事长官助理、治安法官、神职人员和绅士在 10 月 4 日的献词引发了一场风波，因为其中没有提及法律所确立的新教。在起草献词的大陪审团中，天主教徒与新教徒的比例为八比六，虽然法官试图修改献词，加入涉及国教会的内容，但首席陪审员予以拒绝，说"他们已经这样写了，也要这样交上去"。[82]

　　由于没有地位相对卑微的人的献词，也没有忠君示威活动，我们很难判断拉伊庄园阴谋后王党反扑在社会层面有多深入。这些证据给我们的总体印象是，国教会的新教徒站在国王这一边，支持现有的王位继承，基本上和英格兰的托利党-国教会势力一样；如果有机会的话，天主教徒常常会急于表现他们对国王的忠诚以及对所谓新教不从国教者阴谋的反感，他们对王位世袭继承的忠诚无疑是真心实意的；而大多数新教不从国教者在任何反对政府的阴谋上都是清白的，并且当都柏林当局对苏格兰和英格兰的阴谋活动采取必要的预防措施时，他们都愿意予以配合。这不是说，在查理二世统治末年，爱尔兰完全没有对当局不满的现象。尤其是在阿尔斯特（也包括其他地方），部分新教徒对现政权有意见，并对天主教徒继承王位感到担忧，但如果我们以为大多数天主教徒对他们的现状非常满意，那就太天真了。不管怎样，我们很难不得出这样的结论：虽然爱尔兰内部存在各种紧张关系，但这个王国基本上还是需要外部因素才会动荡起来。此时，导致爱尔兰问题的是英格兰和苏格兰的事态，而不是爱尔兰的形势。

查理在位的最后几年里，没有什么事情来打搅政府的安宁。1684 年春，阿伦收到有关"一起新阴谋"的情报，但他认为"这并不属实"，因为它出自"一个盛产假阴谋的地方"。[83] 在查理二世驾崩前夕，阿尔斯特长老会再度出现越来越躁动不安的迹象。1684 年 8 月，查理二世对奥蒙德说，他很担心逃往爱尔兰的苏格兰叛乱分子，并下令将他们送回苏格兰。[84] 11 月中旬，治安法官在贝尔法斯特发现一封信，上面有 20 个人签名，该信嘱咐长老会不要参加国教教士或那些为国王祷告的不从国教者所主持的礼拜，并承诺协助苏格兰圣约派逃往爱尔兰，躲避在本国的迫害。虽然奥蒙德——此时他已经回到都柏林——一开始并不认为这一发现足以惊动国王，但他后来的调查显示，阿尔斯特长老会可能有"武装起事"的图谋，其中有一些人负责招兵买马，另一些人负责骑行"全国各地……通报起义时间"。同样，此事的真实性不好判断；一位历史学家认为，所谓阴谋"可能不过是愤怒的不满分子发发牢骚罢了"。[85] 不管怎样，这个故事表明，直到查理二世驾崩，爱尔兰北部一直都是都柏林当局的心头之患——这一点在詹姆斯二世登基伊始、面临苏格兰的阿盖尔叛乱和英格兰的蒙茅斯叛乱时，影响了政府回应的方式。

结　论

　　尽管查理二世曾在 1679 年、1680 年和 1682 年短暂患病，但人们普遍认为年逾五十的他身体非常健康，最多只有一点痛风。因此，1685 年 2 月 2 日星期一突发的疾病出乎所有人的意料。国王前一天晚上睡得并不安稳（他通常都睡得不错），早上起得很早，大约 7 点的时候，"他结束了私人礼拜，离开内室"，用时人的话说，突然"卒中发作"。他立刻被放血治疗，但显然已病入膏肓。在接下来的几天里，多名医生用尽了各种先进的治疗方法，不顾一切地想把他从鬼门关拉回来：催吐、放血、起水疱、灼烧；把烧红的铁放到他剃光的头上；一共用了大约 58 种药。他一度回光返照，但到星期四病情再度恶化。那天晚些时候，曾于 1651 年协助他逃离伍斯特的天主教神父约翰·赫德尔斯顿被悄悄地带进国王的寝宫，带国王皈依罗马天主教并主持终傅圣事。次日，即 2 月 6 日星期五上午 11 时 45 分左右，查理撒手人寰，享年不到五十五岁。尽管当时的诊断是卒中，但其实他得的是慢性腺状肾病（布赖特氏病的一种）并伴有尿毒症惊厥。后来，有人捕风捉影说是他的弟弟给他下的毒。其实，说查理给自己下毒更有道理。他是个炼金术发烧友，近些年花了很多时间进行水银实验；因此，他的肾衰竭和尿毒症很可能是由汞元素引发的，虽然这仍然只是推测。但基本可以确定的是，尽管医生们让查理遭了不少罪，可他们并没有害死他；查理得了这种病是必死无疑的。[1]

　　历来人们反复讲述查理驾崩的故事。但这个故事里最耐人寻味的地方却罕有人提及，即故事发生的地点：国王位于王宫白厅宫的寝宫。查理二世的父亲是在自家宴会厅外搭起的断头台上身首异处的。查理的弟弟兼继任者在不到四年后也被迫逊位去国，在流亡中了此残生——虽然也死在卧榻之上，但已经不是国王了。查理二世面临和父亲类似的问题：苏格兰发生叛乱，爱尔兰局势动荡，英格兰各地的政治反对派与不满现状的人们结为同盟，反对天主教和专制统治的威胁。到1679—1680年，当时很多人都觉得1641年的事情就要重演了。当然，查理面临的问题也是他的弟弟需要面临的，后者却无力回天，因此丢掉了三个王国的宝座。对于查理这位"快活王"来说，能作为英格兰、苏格兰和爱尔兰的国王死在床上，并不是轻而易举就能取得的成就。

　　到1685年，王权显然已经躲过了1679—1681年所面临的危机。詹姆斯二世登基时，君主制的地位已大为强化，辉格党的挑战也铩羽而归。詹姆斯在春天召开他的第一届议会时，下议院约513名议员中只有57名辉格党人。这不仅是查理二世末年国王干预选举权的结果，更是因为公众舆论在这几年已经倒向了国王；在1685年的大选中，托利党在更加开放、选民更多的选区里也大有斩获，要知道这些地方是最不容易受宫廷操纵的。其实，詹姆斯在刚登基时无疑是深受民众爱戴的。当他在2月被宣布为国王时，三个王国上下一片欢腾，在接下来的好几个月里，英格兰、威尔士、苏格兰、爱尔兰及王室海外领地的不同群体呈上了约439份贺词，向新任国王表忠心，承认他的继位合理合法，并对王位排斥的挫败表示欣喜。[2]这并不是说詹姆斯的登基就一帆风顺。1685年发生了一场叛乱——

或者应该说是两场（因为它们最后并没有像预计的那样相互呼应）：一场是阿盖尔伯爵在苏格兰领导的，另一场是蒙茅斯公爵在英格兰领导的。但它们都是蚍蜉撼树；他们能召集的支持者合起来还不如1679年博斯韦尔桥叛乱来得多，而且都很快就被镇压下去了。在王位排斥危机期间，很多人真的担心内战有可能重新爆发，对天主教徒能否和平继承王位表示怀疑——毕竟有传言称新教徒将团结起来，进行阻止。1685年詹姆斯的登基本有可能引发一场血雨腥风。但这并没有发生。危机已经过去。王权面临的威胁并没有完全消失，但已经得到了有效的遏制。

这就是本书要讲的故事：查理二世的政权一开始是如何陷入危机，又是如何渡过难关的。既然1660年的英伦三岛，几乎所有人都拥护君主制复辟，那么，复辟政权又为何会在不到二十年内走到崩溃的边缘？毫无疑问，假如查理二世有个合法的儿子（假设这个儿子一直都是新教徒）或者安排了一个新教徒继承人，情况将要简单很多。但正如本书所示，将危机归因于偶然因素——例如王位继承出现问题——是错误的。复辟政权在每一个王国内都存在着根本性的结构问题——这些问题让查理二世治理国家变得非常棘手。尽管在1660年大多数人都对君主制复辟表示欢迎，但他们对复辟王朝各有各的期待——而且还需要指出的是，这些期待不仅不同，而且彼此不能相容。每个王国的情况都是如此。在英格兰，有人希望国王能对议会更加负责；也有人认为国王对议会过于负责。分离教派想要信仰自由，长老会希望能被一个经过改革的英格兰国教会（而且他们一开始还和国教徒一样，最反对给予分离教派信仰自由）接纳，而强硬的国教徒则坚决反对容纳长老会，就像反对容忍分离教派。在苏格兰，长老会和主教制派针锋相对。而且在这两个王国里，不时发生的残酷的宗教迫害进一步加剧了宗教冲突。在爱尔兰，天主教徒、爱尔兰国教会的新教徒和不从国教的新教徒之间关系也很紧张，部分是出于宗教原因（尽管那里的宗教迫害不是很严重），部分也是出于经济和政治权益、司法权利以及——争议最大的——土地问题。查理没办法让所有人都满意。假如他把土地还给爱尔兰的天主教徒，那么他就要得罪因此失去土地的新教徒。假如他不在苏格兰贯彻支持主教制的法律并限制苏格兰长老会，那么他就要得罪苏格兰主教制派。假如他不在英格兰执行对付不从国教者的处罚法，那么他就要疏远在内战及共和制试验时期最支持他巩固王权的高教会派。但如果他一点也不为爱尔兰天主教徒主持公道，或者将对付英格兰和苏格兰不从国教者的法律贯彻到底，他就有可能逼三个王国中的大批臣民造反。

然而，问题不仅存在于各个王国内部，也存在于三个王国之间。查理二世不可能仅仅考虑他的策略在某个王国里行得通，而不会想其他王国可能产生的连锁反应。比方说，他不能去轻易安抚爱尔兰不满于现状的天主教徒，否则有可能在英格兰被指责为对天主教妥协。如果动用强力镇压苏格兰长老会激进势力看得见摸得着的叛乱威胁——因为地形，苏格兰即便是太平时候也很难维持治安（尤其君主还不在当地）——他在英格兰就有可能被指控在北边的王国内推行专制统治。换言之，1670 年代末出现的危机其实是一场三个王国的危机。这场危机源于纷乱不堪的多个王国所带来的治理难题，其中每个王国都有深入社会各个层面的政治宗教矛盾，而且任何想要解决这些矛盾的举措都很有可能引起更大的麻烦。因此，在所谓的教皇党阴谋后，人们对信奉天主教的约克公爵即将继位的恐惧确实引发了 1679—1681 年的危机，但这一危机涉及的不仅仅是未来可能发生的事。它与复辟政权的失政有关，与查理二世在所有这三个王国的统治方式有关，与天主教和专制统治在当下的威胁有关。

结果，1641 年的事情并没有重演。查理二世并没有像他父亲一样失去对局势的控制。这里有几个重要的因素。尽管查理二世在

1679 年面临着苏格兰发生的叛乱，但这一次苏格兰叛乱分子并没有像在内战前夕那样获得胜利。因此，苏格兰人不能像在 1640—1641 年那样勒索英格兰，当时他们占领了英格兰北部，并要求英格兰议会支付赔款才打道回府。这让查理一世在面对英格兰的改革诉求时无法将议会解散；因为他束手无策，英格兰议会甚至还能迫使查理一世批准一项法律，规定未经议会自身同意，国王不得解散议会。[3]查理二世并没有陷入这种困境。他仍旧握有决定议会何时召开、召开多久的权力，这让他比父亲有更多回旋的余地。他可以对辉格党的挑战先发制人，运用君主特权来让议会休会并将其解散——而且在占得先机后还尽可能想出办法再接再厉，击败辉格党。因此，1641 年的事情之所以没有重演，部分原因是苏格兰人没有在 1679 年叛乱成功。简单来说，苏格兰人在 1679 年并没有像在 1637—1641 年那样团结（这本身就是内战和空位时期的遗产），因而无法再度对斯图亚特政权发起严峻的挑战。1637—1641 年，苏格兰是举国起来反对查理一世；1679 年，反抗查理二世的只是苏格兰的一小撮人。到 1670 年代末，尽管苏格兰人对现状有很多不满，但有非常多的苏格兰人仍然愿意忠于查理二世。而且，或许最重要的是，查理二世没有像他父亲一样失去苏格兰统治精英的拥护。还有爱尔兰，虽然那里的局势并不总是平静如水，查理二世时期不断传出爱尔兰可能发生叛乱的传言，但 1641 年的爱尔兰叛乱并没有再现。1637—1641 年的不列颠危机，虽然有可能在 1679—1681 年重演，终于没有出现这一幕。

然而，叛乱的失败并不是唯一的原因。詹姆斯二世也没有遇到爱尔兰的叛乱——如果我们不算阿盖尔伯爵的小打小闹，其实苏格兰也没有。他也握有中止和解散议会的国王特权，也不用像查理一世一样，被迫和一个恨不得摆脱的议会打交道。的确，由于 1680 年代王室的财政状况得到改善，詹姆斯比哥哥更能免受议会的掣肘。

可他还是没能保住他那几个王国。更重要的是，查理二世不仅涉险渡过了危机，还在危机面前重建了君主制的权力与权威。

在这一点上，查理二世的成功很大程度上得归因于他赢得公众舆论的能力。宫廷及其托利党同盟试图说服国王的臣民相信，比起一个信天主教的王位继承人，辉格党及其不从国教者盟友才是对英格兰自由和新教的更大威胁，他们如果想阻止天主教和专制统治的话，就必须忠于法律所确立的现行国教会及政府，并团结起来支持国王及王位继承人。托利党宣传的高明之处在于其涵盖的范围：托利党想触及的不仅是统治阶级和受过教育的精英，也包括中下层民众。普罗大众的看法不能忽视；将这些人争取过来，并让人知道他们站在自己这一边，这非常重要，在英格兰尤其如此，考虑到近代早期英格兰的治理方式。国王要想施行有效的统治，必须依靠地方上各种人的合作和义务协助——不仅是郡最高军事长官及其副手、治理各郡的乡绅治安法官、主持市镇法人的贸易商和生意人，也包括那些更为低微的群体，后者以陪审员、堂区治安官、守夜人、民兵甚至告密线人的身份在行政和司法中扮演了至关重要的角色。到1670年代末，正是因为查理二世失去了社会各阶层中的许多这类人的支持，他想如愿统治国家变得很难。也正是因为他能够在1680年代初将足够多的这些人争取回来，他统治末年的成功才有了合理的解释。必须承认，光争取公众舆论是不够的；政府也采取了压迫的政策（剥夺辉格党人及其不从国教者盟友的职权，并保证他们一旦犯法就会受到最严厉的惩罚），以确保消除辉格党的威胁。既需要政策引导，也需要强力管制，才能击败辉格党的挑战，而且我们绝不能忽视这一组合中强制的一面。但不管怎样，如果没有公众舆论转向国王及其托利党盟友这一前提（而这其实已经开始发生），托利党的反扑也不会如此成功。

查理二世也承认，他继承的这三个王国尽管问题丛生，但不一定会对王权构成问题。事实上，他意识到他反而可以利用这种形势。因此，他很有意识地想出了一套涉及全不列颠的解决方案来击败英格兰辉格党的挑战。在 1681 年 3 月解散牛津议会之后，他在苏格兰召开了一届议会，他知道自己的立法议程更有可能在那里取得成功，也的确如愿地让《王位继承法》获得通过，该法重申苏格兰议会不能排斥詹姆斯继承王位。这反过来就让王位排斥在英格兰变得行不通了，除非民众想让三个王国再度陷入内战。更重要的是，1681 年的苏格兰议员非常清楚，查理召集他们是为了给英格兰议会传达政治信号；他们也深谙被邀参与的不列颠博弈是什么性质。的确，我们一再看到三王国因素在击败英格兰的辉格党运动中有多么重要。托利党的吹鼓手通过指出长老会激进势力在北边的动向，来让公众对英格兰辉格党及其不从国教者盟友的所谓威胁感到忧心忡忡。托利党的笔杆子进一步指出约克公爵在 1679—1682 年间两度担任苏格兰政府首脑时的成绩，以及他是如何坚决支持北边的主教制国教会的，以向英格兰人说明他们对约克公爵继位的担忧是多余的。倒是约克公爵在苏格兰深受爱戴（正如他在访问或巡游苏格兰时所受到的热情接待所示）——加上王位排斥在爱尔兰并没有得到很多支持——让英格兰人觉得他们应该对那些坚决要排斥约克公爵合法继承权的人保持十分的警惕。这是两个王国与一个王国的对决；如果英格兰单方面排斥了约克公爵，那与另两个王国的战争就在所难免了。

本书已经论证了斯图亚特王朝晚期公众舆论在英格兰、苏格兰和爱尔兰的重要性。但我们还要解决一个问题，那就是我们看到的那些呈现出来的公众舆论到底有多真实可信。宫廷及其托利党盟友不仅刻意诉诸公众舆论，还有意鼓励民众表达他们的忠诚，比如在忠君献词上签名，或者点燃篝火庆祝；的确，廷臣和地方上的托利党领袖积极地推动这样的活动。但辉格党也是如此，他们也组织请愿活动和游行示威来给自己造势，而出于某些原因，历史学家们总是更轻信"人民"（不管他们具体是什么人）反对而非支持查理二世的政府。此外，如果我们有证据表明民众在 1679—1681 年是反对政府的，那么似乎就很难理解如此多的人怎么会在这么短的时间内就迅速地改变立场。托利党的主张真的曾经这么受欢迎吗？

我们之所以会在这里感到困惑不解，是因为有关近代早期大众政治煽动的历史研究长期以来一直纠结于"真不真诚"的问题。[4] 相反，我们应该认识到，其实"动员"才是问题的所在。当我们问到某一场运动是否真的有群众基础时，我们往往会忽略两个不同的问题：参与这场运动的民众是否真心认同它所主张的原则，以及这场运动是否真正由民众所组织。有很多证据表明，精英阶层以下的群体不管是支持还是反对政府，都能够自行组织起请愿、公开献词或游行示威，不过他们常常不会这么做。正如我们所见，更多时候是地方上的政治领袖带头，并通过一些适当的噱头来吸引人们参与其中（例如用免费酒水或烟火表演来鼓励群众走出家门，到篝火前欢呼）。的确，我们能找到一些例证，显示枢密院甚至国王本人指示地方上的政治领袖务必点起篝火或组织适当的忠君表演活动。但这并不意味着参加这些忠君活动的人就一定是违心的。一杯免费的酒就能让人出来为自己所反对的势力欢呼，这简直不可思议——尤其是他们面临的选择如此严峻（要不要排斥约克公爵的继承权？要不要迫害不从国教者？），而且还有很多可以参加对立示威活动的机会（同样也是由地方上的政治领袖发起的，食品酒水都是大量供应）。这就是为什么我们想理解近代早期英格兰、苏格兰和爱尔兰普罗大众的政治倾向，不能从"上面"（政治家、宣传家等）对"人民"的鼓动出发，而是要从人民自身的生活体验出发。我们必须先考察民众在多大程度上会因当权者的政策而离心离德——当然，我们从始至终都要认识到，我们面对的是各种各样的利益群体，而不同群体对政府政策的反应方式也各有不同。这反过来能帮助我们认识到，民众这种明显反复无常的表现——似乎从 1679 年的反对王权一下子变为 1683 年的拥护王权——只不过是表面现象。毫无疑问，这些年里，公众舆论有些许不利于辉格党而有利于托利党的摇摆——1683 年夏天拉伊庄园阴谋揭露后的摇摆可能更大，因为那些自诩正派、中道且体面的新教徒开始对至少部分辉格党人的极端行为表示反感。尽管如此，一旦仔细考察基层的情况，我们就会明显发现 1679—1681 年对政府做法持批评态度的人和 1681—1683 年积极支持政府的人，其实大部分属于不同的群体。

这里需要再强调一下，动员才是关键的问题所在。正如本书的读者已经看到的，1681—1685 年英格兰、苏格兰和爱尔兰的舆论光谱（spectrum of opinions），跟 1674—1681 年甚至复辟初年的相比，并没有什么明显的差别。我们在复辟初期的各王国中看到的五花八门的利益群体，在复辟末期仍然存在；如果说有什么不同的话，那就是查理二世统治晚期，各种矛盾分歧变得更加深重了，而这是托利党反扑政策的结果。随着时间的推移，为了让各利益群体就当时的重要政治问题公开表态而进行动员的程度发生了变化。1670 年代末，辉格党通过操弄人们对天主教和专制统治的恐惧（既有对未来的，也有对当下的），非常成功地发动群众反对查理二世的政府和天主教徒继承王位，而在这样做的过程中，他们可以进一步利用全国很多地方的基层对现状真真切切的不满情绪。有那么多人愿意走上街头或在请愿书上签名以表达他们对政府的反对立场，这让其他许多并没有本能地把自己看作斯图亚特晚期政权反对者的人不禁思量，是不是有什么相当重要的事情出了问题，并觉得需要为此做点什么。这也会让那些不支持辉格党的人觉得受到了孤立，与公众的情绪格格不入；因此，他们默不作声，将自己与众不同的政治倾向掩盖了起来。1680 年代初，宫廷及其托利党盟友所做的就是发动最后这拨人（这些天生的托利党人因为辉格党成功挑动议会外的舆论而噤若寒蝉），希望通过鼓励他们用行动来表达对政权的忠诚，反过来拉拢那些暂时被辉格党的言论所蛊惑而非打心眼里支持辉格党的人。现在，托利党自己制造了大量的响声——正如莱斯特兰奇以其特有的方式所言，用响声回应响声。[5] 对于一个普通的观察者而言，公众舆论并非铁板钉钉地在辉格党一边。不管是地方上的治安法官，还是卑微的堂区治安官，这些一开始就反感辉格党或新教不从国教者的体制内人士现在开始有底气对那些触犯法律的王权敌人采取行动了。那些原本对辉格党言论游移不定的人开始越来越多地对辉格党表示怀疑了。那些对约克公爵继承王位有忧虑的人日益觉得，既然有这么多人公开鼓吹忠君，约克公爵被排斥继承王位可能会导致更大的问题。而且随着辉格党人因为丧失了政治上的势头而越来越绝望，其中一些更加极端的人开始搞激进的阴谋政治，这只会为托利党提供口实来攻击辉格党。

　　动员公众舆论的重要性就在于此。关键的问题正是，一个党派能否被人认为掌握了公众舆论，以及那些重要人士的意见。当然，这并不是说，民众真实的政治意见是完全无关的；毕竟铁杆的托利党人越多，对政府就越有利。但正如爱尔兰的例子所示，表现出来的公众舆论和真实的公众舆论并不一定有密切的关系。爱尔兰在1682—1683 年掀起了一波忠君献词运动，和英格兰很类似。这在同时期的苏格兰是没有的。固然有证据表明苏格兰存在民众的忠君运动，但这些公开的忠君活动是政府赤裸裸地鼓励甚至一手策划的，其真实性很值得怀疑。正如读者肯定已经注意到的，和苏格兰相比，爱尔兰更像英格兰。但这在很大程度上是因为爱尔兰是一个附属殖民地（虽然在理论上是独立的王国），受一小撮从属于国教会的精英统治，他们自视为代表英格兰利益的英格兰国教徒，并通过照搬英格兰的郡、季审法庭和巡回法庭等行政制度进行统治。爱尔兰的忠君献词几乎只代表了爱尔兰国教新教徒（只占人口的不到十分之一）的意见，而且还只是其中的政治和社会精英。显然，这样的献词无法体现爱尔兰全国的公众舆论。英格兰和威尔士的忠君献词无疑更能体现那里的公众舆论，但它们也只能代表反辉格党的国教徒的利益。但不管怎样，英格兰和威尔士有许多地方和不同的群体纷纷表达愿意支持政府，证明当局的确在宣传上取得了一次重大的胜利——这极大地有助于政府跟辉格党及其不从国教者盟友做斗争。

当然，这也很讽刺。宫廷及其托利党盟友一边试图发动公众舆论支持王权和詹姆斯继承王位，另一边却推行巩固王权的政策，使之不那么容易受到公众的批评或任何制度性约束。查理二世愿意诉诸公共领域来达成自己的目的，却不乐见公共领域的繁荣发展。政府倾向的策略是不让普通民众讨论政治议题——换句话说，就是把公共领域封闭起来。一旦政府发现这不起作用，而且辉格党还成功地挑动公众反对政府和王位继承，政府就意识到有必要诉诸公众舆论，把辉格党击败在他们自己的地盘上。但他们的根本意图是使用一切可用媒体向民众发出自己的信息，同时尽一切可能扼杀不同的声音——用诽谤政府罪对付过火的辉格党喉舌，用牛津大学的权威来谴责某些冒犯当局的教义，用反不从国教的法律来打击不从国教的布道家，确保国教讲坛上站着的都是忠于政府的人，并以维护公共秩序为由发布命令，禁止在辉格党的周年纪念日上点燃篝火。意味深长的是，一旦到 1682 年底，公众舆论似乎倒向托利党一边后，政府就要求伦敦的书籍出版业公会执行出版规章，企图重新对新闻界进行打压。结果，不但辉格党的报纸停刊，大多数托利党的报纸也是如此——只有莱斯特兰奇的《观察者》和政府办的《伦敦公报》这两份重要的报纸除外。[6] 换句话说，我们看到，政府一旦发现自己失去了对公共领域的控制，就会觉得暂时有必要与之积极互动；一旦达成了目的，又会立刻把公共领域给严格管控起来。

　　的确，有人会认为查理二世统治末年滑向了绝对主义王权。这在表面看来似乎有很强的说服力。王权的捍卫者们无疑采用了绝对主义的论调，公然宣称国王是绝对的，独享主权，不可抗拒。1681年后，查理二世没有在任何一个王国召开过议会；他在英格兰这样做的话，违反了要求他每三年召开一次议会的1664年《三年会期法》。没有议会的批准，查理二世固然征不了税，但有了路易十四的金援和海关税收的增加，他在英格兰也就不需要靠议会弄钱了，而苏格兰议会在税收方面也足够慷慨，让国王在之后好几年里都可以用度不愁。在短期内看来，议会似乎不可能在任何一个王国造成什么威胁了。苏格兰议会是一院制的，其立法提案权被国王安排的议会立法委员会所把持，很容易控制。爱尔兰议会受制于《波伊宁斯法》，所有的立法都需要英格兰的枢密院批准才能通过。只有英格兰议会可能对国王的大权独揽构成威胁，但托利党反扑期间采取的种种措施已经保证了它在詹姆斯二世初期最终重新召开时，一定是一个一边倒地忠于王权的机构。此外，查理二世在晚年确保了对各种可能制衡王权的实体或机构的有效控制：市镇法人、各级法官、地方陪审团等。事实上，到1684年，查理已经能在无需议会批准征税的情况下在英格兰和爱尔兰维持强大的常备军（分别有8865人和7500人）。[7]这难道不是名副其实的绝对主义王权吗？查理很可能在所有三个王国里都拉拢了相当数量的传统统治精英和不同群体的（新教）民众（以及爱尔兰很多天主教徒的默许甚至积极支持），而17世纪绝对主义王权在法国的确立（至少部分学者认为），也是通过与地方上的传统统治精英合作，甚至通过精心地宣传、说服民众认识到这一政治体制的优点而实现的。[8]

　　如果不小心的话，有关查理是否成为绝对君主的辩论，就会变成关于术语的定义和绝对主义政权的标准的无尽且无谓的讨论。历史学的要点在于理解过去某一情境的真实情况，而不是去纠缠某个标签或"主义"是否适用。因此，查理二世末年王权所拥有的政治权力究竟几何，才是我们需要去理解的，也是本书第二部分试图详细描述的。正如我们所见，在很多方面，查理二世的王权既是绝对的，也是有限的，当时为君主权力张目的人也会承认这一点。更重要的是，查理权力的性质在三个王国各有不同。如果从他应对新教不从国教者挑战的手段上看，1680 年代，他的权力在苏格兰似乎比在英格兰更为专断。然而，即便他在理论和实践上都能在三个王国凌驾于法律之上，他还是应该根据法律进行统治。事实上，查理二世在晚年坚决强调他决心按照法律来统治——他差不多也是这么做的（最主要的例外就是违反了《三年会期法》，尽管他无疑在其他一些方面也有歪曲法律的情况）。这一点不应该令人感到奇怪。历史上有些最恶劣的暴君也会操纵或利用法律，好让他们的行为显得冠冕堂皇。再说，在君主制下确立的法律通常都会给予君主最大的优势。英格兰、苏格兰和爱尔兰的法律都承认君主握有相当大的自由裁量权，而复辟时期通过的诸多法律也是为了保护王权免受政治宗教异见分子的挑战。"按照法律"行事最符合查理的利益，而为了确保这一点，他会安插能以对他最有利的方式来解读法律的人。[9] 不过，这三个王国之间还是形成了一些有趣的对比。在英格兰和爱尔兰，查理晚年是利用现有的法律来击败政治和宗教上的敌人；在苏格兰，政府则是有意识地找新办法，于 1681 年通过新法律，赋予王权更大的权力，以镇压各派异见分子。由于时人也承认存在不同程度的绝对主义王权，我们或许可以说，查理二世末年在苏格兰比在英格兰或爱尔兰拥有更大的绝对权力，但这种更大的权力也是议会立法赋予查理的。

然而，如果查理真的确立了绝对主义王权，我们还可以问"他为的是什么"。在法国，绝对主义的确立不仅是为了维护国内秩序，也是为了让法国的神授君权可以通过侵略性的和雄心勃勃的对外政策来追求"荣耀"（la gloire）。查理的目的则纯粹是防御性的：击败政治上的敌人，避免内战的爆发。他无法推行任何积极的政策来弘扬其新建立的绝对主义政权。其实，鉴于查理在他末年采取的巩固君主制的手段，我们很难看出他如何让王权能够独立自主地推行其雄心勃勃的政策。这在英格兰可以看得最清楚。国王及其托利党盟友为了维护法律所确立的现行政治宗教制度，利用了大部分民众根深蒂固的反不从国教、反天主教的偏见和情绪。的确，在很多政策领域——例如在与市政法人或不从国教者的斗争中——我们看到王权是跟在地方上的托利党和国教狂热分子的后面。尽管查理二世的绝对主义在法理上无懈可击，但他其实让王权被党派所俘虏；他之所以能巩固王权，是因为他最终做了托利党和国教狂热分子希望他做的事，他们这才愿意全心拥护王权。一旦国王需要或想要摆脱与托利党—国教会的联盟，并在政教方面推行不符合后者意愿的政策，这时就能好好考验一下王权在英格兰到底有多"绝对"了。这场考验在詹姆斯二世时期到来了。詹姆斯相信自己是绝对君主，因此可以毫不费力地削弱托利党—国教会的优势地位，以拉一把他的天主教教友。历史打了他一记响亮的耳光。

在这一方面，苏格兰和爱尔兰的情况跟英格兰的非常类似。在这两个王国里，查理同样能获得国教会新教徒的积极支持，因为他表面上愿意维护他们的利益。与在英格兰一样，王权在苏格兰和爱尔兰的实力有赖于挑选合适的盟友并充分满足他们的需求，这样他们就能做王权利益的忠实仆人，并运用所拥有或被赋予的权力来消灭任何可能威胁到王权的异见分子。当詹姆斯没能充分满足这两个王国忠君群体的利益时，他也在这两个王国遇到了麻烦。

查理的高明之处在于他认识到了王权的真实境况。经过了前面相当坎坷的二十年，他在晚年终于学会了怎样才能玩好政治这场游戏。他和他的谋臣开始认识到宣传工作的价值、宣扬君主理论上的权力的重要性，以及赢得民众拥戴的好处。他们开始意识到，要想击败政治上的敌人，得先让后者失去民众的支持，让其主张在全国人民看来显得荒谬险恶，然后才能动用强制手段消除其所造成的威胁。他们甚至还认识到拥有多王国的基业是福不是祸：只要玩得转，就能让这几个王国鹬蚌相争，而王权可以坐收渔翁之利。而且他们还意识到，可以通过足够巧妙的手段来削弱那些用来制衡王权的制度，从而极大地巩固君主的权力。查理二世之所以如此费尽心机，是为了避免一场内战，而不是想要作为新兴的绝对君主称霸欧洲；他的策略是为了自保，而不是扩张。不过，有人会说法国绝对主义的确立一开始也是为了避免内战。

政治分析家或许可以对查理的成就表示敬佩，甚至恭喜他在王权势如累卵的重大危机中成功地用巧妙的手段化险为夷——这样的危机确实导致了查理一世和詹姆斯二世被推翻。但历史学家不能只是看到正面。查理的成功是以民众惨重的损失为代价的。我们在第一章中回顾了复辟时期英格兰在大众心目中的形象，即整个国家一反严苛朴素的清教徒统治，由一位一心想着及时行乐的快活王所治理，而他决心不再流亡海外，只要他能避免。查理的风流韵事固然会令维多利亚时代的卫道士们感到震惊，但以今天的道德水准来看，不是什么太出格的事，而且好歹人民又能愉快地玩耍了：毕竟圣诞节、剧场和五朔节花柱又回来了。这样看来，查理的形象似乎相当亲切（甚至有些过于放纵享乐），而且显然也是非常善良的。但这种印象严重地歪曲了史实。用一位传记作者的话说，在拥有英格兰王冠的人当中，查理是"最野蛮的迫害者"。[10] 当然，复辟时期英格兰因宗教信仰而被处死的人没有玛丽一世时期那么多，从 1555 年到 1558 年去世，玛丽一世把近 300 名新教徒烧死在火刑柱上。但查理在位时期还是有数以万计的不从国教者因宗教信仰而遭遇沉重罚款和监禁；许多人丢掉了工作，生活从此一蹶不振，更有数百人——甚至更多——在复辟时期瘐死狱中。亲人身死，雇主因入狱或罚款而停业，不得不解雇工人，邻居之间相互举报成风，一个个社区因此支离破碎。随着各级法院遭到清洗，陪审团里安插了听从上意的枉法之徒，市政法人被迫放弃特许状，失去了倍加珍视的政治自治地位，人们基本的权利和特权自然不保。而这还仅仅是在英格兰。苏格兰的情况更加糟糕，不仅数千人因不顺从钦定的主教制国教会而遭到残酷迫害，还有很多人因坚持他们的政治宗教原则而受到严刑拷打，甚至被枪杀于田野或被溺毙于海滩。爱尔兰也许没有经历苏格兰或英格兰那么严重的宗教迫害，但其四分之三的人口——即爱尔兰天主教徒——被剥夺了基本的政治、经济、宗教和法律权利（如果他们享有什么好处，那也是当局默许或豁免的，并不是法律所保障的），很多天主教地主想要回他们在 17 世纪四五十年代被不公正地夺走的土地，却连一场听证会都无从申请。此外，爱尔兰的新教不从国教者同样被视为二等公民。

　　复辟时期的历史就是一幕人间悲剧。一个政权因为二十年的内战和共和派统治而成了惊弓之鸟，对治下的人民进行残酷的剥削、拷打、迫害和追杀。这出悲剧——也就是人民的苦难——在托利党反扑期间达到了顶峰。查理二世及其支持者或许会为自己开脱说，他们不过是在保卫君主制和现行政治宗教体制免受颠覆分子所害。考虑到 17 世纪四五十年代发生的事情，我们可以理解他们的想法。用今天的话说，他们认为自己在打一场“反恐战争”。他们会说“恐怖分子”只是少数人，三个王国中的绝大多数人是支持“反恐战争”的。政府这么说也讲得通：在政府看来，这就是现实的情况。的确，正如本书力图强调的，英伦三岛四分五裂，政治宗教矛盾根深蒂固。虽然当局确实偶尔能做到，但要说他们完全控制了陷入内战的社会，那绝对是夸大其词：苏格兰部分地区在这整个时期都发生过字面意义的内战；在托利党反扑期间的英格兰，内战也不只是精神意义上的；而爱尔兰社会中悬而未决的矛盾冲突使得政府实现的任何稳定在本

质上都脆弱不堪，时不时就会爆发公开的教派暴力事件。尽管查理
二世从 1679—1681 年王权所面临的危机中巧妙地全身而退，但这
位君尊的医生并没有像他在复辟前夕的《布雷达宣言》里说的那样，
去真正地医治这个国家血流不止的伤口。如果说他做了什么的话，
他在晚年的政策倒是让伤口越来越深了。

　　但查理还是想出了可行的办法，让王权变得强大——比 17 世纪
其他任何时候都强大——也成功地让三个王国里从属于国教会的臣
民在很大程度上支持王权。作为交换，查理必须保证王权会维护法
律所确立的现行政治宗教体制——但目前来看这个代价并不算很大。
在他的巩固下，斯图亚特王朝似乎在他信奉天主教的弟弟继位后也
还能继续维持。乍一看确实如此。我们或许也能说，它本可以做到。
但是它没有。詹姆斯二世不到四年就黯然去国。这一切是如何发生的，
以及为何会发生，将是本书续篇的主题。

注 释

注：所有引用的作品都是在伦敦出版的，另有标注的除外。

缩略表

APS	*The Acts of the Parliaments of Scotland*, ed. Thomas Thomson and Cosmo Innes (12 vols., Edinburgh, 1814–1875)
BL	British Library
Bodl.	Bodleian Library, Oxford
Burnet, *HOT*	Gilbert Burnet, *History of His Own Time: From the Restoration of King Charles the Second to the Treaty of Peace at Utrecht, in the Rein of Queen Anne* (1850)
Cal. Anc. Rec. Dub	*Calendar of the Ancient Records of Dublin, in the Possession of the Municipal Corporation of that City*, ed. John T. Gilbert (16 vols., Dublin, 1889–1913)
CJ	*Journals of the House of Commons*
CSPD	*Calendar of State Papers Domestic*
DNB	*Dictionary of National Biography*
Dom. Int. Imp.	*The Domestick Intelligence; Or, News both from City and Country Impartially Related*
FSL	Folger Shakespeare Library, Washington, DC
HJ	*Historical Journal*
HMC	Historical Manuscripts Commission

Hunt. Lib.	Huntington Library, San Marino, Cal.
Imp. Prot. Merc.	*The Impartial Protestant Mercury*
LC	Library of Congress, Washington, DC
LJ	*Journals of the House of Lords*
LMA	London Metropolitan Archives (formerly Greater London Record Office)
Lond. Gaz.	*London Gazette*
Loy. Prot. Int.	*Loyal Protestant and True Domestick Intelligence*
Luttrell	Narcissus Luttrell, *A Brief Historical Relation of State Affairs from September, 1678, to April, 1714* (6 vols., Oxford 1857)
Morrice	Dr Williams's Library, London: Roger Morrice, Entr'ing Book, vols. P, Q, R
NA	National Archives (formerly Public Record Office)
NAS	National Archives of Scotland (formerly Scottish Record Office)
NLI	National Library of Ireland
NLS	National Library of Scotland
Parl. Hist.	*The Parliamentary History of England from the earliest Period to the Year 1803*, ed. William Cobbett (36 vols., 1806–1820)
POAS	*Poems on Affairs of State*, ed. Geoffrey de Forest Lord et al. (7 vols., New Haven, 1963–1975)
RO	Record Office
RPCS	*The Register of the Privy Council of Scotland. Third Series, 1661–1691*, ed. P. H. Brown, et al. (16 vols., Edinburgh, 1908–1970)
SR	*The Statutes of the Realm*, ed. A. Luders, T. E. Tomlins and J. France (12 vols., 1810–1828)
ST	*State Trials*, ed. T. B. Howell (33 vols., 1809–1826)
Steele	Robert Steele, *A Bibliography of Royal Proclamations of the Tudor and Stuart Sovereigns and of others Published under Authority 1485–1714* (3 vols. in 2, New York, 1967)
TCD	Trinity College, Dublin
True Prot. Merc.	*True Protestant Mercury*
WYAS	West Yorkshire Archives Service, Sheepscar, Leeds

导论

1. *HMC, 5th Report*, p. 167; *The Diary of John Evelyn*, ed. E. S. De Beer (6 vols., Oxford, 1955) III, 246; *The Diurnal of Thomas Rugg, 1659–1661*, ed. William L. Sachse, Camden Society, 3rd series, 91 (1961), pp. 88–91.

2. BL, Add. MSS 32,095, fols. 303–4, 308–9. See also John Miller, James II: A Study in Kingship (1978), pp. 206–7.

3. Conrad Russell, *The Causes of the English Civil War* (Oxford, 1990), p. 209.

4. Steven Pincus, 'The Making of a Great Power? Universal Monarchy, Political Economy, and the Transformation of English Political Culture', *The European Legacy*, 5 (2000), 541. 有关 17 世 纪下半叶英格兰的变革如何导致现代国家治理的诞生, 参见 Alan Houston and Steven Pincus, 'Introduction. Modernity and Late-Seventeenth-Century England', and Steven Pincus, 'From Holy Cause to Economic Interest: The Study of Population and the Invention of the State', in Alan Houston and Steven Pincus, eds., *A Nation Transformed: England after the Restoration* (Cambridge, 2001), pp. 1–19, 272–98。

5. House of Lords, *Parliamentary Debates* (Hansard), 5th series, vol. 472 (17 Mar. 1986), p. 796.

6. Lois G. Schwoerer, 'Celebrating the Glorious Revolution, 1689–1989' *Albion*, 22 (1990), 1–20; Eveline Cruickshanks, *The Glorious Revolution* (Basingstoke, 2000), pp. 1–2.

7. W. A. Maguire, ed., *Kings in Conflict: The Revolutionary War in Ireland and its Aftermath 1689–1750* (Belfast, 1990), p. 3.

8. Edmund Burke, *Reflections on the Revolution in France: A Critical Edition*, ed. J. C. D. Clark (Stanford, 2001), pp. 39, 30, 181.

9. Thomas Babington Macaulay, *The History of England from the Accession of James the Second*, ed. Sir Charles Firth (6 vols., 1913–15), III, 1306, 1310, 1311–12.

10. George Macaulay Trevelyan, *The English Revolution 1688–1689* (1938), pp. 7, 11; John Morrill, 'The Sensible Revolution', in Jonathan I. Israel, ed., *The Anglo-Dutch Moment: Essays on the Glorious Revolution and its World Impact* (Cambridge, 1991), pp. 73–104.

11. Christopher Hill, *The English Revolution, 1640* (1940); *The Century of Revolution 1603–1714* (1961); and 'A Bourgeois Revolution?', in J. G. A. Pocock, ed., *Three British Revolutions: 1641, 1688, 1776* (Princeton, 1980), pp. 109–39.

12. Lawrence Stone, *The Causes of the English Revolution 1529–1642* (New York, 1972), p. 147; Lawrence Stone, 'The Results of the English Revolutions of the Seventeenth Century', in Pocock, ed., *Three British Revolutions*, p. 24.

13. John Morrill, *The Nature of the English Revolution* (Harlow, 1993), pp. 1, 17; Mark

Kishlansky, *Parliamentary Selection* (Cambridge, 1986).

14. Derek Hirst, *England in Conflict*, 1603–1660 (1999), p. 255.

15. Stone, 'Results of the English Revolutions', p. 24.

16. 一个重要的例外是 Pincus, 'Making of a Great Power?'，该文预先展示了他在即将出版的 *The First Modern Revolution* (Cambridge) 中会提出的一些观点。

17. Lois G. Schwoerer, *The Declaration of Rights*, 1689 (Baltimore, 1981); W. A. Speck, *Reluctant Revolutionaries: Englishmen and the Revolution of* 1688 (Oxford, 1988).

18. 一个重要的例外是 Schwoerer, *Declaration of Rights*，它试图整合高层政治和底层政治，并考察政治精英利用宣传来影响议会外舆论的机制，不过这本书关注的时间范围非常窄。

19. Tim Harris, 'Introduction: Revising the Restoration', in Tim Harris, Paul Seaward and Mark Goldie, eds., *The Politics of Religion in Restoration England* (Oxford, 1990), p. 23.

20. Ronald Hutton, *Charles II, King of England, Scotland and Ireland* (Oxford, 1989) 确实考察了所有三个王国，但它自然是一部帝王将相史，而且没有涉及 1685 年之后的历史。

21. 在本导论写成之后，我们才看到 Clare Jackson, *Restoration Scotland, 1660–1690: Royalist Politics, Religion and Ideas* (Woodbridge, 2003) 这本重要著作。

22. 更为充分的讨论，参见 Tim Harris, 'Understanding Popular Politics in Restoration Britain', in Houston and Pincus, eds., *Nation Transformed*, pp. 125–53。

23. John Miller, 'Public Opinion in Charles II's England', *History*, 80 (1995), 375.

24. Steven C. A. Pincus, '"Coffee Politicians Does Create": Coffeehouses and Restoration Political Culture', *Journal of Modern History*, 67 (1995), 812–14; Jackson, *Restoration Scotland*, p. 41; Raymond Gillespie, 'The Circulation of Print in Seventeenth-Century Ireland', *Studia Hibernica*, 29 (1995–7), 53; Bodl., MS Carte 39, fol. 592.

25. Adam Fox, Oral and Literate Culture in England 1500–1700 (Oxford, 2000), pp. 370–5 (quote on p. 375). See also Harold Love, *Scribal Publication in Seventeenth-Century England* (Oxford, 1993).

26. NLS, Wod. Qu. XXX.

27. Toby Barnard, 'Learning, the Learned and Literacy in Ireland, c. 1660–1760', in Toby Barnard, Dáibhí Ó Cróinín and Katharine Simms, eds., *'A Miracle of Learning': Studies in Manuscript and Irish Learning* (Aldershot, 1998), pp. 218–19.

28. David Cressy, *Literacy and the Social Order: Reading and Writing in Tudor and Stuart England* (Cambridge, 1980), pp. 72–5, 176–7; Keith Thomas, 'The Meaning of Literacy in Early Modern England', in Gerd Baumann, ed., *The Written Word: Literacy in Transition* (Oxford, 1986), pp. 100 Jonathan Barry, 'Literacy and Literature in Popular

Culture: Reading and Writing in Historical Perspective', in Tim Harris, ed., *Popular Culture in Early Modern England, c. 1500 –1850* (Basingstoke, 1995), pp. 69–94; Barry Reay, 'The Context and Meaning of Popular Literacy: Some Evidence from Nineteenth-Century Rural England', *Past and Present*, 131 (1991), 112–14.

29. Rab Houston, 'The Literacy Myth? Illiteracy in Scotland 1630–1760', *Past and Present*, 96 (1982), 81–102 (esp. pp. 89–91, 96); R. A. Houston, *Scottish Literacy and the Scottish Identity: Illiteracy and Society in Scotland and Northern England 1600–1800* (Cambridge, 1985), esp. pp 33, 72.

30. Gillespie, 'Circulation of Print', pp. 32–3; Barnard, 'Learning, the Learned and Literacy in Ireland', pp. 220–21.

31. *CSPD, 1682*, pp. 303, 456, 587; Guildford Muniment Room, MS 111/10/14/1–14.

32. Ethan H. Shagan, 'Rumours and Popular Politics in the Reign of Henry VIII', in Tim Harris, ed., *The Politics of the Excluded, c. 1500–1850* (2001), pp. 30–66; Fox, *Oral and Literate Culture*, ch. 7.

33. R. R. Davies, 'In Praise of British History', in R. R. Davies, ed., *The British Isles 1100 –1500: Comparisons, Contrasts and Connections* (Edinburgh, 1988), p. 17.

34. Mark Goldie, 'Divergence and Union: Scotland and England, 1660–1707', in Brendan Bradshaw and John Morrill, eds., *The British Problem c. 1534–1707* (Basingstoke, 1996), pp. 220–45 很好地勾勒出了这两个王国之间的差异。

35. 这些数字出自 Basil Duke Henning, ed., *The House of Commons, 1660–1690* (3 vols., 1983).

36. Geoffrey Holmes, *The Electorate and the National Will in the First Age of Party* (Lancaster, 1976); J. H. Plumb, 'The Growth of the Electorate in England from 1600–1715', *Past and Present*, 45 (1969), 90–116.

37. Kathleen Colquhoun, '"Issue of the Late Civil Wars": James, Duke of York and the Government of Scotland 1679–1689', unpub. Ph.D. dissertation, University of Illinois, Urbana-Champaign (1993), p. 117; *APS*, VIII, 231–3; D. W. Hayton, ed., *The House of Commons 1690–1715* (5 vols., Cambridge, 2002), I, 141–5; Robert S. Rait, *The Parliaments of Scotland* (Glasgow, 1924), esp. pp. 6–7, 11–15, 165–6, 210–13, 232–3, 265–8, 272, 275; William Ferguson, 'The Electoral System in the Scottish Counties before 1832', *Miscellany II*, ed. David Sellar, Stair Society, 35 (1984), pp. 261–94.

38. Rait, *Parliaments of Scotland*, pp. 8, 364, 368, 370–71, 380–84; *An Account of the Affairs of Scotland, In Relation to their Religious and Civil Rights* (1690), pp. 4–6; John R. Young, 'The Scottish Parliament and the Covenanting Heritage of Constitutional Reform', in Allan I. MacInnes and Jane Ohlmeyer, eds., *The Stuart Kingdoms in the Seventeenth Century: Awkward Neighbours* (Dublin, 2002), p. 227.

39. *English Historical Documents 1042–1189*, ed. David C. Douglas and George W.

Greenaway (2nd edn, 1981), pp. 828–30; Sir Richard Cox, *Hibernia Anglicana: Or, The History of Ireland from the Conquest thereof by the English to this Present Time*⋯ *In Two Parts* (2nd edn, 1692), I, 2–4.

40. *The Statutes at Large, Passed in the Parliaments held in Ireland*⋯ *A.D. 1310 to*⋯ *A.D. 1800* (21 vols., Dublin, 1786–1804), I, 176.

41. John Morrill, 'The British Problem, c. 1534–1707', in Bradshaw and Morrill, eds., *British Problem*, pp. 12–13.

42. *Statutes at Large*, I, 44, 246–7; D. B. Quinn, 'The Early Interpretation of Poynings' Law', *Irish Historical Studies*, 2 (1941), 241–54; R. D. Edwards and T. W. Morley, 'The History of Poynings' Law: Part I, 1494–1615', *Irish Historical Studies*, 2 (1941), 415–24.

43. J. G. Swift MacNeill, *The Constitutional and Parliamentary History of Ireland till the Union* (1917), pp. 30–36; T. W. Moody, F. X. Martin, F. J. Byrne and Art Cosgrove, eds., *A New History of Ireland* (9 vols., Oxford, 1976–84), IX, map 50.

44. J. L. McCracken, 'The Political Structure, 1714–60', Moody et al., eds., *New History of Ireland*, IV, 72–4.

45. Swift MacNeill, *Constitutional and Parliamentary History*, pp. 1–14 (quotes on pp. 3–4, 8); *The Correspondence of Henry Hyde, Earl of Clarendon, and of His Brother Laurence Hyde; With the Diary of Lord Clarendon from 1687 to 1690*, ed. Samuel Weller Singer (2 vols., 1828), 1, 183–5.

46. *Clarendon Correspondence*, I, 185.

47. Charles O'Kelly, *Macariae Excidium, Or, The Destruction of Cypress; Being a Secret History of the War of the Revolution in Ireland*, ed. John Cornelius O'Callaghan (Dublin, 1850), p. 8; Cox, *Hibernia Anglicana*, II, 1.

48. Breandán Ó Buachalla, 'James our True King: The Ideology of Irish Royalism in the Seventeenth Century', in D. George Boyce, Robert Eccleshall and Vincent Geoghegan, eds., *Political Thought of Ireland since the Seventeenth Century* (1993), pp. 36–72; Brendan Fitzpatrick, *Seventeenth-Century Ireland: The War of Religions* (Dublin, 1988).

49. R. A. Houston, *The Population History of Britain and Ireland, 1500–1750* (Cambridge, 1995), p. 16. 修正过的历史人口学方法已经上调了 E. A. Wrigley and R. S. Schofield, *The Population History of England, 1541–1871: A Reconstruction* (1981) 中呈现的数字，参见 Jim Oeppen, 'Back Projection and Inverse Projection: Members of a Wider Class of Constrained Projection Models', *Population Studies*, 47 (1993), 245–67。

50. Geraint H. Jenkins, *The Foundations of Modern Wales: Wales 1642–1780* (Oxford, 1987), p. 88.

51. John Miller, *Popery and Politics in England, 1660–1688* (Cambridge, 1973), pp. 11–13, 23–4; Tim Harris, *Politics under the Later Stuarts* (1993), pp. 12–13.

52. Anne Whiteman, ed., *The Compton Census of 1676* (1986); Harris, *Politics under the Later Stuarts*, pp. 9–12 (and references cited therein).

53. Houston, *Population History*, p. 17.

54. Bob Harris, '"A Great Palladium of our Liberties": The British Press and the 'Forty-Five', Historical Research, 165 (1995), 76; Edinburgh University Library, La. III. 350, no. 134; [Alexander Monro], *The History of Scotch-Presbytery* (1692), p. 30; Linda Colley, *Britons: Forging the Nation 1707–1837* (New Haven, 1992), p. 15; David Stevenson, 'The English Devil of Keeping State: Elite Manners and the Downfall of Charles I in Scotland', in Roger Mason and Norman Macdougall, eds., *People and Power in Scotland* (Edinburgh, 1992), pp. 141–2.

55. Robert Wodrow, *History of the Sufferings of the Church of Scotland, from the Restauration to the Revolution* (2 vols., Edinburgh, 1721–2), I, 498.

56. Allan Macinnes, 'Catholic Recusancy and the Penal Laws, 1603–1707', *Records of the Scottish Church History Society*, 23 (1987), p. 35; Donald Maclean, 'Roman Catholicism in Scotland in the Reign of Charles II', ibid., 3 (1929), 47. J. Darragh, 'The Catholic Population of Scotland since the year 1680', *Innes Review*, 4 (1953), pp. 52, 58 认为，如果我们把詹姆斯二世时期的秘密天主教徒、参加国教的天主教徒以及改信天主教徒的人都算在内，那么这个数字将近 5%，不过他的数据很难令人信服。

57. B. Cowan, *The Scottish Covenanters 1660–88* (1976), ch. 3; Elizabeth Hyman, 'A Church Militant: Scotland, 1661–1690', *Sixteenth Century Journal*, 26 (1995), 49–74.

58. 这些分类参考了 Michael Perceval-Maxwell, *The Outbreak of the Irish Rebellion of 1641* (Montreal, 1994), pp. 8–9, 加上了 1640 年代以来新教不从国教者的剧烈增长，关于这一点可参见 Phil Kilroy, *Protestant Dissent and Controversy in Ireland, 1660–1714* (Cork, 1994); Richard L. Greaves, *God's Other Children: Protestant Nonconformists and the Emergence of Denominational Churches in Ireland, 1660–1700* (Stanford, 1997)。

59. T. C. Barnard, 'Conclusion. Settling and Unsettling Ireland: The Cromwellian and Williamite Revolutions', in Jane H. Ohlmeyer, ed., *Ireland from Independence to Occupation 1641–1660* (Cambridge, 1995), p. 282.

60. L. M. Cullen, 'Economic Trends, 1660–91', in Moody et al., eds., *New History of Ireland*, III, 389; R. Gillespie, 'Explorers, Exploiters and Entrepreneurs: Early Modern Ireland and its Context, 1500–1700', in B. J. Graham and L. J. Proudfoot, eds., *An Historical Geography of Ireland* (1993), pp. 142–3; Raymond Gillespie, 'The Presbyterian Revolution in Ulster, 1660–1690', in W. J. Sheils and Dianne Wood, eds., *The Churches, Ireland and the Irish*, Studies in Church History, 25 (Oxford, 1989), pp. 159–70. 1672 年，威廉·佩蒂估计爱尔兰的人口约为 110 万，其中 80 万是罗马天主教徒，10 万是国教新教徒，10 万是苏格兰长老会教徒，还有 10 万是其他新

教不从国教者。虽然他低估了人口的总数，但他的数据大致表明了各宗教群体之间的平衡情况：William Petty, 'Political Anatomy', in Charles Henry Hull, ed., *The Economic Writings of Sir William Petty* (2 vols., Cambridge, 1899), I, 149。

61. Richard L. Greaves, '"That's No Good Religion that Disturbs Government": The Church of Ireland and the Nonconformist Challenge', in Alan Ford, James McGuire and Kenneth Milne, eds., As *By Law Established: The Church of Ireland since the Reformation* (Dublin, 1995), p. 120.

62. John Gillingham, 'Images of Ireland 1170–1600: The Origins of English Imperialism', *History Today*, 37 (Feb. 1987), 16–22.

63. *The Rawdon Papers*, ed. Rev. Edward Berwick (1819), p. 220; Bodl., MS Clarendon 89, fols. 169, 173.

64. *Clarendon Correspondence*, I, 373.

65. Cox, *Hibernia Anglicana* I, quotes on sigs. b2v, f, l, l2v, p. 1. Cf. Liam de Paor, *The Peoples of Ireland: From Prehistory to Modern Times* (1986), ch. 2.

66. O'Kelly, *Macariae Excidium*, pp. 8, 28, 173 (n. 10).

67. *A Jacobite Narrative of the War in Ireland*, ed. J. T. Gilbert (Dublin, 1892; rev. edn with an introduction by J. G. Simms, Shannon, 1971), p. viii.

68. BL, Evelyn Papers, JE A2, fol. 52; *Diary and Correspondence of Samuel Pepys, F.R.S.*, ed. Richard Lord Braybrooke (6th edn, 4 vols., 1858), IV, 244.

69. Luttrell, I, 550.

70. BL, Harleian MS 7315, fol. 167.

71. *The History of the Late Great Revolution in England and Scotland* (1690), preface.

72. Edward Hyde, Earl of Clarendon, *The History of the Rebellion and Civil Wars in England*, ed. W. Dunn Macray (6 vols., Oxford, 1888, 1969), VI, 220; George Hickes, *A Sermon Preached at the Cathedral Church of Worcester, On the 29th of May, 1684* (1684), p. 17; Cox, *Hibernia Anglicana*, II, 'Letter Containing a Brief Account of the Transactions in the Kingdom, since 1653', pp. 2, 3; *The Life of James II*, ed. J. S. Clarke (2 vols., 1816), I, 381.

73. J. R. Western, *Monarchy and Revolution: The English State in the 1680s* (1972), p. 1; V. F. Snow, 'The Concept of Revolution in Seventeenth-Century England', *HJ*, 5 (1962), 167–74.

74. BL, MS Stowe 304, fol. 6.

75. John Locke, *Two Treatises of Government* (1690), ed. Peter Laslett (Cambridge, 1960, 1988), *Second Treatise*, para. 223.

76. Sir George Mackenzie, *Memoirs of the Affairs of Scotland from the Restoration* (Edinburgh, 1821), pp. 5, 113.

77. R[obert] L[awrie], *God Save the King* (Edinburgh, 1660), p. 10.

78. Burnet, *HOT*, p. 44.

79. *HMC, Egmont*, II, 148.

80. Roger L'Estrange, *The Observator in Dialogue* (3 vols., 1684–7), III, 'To Posterity', p. 3.

81. NA, SP8/i, pt 2, fol. 75.

82. John Paterson, *Post Nubila Phoebus; Or, A Sermon of Thanksgiving for the Safe and Happy Returne of our Gracious Soveraign* (Aberdeen, 1660), p. 6.

83. *Lond. Gaz.,* no. 1713 (17–20 Apr. 1682).

84. *Clarendon Correspondence*, I, 185.

85. L'Estrange, *Observator*, III, no. 205, (1 Sep. 1686).

86. *Life of James II*, 1, 515.

87. NLS, Wod. Qu. XXXVIII, fols. 2, 112v, 115.

88. Hunt. Lib., HA 7, [Sir Edward Abney] to the Earl of Huntingdon, 18 Dec. 1688.

89. *An Apology for the Protestants of Ireland* (1689), p. 30; H. B., *Mephiboseth and Ziba* (1689), p. 41; *The Melvilles Earls of Melville and the Leslies Earls of Leven*, ed. Sir William Fraser (3 vols., Edinburgh, 1890), III, 194; Andrew Hamilton, *A True Relation of the Actions of the InniskillingMen* (1690), p. i.

90. Cox, *Hibernia Anglicana*, II, sig. e2, 'Transactions since 1653', p. I.

91. *The State Prodigall His Returne, Containing a True State of the Nation. In a Letter to a Friend* [1689], pp. 1, 3.

92. *The Present Conjuncture in a Dialogue between a Church-Man and a Dissenter* (1689), p. 3.

93. Leicestershire RO, DG7, Scot. 3.

94. Jonathan Scott, *Algernon Sidney and the Restoration Crisis, 1677–1683* (Cambridge, 1991).

95. Jonathan Scott, *England's Troubles: Seventeenth-Century English Political Stability in European Context* (Cambridge, 2000).

第一章 "这国将站立不住"

1. *Mercurius Reformatus*, 2, no. 23, (14 May 1690).

2. *Diurnal of Thomas Rugg*, p. 84.

3. Centre for Kentish Studies, U275/A3, p. 14.

4. *Jacobite Narrative*, p. 1.

5. *LJ*, XI, 7.

6. All Souls College Library, Oxford, MS 169, pp. 236–7; *CSPD, 1677–8*, p. 279.

7. Anne Wentworth, *The Revelation of Jesus Christ* (1679), p. 5.

8. Anne Wentworth, *A Vindication* (1677), p. 2.

9. NA, SP 8/1, pt 2, fol. 75.

10. Burnet, *HOT*, p. 61.

11. 有关查理一世不适合当国王的观点，参见 Russell, *Causes*, p. 207。

12. *SR*, V, 179.

13. Ibid., pp. 226–34.

14. *CSPD, 1660–61*, pp. 408, 506.

15. 有关复辟安排很有帮助的叙述有：Ronald Hutton, *The Restoration: A Political and Religious History of England and Wales, 1658–1667* (Oxford, 1985); Paul Seaward, *The Cavalier Parliament and the Reconstruction of the Old Regime, 1661–1667* (Cambridge, 1989); N. H. Keeble, *The Restoration: England in the 1660s* (Oxford, 2002)。

16. *CSPD*, 1660–61, p. 109.

17. Ibid., p. 59.

18. Ibid., pp. 37, 39.

19. *Middlesex County Records*, ed. J. C. Jeaffreson (4 vols., 1888–92), III, 303, 304, 306.

20. *Depositions from the Castle of York*, ed. James Raine, Jr, Surtees Society, 40 (Durham, 1861), pp. 83–4.

21. 例如参见 *CSPD, 1660–61*, p. 5; Henry Townshend, *Diary*, ed. J. W. Willis Bund (2 vols., 1920), I, 40; *Records of the Borough of Leicester… 1603–88*, ed. Helen Stocks (Cambridge, 1923), p. 465。

22. 有关复辟后激进势力的残余，参见 Christopher Hill, *The Experience of Defeat: Milton and Some Contemporaries* (1984), and Richard L. Greaves's *Deliver Us from Evil: The Radical Underground in Britain, 1660–1663* (Oxford, 1986), *Enemies under His Feet: Radicals and Nonconformists in Britain, 1664–1677* (Stanford, 1990), and *Secrets of the Kingdom: British Radicals from the Popish Plot to the Revolution of 1688–89* (Stanford, 1992)。

23. Alan Marshall, *Intelligence and Espionage in the Reign of Charles II, 1660–1685* (Cambridge, 1994); Tim Harris, 'The Bawdy House Riots of 1668', *HJ*, 29 (1986), 537–56.

24. 在这一方面尤其具有启发性的作品是 Gary S. De Krey, 'London Radicals and Revolutionary Politics, 1675 – 1683', in Harris et al., eds., *The Politics of Religion*, pp. 133–62; 'The London Whigs and the Exclusion Crisis Reconsidered', in Lee Beier, David Cannadine and James Rosenheim, eds., *The First Modern Society: Essays in English History in Honour of Lawrence Stone* (Cambridge, 1989), pp. 457–82; 'The First Restoration Crisis: Conscience and Coercion in London, 1667–73', *Albion*, 25 (fall 1993), 565–80; 'Rethinking the Restoration: Dissenting Cases for Conscience, 1667–1672', *HJ*, 38 (1995), 53–83; 'Reformation in the Restoration Crisis, 1679–82', in Donna B. Hamilton and Richard Strier, eds., *Religion, Literature and Politics*

in *Post-Reformation England, 1540–1688* (Cambridge, 1996), pp. 231–52; 'Radicals, Reformers, and Republicans: Academic Language and Political Discourse in Restoration London', in Houston and Pincus, eds., *Nation Transformed*, pp. 71–99。

25. Harris, *Politics under the Later Stuarts*, pp. 356.

26. *SR*, V, 237.

27. *Diurnal of Thomas Rugg*, p. 41; H[enry] J[essey], *The Lord's Loud Call to England* (1660), pp. 4, 15–16; Michael R. Watts, *The Dissenters: From the Restoration to the French Revolution* (Oxford, 1978), p. 215; Barry Reay, 'The Quakers, 1659, and the Restoration of Monarchy', *History*, 63 (1978), 193–213; Tim Harris, *London Crowds in the Reign of Charles II* (Cambridge, 1987), pp. 52–5.

28. BL, Add. MSS 10, 116, fols. 208v, 224, 247–9; Steele, I, no. 3306; Harris, *Politics under the Later Stuarts*, pp. 42–4 (and references cited therein).

29. *The Remonstrance of the Apprentices in and about London* (1659).

30. *SR*, V, 321–3, 364–70, 350–51, 516–20, 575, 648–51.

31. Ibid., IV, 841–3.

32. Ibid., V, 782–5, 894–6.

33. M. Green, *The Re-establishment of the Church of England, 1660–1663* (Oxford, 1978).

34. Seaward, *Cavalier Parliament*, p. 193.

35. See above, pp. 28–9.

36. *SR*, V, 648–51.

37. Cited in Paul Seaward, *The Restoration 1660–1688* (1991), p. 14.

38. [Earl of Shaftesbury and John Locke], *A Letter from a Person of Quality to his Friend in the Country* (1675), pp. 1–2; Andrew Marvell, *An Account of the Growth of Popery and Arbitrary Government in England* (Amsterdam, 1677).

39. 一项有帮助的研究是 James Daly, 'The Idea of Absolute Monarchy in Seventeenth-Century England', *HJ*, 21 (1978), 227–50。

40. Sir Philip Warwick, *A Discourse of Government⋯ Written in the Year 1678* (1694), pp. 50, 65.

41. Ibid., p. 41.

42. [Marchamont Needham], *A Pacquet of Advices and Animadversions, Sent from London to the Men of Shaftesbury* (1676), p. 43.

43. Sir John Dalrymple, *Memoirs of Great Britain and Ireland; From the Dissolution of the Last Parliament of Charles II till the Capture of the French and Spanish Fleets at Vigo. A New Edition, in Three Volumes; With the Appendices Complete* (1790), I, 'Review', pp. 190, 193.

44. SR, V, 308–9, 358–64.

45. Ibid., pp. 321–3, 364–70.

46. Ibid., p. 308.

47. Ibid., pp. 428–33.

48. Francis Gregory, *David's Returne from His Banishment* (Oxford, 1660), p. 12; Harris, *Politics under the Later Stuarts*, pp. 36, 58; Mark Goldie, 'John Locke and Anglican Royalism', *Political Studies*, 31 (1983), 61–85.

49. *ST*, V, 989, 1030.

50. C. D. Chandaman, *The English Public Revenue* 1660–1688 (Oxford, 1975); Lionel K. J. Glassey, 'Politics, Finance and Government', in Lionel K. J. Glassey, ed., *Reigns of Charles II and James VII and II* (Basingstoke, 1997), pp. 36–70.

51. Kishlansky, *Parliamentary Selection*.

52. *SR*, V, 306.

53. Andrew Swatland, *The House of Lords in the Reign of Charles II* (Cambridge, 1996), p. 29.

54. Ibid., ch. 6.

55. *LJ*, XI, 248; Harris, *Politics under the Later Stuarts*, pp. 36–7; Seaward, *Cavalier Parliament*, pp. 17–18; David L. Smith, *Constitutional Royalism and the Search for Settlement, c. 1640–1649* (Cambridge, 1994), ch. 9.

56. Kenyon, *The Stuart Constitution* (2nd edn, 1986), pp. 391–2; A. F. Havighurst, 'The Judiciary and Politics in the Reign of Charles II', *Law Quarterly Review*, 66 (1950), 62–78, 229–52.

57. *ST*, VI, 999–1026.

58. Sir William Searle Holdsworth, *A History of English Law* (17 vols., 1922–72), VI, 217–23; Paul Birdsall, '"Non Obstante": A Study of the Dispensing Power of English Kings', in Carl Frederick Wittke, ed., *Essays in History and Political Theory in Honor of Charles Howard McIlwain* (Cambridge, Mass., 1936), pp. 37–76; Carolyn A. Edie, 'Tactics and Strategies: Parliament's Attack on the Royal Dispensing Power, 1597–1689', *American Journal of Legal History*, 29 (1985), 197–234; Alan Cromartie, *Sir Matthew Hale, 1609–1676: Law, Religion, and Natural Philosophy* (Cambridge, 1995), pp. 126–31.

59. Speck, *Reluctant Revolutionaries*, pp. 150–51.

60. *Parl. Hist.*, IV, 262.

61. [Shaftesbury and Locke], *Letter from a Person of Quality*, p. 4. 另参见 NA, SP 30/24/30, no. 49, 一份反映沙夫茨伯里对君主至上地位和中止权所持观点的材料。

62. *CJ*, IX, 251; *Parl. Hist.*, IV, 526.

63. *LJ*, XII, 540, 549.

64. *Parl. Hist.*, IV, 665; John Childs, *The Army of Charles II* (1976).

65. See below, pp. 174–5. 有关反常备陆军的争议，参见 Lois G. Schwoerer, *'No Standing*

Armies!': The Anti-Army Ideology in Seventeenth-Century England (Baltimore, 1974), esp. ch. 6。

66. Childs, *Army of Charles II*, p. 70.

67. Harris, 'Bawdy House Riots'.

68. Richard M. Dunn, 'The London Weavers' Riot of 1675', *Guildhall Studies in London History*, 1, no. 1 (Oct. 1973), 13–23; Harris, *London Crowds*, pp. 191–204.

69. Victor Stater, *Noble Government: The Stuart Lord Lieutenancy and the Transformation of English Politics* (Athens, Ga., 1994), ch. 3.

70. Anthony Fletcher, *Reform in the Provinces: The Government of Stuart England* (New Haven, 1986), pp. 21–2; Lionel K. J. Glassey, *Politics and the Appointment of Justices of the Peace 1675–1720* (Oxford, 1979), pp. 32–8.

71. Paul D. Halliday, *Dismembering the Body Politic: Partisan Politics in England's Towns, 1650–1730* (Cambridge, 1998), pp. 85–124.

72. Michael J. Braddick, 'State Formation and Social Change in Early Modern England', *Social History*, 16 (1991), 1–17. See also Michael J. Braddick, *State Formation in Early Modern England, c. 1550–1700* (Cambridge, 2000), esp. pt 1.

73. Thomas P. Slaughter, ed., *Ideology and Politics on the Eve of Restoration: Newcastle's Advice to Charles II* (Philadelphia, 1984), p. 45. See also Conal Condren, 'Casuistry to Newcastle: *The Prince* in the World of the Book', in Nicholas Phillipson and Quentin Skinner, eds., *Political Discourse in Early Modern Britain* (Cambridge, 1993), pp. 164–86.

74. Evelyn, *Diary*, III, 246; *The Diary of Samuel Pepys*, ed. R. C. Latham and W. Mathews (II vols., 1970–83), I, 163; *Mercurius Publicus*, no. 22 (24–31 May 1660); *HMC, 5th Report*, pp. 167–8, 184, 199; *Diurnal of Thomas Rugg*, pp. 88–91.

75. *SR*, V, 237; *Kingdomes Intelligencer*, nos. 22 (27 May-3 Jun. 1661), p. 351, and 23 (3–10 Jun. 1661), pp. 353–5; BL, Add. MSS 10, 116, fol. 204; Ronald Hutton, *The Rise and Fall of Merry England* (Oxford, 1994), pp. 249–51.

76. *Rawdon Papers*, p. 201; Pepys, *Diary*, ed. Latham and Matthews, II, 81–8; John Ogilby, *The Entertainment of His Most Excellent Majestie Charles II, in His Passage through the City of London to His Coronation* (1662); Eric Halfpenny, '"The Citie's Loyalty Display'd": A Literary and Documentary Causerie of Charles II's Coronation "Entertainment"', *Guildhall Miscellany*, 1, no. 10 (Sep. 1959), 19–35; Gerard Reedy, 'Mystical Politics: The Imagery of Charles II's Coronation', in P. J. Korshin, ed., *Studies in Change and Revolution: Aspects of English Intellectual History, 1640–1800* (Menston, 1972), pp. 20–42; Paula Backscheider, *Spectacular Politics: Theatrical Power and Mass Culture in Early Modern England* (Baltimore, 1993), ch. 1.

77. G. E. Aylmer, *The Crown's Servants: Government and Civil Service under Charles II,*

1660–685 (Oxford, 2002), pp. 247–8

78. *Loy. Prot. Int.*, no. 141 (13 Apr. 1682).

79. Burnet, *HOT*, p. 207.

80. Maureen Bell and John Barnard, 'Provisional Count of Wing Titles 1641–1700', *Publishing History*, 44 (1998), 90–91; *The Cambridge History of the Book in Britain*, vol. 4: *1557–1695*, ed. John Barnard and D. F. McKenzie (Cambridge, 2002), p. 783; Joad Raymond, *Pamphlets and Pamphleteering in Early Modern Britain* (Cambridge, 2003), pp. 163–5, 184.

81. John Spurr, *England in the 1670s: 'This Masquerading Age'* (Oxford, 2000), ch. 6.

82. Steele, I, nos. 3622, 3625.

83. Steven C. A. Pincus, *Protestantism and Patriotism: Ideologies and the Making of English Foreign Policy, 1650–1668* (Cambridge, 1996); J. R. Jones, *The Anglo-Dutch Wars of the Seventeenth Century* (1996).

84. Ronald Hutton, 'The Making of the Secret Treaty of Dover, 1668–70', *HJ*, 29 (1986), 297–318; K. H. D. Haley, *William of Orange and the English Opposition, 1672–1674* (Oxford, 1953); Steven C. A. Pincus, 'From Butterboxes to Wooden Shoes: The Shift in English Popular Sentiment from Anti-Dutch to Anti-French in the 1670s', *HJ*, 38 (1995), 333–61; Steven C. A. Pincus, 'Republicanism, Absolutism and Universal Monarchy: English Popular Sentiment during the Third Dutch War', in Gerald MacLean, ed., *Culture and Society in the Stuart Restoration* (Cambridge, 1995), pp. 241–66; Steven C. A. Pincus, 'The English Debate over Universal Monarchy', in John Robertson, e., *A Union for Empire: Political Thought and the British Union of 1707* (Cambridge, 1995), pp. 37–62.

85. BL, Harleian MS 7317, fol. 68; *POAS*, I, 424，其中的用词有些许出入。

86. Catharine MacLeod and Julia Marciari Alexander, eds., *Painted Ladies: Women at the Court of Charles II* (New Haven, 2001), pp. 94–6, 98.

87. Ibid., p. 136.

88. Ibid., pp. 166–8.

89. BL, Harleian MS 7317, fol. 68; *POAS*, I, 424.

90. Spurr, *England in the 1670s*, p. 204.

91. Bodl., Douce MS 375, fol. 124.

92. BL, Add. MSS 27, 407, fol. 120.

93. Spurr, *England in the 1670s*, p. 209.

94. BL, Harleian MS 7317, fols. 91–6; *Lyme Letters*, 1660–1760, ed. Lady Newton (1925), pp. 85–90.

95. John Ayloffe, 'Britannia and Raleigh', in *POAS*, I, 230, 233, II. 25, 117–20.

96. Miller, *Popery and Politics*, pp. 55–6, 101, 105–6, 139, 145–8, 163–4; *SR*, V, 782–5,

894–6.

97. W. A. Speck, *James II* (2002), pp. 24–5 对约克公爵改宗的时间进行了有帮助的简要讨论。

98. K. H. D. Haley, *The First Earl of Shaftesbury* (Oxford, 1968), p. 331.

99. *Calendar of State Papers Venetian, 1673–5*, p. 168. 这只木屐是共和派律师兼诗人约翰·艾洛夫放的：Haley, *Shaftesbury*, p. 626。

100. Haley, *Shaftesbury*, pp. 357–8, 360; *LJ*, XII, 618.

101. Mark Goldie, 'Danby, the Bishops and the Whigs', in Harris et al., eds., *Politics of Religion*, pp. 82–7.

102. Ellis Hookes, *For the King and··· Parliament. Being A Brief and General Account of the Late and Present Sufferings of Many of the Peaceable Subjects called Quakers* (1675), p. 5.

103. Norman Penney, ed., *The First Publishers of Truth*, with an introduction by Thomas Hodgkin (1907), p. 313.

104. W. C. Braithwaite, *The Second Period of Quakerism* (Cambridge, 1961), pp. 107–8.

105. BL, Add. MSS 10,117, fol. 50v.

106. Hookes, *Brief and General Account*, p. 17.

107. T. W. Davids, *Annals of Evangelical Nonconformity in the County of Essex* (1863), p. 334.

108. Tim Harris, '"Lives, Liberties and Estates"：Rhetorics of Liberty in the Reign of Chartes II', in Harris et al., eds., *Politics of Religion*, pp. 223–9.

109. *The Englishman* (1670), p. 9.

110. W. D. Christie, *A Life of Anthony Ashley Cooper, First Earl of Shaftesbury. 1621–1683* (2 vols., 1871), II, app. 6, lxxvii-lxxx.

111. [Shaftesbury and Locke], *Letter from a Person of Quality*, p. 1.

112. Keeble, *Restoration*, pp. 159–60.

113. Thomas Vincent, *God's Terrible Voice in the City* (5th edn, 1667), pp. 30–31.

114. Keeble, *Restoration*, pp. 162–4; J. Bedford, *London's Burning (1966)*, pp. 149–76; Harris, *London Crowds*, p. 79.

115. Richard Kingston, *Pillulae Pestilentiales* (1665), pp. 37–8, 40.

116. Robert Elborough, *London's Calamity by Fire* (1666), pp. 10–11.

117. Burnet, *HOT*, p. 151.

118. Vincent, *God's Terrible Voice*.

119. 'The History of Insipids' (1674), in *POAS*, I, 243–51 (esp. stanzas 1 and 23).

120. Ayloffe, 'Britannia and Raleigh', p. 235, ll. 156–7.

121. Ibid., p. 234, ll. 141–2, 153.

122. 'A Dialogue between the Two Horses', in *POAS*, I, 281, ll. 135–6, 138–40.

123．BL, Harleian MS 7317, fols. 41, 42v.

124．Haley, *Shaftesbury*, chs. 17–20, passim.

125．Evelyn, Diary, IV, 26; *Correspondence of the Hatton Family, 1601–1704*, ed. E. M. Thompson (2 vols., 1873), I, 119; *Calendar of State Papers Venetian, 1673–5*, PP. 85–6; *The Burning of the Whore of Babylon* (1673).

126．*CSPD, 1673–5*, pp. 40, 44.

127．*The Pope Burnt to Ashes* (1676), pp. 2–6; *Hatton Correspondence*, I, 157; *CSPD, 1677–8*, p. 446; Miller, *Popery and Politics*, p. 184; J. R. Jones, 'The Green Ribbon Club', *Durham University Journal*, 49 (1956), 17–20.

128．De Krey, 'London Radicals', pp. 138–9; Haley, *Shaftesbury*, pp. 409–10; *CSPD, 1676–7*, pp. 184, 253–6; *ST*, VI, 1189–1208 (quote in col. 1190).

129．Samuel Parker, *History of His Own Time*, trans. Thomas Newlin (1727), pp. 403–4.

130．Marvell, *Account*, p. 3.

第二章　天主教和专制统治

1．[Nicholas French], *A Narrative of the Settlement and Sale of Ireland* (1668), p. 1.

2．查理二世时期苏格兰民间的说法，引自 Wodrow, *Sufferings*, I, 102。

3．这一段落以及下一段落以 J. C. Beckett, *The Making of Modern Ireland 1603–1923* (1966), ch. 5; R. F. Foster, *Modern Ireland, 1600–1972* (1988), ch. 5; Patrick J. Corish, 'The Cromwellian Regime, 1650–60', in Moody et al., eds., *New History of Ireland*, III, 353–86; Aidan Clarke, *Prelude to Restoration in Ireland: The End of the Commonwealth, 1659–1660* (Cambridge, 1999), ch. 1 为依据。

4．Steele, II, no. 605a.

5．J. I. McGuire, 'The Dublin Convention, the Protestant Community and the Emergence of an Ecclesiastical Settlement in 1660', in Art Cosgrove and J. I. McGuire, eds., *Parliament and Community* (Belfast, 1983), pp. 121–46; Godfrey Davies, *The Restoration of Charles II, 1658–60* (San Marino, Cal., 1955), ch. 13; Clarke, *Prelude to Restoration*.

6．BL, Add. MSS 28, 085, fol. 217.

7．Christie, *Life of… Shaftesbury*, I, 210.

8．Cambridge University Library, Add. MS 1, fol. 2; *Parliamentary Intelligencer*, no. 22 (21–8 May 1660), *337–40; Cal. Anc. Rec. Dub.*, IV, 188–9, 572–3; Steele, II, no. 615.

9．Cox, *Hibernia Anglicana*, II, 'Transactions since 1653', p. 3.

10．NLI, MS 2992/8; Clarke, *Prelude to Restoration*, pp. 293–4.

11．TCD, MS 808, fol. 156; McGuire, 'Dublin Convention'; Clarke, *Prelude to Restoration*, chs. 7, 8; *Cal. Anc. Rec. Dub.*, IV, 185–6.

12. *Kingdomes Intelligencer*, no. 7 (11–18 Feb. 1660[/61]), pp. 97–101; James McGuire, 'Policy and Patronage: The Appointment of Bishops 1660–61', in Ford et al., eds., *As by Law Established*, pp. 112–19.

13. Steele, II, nos. 628, 644, 646a.

14. Patrick Adair, *A True Narrative of the Rise and Progress of the Presbyterian Church in Ireland (1623–1670)*, with an introduction and notes by W. D. Killen (Belfast, 1866), pp. 255, 262–3; McGuire, 'Dublin Convention', p. 138; *Kilroy, Protestant Dissent*, pp. 39–40, 226–8; James Seaton Reid, *History of the Presbyterian Church in Ireland* (3 vols., Belfast, 1867), II, 255–6.

15. TCD, MS 1038, fol. 73.

16. *Statutes at Large*, III, 139–50 (quote on p. 142); [Edward Wetenhall], *The Case of the Irish Protestants* (1691), pp. 2–3.

17. *Statutes at Large*, I, 275–90.

18. *Cal. Anc. Rec. Dub.*, IV, xxiii, 400, 425, 527–8; *Council Books of the Corporation of Waterford 1662–1700*, ed. Seamus Pender (Dublin, 1964), pp. 2–3, 7, 8, 13–14, 16–18, 34–5, 41; Leicestershire RO, DG7, Ire 10, fol. 1; J. Hill, *From Patriots to Unionists* (Dublin, 1997), pp. 33–4.

19. Steele, II, no. 620; Cox, *Hibernia Anglicana*, II, 'Transactions since 1653', p. 3.

20. *Jacobite Narrative*, pp. 4, 9; [French], *Settlement and Sale*, pp. 2–4; [Nicholas French], *The Unkinde Desertor* (1676), pp. 421–2.

21. *Statutes at Large*, II, 245–63.

22. [French], *Settlement and Sale*, pp. 6–7.

23. *Jacobite Narrative*, pp. 57–8; [French], *Settlement and Sale*, p. 7; *Kingdomes Intelligencer*, no. 21 (20–27 May 1661), p. 326; BL, Add. MSS 72,885, fol. 62; J. G. Simms, 'The Restoration, 1660–85', in Moody et al., eds., *New History of Ireland*, p. 423.

24. *Statutes at Large,* II, 239–348.

25. Edward Hyde, Earl of Clarendon, *Continuation of His Life* (Oxford, 1759), PP. 123–4; NLI, MS 1453.

26. *Statutes at Large*, III, 2–137; O'Kelly *Macariae Excidium*, p. 191, n. 27; Simms, 'The Restoration', pp. 422–9; Beckett, *Making*, pp. 118–21; S. J. Connolly, *Religion, Law and Power: The Making of Protestant Ireland, 1660–1760* (Oxford, 1992), pp. 13–15; Karl S. Bottigheimer, 'The Restoration Land Settlement in Ireland: A Structural View', *Irish Historical Studies*, 18 (1972), 1–21; BL, Egerton MS 917, fols. 85–7; L. J. Arnold, 'The Irish Court of Claims of 1663', *Irish Historical Studies*, 24 (1984–5), 417–30.

27. *Jacobite Narrative*, p. 35.

28. [French], *Settlement and Sale*, pp. 18, 24. 弗伦奇在 1670 年代中期再次对土地安排进行抨击：*The Bleeding Iphigenia* (1675); *Unkinde Desertor* (1676)。Cf. *Jacobite Narrative*, pp. 19–21, 25–8.

29. *The Poems of David Ó Bruadair*, ed. and trans. Rev. John C. MacErlean (3 vols., 1910–17), III, 17, 23.

30. *Kingdomes Intelligencer*, no. 18 (29 Apr.–6 May 1661), p. 268; *Cal. Anc. Rec. Dub.*, IV, 208–9; *The Council Book of the Corporation of Kinsale, from 1652 to 1800*, ed. Richard Caulfield (Guildford, 1879), p. 62.

31. *Statutes at Large*, II, 237–8.

32. 例如参见 *Cal. Anc. Rec. Dub.*, IV, 419; ibid., V, 25, 139; *Council Books of Waterford*, pp. 42, 46; *The Council Book of the Corporation of Youghall, from 1610⋯ to 1800*, ed. Richard Caulfield (Guildford, 1878), pp. 326, 334–5, 338, 346。

33. *Statutes at Large*, II, 526–28; T. C. Barnard, 'The Uses of 23 October and Irish Protestant Celebrations', *English Historical Review*, 106 (1991), 889–920. 有关纪念活动的例子，参见 *Council Book of Youghall*, pp. 352, 355; T. C. Barnard, 'Athlone, 1685; Limerick, 1710: Religious Riots or Charivaris?', *Studia Hibernica*, 27 (1993), 61–75。

34. *SR*, V, 410.

35. C. A. Edie. 'The Irish Cattle Bills: A Study in Restoration Politics', *Transactions of the American Philosophical Society*, NS, 60, pt 2 (1970); SR, V, 451, 597, 641–2.

36. Cambridge University Library, Add. MS 1, fol. 1.

37. TCD, MS 1180, p. 17.

38. BL, Add. MSS 21,135, fol. 37.

39. Beckett, *Making*, pp. 128–9, 131; Simms, 'The Restoration', pp. 443–4.

40. *A Letter from a Gentleman in Ireland To his Brother in England, Relating to the Concerns of Ireland in Matter of Trade* (1677), pp. 8, 21.

41. TCD, MS 844, fols. 223–4; Greaves, *Deliver Us from Evil*, pp. 140–50.

42. *CSPD, 1664–5*, PP. 149, 544.

43. Greaves, 'That's No Good Religion', pp. 125–6; Greaves, *Enemies*, pp. 24–31.

44. TCD, MS 844, fol. 223.

45. NLI, MS 4908, fols. 3v, 4, 7, 14, 31V.

46. Cambridge University Library, Add. MS 4, fol. 42; Add. MS 1, fol. 1.

47. Clement E. Pike, 'The Origin of the Regium Donum', *Transactions of the Royal Historical Society*, 3rd series, 3 (1909), 255–69; Greaves, 'That's No Good Religion'; Kilroy, *Protestant Dissent*, esp. chs. 1, 8; Raymond Gillespie, 'Dissenters and Nonconformists, 1661–1700, in K. Herlihy, ed., *The Irish Dissenting Tradition 1650–1750* (Dublin, c. 1995), pp. 11–28; Simms, 'The Restoration', p. 437.

48. [Luke Plunkett, Earl of Fingall], *To the King's Most Excellent Majesty, The Faithful Protestation and Humble Remonstrance of the Roman Catholic Nobility and Gentry of Ireland* [1662?]; Peter Walsh, *The History and Vindication of the Loyal Formulary, or Irish Remonstrance* (1674), p. ii; Clarendon, *Continuation of His Life*, pp. 200–203; Jane Ohlmeyer, 'Introduction: For God, King, or Country? Political Thought and Culture in Seventeenth-Century Ireland', in Jane Ohlmeyer, ed., *Political Thought in Seventeenth-Century Ireland: Kingdom or Colony* (Cambridge, 2000), p. 26; Simms, 'The Restoration', pp. 429–30; Connolly, *Religion*, pp. 19–21.

49. [French], *Settlement and Sale*, pp. 25–7.

50. Steele, II, nos. 821, 828–31a; *CSPD*, 1671–2, p. 185; *Essex Papers*, ed. Osmund Airy, vol. 1: *1672–1679*, Camden Society, NS, 47 (1890), 30–31; *Statutes at Large*, III, 205–39; *Cal. Anc. Rec. Dub.*, I, 56–67, and V, v–xii, 548–54, 562–5; *Council Book of Kinsale*, p. 126; Leicestershire RO, DG7, Ire 10, fol. 6; Hill, *From Patriots to Unionists*, pp. 49–55.

51. TCD, MS 844, fols. 229, 231; Cox, *Hibernia Anglicana*, II, 'Transactions since 1653', pp. 11–12; BL, Add. MSS 28,085, fols. 17–19.

52. BL, Add. MSS 28,053, fols. 49v–51.

53. *LJ*, XII, 451; *Parl. Hist.*, IV, 477–8.

54. *Parl. Hist.*, IV, 579–81.

55. *Cal. Anc. Rec. Dub.*, V, 164; *Council Books of Waterford*, pp. 174–7; *Council Book of Kinsale*, p. 157.

56. Leicestershire RO, DG7, Ire 13, Earl of Conway to Lord Finch, 7 Sep. 1678; BL MS Stowe 746, fols. 1–2; NLI, MS 8171.

57. Cox, *Hibernia Anglicana*, II, 'Transactions since 1653', pp. 7–8; *Council Book of Kinsale*, p. li; NLI, MS 4908, fol. 60v.

58. Christie, *Life of… Shaftesbury*, II, 192.

59. Hunt. Lib., HA 15394, information of John Moyre, 27 Dec. 1676.

60. *An Apology for the Protestants of Ireland* (1689), pp. 2–3.

61. Julia Buckroyd, *Church and State in Scotland, 1660–1681* (Edinburgh, 1980), ch. 2.

62. Earl of Balcarres, *An Account of the Affairs of Scotland* (1714), p. 7. Cf. Jackson, *Restoration Scotland*, pp. 14–15.

63. *Diurnal of Thomas Rugg*, pp. 95–6; Steele, III, no. 2171; *The Diary of Sir Archibald Johnston of Wariston*, vol. 3: *1655–1660*, ed. James D. Ogilvie (Edinburgh, 1940), p. 182; Wodrow, *Sufferings*, I, 5–6; John Nicoll, *A Diary of Public Transactions… from January 1650 to June 1667* (Edinburgh, 1836), pp. 283–4, 292–4.

64. J[ames] R[amsey], *Moses Returned from Midion*(Edinburgh, 1660), pp. 10–11. See also L[awrie], *God Save the King*; Matthias Symson, *Mephiboseth: Or, The Lively Picture of*

a Loyal Subject (Edinburgh, 1660).

65. Michael Lynch, *Scotland: A New History* (1991), p. 287.

66. *APS*, VII, 8–9; *Kingdomes Intelligencer*, no. 4 (21–28 Jan. 1661), p. 55. 每个等级可以推选 12 名代表。有关 1640 年的法律，参见 *APS*, V, 290–91。

67. 有关苏格兰的复辟安排，特别参见 Buckroyd, *Church and State*, chs. 3, 4; Julia Buckroyd, 'Bridging the Gap: Scotland, 1659–1660', *Scottish Historical Review*, 66 (1987), 1–25; Buckroyd, 'Anticlericalism in Scotland during the Restoration', in Norman MacDougall, ed., *Church, Politics and Society: Scotland 1408–1929* (Edinburgh, 1983), pp. 167–85; Cowan, *Covenanters*, ch. 2; Jackson, *Restoration Scotland*, ch. 5。

68. *APS*, VII, 7; Wodrow, *Sufferings*, I, 22–3 and app. 1, no. 10, p. 11; Mackenzie, *Memoirs*, p. 23; Buckroyd, *Church and State*, p. 29.

69. *APS*, VII, 10–11.

70. Ibid., pp. 12–13.

71. Ibid., p. 16.

72. Ibid., p. 86–8.

73. Mackenzie, *Memoirs*, pp. 27–9. Cf. Jackson, *Restoration Scotland*, pp. 77–8.

74. Rev. James Kirkton, *The Secret and True History of the Church of Scotland from the Restoration to the Year* 1678 (Edinburgh, 1817), p. 94.

75. [Alexander Shields], *The Hind Let Loose* (Edinburgh, 1687), p. 107. Cf. [Sir James Stewart and John Stirling], *Naphtali, Or the Wrestlings of the Church of Scotland for the Kingdom of Christ* ([Edinburgh], 1667, rev. edn 1680), p. 175; [Gilbert Rule], *A Vindication of the Presbyterians in Scotland* (1692), p. 6; Wodrow, *Sufferings*, I, 21.

76. *Diurnal of Thomas Rugg*, pp. 179–80; *Kingdomes Intelligencer*, no. 18 (29 Apr.–6 May 1661), pp. 270–71; Nicoll, *Diary*, p. 327; Wodrow, *Sufferings*, I, 106.

77. *APS*, VII, 199–200; *Kingdomes Intelligencer*, no. 21 (20–27 May 1661), pp. 327, 333–5, and no. 24 (10–17 Jun. 1661, 364–5; BL, Add. MSS 10,116, fol. 213; [Stewart and Stirling], *Naphtali*, p. 154; Kirkton, *Secret and True History*, pp. 105–8; Nicoll, *Diary*, pp. 332–3, 335; Wodrow, *Sufferings*, I, 106; C. A. Whatley, 'Royal Day, People's Day: The Monarch's Birthday in Scotland c. 1660–1860', in Mason and Macdougall, eds., *People and Power*, pp. 173, 176.

78. Nicoll, *Diary*, pp. 306, 374–5, 449, 451; Wodrow, *Sufferings*, I, 17, 107; BL, Add. MSS 10,117, fol. 41v; R. A. Houston, *Social Change in the Age of Enlightenment: Edinburgh, 1660–1760* (Oxford, 1994), p. 48; *RPCS, 1661–4*, PP. 15, 62–3.

79. *ST*, V, 1370–1516; Wodrow, *Sufferings*, I, 42–71, 77–8, 172–5 and app. 1, nos. 21–2, pp. 30–47; NLS, MS 14,493, fol. 4; Kirkton, *Secret and True History*, pp. 69–70.

80. *APS*, VII, 415–16, 420–29; Wodrow, *Sufferings*, I, 121–2; Cowan, *Covenanters*, p.

55; Keith M. Brown, *Kingdom or Province? Scotland and the Regal Union, 1603–1715* (1992), pp. 145–6.

81. *APS*, VII, 78, 88–95.

82. Ibid., pp. 503–4.

83. All Souls College Library, Oxford, MS 255, fol. 104; Gordon Donaldson, *Scotland: James V to James VII* (Edinburgh, 1965), pp. 287–8.

84. *SR*, V, 246–50.

85. Nicoll, *Diary*, p. 430; Wodrow, *Sufferings*, I, 220; William Ferguson, *Scotland's Relations with England: A Survey to 1707* (Edinburgh, 1977), pp. 153–4.

86. *APS*, VII, 78, 88–95, 503–4, 529–35, 540–47.

87. Childs, *Army of Charles II*, pp. 196–7.

88. *APS*, VII, 480–81; Nicoll, *Diary*, p. 399.

89. Brown, *Kingdom or Province?*, p. 145; Allan Macinnes, 'Repression and Conciliation: The Highland Dimension 1660–1688', *Scottish Historical Review*, 65 (1986), 167–95.

90. Kirkton, *Secret and True History*, pp. 118–20; NLS, Wod. Oct. XXIX, fol. 20; *Kingdomes Intelligencer*, no. 19 (6–13 May 1661), pp. 298–301; Wodrow, *Sufferings*, I, 37–41 and app. 1, nos. 15A and 15B, pp. 15–22; Mackenzie, *Memoirs*, pp. 53–6; Buckroyd, *Church and State*, p. 44.

91. *RPCS, 1661–4*, pp 28–9, 30–32; Wodrow, *Sufferings*, I, 96–8, 115; Steele, III, no. 2210.

92. Buckroyd, *Church and State*, pp. 41–5.

93. *APS*, VII, 370–71, 372–4, 376–9, 405–6, 449.

94. *Cowan, Covenanters*, pp. 53–4; Hyman, 'Church Militant', p. 55.

95. [John Sage], *The Case of the Present Afflicted Clergy of Scotland Truly Represented* (1690), preface; BL, Add. MSS 4106, fol. 257.

96. Hunt. Lib., HA 14960, John Hartstonge to Sir James Graham, 7 Nov. 1675.

97. Mackenzie, *Memoirs*, p. 53; Wariston, *Diary*, III, 180–81.

98. *A Dismal Account of the Burning of Our Solemn League and National Covenant···at Linlithgow, May 29* (1662, reprinted Edinburgh, 1832), reproduced in Wodrow, *Sufferings*, I, 151–2; BL, Add. MSS 10,117, fols. 31–2; Kirkton, *Secret and True History*, pp. 126–7; Robert Chambers, *Domestic Annals of Scotland*, vol. 2: *From the Reformation to the Revolution* (2nd edn, Edinburgh, 1859), pp. 291–2; James King Hewison, *The Covenanters: A History of the Church of Scotland from the Reformation to the Revolution* (2 vols., 1908), II, 105.

99. Kirkton, *Secret and True History*, pp. 161–3; Wodrow, *Sufferings*, I, 177–82; Cowan, *Covenanters*, pp. 56–7.

100. Kirkton, *Secret and True History*, pp. 180–91; *Lauderdale Papers*, ed. Osmund Airy, Camden Society, NS, 34, 63, 38 (3 vols., 1884–5), II, 207; Burnet, *HOT*, p.

166; *Wodrow, Sufferings*, I, 157; [Stewart and Stirling], *Naphtali*, p. 181.

102． Wodrow, *Sufferings*, I, 156.

103． Burnet, *HOT*, p. 70; Clarendon, *History*, IV, 320.

104． *APS*, VII, 455–6.

105． Nicoll, *Diary*, pp. 408–11; Wodrow, *Sufferings*, I, 191–9; [Stewart and Stirling], *Naphtali*, pp. 176–7, 184–90; Kirkton, *Secret and True History*, p. 201; *HMC, Laing*, I, 360; Buckroyd, *Church and State*, pp. 55, 58–61, 63–4; Cowan, *Covenanters*, p. 59. 有关 1584 年的法律，参见 *APS*, III, 293。

106． Kirkton, *Secret and True History*, pp. 199–200, 221–5; [Stewart and Stirling], *Naphtali*, p. 195; Hewison, *Covenanters*, II, 187–8; [Rule], *Vindication of the Presbyterians*, pp. 10–11.

107． *A Brief and True Account of the Sufferings of the Church of Scotland* (1690), p. 2.

108． [John Brown], *An Apologeticall Relation of the Sufferings of the Faithfull Ministers of the Church of Scotland since August 1660* (n.p., 1665); BL, Add. MSS 35,125, fol. 130.

109． *RPCS, 1665–9*, p. 231; BL, Add. MSS 35,125, fol. 145; BL, Add. MSS 10,117, fol. 183; [Shields], *Hind Let Loose*, p. 109.

110． Kirkton, *Secret and True History*, pp. 225–6.

111． Wodrow, *Sufferings*, I, 265; [Stewart and Stirling], *Naphtali*, p. 226.

112． Hewison, *Covenanters*, II, 212–13; Cowan, *Covenanters*, ch. 4; Greaves, *Enemies*, pp. 64–84.

113． *HMC, Laing*, I, 359.

114． [Stewart and Stirling], *Naphtali*; [James Stewart], *Jus Populi Vindicatum, Or, The People's Right to Defend Themselves and their Covenanted Religion* ([Edinburgh], 1669); Ian Michael Smart, 'The Political Ideas of the Scottish Covenanters, 1638–88', *History of Political Thought*, 1 (1980), 183–7; Robert von Friedeburg, 'From Collective Representation to the Rights of Individual Defence: James Steuart's *Ius Populi Vindicatum* and the use of Johannes Althusius' *Politica* in Restoration Scotland', *History of European Ideas*, 24 (1998), 19–42; Jackson, *Restoration Scotland*, pp. 70–71, 125.

115． *RPCS*, 1669–72, pp. 38–40.

116． *APS*, VII, 372; *HMC, Laing*, I, 372–3; Wodrow, *Sufferings*, I, 304–5, 307, 313–15; Hewison, *Covenanters*, II, 227; *Lauderdale Papers*, II, lxiv–lxvii; Julia Buckroyd, 'The Dismissal of Archbishop Alexander Burnet, 1669', *Records of the Scottish Church History Society*, 18 (1973), 149–55.

117． *APS*, VII, 554–5; NLS, Wod. Qu. XXXVIII, fol. 2; Burnet, *HOT*, p. 192; *Lauderdale Papers*, II, 164.

118． *RPCS*, 1669–72, pp. 61–2; Steele, III, no. 2331.

119. Mackenzie, *Memoirs*, p. 163; *APS*, VII, 556–7.

120. *APS*, VIII, 8–9.

121. *APS*, VIII, 9–0; [George Rule], *A Vindication of the Church of Scotland. Being an Answer to a Paper, Intituled, Some Questions Concerning Episcopal and Presbyterial Government in Scotland* (1691), pp. 25–6.

122. *APS*, VIII, 11–12.

123. *RPCS, 1669–72*, pp. 586–9; Hyman, 'Church Militant', pp. 58–9.

124. *APS*, VII, 89.

125. *HMC, Hamilton*, pp. 142, 143, 148 (quote on p. 148).

126. *HMC, Laing*, I, 400–401.

127. Steele, III, no. 2389; *RPCS, 1673–6*, pp. 197–200.

128. Wodrow, *Sufferings*, I, 362.

129. *RPCS, 1673–6*, pp. 425–6, 447; Wodrow, *Sufferings*, I, 391.

130. *RPCS, 1676–8*, pp. 206–9; Steele, III, no. 2421; Wodrow, *Sufferings*, I, 449–51; *HMC, Hamilton*, p. 156; Mackenzie, *Memoirs*, pp. 329–30.

131. *RPCS, 1676–8*, pp. 300–301; Longleat House, Coventry MSS, XVI, fols. 197, 205; Wodrow, *Sufferings*, I, 454–8 and app. 2, no. 80, pp. 174–5; Hewison, *Covenanters*, II, 265–6; Sir George Mackenzie, *A Vindication of the Government in Scotland, during the Reign of King Charles II* (1691), p. 12.

132. Wodrow, *Sufferings*, I, 467; *CSPD, 1677–8*, p. 593; Lynch, *Scotland*, p. 294; Paul Hopkins, *Glencoe and the End of the Highland War* (Edinburgh, 1986), pp. 62–3.

133. Wodrow, *Sufferings*, I, 462–3, 467–9, 471; Hewison, *Covenanters*, II, 267–8; Ruth Richens, 'The Stewarts in Underbank: Two Decades in the Life of a Covenanting Family', *Scottish Historical Review*, 178 (1985), 108–9.

134. Wodrow, *Sufferings*, I, 478–80, 487–93; Longleat House, Coventry MSS, XVI, fol. 205; Lynch, *Scotland*, p. 294.

135. NAS, GD 224/171/1, p. 57.

136. NLS, Adv. 31.6.5, fol. 167.

137. *RPCS, 1676–8*, pp. 347–9; Wodrow, *Sufferings*, I, 472–3.

138. Wodrow, *Sufferings*, I, 499–500.

139. NLS, Wod. Oct. XXIX, fol. 105; Wodrow, *Sufferings*, I, 469, 508, 509 and app. 2, nos. 82–3, pp. 176–8. Cf. *HMC, Laing*, I, 415.

140. Wodrow, *Sufferings*, I, 508; NLS, Wod. Qu. XXX, fol. 50.

141. *RPCS, 1676–8*, pp. 413–14.

142. BL, Add. MSS 28,053, fol. 120; *RPCS, 1676–8*, p. 467.

143. *RPCS, 1676–8*, pp. 425–9. 有关 15 世纪的立法，参见 *APS*, II, 19, 35。

144. BL, Add. MSS 32,095, fol. 176. 有关 1529 年的法令，参见 *APS*, II, 332。

145. *HMC, Hamilton*, p. 162; Wodrow, *Sufferings*, I, 518, 520–21, 523–6.

146. Sir John Lauder of Fountainhall, *The Decisions of the Lords of Council and Session from June 6th, 1678, to July 30th, 1713* (2 vols., Edinburgh, 1759–61), I, 13–14; Wodrow, *Sufferings*, I, 521–2; *Brief and True Account of the Sufferings of the Church of Scotland*, p. 11.

147. *CSPD*, 1678, pp 353, 365, 370.

148. *APS*, III, 36; ibid., VII, 26.

149. Wodrow, *Sufferings*, I, 342, 447.

150. *CSPD, 1678*, p. 232.

151. *RPCS*, 1676–8, pp. 233–4; Mackenzie, *Memoirs*, p. 325; Buckroyd, *Church and State*, p. 127.

152. *Parl. Hist.*, IV, 625–30, 683–8, 699 (quote in col. 684); HMC, *Laing*, I, 393.

153. NA, SP 30/24/5/291, fols. 276–89 (quote on fol. 276); BL, Add. MSS 4106, fols. 255–64.

154. Longleat House, Coventry MSS, XVI, fol. 201.

155. Buckroyd, *Church and State*, pp. 72, 112, 117–18.

156. *CSPD, 1673–5*, P. 289; Leicestershire RO, DG7, Ire 13, Earl of Conway to Lord Finch, 30 Nov. 1674; Hunt. Lib., HA 14528, [Earl of Conway] to Sir George Rawdon, 10 Jul. 1674; Hunt. Lib., HA 14151, Duncan Campbell to Sir James Graham, 14 Jan. 1677[8]; Longleat House, Coventry MSS, XVI, fol. 195.

157. Ferguson, *Scotland's Relations with England*, pp. 152–7; Jackson, *Restoration Scotland*, pp. 89–90.

158. Kirkton, *Secret and True History*, pp. 299–300; Wodrow, *Sufferings*, I, 309.

159. Mackenzie, *Memoirs*, pp. 138–9.

第三章　为人民的安全而忧

1. *Life of James II*, I, 515.

2. Alan Marshall, *The Strange Death of Edmund Godfrey: Plots and Politics in Restoration London* (Stroud, 1999), pp. 57–73.

3. *The Discovery of the Popish Plot, Being the Several Examinations of Titus Oates* (1679); Titus Oates, *A True Narrative of the Horrid Plot and Conspiracy of the Popish Party against the Life of His Sacred Majesty* (1679). 有关这场阴谋的基本情况，参见 J. P. Kenyon, *Popish Plot* (1972)。

4. Marshall, *Strange Death*.

5. Hutton, *Charles II*, p. 357.

6. Scott, *Restoration Crisis*, pp. 9–21; Jonathan Scott, 'Radicalism and Restoration', *HJ*,

31 (1988), 459–60; Mark Knights, *Politics and Opinion in Crisis*, 1678–81 (Cambridge, 1994), esp. pp. 4–5, 350.

7. Miller, *Popery and Politics*, pp. 154, 170, 188; J. R. Jones, *The First Whigs: The Politics of the Exclusion Crisis, 1678–83* (Oxford, 1861), pp. 18, 214.

8. Kenyon, *Popish Plot*, jacket.

9. Scott, *Restoration Crisis*; Jones, *First Whigs*, pp. 13–14.

10. Knights, *Politics and Opinion, passim*; Scott, *Restoration Crisis*, pt 1; Haley, *Shaftesbury*, chs. 21–30.

11. Anthony Wood, *Life and Times, 1632–1695*, ed. A. Clark (5 vols., Oxford, 1891–1900), III, 42; David Allen, 'Political Clubs in Restoration London', *HJ*, 19 (1976), 561–80; Grant Tapsell, 'Parliament and Political Division in the Last Years of Charles II, 1681–5', *Parliamentary History*, 22 (2003), 259; *Harris, London Crowds*, p. 100.

12. M. Dorothy George, 'Elections and Electioneering, 1678–81', *English Historical Review*, 45 (1930), 552–78; Douglas R. Lacey, *Dissent and Parliamentary Politics in England, 1661–1689* (New Brunswick, 1969), ch. 6.

13. Bell and Barnard, 'Provisional Count of Wing Titles', p. 91.

14. Knights, *Politics and Opinion*, p. 168.

15. 有关王位排斥危机报纸全面的出版史，参见 R. S. Crane and F. B. Kaye, *A Census of British Newspapers and Periodicals, 1620–1820* (1927)。有关总体的讨论，参见 James Sutherland, *The Restoration Newspaper and its Development* (Cambridge, 1986); C. John Sommerville, *The News Revolution in England: Cultural Dynamics of Daily Information* (Oxford, 1996)。有关简报，参见 Love, *Scribal Publication; Fox, Oral and Literate Culture*, pp. 370–79。凯尔最近著有一部重要的传记：Lois G. Schwoerer, *The Ingenious Mr Henry Care, Restoration Publicist* (Baltimore, 2001)。

16. *ST*, VII, 926–60, 1111–30; Timothy J. Crist, 'Francis Smith and the Opposition Press in England, 1660–1688', unpub. Ph.D. thesis, Cambridge University (1977) pp. 107–41.

17. Luttrell, I, 34; Bodl., MS Carte 228, fol. 145; *CSPD, 1679–80*, p. 397.

18. *The Snotty Nose Gazette*, no. 1 (24 Nov. 1679), Cited in Knights, *Politics and Opinion*, p. 172.

19. Titus Oates, *A Sermon Preached at St. Michaels, Wood Street* (1679); LC, MS 18,124, VII, fol. 98; *Memoirs of the Verney Family*, Lady Frances Parthenope Verney, compiler (4 vols., 1892–9), II, 329; *Protestant (Domestick) Intelligence*, nos. 59 (27 Jan. 1679[/80]), 66 (17 Feb. 1679[/80]), 67 (24 Feb. 1679[/80]); Guildhall Library, MS 5026/1; *Loy. Prot. Int.*, nos. 38 (19 Jul. 1681), 41 (26 Jul. 1681).

20. Susan J. Owen, *Restoration Theatre and Crisis* (Oxford, 1996); Odai Johnson, *Rehearsing the Revolution: Radical Performance, Radical Politics in the English Revolution* (Newark, Del., 2000); J. D., *The Coronation of Queen*

Elizabeth (1680).

21. O. W. Furley, 'The Pope-Burning Processions of the Late Seventeenth Century', *History*, 44 (1959), 16–23; Sheila Williams, 'The Pope-Burning Processions of 1679–81', *Journal of the Warburg and Courtauld Institutes*, 21 (1958), 104–18; Johnson, *Rehearsing the Revolution*, ch. 2.

22. Haley, *Shaftesbury*, pp. 499, 553; O. W. Furley, 'The Whig Exclusionists: Pamphlet Literature in the Exclusion Campaign, 1679–81', *Cambridge HJ*, 13 (1957), 20–21; Knights, *Politics and Opinion*, pp. 162–3; Harris, *London Crowds*, p. 101.

23. Pepysian Library, Magdalene College, Cambridge, Pepys Miscellanies, VII, pp. 474, 475, 478, 484–5; David Cressy, *Bonfires and Bells: National Memory and the Protestant Calendar in Elizabethan and Stuart England* (Berkeley, 1989), p. 180.

24. Dalrymple, *Memoirs*, I, 'Review', p. 390.

25. All Souls College Library, Oxford, MS 257, no. 98.

26. Longleat House, Coventry MSS, VI, fol. 210.

27. Ibid., fol. 189.

28. *CSPD, 1682*, p. 456.

29. Ibid., p. 303.

30. *Loy. Prot. Int.*, no. 228 (2 Nov. 1682).

31. 例如参见 *True Prot. Merc.*, no. 11 (29 Jan.–1 Feb. 1680[/81])，并参见本书英文原版 p. 17。

32. 参见本书英文原版 pp. 75–6。

33. *HMC, Stuart*, VI, 1; Dalrymple, *Memoirs*, I, 'Review', p. 257.

34. Haley, *Shaftesbury*, 472; Anchitell Grey, *Debates of the House of Commons from the Year 1667 to the Year 1694* (10 vols., 1763), VI, 148.

35. *Parl. Hist.*, IV, 1035; *CJ*, IX, 536; FSL, Newdigate Newsletters, Lc. 704 (11 Nov. 1678), 705 (14 Nov. 1678); *HMC, Ormonde*, NS, IV, 470; LC, MS 18, 124, VII, fol. 138.

36. *CJ*, IX, 605; Grey, *Debates*, VII, 137–51; FSL, Newdigate Newsletters, Lc. 779 (1 May 1679), 784 (15 May 1679).

37. *Reasons for the Indictment of the D. of York* [1680]; Morrice, P, 280; *Life of James II*, I, 666–7; Knights, *Politics and Opinion*, pp. 72, 89, 95 (n. 102), 279, 307; Haley, *Shaftesbury*, p. 580; Roger North, *Examen* (1740), p. 564; Luttrell, I, 49, 69; *Original Papers Containing the Secret History of Great Britain from the Restoration to the Accession of the House of Hannover*, ed. James MacPherson (2 vols., 1775), I, 114.

38. *Life of James II*, I, 620, 622–3, 636–7. 有关议会针对丹吉尔的辩论，以及议会成员如何将其与王位排斥问题相联系，参见 Grey, *Debates*, VIII, 4–21。

39. BL, Add. MSS 4,236, fols. 225, 276.

40. Spurr, *England in the 1670s*, p. 298.

41. Caroline Robbins, ed., *Two English Republican Tracts* (Cambridge, 1969), pp. 61–200.

42. Burnet, *HOT*, p. 303.

43. Bodl. MS Clarendon 87, fol. 334. Cf. *Life of James II*, I, 635, 670–71.

44. Dalrymple, *Memoirs*, I, 'Review' pp. 371, 374–5.

45. Centre for Kentish Studies, U275/A3, p. 42. See also Grey, *Debates*, VII, 169; William Cavendish, Duke of Devonshire, *Reasons for His Majesty Passing the Bill of Exclusion* (1681), p. 5; [Sir William Jones and Algernon Sidney], *A Just and Modest Vindication of the Proceedings of the Two Last Parliaments* (1681), pp. 30–33.

46. Sir John Lauder of Fountainhall, *Historical Observes of Memorable Occurents in Church and State from October 1680 to April 1686*, ed. David Laing and A. Urquhart (Edinburgh, 1840), p. 100; Lois G. Schwoerer, *Lady Rachel Russell: 'One of the Best of Women'* (Baltimore, 1988), p. 37.

47. *A Most Serious Expostulation with Several of my Fellow-Citizens* [1679], p. 3.

48. [Elkanah Settle], *The Character of a Popish Successour* (1681), pp. 8, 9, 14. See also Harris, 'Lives, Liberties and Estates' .

49. J. S., *Popery Display'd in its Proper Colours* (1681), p. 4.

50. Grey, *Debates*, VII, 401, 413.

51. Corporation of London RO, Journal 49, fol. 224; ibid., Rep. 86, fols. 151, 162.

52. *England's Calamity, Foreshewn in Germanie's Misery* (1680).

53. Sir John Temple, *The Irish Rebellion* (1646, 2nd edn 1679), p. 5.

54. *A Collection of Certain Horrid Murthers in Several Counties of Ireland. Committed since the 23. of Octobr. 1641* (1679), sig. A6.

55. [Edmund Borlase], *The History of the Execrable Irish Rebellion* (1680), app. pp. 109–25.

56. BL, Sloane MS 1008, fol. 216.

57. [Borlase], *History*, pp. 311–12.

58. Grey, *Debates*, VII, 411.

59. NLI, MS 803, fol. 39; *HMC, Ormonde*, NS, VI, 251.

60. E[dmund] E[verard], *The Great Pressure and Grievances of the Protestants in France* (1681); *The Humble Petition of the Protestants of France to the French-King, To Recall His Declaration for taking their Children from them at the Age of Seven Years* (1681); *A True and Perfect Relation of the New Invented Way of Persecuting the Protestants in France* [1682]; *Popery and Tyranny; Or, the Present State of France (1679)*, pp. 5–6; *The Horrible Persecution of the French Protestants in the Province of Poitou* (1681), pp. 1–2; *The Humble Petition of Protestants of France Lately Presented to His Most Christian Majesty* [1681]; Robin Gwynn, *Huguenot Heritage:*

The History and Contribution of the Huguenots in Britain (2nd edn, Brighton, 2001), pp. 26–8, 44; Robin Gwynn, 'The Arrival of Huguenot Refugees in England 1680–1705', Proceedings of the Huguenot Society of Great Britain and Ireland, 21 (1965–70), 366–73.

61. Popery and Tyranny, pp. 1, 2, 4, 6, 7.

62. J. S., Popery Display'd, p. 4.

63. Parl. Hist., IV, 1116.

64. [Charles Blount], An Appeal from the Country to the City (1679), p. 2.

65. Knights, Politics and Opinion, p. 211.

66. Isaac Barrow, A Sermon Preached on the Fifth of November, MDCLXXIII [1679], p. 36. Cf. Gilbert Burnet, A Sermon Preached at the Chappel of the Rolls, on the Fifth of November 1684 (1684), pp. 13, 15, 16.

67. FSL, MS V. a. 403, pp. 137–9.

68. Grey, Debates, VII, 144, 147, 148, 151, 252, 255, 259. 1680 年 11 月第二部 "王位排斥法案"的辩论中也出现了类似的观点：ibid., pp. 412, 452–3, 458–9。有关1571年《叛国法》的相关条款，参见 SR, IV, 527。

69. [Henry Care], English Liberties; Or, The Free-born Subject's Inheritance [1681], pp. 83–4.

70. John Somers, A Brief History of the Succession (1680), p. 13.

71. Parl. Hist., IV, 1189.

72. W. G., The Case of Succession to the Crown (1679), pp. 7, 8.

73. An Impartial Account of the Nature and Tendency of the Late Addresses (1681), p. 20.

74. J. G. A. Pocock, The Ancient Constitution and the Feudal Law (Cambridge, 1957), ch. 8; C. C. Weston and J. R. Greenberg, Subjects and Sovereigns: The Grand Controversy over Legal Sovereignty in Stuart England (Cambridge, 1081), ch. 7; Mark Goldie, 'Restoration Political Thought', in Glassey, ed., Reigns of Charles II and James VII and II, pp. 29–35.

75. [Thomas Hunt], The Great and Weighty Consideration··· Considered (1680), pp. 5, 15, 20 (Wing H3751 edn).

76. A Dialogue at Oxford Between a Tutor and a Gentleman (1681), pp. 5, 6.

77. Heraclitus Ridens, no. 18 (31 May 1681).

78. 例如参见 [Settle], Character, p. 13; A Letter from a Person of Quality to his Friend, Concerning his Majesty's Late Declaration [1681], p. 8。

79. HMC, Hastings, IV, 303.

80. Julian H. Franklin, John Locke and the Theory of Sovereignty (Cambridge, 1978), pp. 39–49; Mark Goldie, 'Introduction', in Mark Goldie, Tim Harris, Mark Knights, John Spurr, Stephen Taylor and Jason McElligott, eds., The Entring Book of Roger Morrice (6

vols., Woodbridge, forthcoming), I.

81. *Vox Populi: Or, the People's Claim to their Parliaments Sitting* (1681), pp. 2, 13.

82. *Impartial Account of⋯ the Late Addresses*, pp. 13–15.

83. [Jones and Sidney], *Just and Modest Vindication*, pp. 2, 29–30, 43–4.

84. [Edmund Hickeringill], *Second Part of the History of Whiggism* (1682), pp. 36–8, 46.

85. [Samuel Johnson], *Julian the Apostate* (1682), pp. vii-viii, 73, 78, 83–6, 89.

86. W. G., *Case of Succession*, p. 13.

87. [Settle], *Character*, pp. 20, 21–2.

88. *A Copy of the Bill Concerning the Duke of York* (1679).

89. Grey, *Debates*, VII, 431–3; *CJ*, IX, 648; NA 31/3/147 ('Baschet Transcripts'), fol. 19; Robin Clifton, *The Last Popular Rebellion: The Western Rising of 1685* (1984), pp. 131–2; Haley, *Shaftesbury*, pp. 597–8, 634.

90. K.H.D. Haley, 'Shaftesbury's Lists of the Lay Peers and Members of the Commons 1677–8' , *Bulletin of the Institute of Historical Research*, 43 (1970), 88; J. R. Jones, 'Shaftesbury's "Worthy" Men' , ibid., 30 (1957), 234.

91. Clifton, *Last Popular Rebellion*, pp. 121–3.

92. 这一段出自 Clifton, *Last Popular Rebellion*, ch. 4 以及 Tim Harris 在 *Oxford DNB* 中有关蒙茅斯公爵的文章。

93. Miller, *Popery and Politics*, p. 160.

94. WYAS, MX/R/12/112, Thomas Yarburgh to Sir John Reresby, 9 Nov. 1678.

95. Philip Jenkins, 'Anti-Popery on the Welsh Marches in the Seventeenth Century' , *HJ*, 23 (1980), 275–93; Todd Galitz, 'The Challenge of Stability: Religion, Politics, and Social Order in Worcestershire, 1660 to 1720' , unpub. Ph.D. dissertation, Brown University (1997), ch. 4; Newton Key, 'Comprehension and the Breakdown of Consensus in Restoration Herefordshire' , in Harris et al., eds., *Politics of Religion*, pp. 191–215; Dan Beaver, 'Conscience and Context: The Popish Plot and the Politics of Ritual, 1678–1682' , *HJ*, 34 (1991), 297–327.

96. All Souls College Library, Oxford, MS 169, p. 306.

97. *LJ*, XIII, 513–15; *HMC, Ormonde*, NS, V, 69; Harris, *London Crowds*, p. 111.

98. *Reliquiae Baxterianae*, ed. Matthew Sylvester (1696), III, 184–5.

99. Berkshire RO, T/F41, fol. 237; East Sussex RO, Rye 1/17, pp. 37–8; Miller, *Popery and Politics*, pp. 162–9; Galitz, 'Worcestershire' , pp. 124–7.

100. *The Diary of William Lawrence. Covering the Periods between 1662 and 1681*, ed. G. E. Aylmer (Beaminster, 1961), p. 37.

101. Jonathan Scott, 'England's Troubles: Exhuming the Popish Plot' , in Harris et al., eds., *Politics of Religion*, pp. 115–16; Scott, *England's Troubles*, esp. pt 1; Pincus, 'Butterboxes to Wooden Shoes' ; Pincus, 'The English Debate over Universal

Monarchy', pp. 37–62.

102. Lawrence, *Diary*, pp. 37–9.

103. Centre for Kentish Studies, U275/A3, p. 98.

104. Luttrell, I, 5.

105. Hunt. Lib., HM 30315, no. 199.

106. Somerset RO, DD/SF/3074, Aldred Seaman to Edward Clarke, 21 Dec. 1678.

107. Lawrence, *Diary*, p. 36; *Life of James II*, I, 546–7; Somerset RO, DD/SF/3074, Aldred Seaman to Edward Clarke, 5 Apr. 1679.

108. Grey, *Debates*, VII, 107–8.

109. Johannes Philanglus, *England's Alarm* (1679), p. 5. 有关对法国移民所造成的经济威胁的担忧，参见 Harris, *London Crowds*, pp. 200–204; Daniel Statt, *Foreigners and Englishmen: The Controversy over Immigration and Population, 1660–1760* (Newark, Del., 1995), ch. 3。

110. Scott, 'England's Troubles', p. 117.

111. All Souls College Library, Oxford, MS 169, p. 311.

112. Hunt. Lib., HA 5967, Earl of Huntingdon to John Gery, 13 Nov. 1679.

113. Longleat House, Coventry MSS, VI, fol. 199.

114. Grey, *Debates*, VII, 109.

115. Pedro Ronquillo, *The Last Memorial of the Spanish Ambassador* (1681).

116. Grey, *Debates*, VII, 258.

117. C. B., *An Address to the Honourable City of London, And All Other Cities, Shires and Corporations, Concerning their Choice of a New Parliament* (1681), epistle dedicatory.

118. *True Prot. Merc.*, no. 16 (16–19 Feb. 1680[/81]).

119. *Parl. Hist.*, IV, 1116–18.

120. Ibid. 1166–7.

121. Grey, *Debates*, VII, 188, 194–5, 199; *Parl. Hist.*, IV, 1130; *CJ*, IX, 614.

122. *Some Particular Matter of Fact, relating to the Administration of Affairs in Scotland under the Duke of Lauderdale* [1679], pp. 1–4; [William, Duke of Hamilton], *Some Farther Matter of Fact Relating to the Administration of Affairs in Scotland Under the Duke of Lauderdale* [1679], pp. 1–4; BL, Add. MSS 28,938, fols. 12–13; Wodrow, *Sufferings*, II, 101–5; Burnet, *HOT*, p. 312.

123. *CSPD, 1682*, p. 505.

124. [Earl of Shaftesbury], *A Speech Lately Made by a Noble Peer of the Realm* (1681), p. 5.

125. [Jones and Sidney], *Just and Modest Vindication*, p. 23.

126. FSL, MSX. d. 195, 'Quem Natura Negat, Facit Indignatio Versum, Qualum Cunque Potest'.

127. *LJ*, XIII, 478.

128. Ibid., pp. 488–91. 有关发布的公告，参见 Steele, II, nos. 889, 891, 895, 897, 898, 903, 913, 917; *HMC, Ormonde*, II, 350–59, *passim*。

129. *LJ*, XIII, 491, 493, 499, 527–8, 532.

130. Bodl., MS Carte 228, fol. 161.

131. Haley, *Shaftesbury*, pp. 569–99 *passim*, 617–18, 643–61 *passim*.

132. Fitzpatrick, *Seventeenth-Century Ireland*, pp. 236–45.

133. [French], *Narrative of the Settlement*, p. 27; Connolly, *Religion*, p. 28; Hunt. Lib., HA 15394, info. of John Moyre, 27 Dec. 1676.

134. Bodl., MS Carte 39, fol. 107; TCD, MS 844, fol. 233.

135. BL., Sloane MS 1008, fol. 197; F. L., *Ireland's Sad lamentation* (1680[/81]).

136. *Parl. Hist.*, IV, 1166–7; *Life of James II*, I, 602. 参见本书英文原版 pp. 168–9。

137. *LJ*, XIII, 733; Grey, *Debates*, VIII, 251–2.

138. *True Prot. Merc.*, no. 7 (15–18 Jan. 1680[/81]); ibid., no. 12 (1–5 Feb., 1680[/81]).

139. Ibid., no. 11 (29 Jan.-1 Feb. 1680[/81]).

140. C. B., *Address to the City*, epistle dedicatory.

141. [Sir William Petty], *The Politician Discovered* (1681), 'The First Discourse', p. 9.

142. David Ogg, *England in the Reign of Charles II* (Oxford, 1934), pp. 553–4, 574.

143. Berkshire RO, R/AC1/1/15, p. 181.

144. Grey, *Debates*, VII, 64–5.

145. Ibid., 67–73; FSL, Newdigate Newsletters, Lc. 767 (3 Apr. 1679).

146. *SR*, V, 934; Joyce Lee Malcolm, *To Keep and Bear Arms: The Origins of an Anglo-American Right* (Cambridge, Mass., 1994), p. 107.

147. Ogg, *Charles II*, p. 578.

148. Grey, *Debates*, VII, 19; *LJ*, XIII, 466, 471; *Parl. Hist.*, IV, 1113–15.

149. Grey, *Debates*, VII, 25–9; Andrew Browning, *Thomas Osborne, Earl of Danby and Duke of Leeds, 1632–1712* (3 vols., Glasgow, 1944–51), 1, 300–329.

150. Hunt. Lib., Hastings Parliamentary Box 4, no. 21, 'Grounds on which a royal pardon may be disputed'.

151. Grey, *Debates*, VII, 28, 58, 151–4, 175–6, 183.\

152. Grey, *Debates*, VII, 30.

153. Ibid., p. 57.

154. Ibid., pp. 153–4.

155. Ibid., p. 176.

156. Ibid., p. 183.

157. Ibid., p. 181.

158. *CJ*, IX, 633.

159. Bodl., MS Rawlinson D 924, fol. 248; FSL, Newdigate Newsletters, Lc. 766 (31 Mar.

1679), 767 (3 Apr. 1679); BL, Add. MSS 61,903, fols. 47–9; Hunt. Lib., EL 8425; Morrice, P, 152. 格雷 对温宁顿讲话的记载见于他的 *Debates*, VII, 25–9。

160. J. P., *A Letter to a Friend in the Country* (1679), p. 2–3.

161. *LJ*, XIII, 475–521, 537–40, 553; *Parl. Hist.*, IV, 1116–21, 1129; Ogg, *Charles II*, p. 588; Browning, *Danby*, I, 333–41, 436; Goldie, 'Danby, the Bishops and the Whigs'.

162. Knights, *Politics and Opinion*, pp. 25–8.

163. *Impartial Account of… the late Addresses*, p. 31.

164. Henry Horwitz, 'Protestant Reconciliation in the Exclusion Crisis', *Journal of Ecclesiastical History*, 15 (1964), 201–17; Lacey, *Dissent*, pp. 144–5.

165. Lawrence, *Diary*, p. 43.

166. *The Contents (Hats for Caps) Contented* (1680); *The Time-Servers; Or, A Touch of the Times* (1681).

167. Guildhall Library, Print Room, Playing Cards 238, 'Knave of Clubs'; BL, Add. MSS 34,362, fol. 107, 'On the Prorogation'.

168. *The Weekly Discoverer Strip'd Naked*, no. 2 (23 Feb. 1680[/81]).

169. *Omnia Comensta à Bello; Or, An Answer out of the West to a Question out of the North* (1679), p. 3.

170. Hunt. Lib., EL 8764, 'The Magpye, Or the Song against the Bishops'.

171. Bodl., MS Don b. 8, p. 696, 'The Antiphone to the Late Protestant Petition'.

172. *HMC, Montagu*, pp. 174–5; Henning, ed., *House of Commons*, I, 199.

173. *Essex's Excellency* (1679), p. 4; *A Faithfull and Impartial Account of the Behaviour of a Party of the Essex Freeholders* (1679), p. 6; Wood, *Life and Times*, II, 516; *CSPD, 1680–81*, p. 232; Henning, ed., *House of Commons*, I, 229, 360.

174. *CSPD, 1680–81*, p. 31.

175. Somerset RO, Q/SR/148/24–6.

176. Centre for Kentish Studies, U275/A3, pp. 97–9.

177. *CJ*, IX, 683.

178. *Parl. Hist.*, IV, 1294.

179. Luttrell, I, 63.

180. BL, Add. MSS 28,938, fol. 54; Morrice, P, 276; Corporation of London RO, Journal 49, fols. 156–7.

181. [Jones and Sidney], *Just and Modest Vindication*, p. 1.

182. *Vox Populi*, p. 6. Cf. *Impartial Account of… the Late Addresses*, pp. 18–20; *A Modest Account of the Present Posture of Affairs* (1682), pp. 7–8; [Hickeringill], *Second Part of the History of Whiggism*, pp. 65, 70–75; Care, *English Liberties*, pp. 75–7, 95; *Dialogue at Oxford*, p. 10.

183. *CSPD, 1682*, pp. 72, 82.

184. Henning, ed., *House of Commons*, I, 106; BL, Add. MSS 4236, fol. 227.

185. 这一节出自 Knights, *Politics and Opinion*, chs. 8, 9。

186. Mark Knights, 'London's "Monster" Petition of 1680', *HJ*, 36 (1993), 39–67.

187. Steele, I, no. 3703.

188. 白金汉郡、坎伯兰郡、德比郡、多塞特郡、肯特郡、兰开夏郡、蒙茅斯郡、诺福克郡、萨福克郡、约克郡、布里奇沃特、牛津、韦尔斯和伦敦律师公会发起了请愿活动，但没有成功。

189. FSL, Newdigate Newsletters, Lc. 881 (30 Dec. 1679); *CSPD, 1679–80*, p. 377; LC, MS 18,124, VII, fol. 1.

190. North, *Examen*, pp. 563–4; *CJ*, IX, 691; 'Thomas Dare', in *Oxford DNB*; Morrice P 286–8.

191. FSL, Newdigate Newsletters, Lc. 1032 (20 Jan. 1681).

192. Luttrell, I, 63.

193. *A True Narrative of the Proceedings at Guild-Hall* (1681).

194. BL, MS Stowe 746, fol. 16.

195. *CSPD, 1680–81*, p. 203.

196. *Domestick Intelligence*, no. 40 (21 Nov. 1679).

197. *The Pope's Down-fall at Abergaveny* (1679); *Domestick Intelligence*, no. 39 (18 Nov. 1679); Philip Jenkins, 'Anti-Popery on the Welsh Marches in the Seventeenth Century', *HJ*, 23 (1980), 285.

198. *True Prot. Merc.*, nos. 89 (9–12 Nov. 1681), 90 (12–16 Nov. 1681); Cressy, *Bonfires and Bells*, p. 179.

199. Bodl., MS Carte 228, fol. 169; *The Scots Demonstration of their Abhorrence of Popery* (Edinburgh?, 1681); N. M., *A Modest Apology for the Students of Edinburgh Burning a Pope December 25. 1680* (1681); L. L., *The History of the Late Proceedings of the Students of the Colledge at Edenborough* (1681); *True Prot. Merc.*, nos. 3 (1–3 Jan. 1680[/81]), 8 (18–22 Jan. 1680[/81]), 11 (29 Jan.–1 Feb. 1680[/81]), 12 (1–5 Feb. 1680[/81]); [Alexander Monro], *The Spirit of Calumny and Slander, Examin'd, Chastis'd, and Expos'd, in a Letter to a Malicious Libeller* (1693), p. 64; *RPCS, 1681–2*, pp. 1, 4, 13–14, 23–4; *ST*, IX, 1007–1008. 有关现代的叙述，参见 Johnson, *Rehearsing the Revolution*, pp. 1–3。

200. Harris, *London Crowds*, p. 160; *CSPD, 1679–80*, p. 296.

201. *Protestant (Domestick) Intelligence*, no. 65 (17 Feb. 1679[/80]).

202. WYAS, MX/R/15/33, newsletter, 1 Jul. 1680.

203. *Protestant (Domestick) Intelligence*, no. 87 (11 Jan. 1680[/81]).

204. *CSPD, 1680–81*, p. 31.

205. Ibid., p. 170.

206. *True Prot. Merc.*, no. 19 (26 Feb.–2 Mar. 1680[/81]).

207. Luttrell, I, 19–20; Ogg, *Charles II*, p. 591.

208. BL, Add. MSS 25,358, fol. 139; Wood, *Life and Times*, II, 466–7.

209. Hutton, *Charles II*, p. 357.

210. E. S. De Beer, 'The House of Lords in the Parliament of 1680', *Bulletin of the Institute of Historical Research*, 20 (1943–5), 27–8, 37.

211. Miller, 'Public Opinion', p. 377.

212. Hutton, *Charles II*, p. 371.

213. Guildford Muniment Room, LM 1331/69; Grey, *Debates*, VIII, 284.

214. *CJ*, IX, 640; Grey, *Debates*, VII, 370–72.

215. *CJ*, IX, 642–3, 653, 656–7, 662; Grey, *Debates*, VII, 372–4, 378–9, 385–93, 460–71; ibid., VIII, 52–3, 67–71.

216. *CJ*, IX, 661, 688–92, 697–9; Grey, *Debates*, VIII, 53–60, 205–9, 285–9; North, *Examen*, pp. 563–4; 'Thomas Dare', in *Oxford DNB*; Morrice, P, 286–8.

217. Grey, *Debates*, VII, 456.

218. *CJ*, IX, 683, 688–92.

219. *CJ*, IX, 655, 660, 663, 664, 682; Grey, *Debates*, VIII, 21–31, 38–51, 73–97, 175–81.

220. North, *Examen*, pp. 550–51.

221. Glassey, *Politics*, pp. 45–52; Norma Landau, *The Justices of the Peace, 1679–1760* (Berkeley, 1984), p. 74; Stater, *Noble Government*, p. 141.

222. David F. Allen, 'The Crown and the Corporation of London in the Exclusion Crisis, 1678–1681', unpub. Ph.D. thesis, Cambridge University (1977).

223. John T. Evans, *Seventeenth-Century Norwich: Politics, Religion, and Government, 1620–1690* (Oxford, 1979), p. 251.

224. J. J. Hurwich, 'A Fanatick Town: Political Influence of Dissenters in Coventry, 1660–1720', *Midland History*, 4 (1977), pp. 31–3.

225. David Underdown, *Fire from Heaven: Life in an English Town in the Seventeenth Century* (New Haven, 1992), p. 241.

226. Wood, *Life and Times*, II, 463, 490; *Letters of Humphrey Prideaux, Sometime Dean of Norwich, to John Ellis, Sometime Secretary of State, 1674–1722*, ed. Edward Maunde Thompson, Camden Society, NS, 15, (1875), p. 80; *Victoria County History, Oxford*, IV, 123.

227. *Lond. Gaz.*, no. 1455 (27–30 Oct. 1679).

228. Halliday, *Dismembering*, pp. 124–31.

229. Longleat House, Coventry MSS, VI, fol. 117.

230. *HMC, Montagu*, p. 174; Henning, ed., *House of Commons*, I, 199, and II, 398–9.

231. WYAS, MX/R/18/124, Sir Thomas Fairfax to Sir John Reresby, 16 Jan. 1681[/2]; ibid.,

MX/R/20/14, same to the same, 8 Apr. 1682.

232. Haley, *Shaftesbury*, ch. 28.

233. *HMC, Ormonde*, NS, VI, 193. Cf. Thomas Sprat, *A True Account and Declaration of the Horrid Conspiracy* (1685), p. 5.

234. Harris, *London Crowds*, pp. 71–2.

235. LC, MS 18, 124, VII, fol. 304.

236. *A True Account of the Horrid Murder committed upon His Grace, the late Lord Archbishop of Saint Andrews* (1679).

237. Wodrow, *Sufferings*, II, 44; *The Martyrs and Wrestlers: Their Testimonies and Declarations at Rutherglen, Sanquhar and Lanark* (Glasgow, 1770); 'The Testimony published at Rutherglen, May 29th, 1679', www.truecovenanter.com/Rutherglen.html (accessed 22 Jun. 2004); *RPCS, 1678–80*, pp. 208, 210.

238. *The Declaration of the Rebels now in Arms in the West of Scotland* (1679); Greaves, *Secrets*, pp. 58–69.

239. Longleat House, Coventry MSS, VI, fol. 73.

240. *Depositions from the Castle of York*, p. 239.

241. Fountainhall, *Observes*, p. 19.

242. [Donald Cargill], *A True and Exact Copy of a Treasonable and Bloody Paper, Called, The Fanaticks New-Covenant*··· *together with the Execrable Declaration Published at the Cross at Sanquhair* (1680), pp. 4, 6, 9, 10; *RPCS, 1678–80*, pp. 481–3.

243. [Shields], *Hind Let Loose*, pp. 138–9; Hewison, *Covenanters*, II, 337–8.

244. Dalrymple, *Memoirs*, I, 'Review', p. 299.

245. Grey, *Debates*, VII, 151.

246. *Parl. Hist.*, IV, 1236–50.

247. *Parl. Hist.*, IV, 1257; Fountainhall, *Observes*, p. 20.

248. *ST*, VIII, 786.

249. *Records of the Borough of Leicester*, p. 549.

250. *Depositions from the Castle of York*, p. 238.

251. LMA, MJ/SR/1596, recs. 17 (to prosecute), 95, *ignoramus* indictment 1; *Middlesex County Records*, IV, 153.

252. *CSPD, 1682*, p. 217.

253. WYAS, MX/R/18/12.

254. *HMC, Ormonde*, NS, VI, 117.

255. *CSPD, 1682*, p. 504.

256. Luttrell, I, 233.

257. *Depositions from the Castle of York*, pp. 265–7.

第四章　对症下药

1. L'Estrange, *Observator*, I, no. 1 (13 Apr. 1681).

2. J. R. Jones, *Country and Court: England 1658–1714* (1978), p. 216.

3. John Miller, 'The Potential for "Absolutism" in Later Stuart England', *History*, 69 (1984), 187–207.

4. J. R. Jones, *Charles II, Royal Politician* (1987), p. 162.

5. Harris, *London Crowds*, chs. 5, 6; Tim Harris 'The Parties and the People: The Press, the Crowd and Politics "Out-of-doors" in Restoration England', in Glassey, ed., *Reigns of Charles II and James VII and II*, pp. 125–51; Knights, *Politics and Opinion*, pp. 329–45; Phillip Harth, *Pen for a Party: Dryden's Tory Propaganda in its Contexts* (Princeton, 1993), PP. 80–84, 149–53, 213–14.

6. Scott, *Restoration Crisis*, pp. 47–8.

7. Speck, *Reluctant Revolutionaries*, p. 135.

8. Sir John Reresby, *Memoirs*, ed. Andrew Browning (Glasgow, 1936; 2nd edn, with a new preface and notes by Mary K. Geiter and W. A. Speck, London, 1991), p. 120; F. C. Turner, *James II* (1948), pp. 91–5.

9. L'Estrange, *Observator*, I, 'To the Reader'; ibid., no. 1 (13 Apr. 1681).

10. Harris, *London Crowds*, ch. 6; Harth, *Pen for a Party, passim* (esp. pp. 78–80, 159–61); Knights, *Politics and Opinion*, pp. 166–8; Owen, *Restoration Theatre*; Johnson, *Rehearsing the Revolution*, ch. 1.

11. BL, Add. MSS 32,518, fols. 144–52; Roger North, *Lives of the Norths* (3 vols., 1826), I, 320–21.

12. Burnet, *HOT*, p. 307; Violet Jordan, ed., *Sir Roger L'Estrange: Selections from the Observator (1681–1687)*, Augustan Reprint Society, 141 (1970), introd., p. 1; Harris, *London Crowds*, p. 132; Knights, *Politics and Opinion*, pp. 164–5, 316–25. Our only book-length study of L'Estrange is George Kitchin, *Sir Roger L'Estrange: A Contribution to the History of the Press in the Seventeenth Century* (1913).

13. Thomas O'Malley, 'Religion and the Newspaper Press 1660–1685: A Study of the *London Gazette*', in Michael Harris and Alan Lee, eds., *The Press in English Society from the Seventeenth to the Nineteenth Centuries* (1986), pp. 25–46.

14. All Souls College Library, Oxford, MS 257, no. 96.

15. Harth, *Pen for a Party*, pp. 224–8.

16. BL, Add. MSS 63, 057B, fol. 50.

17. Robert Beddard, 'The Commission for Ecclesiastical Promotions, 1681–84: An Instrument of Tory Reaction', *HJ*, 10 (1967), 11–40.

18. William Sherlock, *The Case of Resistance* (1684), sig. A2v.

19. L'Estrange, *Observator*, I, no. 470 (9 Jan. 1683[/4]).

20. Dagmar Freist, *Governed by Opinion: Politics, Religion and the Dynamics of Communication in Stuart London 1637–1645* (1997), pp. 248–52.

21. Edward Pelling, *A Sermon Preached before the Lord Mayor and Court of Aldermen, at St Mary le Bow, on November 5 1683* (1683), epistle dedicatory.

22. *Protestant Loyalty Fairly Drawn* (1681), p. 8.

23. Thomas Willis, *God's Court⋯ a Sermon Preached at the Assizes Held at Kingston Upon Thames, July 26 1683* (1683), p. 22.

24. L'Estrange, *Observator*, III, nos. 151 (6 Mar. 1685[/6]), 153 (10 Mar. 1685[/6]), 206 (4 Sep. 1686).

25. Pelling, *Sermon⋯ Nov. 5 1683*, epistle dedicatory.

26. Sir Robert Filmer, *Patriarcha and other Writings*, ed. Johann P. Sommerville (Cambridge, 1991).

27. H. T. Dickinson, *Liberty and Property: Political Ideology in Eighteenth-Century Britain* (1977), p. 26.

28. Goldie, 'Restoration Political Thought', p. 19.

29. James Daly, *Sir Robert Filmer and English Political Thought* (Toronto, 1979), esp. ch. 6.

30. Goldie, 'Restoration Political Thought', p. 19.

31. Goldie, 'Locke and Anglican Royalism'; Scott, *Restoration Crisis*; Alan Craig Houston, *Algernon Sidney and the Republican Heritage in England and America* (Princeton, 1991), ch. 2.

32. Thomas Goddard, *Plato's Demon* (1684), pp. 76–89 (quote on pp. 76–7).

33. George Hickes, *A Discourse of the Soveraign Power* (1682), pp. 4, 19–20.

34. *A Letter to a Friend. Shewing⋯ How False that State-Maxim is, Royal Authority is Originally and Radically in the People* (1679), p. 4; T[homas] L[ambert] *The True Notion of Government* (1680), pp. 8, 12, 18.

35. Goddard, *Plato's Demon*, p. 105.

36. [Matthew Rider], *The Power of Parliaments in the Case of Succession* (1680), p. 19.

37. Warwick, *Discourse of Government*, pp. 13–17.

38. Samuel Crossman, *Two Sermons* (1681), p. 24.

39. Thomas Merke, *The Bishop of Carlile's Speech in Parliament, Concerning the Deposing of Princes* (1679).

40. William Allen, *A Sermon Preacht in Bridgewater* (1681), p. 4.

41. *Parl. Hist.*, IV, 1190.

42. E. F., *A Letter from a Gentleman of Quality in the Country to His Friend* (1679), pp. 2, 4.

43. *The Speech of Doctor Gower, Vice-Chancellor of the University of Cambridge, to his Sacred Majesty* (Edinburgh, 1681).

44. Rider, *Power of Parliaments*, pp. 21–2, 35.

45. *A Letter on the Subject of the Succession* (1679), p. 2.

46. W. W., *Antidotum Britannicum* (1681), p. 14.

47. Rider, *Power of Parliaments*, pp. 27–33.

48. W.W., *Antidotum Britannicum*, p. 23.

49. 参见本书英文原版 pp. 57–8。

50. John Nalson, *The Common Interest of the King and People* (1677), p. 139.

51. Glenn Burgess, *The Politics of the Ancient Constitution: An Introduction to English Political Thought, 1603–1642* (University Park, Pa., 1992); Glenn Burgess, *Absolute Monarchy and the Stuart Constitution* (New Haven, 1996); William M. Lamont, *Godly Rule: Politics and Religion, 1603–60* (1969); Paul Christianson, *Reformers and Babylon: English Apocalyptic Visions from the Reformation to the Eve of the Civil War* (Toronto, 1981).

52. [Roger L'Estrange], *The Free-born Subject; Or, The Englishman's Birthright* (1679), p. 5.

53. Goldie, 'Restoration Political Thought', pp. 23–4; Pocock, *Ancient Constitution*, ch. 8. Brady's works are *Full and Clear Answer* (1681) and *Introduction to the Old English History* (1684). Cf. *The Arraignment of Co-Ordinate Power* (1683).

54. [Sir Benjamin Thorogood], *Captain Thorogood His Opinion of the Point of Succession* (1680), pp. 3–4.

55. [Rider], *Power of Parliaments*, p. 4.

56. Hickes, *Discourse of the Soveraign Power*, p. 22.

57. Roger L'Estrange, *Citt and Bumpkin* (1680), p. 36.

58. Robert Filmer, *The Power of Kings* (1680), p. 1.

59. [Laurence Womock], *A Short Way to a Lasting Settlement* (1683), p. 26.

60. Thomas Pomfret, *Passive Obedience, Stated and Asserted* (1683), p. 2.

61. John Okes, *A Sermon Preached at the Assizes held at Reading* (1681), pp. 13–14; Sherlock, *Case of Resistance*, esp. pp. 192–3, 199; Erasmus Warren, *Religion Loyalty* (1685), pp. 24–5; Pomfret, *Passive Obedience*, p. 10.

62. L[ambert], *True Notion*, pp. 26–7 (misnumbered pp. 18–19).

63. L'Estrange, *Observator*, I, no. 464 (29 Dec. 1683).

64. Goddard, *Plato's Demon*, pp. 196–8, 306.

65. *An Apostrophe From the Loyal Party* (1681), pp. 2–3. Luttrell, I, 93 称它为煽动性作品，说它想要"推翻这个由议会进行统治的古老制度"。

66. [Womock], *Short Way*, pp. 3–4, 25–6, 28–9.

67. W.W., *Antidotum Britannicum*, quotes on pp. 6–7, 34, 75, 86, 94, 104, 162–3.

68. Warwick, *Discourse of Government*, quotes on pp. 41, 42, 44.

69. Nalson, *Common Interest*, p. 153.

70. [William Assheton], *The Royal Apology* (1684), quotes on pp. 38, 43–4.

71. *Plain Dealing is a Jewel* (1682), pp. 5–7. 罪行的实例是由我补充的。

72. Nalson, *Common Interest*, p. 116.

73. John Northleigh, *The Triumph of Our Monarchy* (1685), pp. 180, 250–51, 256–7.

74. *Letter to a Friend. Shewing… How False*, p. 8.

75. L'Estrange, *Citt and Bumpkin*, p. 36.

76. Sherlock, *Case of Resistance*, pp. 208–9, 211–13.

77. Nathaniel Johnston, *The Excellency of Monarchical Government* (1686), pp. 29, 31–2, 33, 71, 128, 131, 135, 154.

78. Sherlock, *Case of Resistance*, pp. 211–12.

79. [Rider], *Power of Parliaments*, p. 42.

80. [David Jenkins], *The King's Prerogative* (1680), pp. 4–5.

81. [Rider], *Power of Parliaments*, pp. 9, 15.

82. *Parl. Hist.*, IV, 1190–91. 在 1637 年对造船税的裁决中，首席大法官芬奇声称"议会立法……不能阻碍王位继承"，因为"没有哪个议会的法律"可以"阻止一个国王登上他的王位"，任何这样的议会法律都是无效的：*ST*, III, 1235。

83. [Rider], *Power of Parliaments*, p. 42.

84. Leicestershire RO, DG7, P.P. 73 [iii].

85. Grey, *Debates*, VII, 163.

86. [Thorogood], *His Opinion*, p. 9. Cf. *Fiat Justitia* (1679), p. 2.

87. *Plain Dealing is a Jewel*, pp. 3, 15, 17, 19.

88. *Life of James II*, I, 549–50.

89. Grey, *Debates*, VII, 243, 246–8, 257, 313, 402–3, 407–9, 450–51; ibid., VIII, 318.

90. [Earl of Halifax], *A Seasonable Address to Both Houses of Parliament Concerning the Succession* (1681), p. 14.

91. *England's Happiness In a Lineal Succession* (1685).

92. *A Letter to a Friend in the Country, Touching the Present Fears and Jealousies of the Nation* (1680), p. 1.

93. Dalrymple, *Memoirs*, I, 'Review', p. 301.

94. *Plain Dealing; Or, A Second Dialogue between Humphrey and Roger* (1681).

95. L'Estrange, *Observator*, I, no. 379 (23 Jul. 1683).

96. Grey, *Debates*, VII, 248.

97. *Parl. Hist.*, IV, 1185–6; Grey, *Debates*, VII, 408.

98. *Life of James II*, I, 621.

99. Ibid., p. 614.

100. *A Plea for Succession in Opposition to Popular Exclusion* (1682), p. 2.

101. *England's Concern in the Case of His R. H.* (1680), p. 10.

102. *Life of James II*, I, 550.

103. Goddard, *Plato's Demon*, pp. 363–4. Cf. *Misleading the Common People* (1685), p. 17.

104. [Halifax], *Seasonable Address*, p. 15.

105. 参见本书英文原版 pp. 198–9。

106. Roger L'Estrange, *Tyranny and Popery Lording it Over the Consciences, Lives, Liberties and Estates both of King and People* (1678), quote on p. 4.

107. *A Vindication of Addresses in General, And of the Middle-Temple Address and Proceedings in Particular* (1681), p. 7.

108. [John Northleigh], *The Parallel; Or, The New Specious Association* (1682), p. 13. See also *The Two Associations* (1681); *Remarques upon the New Project of Association* [1682].

109. Northleigh, *Triumph of our Monarchy*, pp. 735–6.

110. 'The Plot is Vanish'd', in Nathaniel Thompson, ed., *A Collection of One Hundred and Eighty Loyal Songs* (1685), p. 172.

111. *Heraclitus Ridens*, no. 41 (8 Nov. 81).

112. *Lond. Gaz.*, no. 1566 (18–22 Nov. 1680). 有关该审判，参见 *ST*, VIII, 123–4。斯凯恩于 12 月被处决。

113. *Loy. Prot. Int.*, no. 128 (14 Mar. 1681[/2]). See also *CSPD, 1682*, pp. 118–19.

114. [James Crauford], *A Serious Expostulation With that Party in Scotland, Commonly Known by the Name of Whigs* (1682), p. 4.

115. *A Letter from Scotland, with Observations upon the Anti-Erastian, Anti-Praelatical, and Phanatical Presbyterian Party There* (1682), p. 2.

116. [George Hickes], *Ravillac Redivivus* (1678; 2nd edn, 1682), pp. 35, 43.

117. L'Estrange, *Tyranny and Popery*, p. 93.

118. BL, Sloane MS 1008, fol. 313.

119. Susan J. Owen, '"Suspect My Loyalty when I Lose my Virtue": Sexual Politics and Party in Aphra Behn's Plays of the Exclusion Crisis, 1678–83', *Restoration*, 18 (1994), 37–47.

120. *Loy. Prot. Int.*, nos. 55 (13 Sep. 1681), 164 (6 Jun. 1682).

121. John Nalson, *Complaint of Liberty and Property against Arbitrary Government* (1681), p. 5.

122. *Plain Dealing is a Jewel*, pp. 14, 17.

123. Sir Roger L'Estrange, *The Character of a Papist in Masquerade* (1681), p. 10.

124. [John Nalson], *The Character of a Rebellion* (1681), pp. 4–5.

125. Nalson, *Complaint of Liberty*, pp. 2–3.

126. *Plea for Succession*, pp. 3–4.

127. 'The Commonwealth Ruling with a Standing Army', frontispiece to [Sir Thomas

May], *Arbitrary Government Display'd in the Tyrannick Usurpation of the Rump Parliament, and Oliver Cromwell* (1683).

128. *Whig's Exaltation* [1682], in Thompson, ed., *Songs*, p. 6.

129. John Allen, *Of Perjury* (1682), p. 29.

130. *A Litany from Geneva* (1682). Cf. *The Cavaliers Litany* (1682) L'Estrange, *Observator*, I, no. 38 (10 Jul. 1681); *The Convert Scot, and Apostate English* (1681), p. 52.

131. *Jack the Cobler's Caution to His Country-Men* (1682).

132. [L'Estrange], *Tyranny and Popery*, pp. 82–3, 93.

133. *A Vindication of Addresses*, p. 1.

134. *Advice to the Men of Shaftesbury* [1681], pp. 1–2.

135. L'Estrange, *Observator*, I, no. 318 (12 Apr. 1683).

136. *Heraclitus Ridens*, no. 7 (15 Mar. 1681). Cf. [John Nalson], *Foxes and Fire-Brands* (1680), preface; *Plea for Succession*, p. 10.

137. Evelyn, *Diary*, IV, 295.

138. *Heraclitus Ridens*, nos. 2 (8 Feb. 1681), 4 (22 Feb. 1681); [John Andrewes], *A Gentle Reflection on the Modest Account* (1682), p. 11; *Plain Dealing is a Jewel*, pp. 10–11; *Mad-Men's Hospital* (1681), in Nathaniel Thompson, ed., *A Collection of Eighty-Six Loyal Poems* (1685), p. 59.

139. Edward Pelling, *A Sermon Preached On the Anniversary of that Most Execrable Murder of K. Charles The First Royal Martyr* (1682), pp. 13–14.

140. Hickes, *Discourse of the Soveraign Power*, pp. 20–21. 有关现代学者考察加尔文派的反抗理论在多大程度上源自天主教思想，参见 Quentin Skinner, *The Foundations of Modern Political Thought* (2 vols., Cambridge, 1978)。

141. [Andrewes], *Gentle Reflection*, p. 12.

142. *Protestant Loyalty*, preface.

143. Nicholas Adee, *A Plot for a Crown, In a Visitation-Sermon, At Cricklade, May the Fifteenth, 1682* (1683), p. 16.

144. Edward Pelling, *The True Mark of the Beast* (1681), pp. 29–30.

145. Goddard, *Plato's Demon*, pp. 340–61 (quotes on pp. 347–8).

146. Roger L'Estrange, *The Committee; Or, Popery in Masquerade* (1680).

147. *The Charter* (1682), in Thompson, ed., *Poems*, p. 150; 'To His Royal Highness the Duke' [1679?], in Thompson, ed., *Poems*, pp. 247–9.

148. [Thorogood], *His Opinion*, p. 10.

149. *Plain Dealing is a Jewel*, p. 17.

150. 参见本书英文原版 pp. 335–6, 338–9。

151. [J. S.], *A New Letter from Leghorn* (1681), p. 1.

152. *Loy. Prot. Int.*, no. 132 (23 Mar. 1681[/2]).

153. *Plea for Succession*, p. 2.

154. Chandaman, *English Public Revenue*, pp. 185, 332; Geoffrey S. Holmes, *The Making of a Great Power: Late Stuart and Early Georgian Britain 1660–1722* (1993), pp. 88–92; Toby Barnard, 'Scotland and Ireland in the later Stewart Monarchy', in Steven G. Ellis and Sarah Barber, eds., *Conquest and Union: Fashioning a British State, 1485–1725* (1995), p. 269; Hutton, *Charles II*, pp. 401, 410.

155. Charles II, *His Majesties Declaration To all His Loving Subjects, Touching The Causes and Reasons That Moved Him to Dissolve The Two last Parliaments* (1681).

156. North, *Lives*, I, 381.

157. All Souls College Library, Oxford, MS 257, no. 96.

158. Fountainhall, *Observes*, I, 34.

159. Knights, *Politics and Opinion*, ch. 10; Harth, *Pen for a Party*, pp. 68–72.

160. *Parl. Hist.*, IV, 1306.

161. Cited in Keith Feiling, *A History of the Tory Party, 1640–1714* (Oxford, 1924), p. 186.

162. *True Prot. Merc.*, no. 159 (12–15 Jul. 1682); *HMC, Ormonde*, NS, VI, 155; LC, MS 18,124, VII, fol. 309; ibid., IX, fol. 326.

163. John Dryden, *Absalom and Achitophel* (1681), in *POAS*, II, 491–2.

164. L'Estrange, *Observator*, I, nos. 142 (24 May 1682), 222 (23 Oct. 1682).

165. [Northleigh], *Parallel*, p. 29.

166. BL, Add. MSS 27,448, fol. 18.

167. Allen, *A Sermon Preacht in Bridgewater*, pp. 6, 14.

168. Allen, *Of Perjury*, p. 28.

169. John Standish, *A Sermon Preached at the Assizes at Hertford* (1683), p. 28.

170. Miles Barne, *A Sermon Preach'd at the Assizes at Hertford* (1684), p. 20.

171. George Hickes, *The True Notion of Persecution Stated* (1681), pp. 5–6; Mark Goldie, 'The Huguenot Experience and the Problem of Toleration in Restoration England', in C. E. J. Caldicott, H. Gough and J.-P. Pittion, eds., *The Huguenots and Ireland: Anatomy of an Emigration* (Dublin, 1987), pp. 175–203.

172. Richard Pearson, *Providence Bringing Good out of Evil* (1684), pp. 34–5.

173. *Heraclitus Ridens*, no. 13 (26 Apr. 1681).

174. John Nalson, *Vox Populi, Fax Populi* (1681), pp. 4–5.

175. L'Estrange, *Observator*, I, no. 135 (10 May 1682).

第五章 管制有术

1. *Vindication of Addresses*, p. 1.

2. *The Speech of Robert Clerk, Esq, Deputy-Recorder of Northampton to the Mayor-Elect*

for the Year Ensuing (1684).

3. John Oldmixon, *The History of Addresses* (2 vols., 1709–11), I, 53; *Impartial Account of⋯ the Late Addresses*, p. 9; Imp. Prot. Merc., no. 104 (18–21 Apr. 1682); Haley, *Shaftesbury*, pp. 640, 687; Arthur G. Smith, 'London and the Crown, 1681– 1685', unpub. Ph.D. dissertation, University of Wisconsin (1967), p. 150.

4. Harris, *London Crowds*, ch. 6; Harris, 'The Parties and the People'; Knights, *Politics and Opinion*, pp. 329–45; Harth, *Pen for a Party*, pp. 80–84, 149–53, 213–14.

5. Scott, 'England's Troubles', p. 126; Scott, *Restoration Crisis*, pp. 45, 47, 48。斯科特在他最新的著作 *England's Troubles* 中一定程度上淡化了他的观点。

6. Harris, *London Crowds*, ch. 3; Harris, *Politics under the Later Stuarts*; ch. 2; David Underdown, *Revel, Riot and Rebellion: Popular Politics and Culture in England, 1603– 1660* (Oxford 18) ch. 10.

7. Andrew Browning and D. J. Milne, 'An Exclusion Bill Division List', *Bulletin of the Institute of Historical Research*, 23 (1950), 205–25; Henning, ed., *House of Commons*, I, 65.

8. Henning, ed., *House of Commons*, I, 329–31, 414–16 (and *passim*, 有关 1679—1681 年的选战); Victor L. Stater, 'Continuity and Change in English Provincial Politics: Robert Paston in Norfolk, 1675–1683', Albion, 25 (1993), 212–13.

9. *Lond. Gaz.*, nos. 1455 (27–30 Oct. 1679) to 1465 (1–4 Dec. 1679) (the account of the Durham festivities is in no. 1460 (13–17 Nov. 1679)); Reresby, *Memoirs*, pp. 190– 91; *HMC, Ormonde*, NS, V, 234–5; *CSPD, 1679–80*, p. 278.

10. *HMC, Ormonde*, NS, IV, 580; *Protestant (Domestick) Intelligence*, no. 68 (27 Feb. 1680); LC, MS 18,124, VII, fol. 23; Bodl. MS Carte 39, fol. 111; Corporation of London RO, Rep. 85, fol. 88; FSL, Newdigate Newsletters, Lc. 905 (24 Feb. 1679[/80]); *Current Intelligence*, no. 7 (28 Feb.-6 Mar. 1679[/80]); *Knights, Politics and Opinion*, p. 264.

11. *Lond. Gaz.*, no. 1493 (8–11 Mar. 1679[/80]); LC, MS 18, 124, VII, fol. 28; Luttrell, I, 37–8; *Some Historical Memoires of the Life and Actions of⋯ James Duke of York* (1683), p. 117.

12. *HMC, Ormonde*, NS, V, 293, 296; *Mercurius Civicus*, 24 Mar. 1679[/80]; FSL, Newdigate Newsletters Lc. 916–21 (23 Mar. – 3 Apr. 1680); BL, Althorp Papers C2, Sir William Hickman to the Earl of Halifax, 23 Mar. 1679[/80] and 27 Mar. 1680; NLS, MS 14,407, fol. 65; *CSPD, 1679–80*, pp. 422, 423; LC, MS 18,124, VII, fols. 34, 35; *Protestant (Domestick) Intelligence*, nos. 77 (30 Mar. 1680), 78 (2 Apr. 1680), 79 (6 Apr. 1680), 81 (13 Apr. 1680); *A Protestant Prentice's Loyal Advice* (1680); Harris, *London Crowds*, pp. 164–8.

13. BL, Althorp Papers C4, Sir William Coventry to the Earl of Halifax, 1 May 1680.

14. Jones, *First Whigs*, pp. 119, 167–73; Evans, *Seventeenth-Century Norwich*, p. 272;

Knights, *Politics and Opinion*, pp. 266–8.

15. *Loy. Prot. Int.*, nos. 4 (19 Mar. 1680[/81]), 5 (22 Mar. 1680[/81]); *True Prot. Merc.*, nos. 21 (5–9 Mar. 1680[/81]), 24 (16–19 Mar. 1680[/81]) (它宣称布里斯托尔的托利党献词是伪造的); *The Southwark Address* (1681).

16. Hunt. Lib., HA 6014, draft letter, Earl of Huntingdon to [blank], n.d. (1682 or later).

17. Henning, ed., *House of Commons*, I, 201, and III, 266, 305.

18. Susan E. Whyman, *Sociability and Power in Late-Stuart England: The Cultural World of the Verneys, 1660–1720* (Oxford, 1999), pp. 65–7.

19. Harth, *Pen for a Party*, p. 78.

20. Luttrell, I, 73, 77.

21. BL, Add. MSS 27,488, fol. 16.

22. WYAS, MX/R/19/15, Richard Grahme to Sir John Reresby, 6 May 1681.

23. BL, Add. MSS 35,104, fols. IIv, 13v. Cf. *Rawdon Papers*, p. 265.

24. WYAS, MX/R/19/27, John Wentworth to Sir John Reresby, 25 Apr. 1681.

25. *Vox Angliae* (1682)，材料列出了 212 份献词，其中包括 1 份来自巴巴多斯的。

26. *Knights, Politics and Opinion*, pp. 335–6; *HMC, Ormonde*, NS, VI, 91.

27. Knights, *Politics and Opinion*, p. 338.

28. *Loy. Prot. Int.*, nos. 20 (14 May 1681), 22 (21 May 1681), 46 (13 Aug. 1681); Luttrell, I, 84; Tapsell, 'Parliament and Political Division', p. 247.

29. Burnet, *HOT*, p. 329; *Vox Angliae*, I, 25.

30. *Vox Angliae*, I, 5–6.

31. Ibid., p. 4.

32. Hampshire RO, W/B1/6, fols. 132v – 133; *Vox Angliae*, I, 8.

33. Henning, ed., *House of Commons*, III, 176.

34. BL, MS Stowe 746, fol. 48.

35. Dorset RO, DC/LR/A3/1, 'Addresses Book', pp. 1–2; *Vox Angliae*, II, 15.

36. The compilations are *A Collection of Addresses from All Counties* (1681); *Vox Angliae*.

37. Oldmixon, *History of Addresses*, I, 53.

38. *Impartial Account of... the Late Addresses*, pp. 9–10.

39. *HMC, Ormonde*, NS, VI, 62; Luttrell, I, 84.

40. Luttrell, I, 85, 91; Morrice, P, 305, 306.

41. *Vox Angliae*, I, 1–2, 4–5, 18, 41, 44.

42. *HMC, Ormonde*, NS, VI, 91; *Loy. Prot. Int.*, no. 51 (30 Aug. 1681); *Vox Angliae*, I, 24; *Lond. Gaz.*, no. 1647 (29 Aug.–1 Sep. 1681).

43. *The Address of above 20,000 of the Loyal Protestant Apprentices of London* (1681); *Just and Modest Vindication of the Many Thousand Loyal Apprentices* (1681); NA, SP 29/416, nos. 136–8; *Imp. Prot. Merc*, nos. 33 (12–16 Aug. 1681), 39 (2–6 Sep. 1681).

44. Luttrell, I, 94, 99–101; Oldmixon, *History of Addresses*, I, 53; *Lawyer's Demurrer* (1681); *Vindication of Addresses*, p. 4; *Vox Angliae*, I, 14, 18, 21, and II, 19.

45. 参见 Devon RO, QS/B, Epiphany 1681[/2],对约翰·兰伯特的指控以及克里斯托弗·吉拉德和约翰·雅林的告密。

46. *Lond. Gaz.*, no. 1636 (21–25 Jul. 1681).

47. *True Prot. Merc.*, no. 48 (18–22 Jun. 1681).

48. Luttrell, I, 128.

49. WYAS, MX/R/17/44–46a, Christopher Tanckred to Sir John Reresby, 27 Jun. 1681; WYAS, MX/R/18/9, Sir Thomas Fairfax to Sir John Reresby, 27 Jun. 1681.

50. BL, Althorp Papers C2, John Wilmington to the Earl of Halifax, 27 Jul. 1681; Luttrell, I, 113.

51. Andrew Coleby, *Central Government and the Localities: Hampshire 1649–1689* (Cambridge, 1987), p. 213.

52. *Loy. Prot. Int.*, no. 36 (9 Jul. 1681).

53. Knights, *Politics and Opinion*, pp. 334–5.

54. BL, Althorp Papers C2, John Wilmington to the Earl of Halifax, 27 Jul. 1681.

55. Knights, *Politics and Opinion*, p. 342.

56. [Edmund Hickeringill], *The History of Whiggism; Or, The Whiggish-Plots, Principles, and Practices* (1682), p. 12.

57. *Stater, Noble Government*, pp. 147–9.

58. [Robert Ferguson] *The Second Part of the Growth of Popery* (1682), p. 297; *Impartial Account of⋯ the Late Addresses*, p. 32.

59. WYAS, MX/R/18/51, Duke of Newcastle to Sir John Reresby, 23 Sep. 1681; *Vox Angliae*, II, 5–6.

60. Luttrell, I, 87; *HMC, Ormonde*, NS, VI, 67.

61. *Loy. Prot. Int.*, no. 56 (17 Sep. 1681).

62. *Lond. Gaz.*, nos. 1686 (12–16 Jan. 1681[/2]) to 1759 (25–28 Sep. 1682). 这一总数没有包括来自爱尔兰的，因而比下一条注释中哈思引用的更低。

63. Harth, *Pen for a Party*, pp. 150–53.

64. *Lond. Gaz.*, nos. 1738 (13–17 Jul. 1682), 1756 (14–18 Sep. 1682); *Loy. Prot. Int.*, no. 181 (15 Jul. 1682); *Loyal Impartial Mercury*, no. 29 (15–19 Sep. 1682).

65. Reresby, *Memoirs*, p. 246; *The Addresses Importing an Abhorrence* [1682], p. 3; Harth, *Pen for a Party*, p. 150.

66. *CSPD, 1682*, p. 203.

67. Luttrell, I, 212; WYAS, MX/R/22/16, William Russell to Sir John Reresby, 10 Aug. 1682; *Dom. Int. Imp.* no. 126 (3–7 Aug. 1682), 127 (7–10 Aug. 1682); *Loyal London Mercury, nos.* 17(5–9 Aug. 1682), 18 (9–12 Aug. 1682); LC, MS 18, 124, VIII, fol. 220.

68. *Modest Account of the Present Posture*, p. 6.

69. *CSPD, 1682*, pp. 137–8; Clive Holmes, *Seventeenth-Century Lincolnshire* (Lincoln, 1980), pp. 245–6; Glassey, *Politics*, pp. 53–4; Landau, *Justices of the Peace*, p. 75.

70. *Loy. Prot. Int.*, no. 149 (2 May 1682); *CSPD, 1682*, p. 279.

71. *True Prot. Merc.*, no. 160 (15–19 Jul. 1682); Luttrell, I, 209.

72. WYAS, MX/R/18/20, Thomas Fairfax to Sir John Reresby, 28 Feb. 1681[/2]; WYAS, MX/R/18/65, Thomas Yarburgh to Sir John Reresby, 22 Mar. 168½; WYAS, MX/R/20/15, H. Marwood to Sir John Reresby, 23 Mar. 1682[/3]; *Lond. Gaz.*, no. 1707 (27–30 Mar. 1682).

73. WYAS, MX/R/20/19, Duke of Newcastle to Sir John Reresby, 1 Apr. 1682.

74. *CSPD, 1682*, p. 168; P. J. Norrey, 'The Relationship between Central Government and Local Government in Dorset, Somerset and Wiltshire, 1660–1688', unpub. Ph.D. thesis, University of Bristol (1988), p. 276.

75. *CSPD, 1682*, pp. 157–8; *Lond. Gaz.*, no. 1717 (1–4 May 1682).

76. *CSPD, 1682*, p. 102.

77. *Proceedings of the Citizens of Hereford* (1682), p. 1.

78. *CSPD, 1682*, p. 212; Coventry City Archives, BA/H/C/17/2, fol. 281; *Lond. Gaz.*, no. 1720 (11–15 May 1682).

79. Dorset RO, DC/LR/A3/1, 'Addresses Book', pp. 1–4.

80. Berkshire RO, R/AC1/1/15, pp. 264–8.

81. Luttrell, I, 165.

82. LC, MS 18,124, VIII, fol. 64.

83. *HMC, Ormonde*, NS, VI, 335–6.

84. *Loy. Prot. Int.*, no. 30 (14 Jun. 1681); Luttrell, I, 92.

85. Luttrell, I, 130, 134; *Imp. Prot. Merc.*, no. 50 (11–14 Oct. 1681); *Current Intelligence*, no. 55 (29 Oct.–1 Nov. 1681).

86. LC, MS 18,124, VII, fol. 264; *Loy. Prot. Int.*, no. 74 (8 Nov. 1681); Luttrell, I, 142; Fountainhall, *Observer*, I, 51–2; *A Dialogue upon the Burning of the Pope and Presbyter* (1681).

87. Luttrell, I, 144; *Imp. Prot. Merc.*, no. 60 (15–18 Nov. 1681); *Loy. Prot. Int.*, no. 78 (17 Nov. 1681); *CSPD, 1680–81*, p. 571; *HMC, 10th Report*, app. 4, P 173.

88. *CSPD*, 1682, pp. 119, 124; *Lond. Gaz.*, no. 1703 (13–16 Mar. 1681[/2]); Luttrell, I, 171; *True Prot. Merc.*, no. 125 (15–18 Mar. 1681[/2]).

89. *Imp. Prot. Merc.*, no. 101 (7–11 Apr. 1682); *Loy. Prot. Int.*, no. 140 (11 Apr. 1682).

90. *Loy. Prot. Int.*, no. 143 (18 Apr. 1682).

91. *CSPD*, 1682, p. 165.

92. *Loy. Prot. Int.*, no. 145 (22 Apr. 1680).

93. *True Prot. Merc.*, no. 142 (13–17 May 1682).

94. *Loy. Prot. Int.*, no. 159 (25 May 1682); LC, MS 18,124, VIII, fol. 63; *True Prot. Merc.*, no. 147 (31 May-2 Jun. 1681); *Heraclitus Ridens*, no. 70 (30 May 1682); Luttrell, I, 189.

95. *Loy. Prot. Int.*, no. 162 (1 Jun. 1682); LC, MS 18, 124, VIII, fol. 63.

96. *Loy. Prot. Int.*, no. 165 (8 Jun. 1682); *Dom. Int. Imp.*, no. 108 (1–5 Jun. 1682).

97. L'Estrange, *Observator*, I, no. 151 (8 Jun. 1682).

98. Luttrell, I, 193; *HMC, Kenyon*, p. 142; *A Farther Account from Several Letters of the Continuation of the Cruel Persecution of the People Called Quakers in Bristol* (1682), p. 3.

99. *Loy. Prot. Int.*, no. 222 (19 Oct. 1682).

100. *Dom. Int. Imp.*, no. 146 (12–16 Oct. 1682); *Loyal Impartial Mercury*, no. 37 (13–17 Oct. 1682); *Loy. Prot. Int.*, no. 221 (17 Oct. 1682).

101. *Loy. Prot. Int.*, no. 231 (9 Nov. 1682).

102. Ibid., no. 234 (16 Nov. 1682).

103. Ibid., no. 232 (11 Nov. 1682); *Loyal London Mercury*, no. 24 (8–11 Nov. 1682); *Dom. Int. Imp.*, no. 155 (13–16 Nov. 1682); LC, MS 18, 124, VIII, fols. 259, 260, 262.

104. *CSPD, Jan.–Jun.* 1683, pp. 286–7; Reresby, *Memoirs*, p. 303; L'Estrange, *Observator*, I, no. 357 (14 Jun. 1683).

105. *CSPD, 1682*, p. 165.

106. *Loy. Prot. Int.*, no. 30 (18 Jun. 1681).

107. L'Estrange, *Observator*, I, no. 151 (8 Jun. 1682).

108. *CSPD, 1683*, pp. 286–7; Norrey, 'Relationship', p. 271.

109. LC MS 18, 124, VIII, fol. 27.

110. Ibid., fol. 40.

111. *Loy. Prot. Int.*, no. 145, (22 Apr. 1682); *Imp. Prot. Merc.*, no. 104 (18–24 Apr. 1682).

112. Luttrell, I, 142; *Imp. Prot. Merc.*, no. 57 (4–8 Nov. 1681); *True Prot. Merc.*, nos. 88 (5–9 Nov. 1681), 89 (9–12 Nov. 1681); *Loy. Prot. Int.*, no. 75 (10 Nov. 1681).

113. *True Prot. Merc.*, nos. 89 (9–12 Nov. 1681), 90 (12–16 Nov. 1681).

114. *HMC, 10th report*, app. 4, p. 174; *CSPD, 1680–81*, p. 571; *True Prot. Merc.*, no. 91 (16–19 Nov. 1681); *The Procession* (1681); Luttrell, I, 144; *Dom. Int. Imp.*, no. 51 (14–17 Nov. 1681); *Imp. Prot. Merc*, no. 60 (15–18 Nov. 1681).

115. *Loy. Prot. Int.*, no. 82 (26 Nov. 1681); NA, SP 29/417, no. 115; BL, Add. MSS 25,363, fol. 125; *True Prot. Merc.*, no. 93 (23–26 Nov. 1681); *Heraclitus Ridens*, no. 64 (18 Apr. 1681); *HMC, Ormonde*, NS, VI, 237.

116. Luttrell, I, 148.

117. *Loy. Prot. Int.*, no. 85 (3 Dec. 1681).

118. *True Prot. Merc.*, no. 95 (30 Nov.–3 Dec. 1681). 有关多彻斯特的忠君献词，参见

Vox Angliae… *The Second Part* (1682), p. 8。Underdown, *Fire from Heaven*, p. 255.

119. 有关在伦敦支持蒙茅斯公爵直到 1682 年底的证据，参见 Harris, *London Crowds*, ch. 7。

120. *Loy. Prot. Int.*, no. 12 (16 Apr. 1681).

121. *Loy. Prot. Int.*, no. 39 (19 July. 1681); Wiltshire RO, A1/110 T. 1681; Norrey, 'Relationship', p. 195.

122. *HMC, 10th report*, app. 4, p. 174.

123. LC, MS 18,124, VIII, fols. 46–7; Fountainhall, *Observes*, I, 65–6.

124. *CSPD, 1682*, pp. 381–409, *passim* (quote on p. 406); *Loy. Prot. Int.*, no. 212 (26 Sep. 1682); *HMC, Ormonde*, NS, VI, 444 G. W. Keeton, *Lord Chancellor Jeffreys and the Stuart Cause* (1965), pp. 163–9; H. Montgomery Hyde, *Judge Jeffreys* (1940), pp. 126–8; Clifton, *Last Popular Rebellion*, pp. 135–7; Greaves, *Secrets*, pp. 109–11.

125. L'Estrange, *Observator*, I, no. 205 (14 Sep. 1682); *CSPD, 1682*, pp. 405–6; Luttrell, I, 222.

126. *True Prot. Merc.*, nos. 88 (5–9 Nov. 1681), 89 (9–12 Nov. 1681), 147 (31 May-2 Jun. 1681); *Imp. Prot. Merc*, nos. 57 (4–8 Nov. 1681), 101 (7–11 Apr. 1681), 105 (21–25 Apr. 1681); *Loy. Prot. Int.*, nos. 75 (10 Nov. 1681), 140 (11 Apr. 1682), 162 (1 Jun. 1682); LC, MS 18,124, VIII, fols. 40, 63.

127. *Loy. Prot. Int.*, no. 221 (17 Oct. 1682).

128. LC, MS 18,124, IX, fol. 331; NA, SP 29/421, no. 67; *Loy. Prot. Int.*, no. 231 (9 Nov. 1682); *Dom. Int. Imp.*, no. 153 (6–9 Nov. 1682); *HMC, 12th Report*, VII, 190; WYAS, MX/R/22/27, Ben Rokeby to Sir John Reresby, 7 Nov. 1682; FSL, Newdigate Newsletters, Lc. 1297 (7 Nov. 1682); Morrice, P, 343.

129. *Loy. Prot. Int.*, no. 30 (18 Jun. 1681).

130. *True Prot. Merc.*, no. 151 (14–17 Jun. 1682).

131. Wood, *Life and Times*, III, 42–3; Greaves, *Secrets*, p. 51.

132. L'Estrange, *Observator*, I, no. 68 (5 Nov. 1681).

133. Ibid., no. 411 (27 Sep. 1683).

134. *Loy. Prot. Int.*, no. 19 (10 May 1681).

135. Northleigh, *Triumph of Our Monarchy*, p. 393.

136. *Loy. Prot. Int.*, no. 165 (8 Jun. 1682); *True Prot. Merc.*, no. 151 (14–17 Jun. 1682).

137. William King, *A Great Archbishop of Dublin. William King D.D., 1650–1719*, ed. Sir Charles Simeon King (1906), p. 19.

138. BL, Althorp Papers C2, Sir John Reresby to the Earl of Halifax, 20 Aug. 1681.

139. *CSPD, 1682*, p. 243.

140. Luttrell, I, 252.

141. LC, MS 18,124, VIII, fol. 257; *Vox Juvenilis* (1681), pp. 1, 3; *A Letter of Advice to the*

Petitioning Apprentices (1681), p. 1.

142. *Imp. Prot. Merc.*, nos. 15 (10–14 Aug. 1681), 34 (16–19 Jun. 1681). 对这一问题的进一步讨论,参见Tim Harris, 'Perceptions of the Crowd in Later Stuart London', in J. F. Merritt, ed., *Imagining Early Modern London: Perceptions and Portrayals of the City from Stow to Strype 1598–1720* (Cambridge, 2001), pp. 250–72。

143. *Impartial Account of … the Late Addresses*, p. 11.

144. Harris, *London Crowds*, ch. 8; Gary S. De Krey, 'Revolution *Redivivus*: 1688–1689 and the Radical Tradition in Seventeenth-Century London Politics', in Lois G. Schwoerer, ed., *The Revolution of 1688–1689: Changing Perspectives* (Cambridge, 1992), pp. 205–6; Mark Knights, 'London Petitions and Parliamentary Politics in 1679', *Parliamentary History*, 12 (1993), 41; Knights, 'London's "Monster" Petition', pp. 59–64.

145. Stater, *Noble Government*, pp. 142–3; Luttrell, I, 75, 89; Norrey, 'Relationship', p. 190.

146. Glassey, *Politics*, pp. 53–62; Burnet, *HOT*, p. 330.

147. 最好的现代研究是 Halliday, *Dismembering*, ch. 6, 下面的叙述就是出自这里。另参见他的 app. A, pp. 351–2。

148. Dalrymple, *Memoirs*, I, 'Part I', p. 22. Cf. Sprat, *True Account*, pp. 7–8.

149. *An Astrological Diary of the Seventeenth Century: Samuel Jeake of Rye 1652–1699*, eds. Michael Hunter and Annabel Gregory (Oxford, 1988), pp. 156–7; Henning, ed., *House of Commons*, II, 500; Morrice, P, 339; NA, PC 2/69, p. 514; *CSPD, 1680–81*, pp. 422, 439, 444, 583; *CSPD, 1682*, pp. 225–6, 229, 234, 366–8; LC, MS 18, 124, VII, fol. 238.

150. Evans, *Seventeenth-Century Norwich*; Jonathan Barry, 'The Politics of Religion in Restoration Bristol', in Harris et al., eds, *Politics of Religion*, pp. 163–89; Newton E. Key, 'Politics beyond Parliament: Unity and Party in the Herefordshire Region during the Restoration Period', unpub. Ph.D. dissertation, Cornell University (1989), p. 523.

151. *ST*, IX, 187–299; Morrice, P, 346; Harris, *London Crowds*, pp. 184–6.

152. R. G. Pickavance, 'The English Boroughs and the King's Government: A Study of the Tory Reaction of 1681–1685', unpub. Ph.D. thesis, Oxford University (1976), pp. 217, 222.

153. Halliday, *Dismembering*, pp. 201–3.

154. *ST*, VIII, 1039–1358 (quote on p. 1069); Jennifer Levin, *The Charter Controversy in the City of London* (1969).

155. Halliday, *Dismembering*, pp. 203, 212–14, 228; Galitz 'Challenge of Stability', pp. 157–8; Dalrymple, *Memoirs*, I, 'Part I', p. 22; Pickavance, 'English Boroughs', pp. 178–9.

156．Evans, *Seventeenth-Century Norwich*, pp. 252, 280–96.

157．*True Prot. Merc.*, no. 183 (4–7 Oct. 1682); *The Case of the Burgesses of Nottingham* (1682); BL, Althorp Papers C2, Sir John Reresby to the Earl of Halifax, 19 Jul. 1682; Luttrell, I, 222–3, 227; *CSPD*, 1682, pp. 437–8; Pickavance, 'English Boroughs', p. 102. 有关舍温不从国教的行为，参见 *CSPD, 1682*, pp. 192–3。

158．BL, Add. MSS 41,803, fols. 45, 53. See also Coventry City Archives, BA/H/C/17/2 fols. 294–5, 303–4.

159．Pickavance, 'English Boroughs', ch. 6.

160．Hunt. Lib., STT 1514, John Nicholls to Sir Richard Temple, 1 Aug. 1684.

161．LC, MS 18,124, IX, fol. 133.

162．*Lond. Gaz.*, no. 2015 (9–12 Mar. 1684/[5]).

163．Ibid., no. 2060 (13–17 Aug. 1685).

164．*Loy. Prot. Int.*, no. 92 (16 Dec. 1681).

165．*True Prot. Merc.*, no. 101 (21–24 Dec. 1681).

166．Joseph Besse, *A Collection of the Sufferings of the People Called Quakers* (2 vols., 1753), I, 68–70, 687; Braithwaite, *Second Period*, pp. 104–5.

167．Morrice, P, 480.

168．Craig W. Horle, *The Quakers and the English Legal System 1660–1688* (Philadelphia, 1988), p. 102.

169．*True Prot. Merc.*, no. 175 (6–9 Sep. 1682).

170．Luttrell, I, 245–6.

171．Braithwaite, *Second Period*, p. 109.

172．*True Prot. Merc.*, no. 125 (15–18 Mar. 1681[/2]).

173．*CSPD, 1682*, p. 601; Braithwaite, *Second Period*, pp. 106–8.

174．*ST*, X, 147–308 (quotes on pp. 150–51).

175．William Penn, *Good Advice to the Church of England* (1687), p. 57.

176．Braithwaite, *Second Period*, p. 115.

177．Thomas Delaune, *A Plea for the Non-Conformists* (1684), p. 11.

178．Longleat House, Coventry MSS, VI, fol. 129.

179．Norrey, 'Relationship', p. 182.

180．Knights, *Politics and Opinion*, p. 290; Morrice, P, 300.

181．LC, MS 18,124, VII, fol. 280; *Current Intelligence*, no. 68 (13–17 Dec. 1681); Luttrell, I, 152（他也提到了索尔兹伯里的类似场景）。

182．WYAS, MX/R/18/96, John Kaye to Sir John Reresby, 31 Jan. 1681[/2].

183．Luttrell, I, 231.

184．NA, SP 29/422, no. 22; David J. Johnson, *Southwark and the City* (Oxford, 1969), p. 254.

185. L'Estrange, *Observator*, I, no. 153 (12 Jun. 1682).

186. *The Presentments of the Grand Juries from the Counties of Middlesex* (1682).

187. *The Presentment of the Grand Jury of Kent* (1683).

188. BL, Add. MSS 41,803, fol. 71.

189. LC, MS 18,124, IX, fol. 125.

190. Mark Goldie, 'The Hilton Gang and the Purge of London in the 1680s', in Howard Nenner, ed., *Politics and the Imagination in Later Stuart Britain* (Rochester, NY, 1997).

191. Harris, *London Crowds*, pp. 182–3.

192. LC, MS 18,124, VIII, fol. 56.

193. Pickavance, 'English Boroughs', p. 102.

194. Greaves, *Secrets*, p. 91.

195. *CSPD, Jul.–Sep. 1683*, p. 362.

196. Bodl., MS Tanner 34, fol. 75.

197. BL, Althorp Papers C2, Sir John Reresby to the Earl of Halifax, 19 Jul. 1682.

198. LC, MS 18, 124, IX, fol. 8.

199. Ibid., fol. 10.

200. Luttrell, I, 316; LMA, MJ/SBB/417, pp. 59–63.

201. *Current Intelligence*, no. 60 (15–19 Nov. 1681).

202. *CSPD, 1682*, p. 72.

203. *Loy. Prot. Int.*, no. 126 (9 Mar. 1681/[2]).

204. *Loyal Impartial Mercury*, no. 9 (4–7 Jul. 1682); *Loy. Prot. Int.*, no. 223 (21 Oct. 1682); *True Prot. Merc*, no. 99 (14–17 Dec. 1681).

205. *CSPD, 1682*, p. 25.

206. *Clarendon Correspondence*, I, 192.

207. Jeremy Gregory, *Restoration, Reformation and Reform, 1660–1828: Archbishops of Canterbury and their Diocese* (Oxford, 2000), p. 201.

208. *Loy. Prot. Int.*, no. 208 (16 Sep. 1682).

209. L'Estrange, *Observator*, II, no. 122 (27 Aug. 1684).

210. *Loy. Prot. Int.*, no. 42 (30 Jul. 1681).

211. Ibid., no. 115 (11 Feb. 1681[/2]).

212. Corporation of London RO, Sessions File, Jul. 1681，对斯蒂芬·科利奇的指控；*ST*, VIII, 549–724。

213. 有关 1680 年代激进派的阴谋，参见 Greaves, *Secrets*, ch. 6; Richard Ashcraft, *Revolutionary Politics and Locke's 'TwoTreatises of Government'* (Princeton, 1986), ch. 8。除非另有注明，本书的叙述均出自这两部著作。

214. Lord Ford Grey, *The Secret History of the Rye House Plot and of Monmouth's*

Rebellion (1685), pp. 16–17.

215. Ibid., p. 23.

216. P. Karsten, 'Plotters and Proprietors, 1682–3', *The Historian*, 38 (1976), 474–84.

217. *ST*, IX, 416.

218. John Marshall, 'Resistance and the Second Treatise', in his *John Locke: Resistance, Religion and Responsibility* (Cambridge, 1994), pp. 205–91; Scott, *Restoration Crisis*, pt 3.

219. *ST*, IX, 585–94.

220. Greaves, *Secrets*, pp. 219–29.

221. 'Laurence Braddon', in *DNB*; *CSPD, Jul.–Sep. 1683*, pp. 174, 215, 341–3, 367, 372, 425; *CSPD, 1683–4*, p. 24; Morrice, P, 385, 432; *ST*, IX, 1127–1352（保释的情况参见 p. 1230）. 布拉登的保释金是自己出 6000 英镑，外加两位担保人各出 3000 英镑。布拉登本人宣称，他在获释时必须缴纳的品行端正保证金加起来其实也有 1.2 万英镑。

222. 对蒙茅斯公爵的这一叙述基于 Tim Harris 在 *Oxford DNB* 中的文章。

223. Morrice, P, 392.

224. Morrice, P, 406; *ST*, XI, 1099.

225. Dalrymple, *Memoirs*, I, 'Part I', p. 110.

226. *ST*, X, 106–24; Luttrell, I, 310–13. See Sprat, *True Account*, pp. 140–44.

227. *ST*, IX, 1333–72; Morrice, P, 400, 421, 431.

228. *ST*, X, 126–48; Dalrymple, *Memoirs*, I, 'Part I', p. 60.

229. North, *Lives*, I, 332.

230. Charles II, *His Majesties Declaration… Concerning the Treasonable Conspiracy* (1683), pp. 4–6.

231. Luttrell, I, 278–9.

232. *The Judgment and Decree of the University of Oxford* (1683).

233. 如 *Lond. Gaz.*, nos. 1839 (2–5 Jul. 1683) to 1894 (10–14 Jan. 1683[/4]) 所列出的。

234. Centre for Kentish Studies, U275/A4; Luttrell, I, 271; *Lond. Gaz.*, nos. 1844 (19–23 Jul. 1683), 1860 (13–17 Sep. 1683), 1866 (4–8 Oct. 1683).

235. Berkshire RO, R/AC1/1/16, p. 16.

236. *HMC, Ormonde*, NS, VII, 87, 95, 102.

237. Luttrell, I, 264; *Lond. Gaz.*, no. 1839 (2–5 Jul. 1683).

238. Dorset RO, DC/LR/A3/1, pp. 5–6.

239. Luttrell, I, 276–7.

240. BL, MS Stowe 746, fols. 71–2; *Lond. Gaz.*, no. 1863 (24–27 Sep. 1683).

241. Luttrell, I, 279.

242. LC, MS 18,124, VIII, fol. 385; *CSPD, Jul.–Sep. 1683*, P. 395.

243. Wood, *Life and Times*, III, 72.

244. L'Estrange, *Observator*, I, no. 406 (19 Sep. 1683).

245. Berkshire RO, R/AC1/1/16, p. 19.

246. *CSPD, Jul.–Sep. 1683*, p. 398.

247. L'Estrange, *Observator*, I, no. 411 (27 Sep. 1683).

248. *CSPD, Jul.–Sep. 1683*, P. 29.

249. Ibid., p. 392.

250. L'Estrange, *Observator*, no. 406 (19 Sep. 1683).

251. *CSPD, Jul.–Sep. 1683*, p. 389.

252. Michael Mullett, 'Popular Culture and Popular Politics: Some Regional Case Studies', in Clyve Jones, ed., *Britain in the First Age of Party, 1680–1750: Essays Presented to Geoffrey Holmes* (1987), pp. 140–41.

253. Luttrell, I, 279.

254. L'Estrange, *Observator*, I, no. 420 (13 Oct. 1683).

255. *A True Account of the Presentment of the Grand Jury for the Last General Assizes held for the County of Northampton* (1683); L'Estrange, *Observator*, I, no. 385 (11 Aug. 1683); Morrice, P, 378; *CSPD, Jul.–Sep. 1683*, p. 307（列出的武器份额达 52 份）.

256. Luttrell, I, 322.

257. L'Estrange, *Observator*, I, no. 420 (13 Oct. 1683); Morrice, P, 378; Keeton, *Jeffreys*, p. 170; Luttrell, I, 284.

258. L'Estrange, *Observator*, I, no. 420 (13 Oct. 1683); Luttrell, I, 283–4.

259. L'Estrange, *Observator*, I, no. 444 (26 Nov. 1683).

260. Somerset RO, DD/SF/1697.

261. Robert Willman, 'The Origins of "Whig" and "Tory" in English Political Language', *HJ*, 17 (1974), 247–64.

262. Hunt. Lib., HA 9614, newsletter, 13 Dec. 1681.

263. *Speech* of Robert Clerk.

264. *CSPD, 1682*, p. 525.

265. Magdalene College Library, Cambridge, Ferrar Papers 615, 23 Mar. 1682.

266. *True Prot. Merc.*, no. 176 (9–13 Sep. 1682).

267. *CSPD, 1682*, pp. 381–2.

268. *Loy. Prot. Int.*, no. 75 (10 Nov. 1681).

269. *CSPD, 1682*, p. 54.

270. *The Works of George Savile, Marquis of Halifax*, ed. Mark N. Brown (3 vols., Oxford, 1989), I, 178–249.

271. L'Estrange, *Observator*, I, no. 240 (13 Nov. 1682).

272. *A Collection of Cases and other Discourses lately written to Recover the Dissenters*

to the Communion of the Church of England, by some Divine of the City of London (2 vols., 1685).

273. L'Estrange, *Observator*, I, no. 242 (16 Nov. 1682).

274. Ibid., no. 240 (13 Nov. 1682).

275. Ibid., no. 264 (27 Dec. 1682).

276. Holdsworth, *English Law*, VI, 509.

277. North, *Lives*, II, 101–2.

278. *Character of a Church-Trimmer* (1683).

279. *An Account of the Design of the Late Narrative, Entituled, The Dissenters New Plot* [1690].

280. Thomas Hunt, *A Defence of the Charter* [1683], p. 26; John Dryden, *The Vindication; Or, The Parallel of the French Holy-League and the English League and Covenant* (1683), p. 26.

281. Nicholas Adee, *A Plot for the Crown, In a Visitation-Sermon, At Cricklade, May the Fifteenth, 1682* (1685), p. 16.

282. L'Estrange, *Observator*, I, no. 247 (25 Nov. 1682).

283. Ibid., no. 264 (27 Dec. 1682).

284. *Presentments of the Grand-Jury for the Town and Borough of Southwark* (1683).

285. Tim Harris, 'Was the Tory Reaction Popular?: Attitudes of Londoners towards the Persecution of Dissent, 1681–6', *London Journal*, 13 (1988), 106–20; Mark Goldie and John Spurr, 'Politics and the Restoration Parish: Edward Fowler and the Struggle for St. Giles Cripplegate', *English Historical Review*, 109 (1994), 572–96; John Spurt, '"Latitudinarianism" and the Restoration Church', *HJ*, 31 (1988), 61–82.

286. Edward Fowler, *The Great Wickedness, And Mischievous Effects of Slandering* (1685), preface; Edward Fowler, *A Discourse of Offences. Delivered in Two Sermons* (1683), epistle dedicatory; 'Edward Fowler', in *DNB*.

第六章　从博斯韦尔桥到威格敦

1. L'Estrange, *Observator*, I, no. 273 (17 Jan. 1683).

2. Wodrow, *Sufferings*, II, 1.

3. Brown, *Kingdom or Province?*, p. 158.

4. *A Further Account of the Proceedings against the Rebels in Scotland* (1679), p. 1.

5. Wodrow, *Sufferings*, II, 74, 77–8; Hewison, *Covenanters*, II, 317; Houston, *Social Change*, p. 52.

6. BL, Add. MSS 63,057B, fol. 53.

7. Wodrow, *Sufferings*, II, 75–6 and app. 31, p. 27.

8. Wodrow, *Sufferings*, II, 81 and apps. 31–3, pp. 27–9; Steele, III, no. 2470.

9. *Lond. Gaz.*, nos. 1463 (24–27 Nov. 1679), 1467 (8–11 Dec. 1679); Greaves, *Secrets*, pp. 66–7.

10. NLS, Wod. Oct. XXIX, fol. 190; Wodrow, *Sufferings*, II, 73, 112–16. 有关 1679—1685 年长老会教徒受难的基本情况，参见 Cowan, *Covenanters*, chs. 7–8。

11. 参见本书英文原版 pp. 198–9。

12. *RPCS, 1678–80*, pp. 264–5; Steele, III, no. 2467; Wodrow, *Sufferings*, II, 96. 有关 1670 年的《秘密集会法》，参见 *APS*, VIII, 9–10。

13. NLS, Wod. Qu. XXX, fol. 63.

14. *Lauderdale Papers*, III, 181–2. 有关 1661 年的法令，参见 *APS*, VII, 44–6。

15. *Lauderdale Papers*, III, 182–5; *CSPD, 1679–80*, p. 296; *Life of James II*, I, 576–8; Wodrow, *Sufferings*, II, 111.

16. *Lond. Gaz.*, nos. 1464 (21 Nov.–1 Dec. 1679), 1465 (1–4 Dec. 1679); *HMC, Dartmouth*, I, 38; *Life of James II*, I, 576; Wodrow, *Sufferings*, II, 110.

17. *HMC, Dartmouth*, I, 41; Dalrymple, *Memoirs*, I, 'Review', p. 332; Buckroyd, *Church and State*, pp. 132–3; Hutton, *Charles II*, p. 387.

18. *Burnet, HOT*, p. 337.

19. *CSPD, 1679–80*, p. 399.

20. *RPCS, 1678–80*, pp. 399–400; *Lond. Gaz.*, no. 1489 (23–26 Feb. 1679[/80]).

21. *RPCS, 1678–80*, pp. 381–2; *Lond. Gaz.*, no. 1485 (9–12 Feb. 1679[/80]).

22. *RPCS, 1678–80*, pp. 459–62; Wodrow, *Sufferings*, II, 119–22; *A Collection of Letters Addressed by Prelates and Individuals of High Rank in Scotland and by Two Bishops of Soder and Man to Sancroft Archbishop of Canterbury*, ed. William Nelson Clarke (Edinburgh, 1848), pp. 8–9, 13–15; Cowan, *Covenanters*, p. 107.

23. 参见本书英文原版 pp. 198–9。

24. Steele, III, no. 2488; *RPCS, 1678–80*, pp. 482–5.

25. *RPCS, 1678–80*, pp. 511, 573–5, 583; Bodl., MS Carte 228, fol. 159; NLS, Wod. Qu. XXX, fol. 80v; Fountainhall, *Decisions*, I, 111, 117; Fountainhall, *Observes*, pp. 7–8, 26–7; NLS, MS 7009, fols. 68, 70; [Shields], *Hind Let Loose*, pp. 195–6; *Edinburgh Gazette*, no. 2 (7–14 Dec. 1680); Burnet, HOT, pp. 337–8; Wodrow, *Sufferings*, II, 180–83; Cowan, *Covenanters*, pp. 105–6; Greaves, *Secrets*, pp. 69–75.

26. Fountainhall, *Decisions*, I, 73.

27. *RPCS, 1681–2*, pp. 1, 21.

28. *ST*, VIII, 125–8 (quote on p. 126); Fountainhall, *Decisions*, I, 108; Wodrow, *Sufferings*, II, 152; *RPCS, 1678–80*, pp. 439–40, 520–21, 535–6; BL, Add. MSS 32,095, fol. 206; *CSPD, 1679–80*, p. 577. 有关 1587 年的法令，参见 *APS*, III, 450。

29. *RPCS, 1678–80*, p. 565.

30. *A True Narrative of the Reception of their Royal Highnesses at their Arrival in Scotland* [Edinburgh, London and Dublin, 1680]; *RPCS, 1678–80*, pp. 565–7; Wodrow, *Sufferings*, II, 153; *Lond. Gaz.*, no. 1561 (1–4 Nov. 1680).

31. 参见本书英文原版 pp. 187–8。

32. Wodrow, *Sufferings*, II, 153.

33. *Letters to Sancroft*, pp. 21–4.

34. *RPCS, 1678–80*, pp. 567–8; Fountainhall, *Decisions*, I, 114.

35. NLS, Wod. Qu. XXX, fol. 81; Wodrow, *Sufferings*, II, 154.

36. *A True and Exact Relation of His Royal Highness, James Duke of York and Albany, his Progress from Edinburgh to Linlithgow, from thence to Strivling [sic]* (Edinburgh, 1681), pp. 2, 3; Wodrow, *Sufferings*, II, 219; *HMC, Dartmouth*, I, 56.

37. *Lond. Gaz.*, no. 1623 (6–9 Jun. 1681); Fountainhall, *Observes*, p. 40; Marguerite Wood and Helen Armet, *Extracts from the Records of the Burgh of Edinburgh 1681 to 1689* (Edinburgh, 1984), pp. 15–16; Luttrell, I, 94; Houston, *Social Change*, p. 49.

38. *Life of James II*, 1, 683.

39. NLS, Wod. Qu. XXX, fol. 94.

40. Fountainhall, *Decisions*, I, 146, 150–51, 157; *HMC, Dartmouth*, I, 66; Sir George Mackenzie, *A True and Plain Account of the Discoveries made in Scotland, of the Late Conspiracies against His Majesty and the Government* (1685, London edn), pp. 1, 3.

41. Fountainhall, *Observes*, pp. 41–2, 46–7; Burnet, *HOT*, p. 338; *Life of James II*, I, 683–4. 约克公爵的一些支持者认为，应该给他总督的头衔，因为这比高级专员更加适合他的身份，但这一提议遭到了拒绝，理由是总督只能派往被征服的王国，而不是独立的王国。有关 1567 年和 1609 年的法律，参见 *APS*, III, 24, and IV, 429–30。

42. Fountainhall, *Decisions*, I, 157; *Lond. Gaz.*, no. 1640 (4–8 Aug. 1681).

43. Steele, III, no. 2502; *RPCS, 1681–2*, pp. 93–4.

44. Fountainhall, *Decisions*, I, 148; Wodrow, *Sufferings*, II, 183–7; *ST*, X, 791–920; Greaves, *Secrets*, p. 75.

45. *APS*, VIII, 236; *His Majesties Gracious Letter to His Parliament of Scotland: With the Speech of His Royal Highness the Duke··· Together with the Parliaments most Loyal and Dutiful Answer* (1681).

46. BL, Add. MSS 11,252, fol. 8.

47. WYAS, MX/R/19/3: 'Account of the Proceedings of the Scottish Parliament', 10–13 Aug. 1681.

48. NLS, Adv. MS 31.6.15, fols. 206–9; NAS, PA 7/11, pp. 299–300, 305; Wodrow, *Sufferings*, II, 190; [Sir James Stewart], *The Case of the Earl of Argyle* ([Edinburgh?], 1683), pp. 1–2; *ST*, VIII, 846–51; Mackenzie, *True and Plain Account*, p. 2.

49. NAS, PA 7/11, pp. 29, 307; *APS*, VIII, 238.

50. *Lond. Gaz.*, no. 1643 (I5–18 Aug. 1681); Burnet, *HOT*, p. 338; Wodrow, *Sufferings*, II, 190–91.

51. *APS*, VIII, 238; *An Act Acknowledging and Asserting the Right of Succession to the Imperial Crown of Scotland* (1681); *Lond. Gaz.*, no. 1644 (18–22 Aug. 1681).

52. *APS*, III, 23.

53. Fountainhall, *Decisions*, I, 157; Colquhoun, 'Issue', pp. 157–60. 有关 1567 年的法律，参见 *APS*, III, 23。

54. Fountainhall, *Decisions*, I, 149.

55. *APS*, VIII, 240–41.

56. Ibid., p. 247.

57. NLS, Adv. 31.6.15, fol. 242v.

58. Fountainhall, *Decisions*, I, 152.

59. *APS*, VIII, 242.

60. Ibid., pp. 350–51.

61. Ibid., p. 352.

62. BL, Add. MSS 63,057B, fol. 61v.

63. NAS, PA 7/11, pp. 32–3, 282; Burnet, *HOT*, p. 340; *Life of James II*, I, 696.

64. 所有《忠诚宣誓法》的引文均出自 *APS*, VIII, 243–5。

65. *APS*, VIII, 355.

66. [Stewart], *Case of⋯ Argyle*, p. 3; *ST*, VIII, 857–9; Wodrow, *Sufferings*, II, 195; Burnet, *HOT*, 340.

67. NLS, Adv. 31.6.15, fol. 242.

68. Sir James Dalrymple of Stair, *An Apology⋯ for Himself* (Edinburgh, 1690), sig. Av.

69. 有关 1560 年《信纲声明》和 1567 年对其的批准，参见 *APS*, II, 526–34, and III, 14–22。

70. *RPCS, 1681–2*, p. 198; Wodrow, *Sufferings*, II, 196; [Stewart], *Case of⋯ Argyle*, p. 38; *Lond. Gaz.*, no. 1656 (29 Sep.–3 Oct. 1681).

71. Stair, *Apology*, sigs. A2-A3; *ST*, X, 967–8.

72. *RPCS, 1681–2*; pp. 202, 229, 233–4, 238, 306; Morrice, P, 315, 325; Fountainhall, *Decisions*, I, 158; Wodrow, *Sufferings*, II, 196–7, 224–5; Greaves, *Secrets*, p. 80.

73. *Lauderdale Papers*, III, 192–4; [Stewart], *Case of⋯ Argyle*, p. 1; *ST*, VIII, 844–6; Burnet, *HOT*, 338.

74. Mackenzie, *True and Plain Account*, p. 3; Sprat, *True Account*, p. 12.

75. *RPCS, 1681–2*, pp. 242–5; Fountainhall, *Observes*, pp. 53–5; Fountainhall, *Decisions*, I, 160, 166–7; BL, Add. MSS 32,095, fol. 205v; Hunt. Lib. HA 9614, newsletter, 13 Dec. 1681; *ST*, VIII, 843–990; [Stewart], *Case of⋯ Argyle*; *HMC, Ormonde*, NS, VI,

244–5, 281–2; Burnet, *HOT*, pp. 342–3; Wodrow, *Sufferings*, II, 205–17 and apps. 69–71, pp. 63–79; *Life of James II*, I, 708–10; Andrew Lang, *Sir George Mackenzie, King's Advocate, of Rosehaugh, His Life and Times 1636(?)–1691* (1909), ch. 14; John Willcock, *A Scots Earl in Covenanting Times: Being the Life and Times of Archibald, 9th Earl of Argyll (1629–1685)* (Edinburgh, 1907), chs. 12–14.

76. *An Account of the Arraignment, Tryal, Escape, and Condemnation, of the Dog of Heriot's Hospital in Scotland* (1682); Fountainhall, *Observes*, p. 55 and app. 4, pp. 303–10 (quote on p. 306); *Lond. Gaz.*, no. 1688 (19–23 Jan. 1681[/2]). Cf. [Northleigh], *Parallel*, p. 5.

77. Wodrow, *Sufferings*, II, 199–201, 'Ministers of Aberdeen their Objections against the Test'; *RPCS, 1681–2*, pp. 254–5.

78. *ST*, VIII, 894–6. See also 'A Paraphrase of the Test emitted by one of the conformed Clergy', in [Stewart], *Case of⋯ Argyle*, pp. 28–35.

79. *RPCS, 1681–2*, p. 239.

80. *True Prot. Merc.*, no. 96 (3–7 Dec. 1681); *Letters to Sancroft*, p. 54.

81. Wodrow, *Sufferings*, II, 203; Burnet, *HOT*, pp. 341–2; Fountainhall, *Observes*, p. 53.

82. *RPCS, 1681–2*, pp. 253, 262, 274–5.

83. Ibid., pp. 301, 343.

84. Wodrow, *Sufferings*, II, 203; Burnet, *HOT*, pp. 341–2; Cowan, *Covenanters*, p. 109; Colquhoun, 'Issue', pp. 213–14.

85. *RPCS, 1681–2*, pp. 398–400, 422–3; Fountainhall, *Decisions*, I, 176–7, 182–3.

86. *RPCS, 1681–2*, pp. 449, 459–61, 588; Fountainhall, *Decisions*, I, 185; Wodrow, *Sufferings*, II, 234–5; *True Prot. Merc.*, no. 152 (17–21 Jun. 1682).

87. *RPCS, 1681–2*, p. 306.

88. Wodrow, *Sufferings*, II, 224.

89. *CSPD, 1682*, p. 27.

90. *RPCS, 1681–2*, pp. 220, 235, 249, 255–7, 263, 265, 273–4, 421, 504, 548, 597; Fountainhall, *Decisions*, I, 161, 164.

91. *RPCS, 1681–2*, p. 304.

92. *CSPD, 1682*, p. 185.

93. *Lond. Gaz.*, no. 1661 (17–20 Oct. 1681); Luttrell, I, 138; Wodrow, *Sufferings*, II, 219.

94. *Loy. Prot. Int.*, no. 69 (27 Oct. 1681); Fountainhall, *Observes*, pp. 49–50.

95. Fountainhall, *Observes*, p. 51; *Current Intelligence*, no. 61 (19–22 Nov. 1681).

96. *Loy. Prot. Int.*, no. 129 (16 Mar. 1681[/2]); *CSPD, 1682*, p. 124.

97. Luttrell, I, 185.

98. *Loy. Prot. Int.*, no. 165 (8 Jun. 1682).

99. Brown, *Kingdom or Province?*, p. 165; Macinnes, 'Repression and Conciliation'; John L.

Roberts, *Clan, King and Covenant: History of the Highland Clans from the Civil War to the Glencoe Massacre* (Edinburgh, 2000), pp. 161–3. John Callow, *The Making of King James II* (Stroud, 2000), pp. 288–90 和 *RPCS, 1681–2*, pp. xviii–xx 给出的观点都不太乐观。

100. *The Copy of a Letter Sent from Scotland, To His Grace The Lord Archbishop of Canterbury* (Edinburgh, 1682); *Loy. Pot. Int.*, no. 132 (23 Mar. 1681 [/2]). Cf. *Letters to Sancroft*, pp. 56–7.

101. *RPCS, 1681–2*, p. 432.

102. *Plea for Succession*, p. 2. 参见本书英文原版 pp. 251–2。

103. Burnet, *HOT*, p. 343; [Andrewes], *Gentle Reflection*, p. 7; *Modest Account of the Present Posture*, pp. 5, 9.

104. Morrice, P, 334, 427, 437, 441; *HMC, Ormonde*, NS, VI, 192; Hutton, *Charles II*, pp. 413–14; Cowan, *Covenanters*, p. 114.

105. Fountainhall, *Observes*, pp. 127–35; Morrice, P, 441; Burnet, *HOT*, pp. 377–8; Hutton, *Charles II*, pp. 430–31.

106. *CSPD, Jan.–Jun. 1683*, p. 243.

107. Fountainhall, *Observes*, p. 87.

108. Wodrow, *Sufferings*, II, 222; Greaves, *Secrets*, p. 81.

109. NLS, Wod. Qu. XXXVIII, fols. 5v-6; Edinburgh University Library, La. II. 89, fols. 137–8; Wodrow, *Sufferings*, II, 222; [Shields], *Hind Let Loose*, p. 143. 有关《拉瑟格伦宣言》和《桑克尔宣言》，参见本书英文原版 pp. 196, 198。

110. *RPCS, 1681–2*, pp. 310–13, 329–30, 333–4, 342; Wodrow, *Sufferings*, II, 227; *CSPD, 1682*, pp. 39, 43; Fountainhall, *Decisions*, I, 169–71; Fountainhall, *Observes*, p. 58; *Letters to Sancroft*, p. 54; Morrice, P, 324; Luttrell, I, 162; *True Prot. Merc.*, nos. 115 (8–11 Feb. 1681[/2]), 124 (11–15 Mar. 1681[/2]); *Loy. Prot. Int.*, no. 116 (11 Feb. 1681[/2]); *HMC, Dartmouth*, I, 45; [Shields], *Hind Let Loose*, pp. 143, 197; [Monro], *History*, p. 42.

111. *RPCS, 1681–2*, pp. 326–7, 358, 362, 368–9, 373.

112. *True Prot. Merc.*, no. 153 (21–24 Jun. 1682).

113. Fountainhall, *Decisions*, I, 185.

114. Wodrow, *Sufferings*, II, 236–7, 279; [Rule], *Vindication⋯ Being an Answer to a Paper*, p. 27; *RPCS, 1681–2*, pp. 572–4; *RPCS, 1683–4*, pp 244, 302–3.

115. *RPCS, 1683–4*, p. 70; *HMC, Hamilton*, p. 166.

116. *RPCS, 1683–4*, pp 133–8; Burnet, *HOT*, pp. 93–5.

117. *CSPD, 1682*, p. 485.

118. *Loy. Prot. Int.*, no. 170 (20 Jun. 1682).

119. Fountainhall, *Observes*, p. 87.

120．Wodrow, *Sufferings*, II, chs. 6–7, *passim*; Cowan, *Covenanters*, pp. 112–17; Greaves, *Secrets*, pp. 82–4.

121．Fountainhall, *Decisions*, I, 201.

122．Ibid., pp. 183–4, 187. 不过，方廷霍尔认为这些士兵犯了入户伤害罪——"在他们住宅内袭击他人，情节恶劣"——应该判处死刑。

123．*HMC, Hamilton*, p. 167. 有关特威代尔侯爵在皮布尔斯的佃户指证梅尔德伦派士兵驻扎，参阅 NLS, MS 7009, fol. 121。

124．例如参见 *RPCS*, 1681–2, pp. 327–9, 372, 392, 487; *True Prot. Merc.*, no. 133 (12–15 Apr. 1682)。

125．*Loy. Prot. Int.*, no. 128 (14 Mar. 1681[/2]; *CSPD, 1682*, p. 118. 参见本书英文原版 p. 243。

126．Fountainhall, *Observes*, p. 96.

127．*ST*, X, 990–1046; Wodrow, *Sufferings*, II, 385–6; NAS, PA7/12, pp. 7–9, 14–23; *Melvilles and Leslies*, I, 199–201.

128．*CSPD, 1683–4*, pp. 65–7.

129．有关对苏格兰拉伊庄园阴谋分子的审判，参见 Greaves, *Secrets*, pp. 241–6。

130．*ST*, X, 919–88; Wodrow, *Sufferings*, II, 379–85; Burnet, *HOT*, pp. 376–7; NAS, PA7/12, p. 6.

131．*CSPD, 1684–5*, p. 55.

132．Wodrow, *Sufferings*, II, 167.

133．*RPCS, 1684*, pp. 68–9, 73, 94, 98–9; [Sir George Mackenzie], *The Laws and Customes of Scotland* (2nd edn, Edinburgh, 1699), pp. 261–2, 272–3; Sir James Dalrymple of Stair, *The Institutions of the Law of Scotland* (1693), p. 699; Wodrow, *Sufferings*, II, 386; Burnet, *HOT*, p. 378; John Langbein, *Torture and the Law of Proof* (Chicago, 1977), esp. pp. 12–16. 麦肯齐和斯泰尔都同意，当受审者的性命和躯体受到威胁时，他们不能被要求做出对自己不利的宣誓。

134．有关斯彭斯的更多细节，参见 *Oxford DNB*。

135．Fountainhall, *Decisions*, I, 299–301; Fountainhall, *Observes*, p. 136; Morrice, P, 441–2; Burnet, *HOT*, pp. 378–9; Wodrow, *Sufferings*, II, 386–7; *HMC, Ormonde*, NS, VII, 271–2.

136．*RPCS, 1684*, pp. 142–4, 159–60; Fountainhall, *Decisions*, I, 302–3; *State Papers and Letters addressed to William Carstares*, ed. Joseph Maccormick (Edinburgh, 1774), pp. 18–20; Mackenzie, *Plain and True Account*, p. 28; Wodrow, *Sufferings*, II, 387–94; *ST*, X, 683–96; Burnet, *HOT*, p. 379.

137．*ST*, X, 647–724; NAS, RH13/20, pp. 332–8; Wodrow, *Sufferings, II*, 394–400; Burnet, *HOT*, pp. 379–80; Luttrell, I, 324; *Carstares State Papers*, pp. 20, 793. 有关贝利，参见 *Oxford DNB*。

138. *RPCS, 1683–4*, pp. 272–3, 318–19, 504; *HMC, Hamilton*, p. 165.

139. *RPCS, 1684*, pp. 55–6; Wodrow, *Sufferings*, II, 343–4.

140. Wodrow, *Sufferings*, II, 347–8.

141. Ibid., pp. 400–403; BL, Add. MSS 37,951, fols. 67–8; Fountainhall, *Decisions*, I, 301–3; Fountainhall, *Observes*, p. 138.

142. Wodrow, *Sufferings*, II, 376–8; Fountainhall, *Decisions*, I, 299, 301; Fountainhall, *Observes*, p. 136; *HMC, Ormonde*, NS, VII, 263; Hewison, *Covenanters*, II, 434–5; Cowan, *Covenanters*, pp. 118–19; *RPCS, 1684*, pp. xiixiv and *passim*.

143. Wodrow, *Sufferings*, II, 363–4.

144. Burnet, *HOT*, pp. 377–8; Wodrow, *Sufferings*, II, 336–7. 有关1663年《不服从国教法》，参见 *APS*, VII, 455。

145. Wodrow, *Sufferings*, II, 339.

146. Ibid., p. 445.

147. Ibid., pp. 406–7, 416–17.

148. NAS, GD 224/171/1 p. 117.

149. Wodrow, *Sufferings*, II, 430–31 and app. 99, pp. 137–8; [Monro], *History*, p. 43.

150. Fountainhall, *Observes*, p. 141; Fountainhall, *Decisions*, I, 311; Luttrell, I, 322; Wodrow, *Sufferings*, II, 431–2; BL, Add. MSS 28, 875, fol. 411.

151. Wodrow, *Sufferings*, II, 449, 467–8; Fountainhall, *Decisions*, I, 320; *RPCS, 1684–5*, p. 109. 伍德罗对皮尔逊命案的记载是：一帮会社派成员敲了这位牧师的家门，只是想请他来和几位朋友谈谈他迫害他们的事；皮尔逊用武器攻击他们，他们出于自卫才将他射杀。

152. Fountainhall, *Decisions*, I, 309; Wodrow, *Sufferings*, II, 431; *RPCS, 1684–5*, p. 25.

153. *RPCS, 1684–5*, pp. 32–3, 35–6.

154. Ibid., pp. 48–50, 51–2.

155. Ibid., pp. 84–6.

156. Ibid., p. 107.

157. Rosalind Mitchison, *Lordship to Patronage; Scotland, 1603–1745* (1983), p. 78.

158. NLS, Wod. Qu. XXXVIII, fol. 49.

159. Wodrow, *Sufferings*, II, 505–7; [Gilbert Rue], *A Vindication of the Church of Scotland; Being an Answer to Five Pamphlets* (1691), II, 38–9; Cowan, *Covenanters*, pp. 126–7.

160. *True Prot. Merc.*, no. 182 (30 Sep.–4 Oct. 1682); Wodrow, *Sufferings*, II, 289.

161. [Shields], *Hind Let Loose*, pp. 198–9.

162. *The Scottish Inquisition* (1689); *Brief Account of the Sufferings of the Church of Scotland* (1690), esp. pp. 9, 15; [Rule], *Vindication··· Being an Answer to a Paper*, p. 27.

163. Mackenzie, *Vindication*, p. 8.

164. *HMC, Ormonde*, NS, VII, 82.

165. Fountainhall, *Observes*, p. 88; *Letters to Sancroft*, pp. 34, 57.

166. *HMC, Hamilton*, p. 166.

167. NAS, GD 224/171/1, p. 115.

168. L'Estrange, *Observator*, I, no. 273 (17 Jan. 1682[/3]).

169. Ibid., no. 293 (21 Feb. 1682[/3]).

170. Fountainhall, *Decisions*, I, 301.

171. [Thomas Morer], *An Account of the Present Persecution of the Church in Scotland* (1690), pp. 7–8.

172. *HMC, Hamilton*, p. 166.

173. Fountainhall, *Observes*, p. 87. Cf. Burnet, *HOT*, p. 345.

174. Jackson, *Restoration Scotland*, pp. 154–5. 有关在北美定居的苏格兰人，参见 Ned Landsman, *Scotland and its First American Colony 1683–1785* (Princeton, 1985); Ned Landsman, 'Nation, Migration and the Province in the First British Empire: Scotland and the Americas 1600–1800', *American Historical Review*, 104 (1999), 463–75。

175. Sir George Mackenzie, *Jus Regium* (2nd edn, 1684), pp. 13, 41, 47, 67.

176. Ibid., pp. 50–51, 54.

177. Ibid., pp. 80–81, 86.

178. Ibid., pp. 141, 154, 162, 184–6.

第七章　不满分子与忠君人士

1. Speech of Archbishop Boyle to the Earl of Arran, Dublin, 3 May 1682: *HMC, Ormonde*, NS, VI, 360–61.

2. *English Historical Documents*, vol. 18: 1660–1714, ed. Andrew Browning (Oxford, 1953), pp. 744–5; Cullen, 'Economic Trends'; Simms, 'The Restoration', pp. 443–5, 448; J. G. Simms, *War and Politics in Ireland, 1649–1730*, ed. D.W. Hayton and Gerard O' Brien (1986), pp. 49–63; Foster, *Modern Ireland*, pp. 126–37.

3. Steele, II, no. 889; *HMC, Ormonde*, II, 350.

4. Steele, II, nos. 891, 895, 897; *HMC, Ormonde*, II, 352, 356.

5. Steele, II, nos. 898, 903, 913, 917; *HMC, Ormonde*, II, 357, 359.

6. Beckett, *Making*, pp. 133–4; Connolly, *Religion*, p. 32; Hutton, *Charles II*, pp. 362, 370.

7. TCD, 1995–2008/1b; BL, Sloane MS 1008, fol. 197; *CSPD, 1679–80*, pp. 71–3.

8. BL, Add. MSS 21, 135, fols. 62–3.

9. TCD, 1995–2008/3a.

10. BL, Add. MSS 32,095, fol. 186.

11. *HMC, Ormonde*, II, 291–2; David Fitzgerald, *A Narrative of the Irish Plot, for the*

Betraying that Kingdom into the Hands of the French (1680).

12. NLI, MS 4201, p. 257.

13. Steele, II, no. 904.

14. *Loy. Prot. Int.*, no. 40 (23 Jul. 1681); *True Prot. Merc.*, no. 27 (26–30 Mar. 1681); *HMC, Ormonde*, NS, VI, 1, 38–9, 42, 43, 45, 57, 380, and VII, 174, 181.

15. Gillespie, 'Presbyterian Revolution', p. 165; Greaves, *God's Other Children*, pp. 115–17.

16. *CSPD, 1678*, pp. 428–9; *HMC, Ormonde*, NS, IV, 206.

17. *CSPD,* 1679–80, pp. 173, 179; Steele, II, no. 906.

18. Kilroy, *Protestant Dissent*, pp. 236–8.

19. Reid, *History of the Presbyterian Church*, II, app. 10, pp. 571–3; *CSPD, 1679–80*, pp. 193–4, 254–5, 576–7; Greaves, *Secrets*, p. 374, n. 57; Greaves, *God's Other Children*, p. 118; Kilroy, *Protestant Dissent*, p. 237.

20. BL, MS Sloane 1008, fol. 275.

21. Ibid., fol. 301.

22. Bodl., MS Carte 39, fols. 363–4.

23. *Loy. Prot. Int.,* no. 125 (7 Mar. 1681[/2]).

24. *True Prot. Merc.*, no. 174 (2–6 Sep. 1682).

25. *Cal. Anc. Rec. Dub.*, V, xxvii, 216–17; *HMC, Ormonde*, NS, VI, 64.

26. *Loy. Prot. Int.*, no. 1 (9 Mar. 1680[/81]).

27. *Loy. Prot. Int.*, no. 143 (18 Apr. 1682).

28. *HMC, Ormonde*, NS, VI, 104.

29. NLI, MS 2993, pp. 19–21.

30. *Cal. Anc. Rec. Dub.*, V, 219.

31. Steele, II, nos. 921, 922; *HMC, Ormonde*, II, 361.

32. Wodrow, *Sufferings*, II, 171; *True Prot. Merc.*, no. 50 (25–29 Jun. 1681); Kilroy, *Protestant Dissent*, pp. 23–4, 238–9; Reid, *History of the Presbyterian Church*, II, app. 11, pp. 574–89.

33. *Cal. Anc. Rec. Dub.*, V, xxx.

34. *HMC, Ormonde*, NS, VI, 388; Bodl., MS Carte 50, fol. 287; Kilroy, *Protestant Dissent*, pp. 239–41.

35. *Cal. Anc. Rec. Dub.*, IV, 244, 419, and V, 139, 192; *Council Book of Youghall*, pp. 326, 334–5, 338, 346.

36. *Loy. Prot. Int.*, no. 166 (10 Jun. 1682).

37. Reid, *History of the Presbyterian Church*, II, 339–41, 589.

38. *Loy. Prot. Int.*, no. 76 (12 Nov. 1681).

39. *HMC, Ormonde*, NS, VI, 57; *Loy. Prot. Int.*, no. 23 (24 May 1681).

40. NLI, MS 11,960, pp. 85–7. Ibid., pp. 85–170 列举了 1682 年的 34 份献词，但不包括由都柏林市政法人、卡文郡、莫纳亨郡、斯特拉班、阿马郡、新罗斯郡、蒂龙郡、马里伯勒和安特里姆郡呈递的，这几份献词见于 *Lond. Gaz.*, nos. 1714 (2–24 Apr. 1682) to 1751 (28–31 Aug. 1682)。

41. Bodl., MS Carte 39, fol. 359.

42. NLI, MS 11,960, pp. 88–92.

43. *Cal. Anc. Rec. Dub.*, V, 232–4.

44. *Council Books of Waterford*, p. 220; NLI, MS 11,960, pp. 112–14.

45. NLI, MS 11,960, pp. 94, 97, 99.

46. *HMC, Ormonde*, NS, VI, 57, 62.

47. Hunt. Lib., HA 14570, [Earl of Conway] to Sir George Rawdon, 6 May 1682.

48. Ibid., HA 15511, Thomas Parnell to Sir George Rawdon, 9 May 1682.

49. Ibid., HA 15010, County Down, Address to the King, 27 Apr. 1682.

50. NLI, MS 11,960, pp. 166–8.

51. Bodl., MS Carte 168, fol. 4; Bodl., MS Carte 219, fol. 332; *HMC, Ormonde*, NS, VI, 365; NLI, MS 11,960, p. 170.

52. NLI, MS 11,960, pp. 169–70.

53. Ibid., pp. 122–3.

54. Bodl., MS Carte 168, fol. 4; NLI, MS 11,960, pp. 139–40.

55. 引文出自基尔代尔镇和沃特福德市政法人的献词：NLI, MS 11,960, pp. 114–15。

56. *Cal. Anc. Rec. Dub.*, V, 228–31, 243; *Council Books of Waterford*, p. 222; Bodl., MS Carte 39, fol. 564; Simms, 'The Restoration', p. 438.

57. Bodl., MS Carte 168, pp. 1–4; *HMC, Ormonde*, NS, VI, 359; *CSPD, 1682*, pp. 196, 198; Fountainhall, *Observes*, I, 69–70.

58. *CSPD, 1682*, pp. 325, 345–7, 384–6; *CSPD, Jan.–Jul. 1683*, pp. 13–14, 17–18, 27–9, 34, 62–4, 92, 98; *HMC, Ormonde*, NS, VI, 540–42, 545–6; ibid., NS, VII, 7; *A True Narrative of the Late Plot in Ireland* (1683).

59. *HMC, Ormonde*, NS, VI, 464. Cf. ibid., 539. 最终，爱尔兰议会并没有召开，因为人们认为爱尔兰的间接税已经非常高了，以至于这个王国无法承担议会津贴的负担：*HMC, Ormonde*, NS, VII, 98–9。

60. Ibid., NS, VII, 63, 65.

61. Greaves, *Secrets*, pp. 191–2, 194.

62. Ibid., p. 191.

63. *HMC, Ormonde*, NS, VI, 500–501, 504, 505, 507, 509, 513, 519–20, 525, 526 (quotes on pp. 509, 513, 520).

64. Ibid., NS, VII, 107.

65. Karsten, 'Plotters and Proprietors'.

66. NLI, MS 4909, fols. 31, 34v.

67. Hunt. Lib., HA 360, Robert Ayleway to the Earl of Huntingdon, 30 Jun. 1683; *CSPD, Jul.–Sep. 1683*, p. 17.

68. Bodl., MS Carte 219, fol. 488; *HMC, Ormonde*, NS, VII, 76.

69. *CSPD, Jul.–Sep.* 1683, pp. 202, 268; *HMC, Ormonde*, NS, VII, 76, 89, 95, 96, 102, 107, 108, 121, 124, 200–201, 314–15 (quotes on pp. 95, 107, 108, 124); Hunt. Lib., HA 15690, Sir George Rawdon et al. to Captain Ralph Smith, 30 Jul. 1683.

70. *HMC, Ormonde*, NS, VII, 121, 314–15.

71. Bodl., MS Carte 219, fols. 522–3; *HMC, Ormonde*, NS, VII, 115, 119, 124.

72. *HMC, Ormonde*, NS, VII, 139, 152–4 (quote on p. 152).

73. Ibid., pp. 311–13; BL, Lansdowne MS 1152A, fol. 152.

74. *HMC, Ormonde*, NS, VII, 61–2, 67, 68, 74, 96, 99, 132 (quote on p. 132); *CSPD, Jul.– Sep.* 1683, p. 268.

75. TCD, MS 1688/1, pp. 61–93 (quotes on pp. 70, 77).

76. Steele, II, no. 928; *CSPD, Jul.-Sep. 1683*, pp. 225, 229, 267–8.

77. John Vesey, *A Sermon Preached at Clonmel, on Sunday the Sixteenth of September, 1683. At the Assizes Held for the County Palatine of Tipperary* (Dublin, 1683), quotes on pp. 12–13, 15, 20.

78. NLI, MS 11,960, pp. 171–223 列举了 47 份献词，但没有提到都柏林市政法人、特拉利（凯里郡）、约尔、卡洛郡和韦克斯德郡的献词：*Cal. Anc. Rec. Dub.*, V, 283; *HMC, Ormonde*, NS, VII, 86–7, 110; *Council Book of Youghall*, p. 361; *Lond. Gaz.*, no. 1867 (8–11 Oct. 1683)。

79. *Council Books of Waterford*, pp. 237–8.

80. NLI, MS 2993, p. 45.

81. *HMC, Ormonde,* NS, VII, 152.

82. Morrice, P, 382.

83. *HMC, Ormonde*, NS, VII, 209.

84. *CSPD, 1684–5*, pp. 114–15; BL, Lansdowne MS 1152A, fols. 182–3.

85. Hunt. Lib., HA 14593, John Corbett to Sir Arthur Rawdon, 18 Nov. 1684; *HMC, Ormonde*, NS, VII, 293–4; Greaves, *Secrets*, pp. 265–6.

结论

1. *A True Relation of the Late King's Death* (1685); Richard Hudleston, *A Short and Plain Way to the Faith and Church* (1688), pp. 35–8; Morrice, P, 455–6; Evelyn, *Diary*, IV, 405–9; M. L. Wolbarsht and D. S. Sax, 'Charles II, A Royal Martyr', *Notes and Records of the Royal Society of London*, 16, no. 2 (Nov. 1961), 154–7; Hutton, *Charles*

II, 443–5; Antonia Fraser, *Royal Charles: Charles II and the Restoration* (New York, 1979), pp. 442–57. 关于此事的经典叙述见 R. H. P. Crawfurd, *The Last Days of Charles II* (1909)。

2．这一数字是 *Lond. Gaz.*, 1685–6 刊登的献词的数量。

3．Russell, *Causes*, pp. 16–17.

4．例如参见 J. J. Scarisbrick, *Henry VIII* (1968), and G. R. Elton, 'Politics and the Pilgrimage of Grace', in his *Studies in Tudor and Stuart Politics and Government* (3 vols., 1974–83), III, 183–215，有关求恩巡礼运动（Pilgrimage of Grace）是不是真正的平民起义的讨论。

5．L'Estrange, *Observator*, I, no. 411 (27 Sep. 1683).

6．Harris, *London Crowds*, pp. 154–5.

7．Hutton *Charles II*, p. 441; Childs, *Army of James II*, pp. 1–2.

8．William Beik, *Absolutism and Society in Seventeenth-Century France* (Cambridge, 1985); Roger Mettam, *Power and Faction in Louis XIV's France* (Oxford, 1988); Nicholas Henshaw, *The Myth of Absolutism* (1992); Peter Burke, *The Fabrication of Louis XIV* (New Haven, 1992); Guy Rowlands, *The Dynastic State and the Army under Louis XIV* (Cambridge, 2002).

9．Howard Nenner, *By Color of Law: Legal Culture and Constitutional Politics in England, 1660–1689* (Chicago, 1977).

10．Hutton, *Charles II*, p. 457.

望 MOUNTAIN
登自己的山

主　　编｜谭宇墨凡
特约编辑｜李　珂

营销总监｜闵　婕
营销编辑｜狄洋意　许芸茹

版权联络｜rights@chihpub.com.cn
品牌合作｜minjie@chihpub.com.cn

野望 SPRING MOUNTAIN

Room 216, 2nd Floor, Building 1, Yard 31,
Guangqu Road, Chaoyang, Beijing, China